高职高专经济管理类规划教材

公共关系实务

The Practice of Public Relations

主 编 董 明

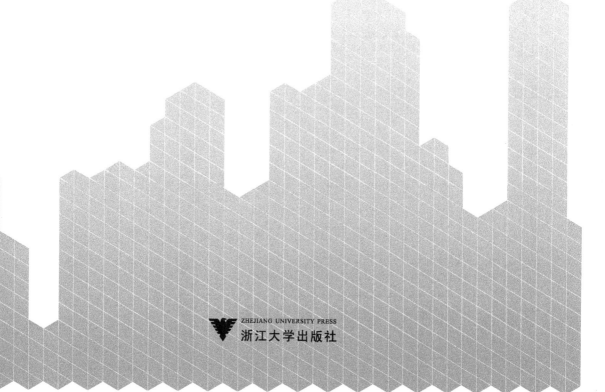

ZHEJIANG UNIVERSITY PRESS
浙江大学出版社

图书在版编目（CIP）数据

公共关系实务 / 董明主编. —杭州：浙江大学出版社，
2009.10（2019.7重印）
（高职高专经济管理专业系列教材）
ISBN 978-7-308-07138-3

Ⅰ.公… Ⅱ.董… Ⅲ.公共关系学－高等学校:技术学
校－教材 Ⅳ.C912.3

中国版本图书馆 CIP 数据核字（2009）第 188473 号

公共关系实务

董　明　主编

责任编辑	周卫群
封面设计	卢　涛
出版发行	浙江大学出版社
	（杭州市天目山路 148 号　邮政编码 310007）
	（网址：http://www.zjupress.com）
排　　版	杭州中大图文设计有限公司
印　　刷	虎彩印艺股份有限公司
开　　本	787mm×1092mm　1/16
印　　张	22
字　　数	550 千
版 印 次	2009 年 10 月第 1 版　2019 年 7 月第 5 次印刷
书　　号	ISBN 978-7-308-07138-3
定　　价	39.00 元

FOREWORD 前言

　　培养高级技术应用型人才，是高等职业教育的目标。面对不同专业，不同学习基础与不同学习习惯的高职生，如何以现代职教理念和方法为支撑，借鉴国内外先进的经验，突出以就业为导向、能力为本位的高职教育教学观念，进行课程模式的根本性和创新性改革，是每一位从事高职教育工作者的一项十分重要而迫切的工作。本书编作者经过多年的摸索与实践，编撰了这本《公共关系实务》教材。

　　本教材综合了《公共关系实务》学科体系和职业技能要求，在教学内容的安排上采用"项目驱动"法。"项目驱动"法是指学生利用教师提供的情景，在完成项目的过程中学习理论知识，掌握技能。本教材分三条主线：(1)项目设计——所有教学内容主要以典型项目为核心，以项目驱动来更大地激发学生的学习兴趣和求知欲望，培养学生自主学习、分析问题、解决问题的能力和协作、创新、探索的精神；(2)能力主线——使学生的学习始终围绕公共关系能力要求的核心展开，通过项目的训练使学生提高形象调研、策划能力，形象塑造能力，以及协调沟通能力；(3)知识主线——是为课程项目的完成、公共关系能力的提高服务的，使学生在培养能力、完成项目的同时掌握一定的理论知识。

　　本教材提供了丰富的教学案例，设计了多种活动形式的项目，每个模块先以任务为先导，明确了工作任务后，教师进行任务指导，在任务指导中，提出问题与知识讲解、学生讨论、总结交叉进行，然后学生进行任务实操。在知识连接中，所有知识的阐述都是围绕完成任务所需的，在相应的知识点中又插入了一些案例进行实证鉴录，既提高学生的兴趣又满足高职学生知识够用的特点。每个项目后还安排了课余消遣，提供学生们感兴趣、轻松的案例供学生课余一读，使学生不知不觉中又增长了知识。每个项目后安排了牛刀小试，提供了一些基础知识题与情景模拟题供学生课外练习，使学生既巩固了知识又享受到解题释疑的乐趣。

　　在本书的编写过程中，董明首先拟定全书的编写提纲和写作要求，并编写了项目一：公关部的组建；项目二：组织形象调研；项目三：组织形象策划；项目四：组织形象传播；项目六：个人形象设计；项目七：人际交往模拟。陈雅编写了项目五：公关技巧运用。褚又君编写了项目九：仪式会务模拟。张琦编写了项目八：应聘工作模拟。全书由董明定稿。

　　由于公共关系实务课程需要进行大量的案例教学和情境教学，为了方便教学活动的开展，在本教程编写过程中，引用了很多书刊、网络上的故事和案例,参考了近年来一些专家、学者的著作,由于记述和追溯的不方便,并未载明出处,在此对各作者和转述者一并表示衷心的感谢。

由于编者水平有限,书中难免存在一些不足之处,希望得到同行和读者的批评指正。

编　者
2009 年 9 月

目 录

Contents

项目一 组建公关部

教学目标

终极目标　能根据公关部的职能和工作内容组建公关部。

促成目标

1. 熟悉公共关系的职能以及与相近实践活动的异同
2. 熟悉公关人员应具备的基本素质
3. 熟悉组织公关部的特点，工作内容，组建方法等
4. 认识公众，学会分析公众

工作任务

完成小型公关部的组建，并形成文案。

模块一

公关涵义与职能

≫ ≫ ≫   ≫

⇨ 教学目标

终极目标

能区分公共关系与人际关系、广告及宣传等的异同点。

促成目标

1. 理解什么是公关；

2. 熟悉公关的职能；

3. 能区分公关与相关实践活动的异同。

⇨ 工作任务

1. 认识公关，熟悉公关职能；

2. 能区分公共关系与人际关系、公告、宣传的异同点。

⇨ 任务指导

案例学习 1-1　一个企业的再生——管理之父亚柯卡的公关智慧

日货冲击，对手倾轧，石油危机，财政枯竭，25 个副手各占山头，数万辆劣质车积压满库。1978 年，美国第三大汽车公司克莱斯勒内外交困，危机四伏。就是在这样严峻的形势下，亚柯卡为克莱斯勒的一片诚意所感动，毅然放弃百万美元的退休年金，出任克莱斯勒董事长兼总经理。他决心以自己的知识、经验、胆识挽救摇摇欲坠、满目疮痍的企业界"万吨巨轮"。

有"野马之父"荣称的亚柯卡出生于美国宾夕法尼亚州的艾伦顿市，他以出色的管理才能闻名于世，是汽车经营业不可多得的"天才"。

亚柯卡深谙"打铁先得自身硬"的道理，所以上台伊始，他的"三板斧"就首先砍向企业内部：

撤裁冗员。23 名副经理和大批管理人员被裁减，公司内的优秀分子得到提升。

广招贤才。一些大公司包括福特、通用内的不得志的业务能手被招到克莱斯勒麾下。

协调内部公众关系。向公会、员工解释自己的打算、计划,倾听他们的建议,让员工成为公司股东。为了建立"共渡难关"的意识,他还降低了自己的年薪。

在亚柯卡出任总经理的当天,克莱斯勒的股票就猛涨,升幅达 35%。而新官上任的"三把火",不仅使其内部团结一致,而且赢得了相关公众的赞许。经过一系列的调整,克莱斯勒当年就扭转了企业亏损的局面。

对企业自身的问题,亚柯卡可以快刀斩乱麻。但对于财政枯竭及全球性的萧条,亚柯卡也没有太多招数,于是他想到了政府担保贷款。

谁料此言一出,立即招来众多非议。不仅通用与福特百般挑剔,连实业界、金融界、新闻媒体也纷纷来凑热闹,说此举有违自由企业精神。看来,想让受舆论影响甚多的国会批准贷款,必须从舆论着手。

1979 年,亚柯卡搞了一次大规模的宣传活动。他自己常常开着克莱斯勒车出没于闹市,还动手拍了 46 部广告片,以轻松幽默、妙趣横生的情境,营造出"克莱斯勒与以前不同了"的形象。然后在报纸上大登企业形象与公共关系广告:

失去了克莱斯勒,对美国有好处吗?

在自救方面,克莱斯勒是否已尽力为之?

克莱斯勒,问题多得解决不完吗?

……

回答了公众最想知道的上述问题之后,亚柯卡邀请供应商、销售商、记者参观考察克莱斯勒,增加其生产、经营的透明度。经过一系列的公关活动,社会舆论开始同情克莱斯勒,报纸也开始替它讲好话了。

克莱斯勒趁热打铁,开始了对同业、金融界、实业界进行一系列的公关游说工作,向他们指出克莱斯勒不过是沿用旧例罢了,如果以前政府能为 4000 亿美元贷款担保,那么,克莱斯勒要求 12 亿美元的政府担保贷款并不违背自由竞争精神,不让政府批准才是不公平的。同时,他向同业指出,由于经济萧条,也许在明天,也会有人像克莱斯勒这样需要政府担保,如果不给克莱斯勒这个有能力还债、只欠贷款的企业一个机会,将赌死其他企业的退路。这样一来,反对他的人便偃旗息鼓。

而在国会上,他通过演说指出:克莱斯勒的要求不仅是合理的,而且是为国家担当重任。如果不给克莱斯勒以支持,它的倒闭将使失业率一夜之间上升 0.5%,与它同生死的供应商、销售商的萎缩也将使国人丧失大量工作职位,同时给纳税人增加 160 亿美元的重担。此外,实业民众对所在地区的议员也将改支持为反对。而仅需 12 亿美元,克莱斯勒将会承担起这个重任。

亚柯卡的游说活动取得了极大成功,得到经济帮助的克莱斯勒开始出现盈余。即便在这时,亚柯卡也没有放松公关工作。"一家企业的再生"始终吸引着众人的目光。到 1983 年,克莱斯勒即已还清贷款。而到 1986 年,克莱斯勒的股票从 1980 年 5.3 美元上升到 35 美元。这在全美企业中是涨幅最大、涨速最快的。

案例分析 1-1

面临困境,亚柯卡的公关思路异常清晰,总的主题定位"一个企业的再生",并通过有条不紊的步骤展开:内部公众——同业公众——媒介公众——相关公众,一步步稳扎稳打,最终实现了自己的目标。游说是一项难度较大的公关技巧,其目的在于说服对方,让受众接受自己的观点。亚柯卡的才华于此处表现出来:他的演说鞭辟入里,切中要害,通过利害剖析,达成主体意见向普遍意见转化。亚柯卡的公关手段也十分成熟:从影视、文化、实物媒介到公关广告、演说、产品展示、邀请参观等形式,皆能做到运用自如。

★课堂讨论 1-1　什么是公共关系,有哪些特征?

讨论总结 1-1

公共关系是指＿＿＿＿＿＿＿＿＿＿＿＿＿＿＿＿＿＿＿＿＿＿＿＿＿＿＿＿＿＿＿

＿＿＿＿＿＿＿＿＿＿＿＿＿＿＿＿＿＿＿＿＿＿＿＿＿＿＿＿＿＿＿＿＿＿＿＿＿

公共关系的特征是＿＿＿＿＿＿＿＿＿＿＿＿＿＿＿＿＿＿＿＿＿＿＿＿＿＿＿＿＿

＿＿＿＿＿＿＿＿＿＿＿＿＿＿＿＿＿＿＿＿＿＿＿＿＿＿＿＿＿＿＿＿＿＿＿＿＿

案例学习 1-2　华旗倒"旗"

一、华旗简介

天津华旗集团生产果茶,地处京津之间的宝坻县,总经理是一位 30 出头的女农民企业家。"华旗"品牌的创意是:"华"即"中华",旗即"旗帜"。其理想是让这种品牌成为中华饮料的一面旗帜。1991 年 5 月投产后发展很快。1992 年初积累4000 万元资金,并与美籍华人合资,组建帕瑞特食品有限公司。1992 年底"华旗"果茶产量达 4.5 万吨,销售额 1.2 亿元。

二、倒"旗"过程

1992 年 10 月,国家技术监督局对市场上的果茶进行抽查:肯定"华旗"果茶质量上各项指标属上乘,但净量一项不稳定(标签含量 245 毫升,实为 240 毫升),因而定为不合格产品。

1993 年 1 月 19 日,国家技术监督局在北京召开新闻发布会,宣布"华旗"果茶为不合格产品。

1993 年 3 月 9 日,国家技术监督局向"华旗"发出 1992 年第 4 季度抽查结果不合格通知书。

1993 年 3 月 11 日,天津市经委和天津市技术监督局在天津召开新闻发布会,公布国家技术监督局 1992 年 4 季度的抽查结果,天津《今晚报》、《中国食品报》刊登有关消息。

"华旗"针对"不合格"的通报开展整改工作,花了几十万元将净含量 245 毫升的标签全部作废,更换成 240 毫升的新标签。

1993 年 4 月初,北京技术监督局市场随机抽查检测结果:"华旗"各项指标全部合格,被作为优质产品推荐参加了扶优限劣成果展览。

1993 年 4 月上旬,中国保护消费者基金会向消费者推荐优质果茶,其中有"华旗"。

4 月 16 日,国家技术监督局质检司委托轻工部主管的《消费指南》杂志及其所属的中轻广告公司召开宣传优质果茶的新闻发布会,会后几十家新闻单位对"华旗"果茶作了"不合格"的报道,在社会上掀起轩然大波。

5月正当果茶销售旺季,全国各代理商纷纷来电、来函要求退货,几天之内市场销售额削减一半。紧接着工厂停产,1000名工人放假回家。1000吨红果存在冷库,每月耗损2%,直接经济损失8000多万元,加上各项间接损失,总计近亿元。

三、"华旗"遭此厄运的直接原因

1."华旗"在3月下旬接到《消费指南》杂志征订合格产品广告后,未予理睬,并且退函。以此为由,《消费指南》在1993年第三期将"华旗"列入不合格产品。

2.参加4月16日的新闻发布会必须先交纳8000元会务费。"华旗"因拒交而未能参会。新闻发布会对整改后已经合格的"华旗"不予公布(合格产品榜上无名),以致误导大众传媒把"华旗"说成"不合格产品"。"华旗"当时的态度是:仅与国家质量技术监督局沟通,询问不合格原因,未采取任何澄清事实的措施。6月才向北京新闻界说明实况。当《人民日报》、《北京青年报》两记者前往了解真相,表示对"华旗"事件坚决"曝光"时,"华旗"领导忧心忡忡:"不要报,写出来上了报,后果不堪设想!""曝光"后,"华旗"副总说:"造成这么大的舆论轰动,不是我们的本意。一个小公司,怎么敢和一个部门去抗争,去作对立面。""华旗"陷入两难境地:既怕得罪有关部门,又不甘心忍下这口气。

1994年7月初,"华旗"向有关政府部门告状,并在北京、天津两地召开有中央和地方新闻单位参加的"华旗事件"情况通报会。以后,中央有关部门组织专人赴天津调查,对造成"华旗事件"的有关当事人给予相应处分。

随后"华旗"恢复正常生产营业,但已错过了很多商机。

案例分析 1-2

华旗的悲剧,关键在于企业的领导开始没有充分意识到公关的重要性,没有强烈的公关意识,不知道舆论的重要性,仅仅因为8000元而招来一场大灾难,教训可谓沉痛。从国家技术监督局的抽查到出现大量退货期间,华旗始终三缄其口,即使灾难降临之后,依然不知道利用公关手段来挽救局面。其实,在整个事件的过程中,《消费指南》的广告征订函、华旗改换标签、北京技术监督局的推荐、保护消费者基金会的推荐和新闻发布会都是大好的公关机会,华旗没有利用这些契机,不知怎么办,仍然固守"酒香不怕巷子深"的经营思想,结果不能适应环境的变化,说明没有公关的企业是不堪一击的。"华旗"的例子成为中国公关界典型的危机公关案例。

课堂讨论 1-2　从华旗倒"旗"的原因看公共关系的职能

讨论总结 1-2

华旗倒"旗"的原因:

_____

_____

_____

_____

_____

_____

公共关系的职能有 _____

_____

★课堂讨论 1-3　公共关系与其他实践活动的区别

讨论总结 1-3

总结一　公共关系与人际关系的联系与区别

	联系	
区别	公共关系	
	人际关系	

总结二　公共关系与广告的联系与区别

	联系	
区别	公共关系	
	广告	

总结三　公共关系与宣传的联系与区别

	联系	
区别	公共关系	
	宣传	

⇨任务实操

1. 通过讨论分析认识公共关系涵义、特征、职能与工作内容;

2. 在分析与总结的基础上列出公共关系与人际关系、广告及宣传的异同点。

⇨知识链接

■认识与理解公共关系涵义和特征

一、公关的涵义

"公共关系"是英文 Public Relations 的译名,缩写为 PR。

自 20 世纪中叶公共关系学在美国诞生以来,人们对公共关系的认识一直没有统一,体现在对公共关系概念的界定上,也是林林总总。据称世界各国对公共关系的定义有 400 多种,其中比较有代表性的定义主要有:

(一)咨询说

国际公共关系协会于 1978 年 8 月发表的《墨西哥宣言》称:"公共关系是一门艺术和社会科学。它分析趋势,预测后果,向机构领导人提供意见,履行一系列有计划的行动,以服务于本机构和公众的共同利益。"

(二)管理说

美国《公共关系新闻》杂志给出的定义是:"公共关系是一种管理职能,它评估公众的态度,检验个人或组织的政策、活动是否与公众的利益相一致,并负责设计与执行旨在争取公众理解与支持的行动计划。"

(三)传播说

美国著名公关学者佛兰克·杰夫金斯认为:"公共关系就是一个组织为了达到与它的公众之间相互了解的确定目标,而有计划地采用一切向内和向外的传播沟通方式的总和。"

(四)传播管理说

当代美国公共关系学术权威、马里兰大学的詹姆斯·格鲁尼格认为:"公共关系是一个组织与相关公众之间的传播管理。"

(五)社会关系说

美国普林斯顿大学蔡尔兹认为:"公共关系是我们所从事的各种活动、所发生的各种关系的通称,这些活动与关系都是公众性的,并且都有社会意义。"

……

适合我国国情和语言表达习惯,我们认为公共关系就是一定的社会组织运用传播、沟通等手段在公众中塑造良好形象,建立双向沟通的一门科学和艺术。在现代社会,从宏观上看,公共关系是充满智慧的谋略论;从微观上来考察,公共关系是任何组织与个人取得成功的法宝。

二、公共关系的特征

公共关系的特征是体现其特点的征象和标志。作为组织外求发展、内求团结的一种社会实践活动,它的主要特征体现为:

(一)以良好信誉、形象为基本目标

如果说,搞好人际关系的目的是为了创建个人良好的生存和发展环境,那么,公共关系活动的目的就是为了使组织拥有良好的声誉,创造良好的组织生存与发展环境,这也是公共关系的核心所在。

（二）以真诚、互惠为基本原则

公共关系以组织与公众之间相互坦诚相待、平等、互惠、互利为基础，为赢得组织和公众的支持，最终实现双赢的目的。

实证鉴录

1998 年，时任美国总统的克林顿因"拉链门事件"而受困，加之在事件发生初期他所采取的"逃避政策"（不承认事实）更使其陷于四面楚歌的境地。就在这时，以伦纳德·萨菲尔（《强势公关》作者，曾为尼克松、福特、里根等多名美国总统担任公关顾问）为首的公关专家们，向克林顿建议：总统应马上转变态度，讲实话，并进行一次发自内心的忏悔。可以以"事实与谎言"为话题，安排一次针对美国国内年轻人的电视讲话，讲话内容应针对在校学生，以自己的亲身经历为例，向孩子们讲述一个浅显的做人道理：一个人如果撒谎，他的未来和前途可能就会被这个谎言所毁！电视讲话的时间应选择在晚饭前后——孩子们和家长都在家，都会围坐在电视前认真收看。克林顿采纳了这个建议，并于同年 9 月 11 日在白宫举行的一次由教会领袖参加的早晨祈祷会上发表了他的忏悔，在讲话中他强调："这个国家的孩子们，我希望你们能从我的错误中深刻反省，并了解一个道理，'尊严对一个人是多么重要，任何自私的做法都是错误的'。"他还动情地讲述了他前不久到佛罗里达州访问时遇到的一个小男孩，孩子对他说，长大了我也要当总统，要和你一样。克林顿说，我衷心希望美国的家长们能以我为戒，教育孩子们要做个诚实的人。

演讲发表后，克林顿总统的被动局面彻底扭转。

（三）以长远发展为基本方针

建立组织与公众的良好关系，赢得组织的良好声誉，并让公众获益，从而达到公关目标。这绝非一朝一夕就能取得，必须依赖长期、有计划、有目的、持久不断地艰苦努力，是一项长期的战略性任务。

（四）以双向传播、沟通为基本手段

为了维持组织与公众之间的良好关系，一方面要及时、全面地了解、搜集信息，为改善组织的决策和行动提供依据；另一方面又要迅速、有效地将组织的各方面信息传播给相关公众，争取公众的全面认识、了解和拥护、支持。双向传播、沟通是实现公关目标的最佳方式。

（五）以目标公众为基本对象

公共关系是社会组织同构成其生存环境的内外部公众之间的关系。组织是其主体，公众是其客体，它与主体构成公关的基本矛盾。一切工作均应围绕公众而展开，目标公众便成为公关的基本研究对象。

■熟悉公共关系职能

公共关系职能是指公共关系活动能对组织主体所承担的职责和所发挥的功能。我们知道，塑造组织主体良好的形象是公共关系活动的目标，因此，围绕这一目标所展开的工作就形成了公共关系的职能范围。同时，作为一门内求团结、外求发展的管理艺术，需要的是点点滴滴、日积月累的努力,这也意味着公共关系的职能是全方位的。

一、形象塑造功能

塑造良好的形象是现代公共关系的根本目标与神圣职责。良好形象是社会任何组织立足于社会的根基,既是一笔无形财富,也是每一个组织长期奋斗的最高目标。

"形象"一词的本义,是指人与物的形态、相貌、外观等。而组织形象则是指社会公众对组织及其行为综合认定后形成的一种总体评价,是组织的表现与特征在公众心目中的反映。

良好的组织形象能给组织带来无穷的益处:

1. 为带有该公司名称的任何产品或服务创造出一种消费信心。如"肯德基"品牌,在中国儿童消费者心目中已树立起一种超然的形象,以至其连锁店遍地开花,令同类竞争者望而却步。

2. 预先为新产品的成功作了保证。

3. 为保留或吸引人才创造了条件。员工为自己在一个优秀的组织中工作感到自豪,各类人才也会慕名而来,使组织能招揽到更多的优秀人才。

4. 为吸引社会资金提供方便。

5. 有助于增进政府对组织的好感和帮助。

6. 有助于获得社区的支持。

7. 有助于良好的营销网络的建立与完善。

实证鉴录

为提高知名度,北京长城饭店在开业不到半个月时,即以总经理和副总经理的名义,邀请全店1600位员工的亲属,政府有关部门,附近的"左邻右舍"到饭店参观做客。这次接待是一次大规模的公关活动,从请柬的设计、印发到食品、饮料的准备,从参观区域的选择到参观路线的运筹,从导游的培训到接待的礼仪,每个环节都计划得具体而周密。活动持续了三天半,共接待4029人。

这次接待参观,使员工亲属了解了饭店工作的性质,了解了员工共组的规律,取得了员工亲属对饭店工作的理解和支持。使政府官员、有关单位增加了对饭店的了解,奠定了今后与饭店互相协作、互相支持的基础。

二、沟通信息功能

公共关系活动从某种意义上说就是信息的传播与沟通过程,即及时、全面、准确地将有关公众信息传递给组织主体,同时将组织主体的政策与行为信息向公众传播。这样一个信息的"双向循环"过程,有人将此职能称为组织环境的"监察守望者"。从具体活动内容上来分析,它又包括:

1. 信息搜集

即收集一切对组织内外环境有影响作用(包括潜在的影响力)的工作环境信息与社会环境信息,包括政治、政策、行政法规及经济、技术、科技、市场消费动态等。

2. 分析与处理

对众多信息的分析与处理是这阶段公关工作的重点。以何种标准对信息进行取舍与汇总,直接影响到决策层的决策行为。一旦信息处理错误,使信息失真,则信息搜集工作也前功尽弃。同理,对同一种信息的不同处理也会得出截然不同的结果。如1999年,"打假英雄"王海到了广州,商家们的反应却完全不同,有的商场公开声明不欢迎王海的到来,有的甚至关门停业若干天,但也有商家主动邀请王海进场打假,并与其进行座谈交流,共商"打假"对策。

3.传播反馈

这包含两层含义,其一是企业环境信息经收集分析后,及时向组织决策层传播,帮助决策层随时掌握最准确的有关组织环境状况信息;其二是将组织主体的政策与行为信息以合适的方式,通过合适的渠道向目标公众反馈传播,让公众理解、知晓。

在信息沟通中要注意:

● 成功的宣传与传播必须建立在良好的工作和正确的行为基础上

即组织自身的政策与行为应能被公众认同,动机诚实、表述可信。如组织行为本身不能被公众认同(甚至与社会法律环境和道德习俗环境相悖),则传播的作用会适得其反。

● 受众的针对性与传播媒介选择的合理性

即运用科学的公众分类,有目标地向对象公众作针对性传播,以提高"接收"效果。如以消费者为诉求对象的信息传播可通过大众传媒进行,而以社区公众为诉求对象的信息传播,如果通过专题性公共关系活动组织,效果就会更好。

● 信息的新颖性与及时性

新颖,即指信息要有新内容、新创意,传播和沟通要有新方式。

及时性,即指信息自身的时效性。无论是组织外部信息的搜集、报告,还是组织内部信息的沟通、传播,失去了时效也就失去了作用。应以最快的速度将信息向有关公众(或组织决策层)传播,以便在第一时间做出反应。

三、关系协调功能

公共关系是组织与社会环境之间的一种沟通协调机制,利用各种沟通、协调的手段,为组织广交朋友、减少冲突、协调关系,实现组织与内外公众之间的和谐相处,营造良好的生存环境和友善的合作氛围,以实现组织的总目标。

在协调组织主体内部关系和组织主体与外部公众关系时应把握的几个原则:

1.互利原则

即应保持组织与公众利益的一致性,尤其在制定组织政策及采取行动时,应以公众利益为出发点,在实现自身利益目标的同时,努力满足公众利益,承担组织一定的社会责任。如保持生态环境和谐,支持科学、教育、文化事业,对公众关心的社会公益问题积极承担义务等等。

 实证鉴录

宁波市区某酒店地处一居民区内,其烟气排放与锅炉的安全性一直是社区居民颇为关注的热点。开业初期,因为考虑欠周,导致居民经常性的投诉,甚至有部分居民打算通过法律途径为自己讨个说法。了解情况后,该酒店采取了几项举措:首先,改高压锅炉为微压锅炉并在锅炉房外面再增设一堵防火墙;其次,将酒店烟道升高,并改烧煤为烧油;另外,通过街道居民委员会组织了几次居民座谈会,通报酒店对热点问题的改进情况,对居民关注酒店、关心社区环境与安全的心

情表示理解与支持,同时积极出资美化社区环境,还利用酒店自身条件,向社区居民免费提供闭路电视信号。渐渐地,居民不满情绪消失了,与酒店的关系也变得融洽起来了。

2.公开原则

心理学研究表明,在人际关系中,许多的纠纷隔阂缘由沟通不当引起的误会,一旦双方知晓了事实,就很容易达成共识,所谓"理解万岁"就是此意。公共关系也是如此。在组织与公众关系紧张诸因素中,神秘性、封闭性与随意性因素成因最多。这要求在组织与公众的沟通、协调中,一方面是公开事实真相,只要组织目标符合社会总体目标要求,公开真相就能给组织带来更多的朋友,"越理解你,越喜欢你,越支持你"。同时,沟通协调的方式也要公开,用公开的方式与公众进行真诚的沟通,才会求得公众对组织的真正理解,那种拉关系、走后门、偷偷摸摸的行为不是公共关系。

3.及时主动原则

公共关系人员应具备敏锐的反应能力,通过全面的信息搜集与分析,随时发现组织主体在运作过程中与有关公众的沟通障碍,并及时做出反应,采取有效措施(或向组织决策层提出建议),尽早消除误会,平息事态。

同时,公众群体一旦与组织发生沟通障碍,其反应一定是以公众自身利益为重心,而不可能从组织主体角度尝试某种行为。这就要求公共关系人员应主动与相关公众进行协调,在平时保持一种良好的沟通氛围和渠道,就显得非常必要,这也是公共关系长期目标原则的要求。

具体在组织实际运作过程中,由于各种公众关系状态不同,协调的方法也不同:

● 当公众关系处于和谐状态时

沟通的重点就是通过不断宣传与传播组织主体的良好业绩,及对社会承担的公益责任来保持和强化公众对组织的良好形象。

● 当公众关系处于不和谐状态时

沟通协调的重点则是解剖、反省自身行为,包括运作行为和传播行为。先确认组织自身的运作有无损害公众利益,有没有违背公众利益至上原则。在传播上,从内容到媒体选择有无不诚实公开之处,是不是做到了及时、全面、主动的沟通。一旦确认就应勇于承认错误,并采取行动及时改进。如果出现沟通障碍,则须迅速通过其他传播渠道,将组织真实情况向公众"告知",以及时消除误会,改变组织与公众的不和谐状态。

 实证鉴录

如法国佩里埃集团公司,在20世纪80年代末期突然面临一场风暴。他们在美国市场上出售的矿泉水中,有十五六瓶被美国的有关检验部门检出"苯"的含量超过美国规定的每升5微克的限度。当检验部门将这一发现公之于众时,引起了消费者的强烈不满。佩里埃集团公司当即决定,将美国市场上现有的7200万瓶矿泉水撤出市场。然而风暴并未就此平息,消息传出,日本、西德、瑞士、丹麦、中国香港地区等国家和地区先后宣布把"佩里埃"矿泉水逐出市场。在这关键时刻,巴黎佩里埃集团总部一个周密的公关计划也酝酿而成。

"风暴"出现的第5天,公司几大巨头一起举行了记者招待会,郑重宣布,将行

销世界各地的 1.6 亿瓶矿泉水全部撤下市场,就地销毁。这就等于将 2 亿多法郎仍进了大西洋。

虽然损失巨大,但毕竟赢得了公众的信任。当时,苏美等许多大报也就此发表了社论,赞扬公司以消费者利益为重的"罪己"精神。

● 当公众关系处于不明状态时

协调的原则首先是以真诚的态度表明组织自身的意见,本着诚实、友善、开诚布公的原则与公众沟通,消除对方的疑虑及逆反性心理因素,避免误会和偏见,也就是人际关系中通常讲的"以心相交"。另外,要把双方关系中含有的双方利益关系交待清楚,使双方对关系状态的实质及趋势有个"预存立场",心中有底,以利于今后双方关系的良性发展。

四、决策咨询功能

决策咨询是指公关人员向社会组织领导者或决策者提供有关公关状态等方面真实情况的说明和意见,使决策科学化、系统化,体现在对经营管理决策所发挥的参谋作用上。这是现代公共关系中一项十分重要的职能。

现代组织的决策不能局限于组织本身的利益取舍,而须从全局的、长期的和社会的角度考虑决策所可能导致的社会后果。应该看到,公关意识不强的组织决策人员更多的是考虑组织自身的利益与行为,这就需要公共关系人员从公众利益角度对组织决策行为进行咨询,以保证组织行为与公众利益的一致性。而且,公共关系工作对组织主体作用的最大限度发挥也在于能否进入决策咨询,公共关系的首要任务就是赢得和保持高级管理层的支持,这种支持与了解会随着时间的推移和公共关系为组织的成功所做出的业绩记录而逐步强化起来。我们看到有许多社会组织设置了公共关系部,也配置了专业的公共关系人员,但只要工作就是写迎来送往,或策划一些专题公关活动,使公关部变成了接待部、企划部,公共关系的作用没能得到充分发挥。公共关系的咨询决策作用是公关工作自身的目标要求,如同一些公关专业人士所讲的,要为公关而"公关"。

无论是具体内部的公共关系部门,还是外部的专业公共关系咨询机构,要让自己的工作为组织决策层所认可并且重视,必须同时满足两个条件:

第一,咨询意见必须正确可行,这就要求公共关系工作必须对组织环境信息进行全面、系统、及时、准确的搜集、汇总,并运用科学方法分析、研究后才能向决策层提供正确的咨询意见。

第二,是其工作和策划的活动对实现组织目标,充分利用各机遇,或解决组织面临的问题确有贡献。这就要求公关工作要重视以下几个方面:

(1)站在公众立场上发现决策问题

这是决策层所不具备的,但也是组织决策必须考虑的因素。往往站在目标公众的立场对决策进行评议,能使问题表现得更加明显和直观。

　实证鉴录

美国有家玩具制造公司,它聘用一些儿童为公司特别顾问,让他们免费使用公司各种最新玩具,其中一个儿童提出,模型玩具固定的不好玩,能否生产能变形的,如将汽车变成机器人,把导弹变成机枪。公司采纳了这个儿童的意见。于是一种新型玩具变形金刚随之问世,风靡一时。

（2）使公众利益进入决策层的视野

社会组织在决策中应自觉建立相应的约束机制,这种约束来自两个方面:外部约束(如社会舆论、民众思想倾向)和内部约束(即从公共关系部门代表各类公众从组织内部对其决策进行约束),而且内部约束要比外部约束更具前瞻性。他要求社会组织在决策过程中尽可能顾及公众利益,在决策中反映公众的利益和要求,从而避免决策只注重组织自身利益的片面性,而可能引起的与公众利益要求的差异性,最终对组织自身的发展带来不利的影响。实际上公共关系对组织决策来说,与其说是一种约束,不如说是决策正确性的一种保障,因此在现代组织中,公共关系参与决策咨询已成为确保组织生存发展的重要条件。

（3）在决策中确立公共关系目标

公共关系参与决策咨询使组织的决策方案包含一个新的内容,既有利于组织良好形象的树立也有利于具体相关措施的落实。

 实证鉴录

1983年11月,美国《纽约时报》刊出"日本人管理好了一家美国工厂"的长篇报道,在美国引起了轰动。日本人为什么能在短短的6年时间里,让阿肯色州弗里斯特市电视机厂,一个严重亏损、裁员75%、已几乎倒闭的企业起死回生呢?原因很简单,日方决策层成功地将公共关系观念体现在决策方案中。他们采取了三项措施:

1.员工聚会小餐,并在餐后发动全体员工清扫厂房,把工厂粉刷一新,整理得像家一样;

2.随着生产的逐步正常,找回那些被工厂辞退的失业工人,并与工会建立良好关系,总裁与工会代表座谈商讨企业发展计划,恳请共同合作,振兴企业;

3.对表现不好的员工也不是以辞退了事,而是由工会出面"做思想工作"。

至1983年,该厂日产希尔斯牌微波炉2000台,彩电5000台,合格率达98%,企业迅速走向兴旺。在年底的员工与家属聚餐酒会上,该市工业委员会主席说:"电视机厂是我们市的命脉,而三洋公司则是我们的支柱。"

在具体工作中,公共关系提供决策咨询的主要内容有以下几个方面:

1.组织本身公共关系状态的分析、评估,包括组织主体的知名度、美誉度和组织形象的基本分析。

2.各类主要公众的客观资料,包括公众的基本构成、基本态度、基本行为以及发展动态的分析、评价资料。

3.对组织本身政策和行为的公共关系评价,尤其是在新的政策或新的发展环境中,公众可能会产生的变化。

4.提出适应本组织具体特点的、配合组织发展和经营计划的公共关系拓展计划和具体方案。

美国强生公司前公关首脑在其公关年度报告中指出,也许在一个公司里,在高级行政主管相互关系中超过任何别的关系的,最至关重要的是首席执行官和高级公共关系行政主管之间存在的人与人之间的感情,如果事情正在按照它们应该运行的方式正常运行着,那么公共关系人员将会得到独特的机遇,成为首席执行官的"忠诚的反对派",他们——站在

紧闭的门背后——会说"如果你这样做,你就犯了一个大错误"。太平洋煤气和电器公司首席执行官理查德·A. 克拉克也说:"首席执行官能够从他们的公共关系顾问那里获得他们所需要的东西的仅有方式,就是在冥思苦想制定政策、战略和项目的时候,让他们坐到会议桌旁。"

■公共关系与人际关系、广告、宣传活动的异同

在社会实践中,公共关系经常被人们混同于其他社会活动。因此,正确地认识公共关系与其相关社会活动的联系和区别,有助于社会组织有效地开展公关工作。

一、公共关系与人际关系的异同

所谓人际关系是在一定的社会条件下,个体与个体之间基本思想感情的心理上的关系,也就是双方在人际认知、人际情感交往行为中所体现出来的彼此寻求满足需求的心理状态。

(一)公共关系与人际关系的联系

1. 从内容上看,公共关系包括了部分人际关系。虽然公共关系的主体与客体都是社会组织,但牵涉到具体的活动,都离不开具体的人。比如,会晤、接洽等,都是由具体的个人代表各自的组织进行信息交流、感情的沟通,从而促进公共关系目标的实现。因此,组织与公众的关系也经常表现为个人与个人的关系,即代表组织的个人与公众群体中的个人之间的相互交往。

2. 从方法上看,公关实务包括了人际沟通的技巧。公关活动需要采取人际沟通的技巧和手段,来充实和丰富公共关系活动,提高公关活动的成功率,虽然人际沟通的面相对窄一些,但由于它针对性强,感情色彩浓,信息真实且反馈快。特别是公关人员良好的交际素质与涵养,对增进双方理解,加深友谊,消除误解,具有得天独厚的优越性。

(二)公共关系与人际关系的区别

1. 主体不同:公共关系的主体是社会组织;人际关系的主体是个人。

2. 活动范围不同:公共关系的对象是与组织相关的所有公众及舆论,包括一切对塑造和宣传组织形象有益的活动。人际关系则包括许多与组织无关的私人关系。

虽然公共关系包含人际关系的内容,但不是所有的人际关系都是公共关系。另外,公共关系十分强调运用公众传播和大众传播的方式作远距离、大范围的公众沟通,而人际关系则比较局限于面对面、个体对个体的交流方式。

3. 职能不同:公共关系是社会组织经营管理的一种软性手段,具有管理职能。它通过塑造形象、宣传形象、维护形象,为社会组织的生存和发展创造良好的外部环境。而人际关系处理的是人际关系问题,它是通过人际传播与沟通、增进双方的了解,联络彼此的感情,协调双方的关系,寻求需求的满足。

4. 性质不同:公共关系是建立在组织与公众互利互惠的利益基础上;而人际关系多是与一定的血缘、地缘、业缘、事缘相联系的。双方可能存在利益关系,也可能不存在利益关系。

二、公共关系与广告的异同

广告是付费使用传播媒介的劝说活动。广告可分以下两大类:

```
                商业广告   以推销商品、劳务为内容和目的,劝说顾客购买商品,接受劳动。
        广告            ┌ 公关广告   以推销介绍广告主的观念、形象为内容,目的是增进公众
                      │            对组织的了解,提高组织在公众中的知名度和美誉度。
            非商业广告 ┤
                      └ 社会性广告  关于道德、观念宣传、政府机关、社会团体的通知、公告
                                   及征婚、寻人、红白喜事公告等。
```

（一）公共关系与广告的联系

1.公共关系与广告一样,要借助传播媒介来传递信息。

2.树立组织形象。公关的直接目的是为了组织树立形象和信誉;而广告的客观效果也是组织形象的某种宣传,所以广告也常具有公关的性质。

（二）公共关系与广告的区别

1.目的不同:公共关系主要为树立组织的整体形象,使组织能够长期地生存和发展。而广告则通过传播媒介对消费者进行劝说,目的在于迅速地打开某种商品或某项服务的销路。

2.功能不同:有人说"公关是要人爱我,广告是要人买我",这话也有一定道理。应该说,广告和公关传播对企业品牌理念的传达和产品的推广各有不同的功能。广告侧重于对知名度的提升和销售的拉动,而公关传播则侧重于建立企业和品牌的影响力。广告的传播功能比较直接,而公关传播的影响比较间接。相比较而言,对品牌的传播适合以公关为主,而针对目标消费群的传播则更多应该考虑以广告为主。

3.两者表达方式与内容上的不同:广告注重创意,通过创意的新颖性和诉求的集中性,有针对性地传播信息,而公关传播则注重新闻性和及时性,通过对新闻的策划和事件的推广来达到传递组织完整的正面的真实的信息作用。当然,公共关系活动也会以广告形式传递组织信息,建树组织形象,如公关广告。

4.评价标准不同:公共关系重整体效果,评价标准复杂,一般以公众态度的转变、舆论的好坏等来评价,因此,不能在短期内做出评价。而广告重具体效果,广告做出几个月内销售有否明显增加。

三、公共关系与宣传的异同

宣传是社会组织通过传播一定的观念来影响或控制他人的信仰、态度或行为的有系统的劝说活动。

（一）公共关系与宣传的联系

两者都为信息传播。如公共关系需要通过传媒（尤其是大众传媒）,向公众传递沟通相关信息,而新闻本身就产生于社会各个组织或个体中,它也是一种信息传播。而且新闻的报道价值是传媒报道与否的选择标准之一,是一种对社会负责的舆论宣传手段,这就使任何组织都有可能成为新闻报道的对象,成为新闻的"主角"。

（二）公共关系与宣传的区别

1.目的不同:公共关系宣传的目的是让公众知晓并熟悉、喜爱组织主体;而新闻宣传则是"将事实告诉给受众"。在这里,公共关系的"新闻制造",就是为使组织主体有更多的机会成为正面新闻的"主角",让更多的公众知晓、了解本组织,在合乎新闻报道原则的前提下,策划、制造一些热点新闻而成为媒体报道的"主角"。

2.方式不同:宣传是一种单向的传播,即告知公众什么事、怎么了;而公共关系则是双

向沟通,即根据公众关注程度,在对有关信息的有效搜集、分析基础上,选择合适的传媒,有选择地告知公众有关组织主体感兴趣的"热点"信息。

3.负责的对象不同:公共关系是社会组织为争取社会公众的了解和支持所采取的主动行动,它对组织主体负责。而新闻宣传则必须对整个社会负责。最明显的是:当一个组织出现了某种突发性危机事件时,公共关系是从组织角度出发,在告知公众事实真相的同时,表明组织如何对公众负责的态度,以求公众在了解事实真相的同时,理解组织的行为;而新闻报道则是从新闻性角度直接告知公众事实真相,并就公众关注的问题,从社会角度进行评议。

模块二

公关主体与客体 >>>> >

⮕ 教学目标

终极目标

能组建小型公关部。

促成目标

1. 熟悉公关人员应具备的基本素质、基本技能；

2. 学会了解自己、分析自己，能对自己作比较正确的评价；

3. 熟悉公关组织的类型及性质；

4. 熟悉组织公关部的特点，组建方法；

5. 认识公众，懂得公众的分类。

⮕ 工作任务

1. 掌握公关人员应具备的基本素质，通过心理测试，学会对自己作一个比较正确的评价；

2. 组建公关部，确定公关部的名称、标识、工作内容、人员职责等；

3. 能够分析组织有哪些主要公众。

⮕ 任务指导

案例学习 2-1　公关人员的素质

雀巢公司有 130 多年的历史，是世界上最大的食品公司之一。

双城雀巢有限公司是雀巢于 1987 年和黑龙江双城市乳食品公司共同投资兴建的雀巢在中国的第一家合资公司，也是雀巢在中国的第一个工业项目。该公司位于黑龙江省双城，于 1990 年 7 月完全投产，是目前中国最大的奶制品工厂之一。

2005 年 5 月 25 日，浙江省工商局公布了近期该省市场儿童食品质量抽检报告，其中黑龙江双城雀巢有限公司生产的"雀巢"牌金牌成长 3＋奶粉赫然被列入碘超标食品目录。同时，浙江省工商局已通报各地，要求对销售不合格儿童食品的经营单位予以立案调查，依法暂扣不合格商品；不合格儿童食品生产厂家生产的同类不同批次商品必须先下柜，抽样送检，待检测合格后才可重新销售。

对于奶粉，国家标准是每百克碘含量应在 30 微克到 150 微克之间，而雀巢的这种产品被发现碘含量达到 191 微克到 198 微克，超过国家标准的上限 40 微克。据食品安全专家介绍，碘如果摄入过量会发生甲状腺病变，而且儿童比成人更容易因碘过量导致甲状腺肿大。

由于雀巢的产品一直受消费者信赖，当雀巢碘超标被媒体披露后，消费者感到异常震惊。

27 日，在上海，联华、欧尚等大超市纷纷表示，已与雀巢经销商协商，将对问题产品撤柜，而家乐福已向全国发布撤柜通知。

城门失火，殃及池鱼。金牌成长 3＋奶粉出事，连带雀巢几乎所有产品都受影响。28 日，SOHU、SINA 等网站在所做的调查中发现，八成网民表示暂不买或今后再也不用"雀巢"。

29 日，中央电视台经济半小时播出《雀巢早知奶粉有问题》。在节目中，雀巢中国公司公关部经理孙女士在接受记者采访时的表现给公众留下了不良的印象。

1. 采访过程中，雀巢中国有限公司公关部经理孙女士先后 3 次摘下话筒要求结束采访，先后三次用沉默来回答记者的提问。当记者称采访还没有结束时，孙女士说"我该说的已经说了"，"我认为已经结束了"。

2. 孙女士接受记者采访说："按国家标准，这批产品是不合格。"但又说："我们的产品没有问题，是非常安全的。"因为她认为自己的奶粉符合《国际幼儿奶粉食品标准》。但当她翻开声明中提到的这个国际标准时，在碘含量的上限这一栏数字是空着的。这也就意味着，无论雀巢奶粉的碘含量有多高都是符合这个国际标准的。

3. 孙女士说，雀巢公司是在浙江省工商局作出决定之后，才通过媒体了解到自己的产品碘含量超标的。但实际上有关部门在对外公布检测结果前曾给了雀巢公司 15 天的时间让他们说明情况。也就是说，雀巢公司早在 15 天前，即 5 月 10 日左右，就知道不合格奶粉流向市场，但他们并没有及时警示消费者。

4. 当记者问"你们有没有查过造成碘含量超标的原因"时，孙女士说："我们查过，是原料奶的碘含量不太平衡，原料奶是从千家万户收过来的，碘含量的幅度比较难控制，这是事实。"但随后她又说"可以控制"。但对记者"既然可以控制为什么还出现超标的情况"的问题，孙女士以沉默作答。但实际上记者在生产各环节进行实地采访后发现，牛奶中脂肪和蛋白质的含量被雀巢公司列为鲜牛奶是否合格的重要指标，而碘的含量并不在取样检测范围之内。

5. 当记者问"消费者很想知道出问题的这些奶粉究竟销往什么地方了，你们查清楚了吗"时，孙女士称"我们都有掌握"，但又称"这个数字由公司掌握，我本身不是搞生产的"。"我作为公关部经理，目前掌握的信息就是我们新闻稿发布的信息，如果有进一步的消息我会再告诉你们。"

而当记者问"现在消费者希望知道一些消息，他们的知情权能否得到保障?"孙女士用沉默回应记者。

5 月 30 日，越来越多知情的消费者到超市要求退货，然而大部分消费者的退货要求却遭到了拒绝。雀巢方面依然没有就问题奶粉事件给出关于召回或者退货的进一步答复，导致大部分消费者退货无门。

　　5月30日,在接受浙江卫视的采访时,雀巢公司的孙女士称"非常遗憾,这一种批次的,被检出来超过微量标准了,这也是事实。在此对消费者带来的不必要的麻烦我们表示道歉。"但针对消费者提出的退货要求,孙女士回答:"它超了这么一点,它这个产品是不是就不能用?所以,我刚才跟你讲过,29种微量元素有一种超了一点,微超是不是就不能用了?这个问题是个关键。我们认为这个产品是没有问题,所以我们认为安全。这是非常清楚的。"

案例分析 2-1

　　公关人员素质太差。在媒体广为流传的公关人员接受央视采访的照片,是低着头在摘耳麦的画面,那种神色和姿态,让人感觉就是做了错事理亏心虚、但又不想认错的表现。而先后三次中断采访并以沉默来应对,更显其缺乏专业素养。其屡次漏洞百出、前后矛盾、不着边际的回答更是败坏了雀巢公司的形象。

　　不识时务,故作玄虚。可怜天下父母心,雀巢作为婴幼儿的食品质量出了问题,当然让人注目和担心。然而雀巢的公关公司和公关人员却动不动摆出公事公办的架子,称"如果有进一步的消息我会再告诉你们","采访到此结束",那种傲慢与冷漠,尽显无遗。

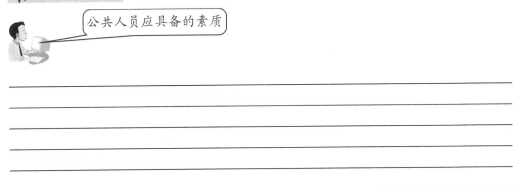

课堂讨论 2-1

公共人员应具备的素质

_____

_____

_____

_____

_____

认识名人

公关职业的先驱者——艾维·李

　　艾维·李(1877—1934)出生于美国佐治亚州一个牧师家庭。毕业于普林斯顿大学,曾是《纽约时报》《纽约日报》《纽约世界报》的一位记者。多年的记者生涯使他认识到尊重民意、提供真实信息、协调沟通的重要性。

　　1903年艾维·李创办了一家"宣传顾问事务所",成为向客户提供公关咨询并收取费用的第一位职业公关人员。

　　1906年,他又向新闻界发表了阐述其活动宗旨的《原则宣言》。他指出:我们的责任是代表企业单位及公众组织,就公众关心并与公众利益相关的问题,向新闻界和公众提供迅速而真实的消息,这就是"门户开放策略"。艾维·李的公关思想是"公众必须迅速被告知"。

艾维·李先后被洛克菲勒集团、铁路公司、美国电话电报公司、公平人寿公司等聘请为顾问,期间为他们解决了许多难题。

由于艾维·李提出了公共关系的真诚、开放原则以及有关公共关系的技巧和方法,推动了公关事业的发展,因此,艾维·李被誉为"现代公关之父"。

但是,艾维·李的公关咨询工作还存在许多不足。比如,他从来没进行过公众舆论的科学调查,而只是凭经验、凭直觉来进行工作,对此,有人认为他的工作只有艺术,而没有科学性。尽管如此,他作为公关职业的先驱者的地位是不容动摇的。

自从1903年开始,被后人誉为"公共关系之父"的美国著名记者艾维·李开办了世界上第一家公共关系事务所以来,至今已雨后春笋般地涌现出了成千上万家的公共关系公司。中国自1985年8月成立第一家环球公共关系公司,至今已有数百家公共关系公司存在并运作,为社会经济发挥着重要的作用。

 课堂讨论 2-2 公关组织的类型有哪些?

讨论总结 2-2

课堂讨论 2-3 组建企业公关部应弄清的问题有哪些?

讨论总结 2-3

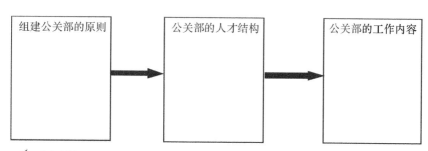

案例学习 2-2 争取公众

20世纪70年代后期,日本的"三洋"电气公司和"丰田"汽车公司,很注意把目标瞄向潜在公众。两家公司在中国各大城市的报纸、电视台上做了大量广告。当时,中国的市场还不能直接买到"三洋"和"丰田"产品,有人对花这样大的广告费不理解。"三洋"的回答令人难忘:我们坚信,中国的市场迟早会开放,这是实现现代化的必然趋势。如果等中国市场开放后再去做广告,那就晚了。这样,一旦中国市场对外开放,消费者想买国外的家用电器,就自然会立即想到"三洋"这个牌子。况且,中国有许多华侨在国外,当内地的消费者请海外亲朋好友购买国外家电产品时,自然就会想到"三洋"。"三洋"公司的广告策略是成功的,该公司铺天盖地的广告宣传,造成了强大的舆论声势,在中国潜在消费者公众的头脑中,牢固地树立了"三洋"的观念。"三洋"等产品打入中国市场,是公关理念运用在市场营销策略上的胜利。

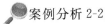 案例分析 2-2

公众是公共关系的对象,任何组织的生存和发展都离不开公众的支持和信任。所以,一个组织对其公众的研究也是公共关系的重要内容。一个组织只有正确地认识和分析自己的公众对象,才能有的放矢地制定公共关系的目标、策略和方法。

**课堂讨论 2-4   什么是公众?如何分类在?

 公众是指:

同一类型的公众有不同标准的分类					
按稳定程度不同分		按公众对组织的态度不同分		按公众不同发展阶段对组织的影响程度分	

同一类组织有不同类型的公众							

列出本校的主要公众

本校主要公众							

↪任务实操

（一）自我心理测试

1.每个学生做心理测试题；

2.根据测试题结果对照表对自己的性格、人际交往能力、情绪控制等方面进行评价；

3.自我分析，完成自我评价。

（二）组建公关部

1.同学可通过竞聘申报公关部长职位，每个班可申报 8－10 个公关部长；

2.由公关部长招募公关员，人员可限定在 4－6 人；

3.公关部长召集公关员讨论公关部的名称、标识，制定公关部制度，确定工作内容；

4.把讨论的内容写成文稿，做成 PPT，以备全班交流；

5.各个公关部把本公关部的情况与特色在班中交流，以提高本公关部的知名度。

（三）公众分析

1.分析本公关部的公众有哪些；

2.分析浙北超市有哪些主要公众，对不同的公众应采取何种公关策略。

↪知识链接

■公关人员应具备的基本素质、基本技能

一、公关人员的基本素质

（一）公关人员的职业道德

公共关系工作的职业道德是在实践中逐渐形成的对职业行为的道德要求。这些是由公共关系职业特性所决定的道德要求。从某种角度讲，公共关系工作中反映出的道德好坏不只是影响个人，更重要的是影响整个组织。公共关系工作中的职业道德主要包括：

1.廉洁奉公，不谋私利

公共关系人员在从事公共关系工作中应尊重社会公德并维护公众利益，不做任何违反社会公德和公共利益的事。每个公共关系人员只有为公众、组织、国家谋利益的义务，而没有为个人谋私利的权利。不管在什么情况下，公共关系人员的行为不仅代表自己，而且代表组织或企业的形象。那些利用职权损公肥私、假公济私、以业谋私、营私舞弊、贪污受贿的行为都是不道德的。

2.恪尽职守，真诚老实

塑造良好的组织形象，为组织的生存和发展创造出良好的环境，是公共关系人员的基本工作和根本任务。所以，公共关系人员对公共关系事业是否尽心尽责，对工作是否忠于职守，是衡量一个公共关系人员是否具有职业道德的重要标准。公共关系人员说话办事一定要做到表里如一，不可投机取巧。

3.公道正派，谦虚团结

公共关系事业是一项高尚的事业，从事这一事业的公共关系人员应该具有高尚的品德。这就要求公共关系人员要为人正直，办事公道，作风正派。公共关系工作是一种群体性的工作，需要每个公共关系人员精诚合作与互助。只有在团结友爱、互相尊重的氛围中，

才能取得事业的成功。

4.认真工作,努力学习

公共关系人员职业道德水平如何,不但要看有无自觉履行职责的愿望,还要看有无出色履行职责的本领。因而,钻研业务、勤奋学习,也是公共关系人员应具有的职业道德。在当今这个知识大爆炸的时代,公共关系人员若不注意不断更新知识结构,跟上时代步伐,就有被淘汰的危险,这样即使有满腔热情,也无法把工作做好。

实证鉴录

环球公司遇到过一个案例。1992年,法国轩尼诗公司为了庆祝其进入中国市场120周年,决定派遣一条船到上海参加有关活动,并要求在码头举行隆重的欢迎仪式。按法国方面的设计,为重温怀旧之情,码头上迎接的礼仪队伍要全部身穿"清兵""宫女"的服装,并由专人扮成"皇帝"和"皇后"的模样,恭候船只的靠岸。

初一听,此方案很有创意,但环球有关人员再细细一想,不对,120年前是什么时候? 那是"鸦片战争"时期,清王朝丧权辱国、割地赔款,对外国侵略者唯唯诺诺,一味迁就。今天,这一历史岂能重演? 法方的设想也许不含恶意,但要照这一设想去操作,势必极大地损伤国人的民族感情,政治影响非常不好。

当时,"环球"还处于和"博雅"合作期间,"轩尼诗"是博雅的客户,环球只是代理操作,因此,简单的拒绝是不可能的。后来,通过耐心的解释,及有关方面的协调,使法方改变了原方案。

(二)自觉的公关意识

没有公关意识的人,即使他有再好的心理条件,再广泛的知识,他或许只能从事别的工作,但干不了公关。具有公关意识的公关人员才是真正合格的公关人员。这是因为,良好的公关意识能促使他让自己的公关行为永远处在自觉化的状态,使他对环境变化的反应,有一种能动、开放、创造性的机制,能很好地从事策划性的工作,也能创造性地完成公关实施任务。

公关意识是一种综合性的职业意识,它大致由以下几方面构成。

1.尊重公众的意识

尊重公众,并不仅仅是一句口号。它要有尊重、体贴公众的内心情感,尽可能的满足公众被尊重的需要。我们知道,离开了公众,孤立的组织形象是毫无意义的;忽视了公众,组织的生存就受到直接威胁,自然也谈不上组织的进一步发展了。

任何组织的公共关系工作都必须着眼于公众。当组织利益与公众利益发生冲突时,满足公众利益应该是第一位的。现代公共关系教育的先驱、美国著名公共关系学者爱德华·伯纳斯早在1923年就指出,公共关系工作是为了"赢得公众的赞同","公共关系应首先服务于公众利益"。20世纪七八十年代,国外企业普遍强调自己的社会责任,实际上这也是服务公众意识的反映。具有公众服务意识的公关人员,能时时处处为公众利益着想,利用条件、创造条件为公众服务,努力满足公众方方面面的要求,准确地把握公共关系工作的方向。

2.塑造形象的意识

公关的一个重要目的,就是塑造组织良好的形象。在公共关系思想中,最重要的是珍惜信誉、重视形象的思想。良好的组织形象,是一个组织的无形资产和无价之宝。具有塑造形象意识的人,会清醒地懂得知名度和美誉度对自己组织的生存和发展的价值。知名企业、知名产品也要求继续塑造自己企业、产品的形象,不要以为"酒好不怕巷子深",要知道,"皇帝的女儿也愁嫁"。

3.真诚互惠的意识

真诚互惠的意识是公共关系的功利意识。否认公共关系工作的功利性,是自欺欺人的。一个处在当今竞争社会的组织,需要有一种竞争态势,组织之间既竞争又合作,才能共同发展,共同前进。竞争的首要问题是争取公众支持、塑造组织形象。任何组织都想塑造自己良好的形象,但这种形象的塑造,必须建立在真实、透明、真诚的基础上。因此,公共关系工作既要满足公众的要求,尊重公众的利益,又要追求本组织的利益。但这种追求,必须建立在彼此尊重、平等互利的基础上,而非建立在欺骗他人、坑害公众的基础上。

4.传播沟通的意识

沟通交流的意识,实际上也可以说是一种信息意识。组织为了塑造良好的形象,更好地为公众服务以实现其目标,就必须建立一个信息网络,来掌握环境的变化,保护组织的生存,促进组织的发展。从更高的层次来说,沟通交流的意识属于现代社会的民主意识。组织为了塑造为公众所接纳的良好形象以求得公众对组织的支持,就必须倾听公众对组织的各种建议和批评;组织为了推销自身的良好形象,提高知名度和美誉度,就必须运用交流的技巧,将自身所作所为宣传出去。而这一切都必须依赖于一种民主精神、民主意识。沟通交流是双向的,如果一个组织只想获取其他组织和公众的信息,而不想让其他组织和公众得到自己的信息,就是缺乏沟通交流意识的表现。

5.创新审美的意识

塑造组织形象是一个创新审美的过程。组织的良好形象只有在发展的基础上才能实现真正的稳定。同样,也只有在稳定的前提下才会有真正的发展,要发展就必须有创新、有突破、有超越。既超越自己,又超越其他组织。至于组织良好形象塑造过程中的每一个公共关系活动,其策划与设计也需要有创新。我们说公共关系是一门科学与艺术,就是说它有客观规律可循,有相对稳定的操作程序;又指它有突破固定程序、追求无重复的创造特点。对公关工作而言,创新是永恒的,唯有创新,才能塑造具有个性的组织形象;唯有创新,才能在竞争的社会中,使良好的组织形象保持长久。

6.立足长远的意识

塑造组织形象,不是立竿见影的事,而是需要通过长期努力,不断积累,才能取得成功。是由无数次良好的公关活动的累积,才能由量变到质变,来提高组织的公关状态水平。任何急功近利,只关注短期效益的做法,都是与公关思想不符的。

(三)稳定的心理素质

1.兴趣广泛

公关人员的工作涉及面广,与各种不同背景、思想、性格的人交往,决定其"相关知识"面必须宽广,兴趣爱好与其工作作风、工作方法紧密相连,又将决定开展公关工作质量的高低。兴趣既能驱使人们学习公关知识、刻苦钻研公关技能,又能使人经受困难与挫折的考验勇往直前。

2.自信力强

一个人有了自信,才会产生自信力,进而激发出极大的勇气和毅力,最终创造出奇迹。

由于公关工作是一种创造性很强的工作,这种工作要求人们有开放的心理,不断接受新事物、新知识、新观念。具有开放心理的人,能宽容、接受各种各样与自己性格不同、风格不同的人,并能"异中求同",能在很多方面表现出一种高姿态,冷静地对待和处理工作中所遇到的困难和挫折,而不会斤斤计较一时一事的得失。自信力是对公共关系人员心理素质的最基本的要求,也是事业取得成功的重要基石。

3.善于控制

自控力是公共关系人员与内外公众密切沟通、交往的心理智能法宝。公众中各人的利益、性格、思想、品质在交融碰撞,当矛盾、冲突发生时,不要急躁、冲动,既要善于控制自己的情绪、冷静思考、沉着应对,又要"宰相肚里能撑船"、"大人有大量",求同存异,与人为善,谦和待人,从而创造出良好、和谐的人际关系氛围。

4.情绪稳定

稳定乐观的情绪,是公关人员必须具备的心理素质。在公关工作中,公关人员始终保持稳定乐观的情绪,既能增强克服困难的自信心,又能感染公众,建立起互信、友好的写作关系,为塑造组织良好形象奠定坚固的基础。

实证鉴录

　　安徽芜湖某酒店在招聘员工时就明确要求,每一名员工务必保持稳定乐观的情绪,决不能将生活中的忧郁、烦恼带进工作岗位,一进入酒店,每名员工就应立刻像演员一样进入角色,表现出稳定乐观的情绪,用真诚的微笑迎接每一位宾客。

5.意志坚韧

意志是人们自觉确定目的,并据以支配和调节自身行动,克服各种困难,实现目的的心理活动,公共关系活动是一项复杂多变的智力操练,是组织与组织、人与人之间思想、心理、情感的角逐较量,组织公关目标的实现总是与排除障碍、克服困难紧密相连。公关人员应自觉地用坚韧克服脆弱,用自制力克服冲动性,用果断性克服优柔寡断和草率、马虎。只有具备坚强的意志,才能以充沛的精力和坚韧不拔的毅力去排除万难,探索前进,实现预期目标。

(四)公关人员的知识结构

公关人员的知识结构如图1-1所示。

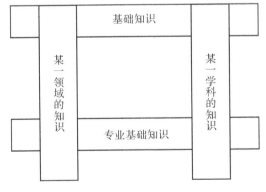

图1-1　公共关系人员的知识结构

1.基础知识是工作生活中所必需的,包括天文、地理、历史、自然、物理、社交、伦理等知识。

2.专业基础知识包括社会学、心理学、经济学、政治学、法学、逻辑学、管理学、市场学、传播学等知识。这些知识与公共关系职业有直接或间接的关系,它们的功能是开阔思路、启发创造、指引方向。这类知识不一定十分系统、完整、准确,它们可以是模糊的、渗透性或跳跃性的。

3.某一领域的知识包括公共关系原理、公共关系实务、公共关系案例、公共关系写作、公共关系心理学、公关关系专题活动等知识。

4.某一学科知识与自己的工作密切相关。

"井"字形知识机构与传统的宝塔形、阶梯形知识结构的差别在于,它不讲上宽下窄,也不讲由低向高逐渐打基础,而是快速通过不重要的过渡性区域,在中间地带,在基础知识与专业知识的结合处形成自己的优势。这一点恰好适用于公关人员。因为与公共关系职业相关的学科太多了,而一个人的生命和时间是有限的。所以现代社会的公关人员必须巧妙地筛选、搭配自己的知识结构,以利于更有效地开展公共关系工作。这种知识结构适合于现代文明的需要,是适应社会发展的理想知识结构。

(五)公关人员的能力结构

1.人际交往能力

良好的社交能力是衡量一个公关人员能否适应现代社会的标准之一。公关人员只有具备较强的社交能力,才能在任何场合都能应付自如、左右逢源、广交朋友。由于工作需要,公关人员经常参加各种社交活动,如迎送客人、参加各种商务洽谈、宴会和舞会等。所以,应了解并遵循在各种场合下的礼节要求,尤其是在涉外公共关系活动中,既要遵循国际惯例,又要根据本国特点和风俗习惯以及特殊的需要灵活变通。

2.创造策划能力

公关工作从本质上来衡量,每一次成功的策划或实施活动本身就是一次创新性的重大举措。在激烈竞争的现代社会,公关人员在开展公关活动中,只有不断地创造新颖的方法、奇特的方式,才能满足公众不断求新、求异的心理需要,从而取得公众的注意、理解和支持。

公关人员的创新能力体现在竞争中不断创新、求异,才能技高一筹,领先一步,从而达到扩大影响、树立形象、推销产品、争取公众支持合作的根本目的。这一切均依赖于公关人员勤于思考,突破常规,大胆设想,追求新颖别致的创新能力。

 实证鉴录

美国某报社为纪念125周年庆典活动,创业非常独特,特制了一只供8000位来宾吃的蛋糕。蛋糕是一个大平面,直径有四张乒乓球台的宽度,上面的巧克力、奶油、糖正好描绘出一个报纸的版面。正是当天该报125周年的专刊。

美国迪斯尼乐园的创造人迪斯尼是一个穷画家,他借卡通片给世界带来了欢乐,也使自己成了巨富。而他的灵感,乃是一只不起眼的老鼠。谁能想象如此庞大的迪斯尼乐园产业,竟由一只小老鼠开创。

3.灵活应变能力

公关关系工作随时都会面临出乎意料的事情。这就要求公关人员在处理这些事情时

要机智、灵活,有随时可以应付一切突发事件的应变能力。在组织顺利发展时,能保持组织的良好形象,并能力争向更高的目标发展;遇到障碍之时,能保持清醒的头脑,并能寻求挽救组织形象的有效途径;遇到临时性问题,能够临阵不惊,保持冷静、理智的态度,及时找到解决问题的方法,从而尽快解决问题。

实证鉴录

　　新加坡某公司总经理在我国一宾馆设宴招待客户,席间,他酒喝多了。宴会结束,众人离席,女服务员礼貌地对那位总经理说:"先生,您慢走,早些休息。"总经理走下了楼,但突然他又返了回来,服务员问他:"先生,有什么事吗?"总经理回答说:"没什么事,我忘记吻你一下了。"周围的人听了这话都哄笑起来,其他服务员都望着这位女服务员,不知所措。只见这位服务员平静地走上前去,把手伸给总经理,总经理拿起她的手吻了一下,然后满意地离去。

　　试想,如果这位女服务员当时难为情地捂着脸跑开了,那会造成什么样的结果呢? 不仅会使客人难堪,而且还会被当作笑料传开去,这必然会有损宾馆的形象。

4.组织协调能力

是指事物的统筹安排,计划管理以及调整、调度、沟通联络等工作。公共关系组织的每一项专题活动、各种庆典暨会议都是公关人员组织能力的充分表现。公关人员在筹备组织每一次活动时,都要做许多周密准备与安排,这正是其出色组织能力的生动展示。公关人员实际上就是这些具体活动的组织者与领导者,除了作周密布置外,还要安排好实施步骤,精心设计每一环节的衔接,确保井井有条,以鲜明的特色给人留下深刻的印象。

5.沟通传播能力

传播是联系公关主体与客体的中介,是公关工作的重要内容,传播能力的强弱直接关系到公关工作的成效。

①口才。口头表达往往反映了人们对语言的驾驭能力。作为一个公关人员,应能较好地用语言表达出自己所要讲述的主要思想和宗旨,要善于抓住听众的心理,表达的语言应精练,不拖泥带水,词汇应丰富,要让人感到你的讲演既大方得体又恰到好处。要做到这一点,需要有较高的文化修养和丰富的临场经验,同时还需要经常锻炼自己的口才。

②写作,也是一种传递信息的重要方式。公关人员不单要会说还要能写。许多公文、请柬、新闻报道及公关广告都需要公关人员的起草和修订。这就要求公关人员具有驾驭文字的能力,他不但要熟悉各种文件、文章的基本形式,还要会利用自己丰富的知识给文章润色,创造出尽可能完美的文字材料,使文章能给人以清新、生动、流畅、亲切之感。

③态势(体态语)就是形体表达或动作表达方式,这常常为人们所忽视。有人做过统计,发现在传达某种情绪、感染听众方面形体表达有时要比语言或文字表达更为重要。形体表达就是利用人的身体器官、手势、面部表情,下意识动作等都可以成为传达感情和交流信息的方式。在与公众交往中,公关人员应用心研究各种体态语言,从中了解对方的态度或细微的情绪变化。同时也要注意自己本身的体态语言可能传达出的某种信息。

■公关组织的类型及性质

一、公关公司

按照经营方式的不同,公共关系公司可以分为三类。

1.公关与广告合营的公司

它既经营公关业务,又经营广告业务。这是在公共关系事业和广告事业得到迅速发展过程中出现的一种公司类型。据《有效公共关系》的作者卡特李普、森特和布鲁姆等介绍,公关公司和广告公司联合经营的情况产生于20世纪20年代初,到了40年代中期,美国有75个广告事务所提供公关服务。尽管近十几年来,公关领域中出现了专业化的趋势,但公关公司和广告公司的联合经营或合而为一仍有较大的市场。其主要原因是商业广告在工业发达国家的经济生活中一直占据着重要的位置,各类经济组织在经营中主要依靠商业广告维持生存和发展。而起步远远晚于广告公司的公关公司,无论职业水平还是经营经验,都难以与有丰富经验和较高专业水平的老牌广告公司相提并论,不得不依赖于广告公司的提携。另外,由于公关公司和广告公司在经营性质上是相通的,因而出现了合营的趋势。

如:中航公关广告公司(地址北京),主要从事企业咨询、营销策划,媒体广告代理,户外广告,影视,平面广告创意、制作,展览展示,旅游会务,公关策划、执行等,可为客户提供一条龙全面服务。

2.综合性公关业务的公司

这类公司,全面提供公关业务项目,既包括公关技术服务项目,又包括公关行业服务项目。从而要求其工作人员知识结构全面、合理,既要有行业公关专家和专业人才,又要有技术公关专家和专业人才。如博雅公关(中国)有限公司、伟达(中国)公关顾问有限公司、中国环球公关公司等。

3.专项公关业务的公司

这是指提供专项咨询服务的公关公司,如媒介公司,是专门为客户提供媒介关系咨询服务的公关公司;设计宣传资料的公司,是为客户提供各种宣传资料的文字图片设计服务工作,等等。这类公关公司在规模上要比综合经营咨询公司小得多,因此,在筹建上节约资金,对专业人员的要求比较单一,且能在自己的服务领域内向横向、纵向两个方面发展。如杭州的铭典文化传播有限公司(mingdian2003@163.com)属媒体公关。

二、公共关系协会

公共关系协会是从事公共关系研究与实践协调性机构。其主要目标是在于促进公共关系事业的发展;提高公共关系的职业标准,使组织的实际工作获得好处,通过一系列教育活动、信息交流方案和研究项目,为公共关系人员提供良好的意见交流机会和自我改进机会。

公共关系协会的主要职责是通过非成员间联系及协会会议帮助会员了解、把握世界各国与地区的公关发展趋势和公共关系方面存在的问题,提高会员对公共关系在事业发展中的重要作用的认识,开展公共关系管理的研究工作。

公共关系协会的主要活动有:

1.召开年会和学术研讨会。通过年会和学术研讨会、进行学术研讨,安排下一年度的工作,有时还要评选优秀论文,表彰公共关系活动的积极分子等。

2.组织专业培训。通过举办讲习班、培训班和研讨班等培训公共关系专业人员。英国公共关系协会经常举办 CAM 证书和文凭两个层次的考核。

3.建立内外联络系统。对内经常与会员保持联系;对外,与国内外公共关系协会进行联络交往,形成横向网络系统。

4.宣传普及知识。通过编辑出版会刊、通讯,普及公共关系的知识,记载和推广公共关系的研究成果。

5.开展公共关系咨询活动。

三、公共关系部

公共关系部是指组织内部设立的专门公共关系工作机构,它不具备独立的法人资格和地位,但它是组织为贯彻公共关系的思想,专业性开展公共关系活动而设置的一种重要的组织职能。

(一)公共关系部的特点

从公关操作的角度看,一个组织自己设立公关机构具有以下特点:

1.了解内情。组织内设的公关机构对本组织的业务和人事比较熟悉,因此开展工作能够有的放矢、切合实际,比较便利。

2.便于协调。内设公关部直接受管理层的指导,直接与组织内部各部门沟通,便于协调工作。

3.效率较高。公关部作为常设机构,能够招之即来,特别是应付突发事件时效率较高。

4.成本较低。自设的公关部便于控制预算和投入。

5.较难公正。由于受到组织内部因素的制约,难以完全做到客观公正。自设的公关机构处于本组织的目标压力和人事环境中,难免受到本组织的各种因素的约束,传播工作有时候就难以完全做到实事求是。因此,公关工作常常需要寻求外界的协助,即聘请专业的公关公司或公关顾问。

(二)组织内设公关机构的模式

按公关部的隶属关系来考虑,分为部门隶属型、部门并列型、总经理直接负责型三种类型。

1.部门隶属型

部门隶属型是指公共关系隶属于组织中的某个二级职能部门,是这个二级职能机构的一个下属分支机构。如图 1-2 所示。

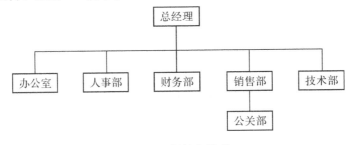

图 1-2　部门隶属型

公共关系部作为三级机构,可以隶属不同的部门,以体现工作不同的侧重点。如隶属于办公室,侧重点在组织内部的关系协调、外事接待和对外联络等。这种设置适合中小型组织和企业,但这种模式不能全面体现公共关系的职能。

2.部门并列型

部门并列型是指公共关系部与组织的其他职能部门平行设置,都属于组织的二级机构。如图1-3所示。

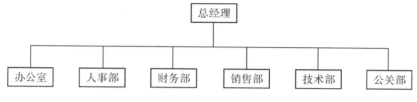

图1-3　部门并列型

部门并列型的设置,公共关系部可以较为全面地开展公共关系活动,但具有一定的局限性。由于和其他部门一样同属于二级机构,在开展大型的公共关系活动中就难于凭自身的地位搞好协调工作。只有通过设立由主要领导参加的临时机构来负责组织协调。

3.高层领导直属型

领导直属型是指公共关系部直接属于组织的最高决策层领导,通常由副总经理担任公共关系部负责人,公共关系部成为介于最高领导层和二级机构中间的相对独立性机构。如图1-4所示。

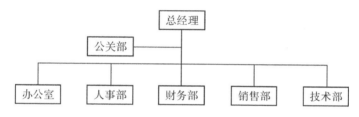

图1-4　高层领导直属型

高层领导直属型是一种较为理想的设置模式。它使公共关系部能够较为全面地体现其自身的职能,可以充分参与组织的决策,有效协调各部门之间的关系,统筹安排组织的各项公共关系活动。目前,大多数组织或企业的公共关系部都是按照这种模式设立的。

(三)如何组建一个公关部

1.组建公关部的原则

(1)专业性原则。组织中的公关部应明确工作的职责范围,领导不要把公关人员视作打杂,哪里需要就抽调到哪里,或把与公关无关的事务性工作推到公关部,从而影响公关部履行正常职能。

(2)权利与责任平衡原则。权利与责任是相辅相成的,拥有一定的权利就必须承担一定的责任,因此,从公关部成立之日起,就应该明确公关部的权责范围。

(3)精简性原则。精简的关键是精,即工作效率要高,应变能力要强,能够在较短的时间里,用最少的人力去完成任务。精简的主要标志有:配备的人员数量与所承担的任务相适应,机构内部分工粗细适当、职责明确,并有足够的工作量,可能时,要提倡一身兼多职。

2.公关部的人才结构

由于公关部的人员配备比较少,不仅每人要充分发挥其能力,而且内部成员之间的知识、才能能够取长补短,做到珠联璧合、相得益彰。因此,人员的配备应考虑以下几方面的情况。

（1）专业知识结构。公关部人员应由不同专业，不同知识领域和水平的人进行结合，形成知识优势互补，这样才能适应不同层面的工作。

（2）职能结构。每个人都有每个人的特长，如有的人善于演说，有的人善于写作，有的人善于动脑。公关部的员工最好是各种智能突出的人都有，这样可以优势互补，相互协调。

（3）性别结构。即公关部成员男女比例适当。因为，女性有女性的优势，男子有男子的特长，有的工作女性适合，有的男性适合，有时则需要男女搭配、优势互补。

（4）年龄结构。一般都为老、中、青三结合，使人才的培养有一个合理的梯度。

（5）综合素质结构。除了前面介绍的知识素质、能力素质外，还应考虑性格、脾气等综合情况。

（四）公关部主要从事的工作

内设公关部主要从事四类日常工作：

1.长期工作：组织整体形象策划、调整、传播、评估等。

2.日常工作：搜集信息、各类资料整理、与媒体保持联系、员工培训、宣传品的制作与派发等。

3.公共关系的定期活动：记者招待会、编辑内部刊物、参加各种管理会议、了解组织内容管理状况与外界的商业联系情况、组织安排各类活动、总结评价公关活动效果等。

4.公共关系的专题活动。组织安排大型庆典活动、展览活动、筹划安排"制造新闻"活动、处理危机事件、安排来宾参观访问；安排筹款赞助活动等。

■公众及公众分类

一、公众的涵义及特征

（一）公众的涵义

《现代汉语词典》把"公众"解释为"社会上的大多数人"。这是平时人们对公众的理解，它和"大众"、"群众"意义相近。公共关系学中所研究的公众，是特定的概念。《公共关系辞典》对公众的定义为："与某一特定组织机构相联系的，所处地位相似或相同，具有共同的目的、共同的利益、共同的问题、共同的兴趣、共同的意识或共同的文化心理等合群意识的社会群体。"这一概念具有以下特殊的涵义：

1.公众是与某一社会组织发生联系的社会群体

从这一概念出发，公共关系所研究的群体不是抽象地、独立地存在，而是相对于某种特定的主体存在。比如，某企业一系列经营行为的发生就会随之产生特定的公众群体：广告受众、产品的消费者、中间商、政府管理部门等。

2.公众必须是面临共同问题而形成的社会群体

"共同问题"是这个社会群体存在的依据。比如，某企业向社会销售了一批质量有潜在问题的产品，现在质量问题已经显现。所有该企业产品的消费者，不论他是何种人、地处何处、是自然人还是法人，都面临一个共同问题，即他们的消费者权益受到了侵害，该企业将采取何种方式解决。

（二）公众的特征

1.同质性

同质是指公众面临共同问题,这种共同问题能把形形色色的群体与个体结合在一起,构成该组织主体的公众,其行为具有比较一致的趋向。

比如说,往水中扔一块石头,水面上会泛起一环接一环向四周扩散的水波,水波圈离作用点有近有远,将作用点比作是组织主体,那层层环绕着的就是该组织主体的公众。最近的是组织的内部公众,有股东、管理人员和员工等,其他的就是诸多的外部公众,如社区、地方政府、传媒界及顾客等。尽管他们之间没有明确的组合(除内部公众外),但他们却有着一个共同的特征,那就是与组织主体的存在与发展产生着某种联系,这就是同质性。

公众的这种同质性是与普通大众的异质性相对的。后者也是一种群体,而且是一个规模更大的群体,但没有任何相关性或者说没有"面临共同问题"。从这个方面说,公众总是可以确定的,并且是可以量化的。

2.群体性

组织的行为所涉及的公众是以群体的形式出现的。表现方式可能是群体,有时可能是代表某类群体的个人。当公众群体的利益以个人形式出现时,组织不能够只看到个体,而应考虑到群体环境。如当某个人投诉组织的某方面行为不当时,组织就应当高度地重视此问题,要研究它的影响面及可能会给组织带来何种程度的影响,并从全局考虑。切不能认为这是投诉者个人行为而草草了事。因为投诉者所投诉的问题,极有可能是一个群体所面临的共同问题。

3.多样性

公众的多样性表现在:一是公众存在的形式是多样的。公众是一个统称。具体的公众可以是个人,也可以是群体;既可以是一个具有严密组织机构的团体或组织,也可以是松散的群体。如某个生产性企业,它所面临的政府、供应商、经销商等都是具有严密组织结构的团体或组织。而它所面临的消费者,却是一个松散的群体。二是公众对组织的态度、看法是多样的,与组织的关系疏密程度也是不一样的。三是根据不同的标志,可以划分为各类公众。

4.可变性

既然公众是因"面临着共同的问题"而产生和存在,那么随着"共同问题"的变化,公众自然也会发生变化,尤其在现今信息社会,市场条件千变万化,组织主体必须随着环境条件的变化而随时调整自身运作目标、计划与方略,相应的对象公众也会随着主体的条件、客观环境的变化而变化,新的公众会代替原先的公众,公众的范围也会随着"面临共同问题"者的增加而不断扩大。有时公众的性质也会发生变化,如通过合作,原先的竞争者关系成了合作者关系,敌对关系成了伙伴公众,也有可能使一般公众变成重要公众、非公众成了公众。如由于某一品牌产品的质量给消费者造成了伤害,那么这部分受伤害的消费者群体就从一般性的消费者公众变为危机公众。

了解公众的可变性,有利于我们在公共关系工作中,随时把握公众的变动趋势,明晰公众的范围,以便采取最有针对性的举措,达成组织主体公关运作目标。

二、公众的分类

对公众进行必要的分类,有助于公共关系人员明确工作对象,掌握公众对象的特点,制定适宜的公共关系政策。通过对公众的科学分类,还能提高公共关系活动的效率。

（一）横向分类

横向分类即按照公众与组织的归属关系分类,可将公众分成内部公众与外部公众两类。

1.内部公众

即组织内部的人员群体组织,包括股东和员工。它是与组织关系最为密切、最为直接,也是最重要的核心公众。他们不仅决定着组织主体的命运,同时也是组织公共关系运作的最主要力量。如果内部公众都能具备以组织中一员为荣,与组织共荣辱、同患难的意识,实际上就已经达到内部公共关系的最高境界了。

2.外部公众

包括与组织的生存与发展有影响作用的组织主体以外的相关群体,他们在某些方面直接影响着组织的正常运营。依照组织主体性质不同,其所包括的范围有一定的差异。一般而言主要有:

● 社区公众:包括组织主体所处地域范围内的各类相关群体;

● 政府公众:包括政府各类职能部门在内的,代表政府履行立法、司法及行政职能的相关群体,如当地各级政府、工商、税务、防疫等政府职能部门;

● 媒体公众:包括各类大众传媒及其从业者,如报社、电台、电视台、各类官方或非官方网站等。

● 同业公众:包括同行业的竞争者和业务伙伴,后者又包括供应商和经销商。就生产企业论,它还包括同业生产厂家和企业自身的各类原料、辅助材料、零配件供应商与产品的经销企业;

● 消费者公众:包括使用本企业产品（服务）的众多消费者群体。从严格意义上讲,消费者公众是组织主体所面临的最大公众群体,也是组织最主要的外部公众,大量的公共关系活动都是以此类公众为目标而进行的。

● 其他公众:包括上述各类公众以外,但却与组织主体发生某种利益关系的公众群体,如教育机构、培训单位、专业咨询公司等。

（二）纵向分类

按照在面临某个共同问题时,公众在问题发展不同阶段的特点,可以将公众分成四类,即非公众、潜在公众、知晓公众和行动公众。

● 非公众:指在特定的时空条件下,处于组织主体的影响范围中,但却与该组织无直接利益关系,既不受组织行为的影响,也不对组织产生任何后果。区分非公众的目标在于明确公共关系活动对象的针对性,提高公共关系活动效率。

● 潜在公众:指由于面临潜在的共同问题而形成的隐性公众（或未来公众）,简单讲就是事实上已与（或将与）组织发生某种关系,但尚未意识到（或预感到）的公众,他们与组织的关系尚处于潜伏时期。

公共关系活动"着眼于长远,着手于平时"的宗旨,已说明潜在公众是公关活动的重点,正所谓"防患于未然"。尤其对危机管理而言,及早采取有效举措,将问题解决在萌芽状态,促使潜在公众按组织主体的要求转化,就显得非常关键。

 实证鉴录

2000年3月7日,德国奥迪公司宣布,在全球召回1998年8月到1999年3月期间在德国生产的A4、A6、A8车型,原因是转向横拉杆球头因零部件厂商制造过程中的偏差,使灰尘有可能落入,而可能引起提前磨损。此举就相当妥善地将潜在的问题及时予以消除了。

● 知晓公众:即不仅面临着共同的问题,而且本身也意识到了问题的存在,迫切需要进一步了解问题的缘由以及解决办法的公众群体。

知晓公众是潜在公众逻辑发展的结果,他们已成为组织不能回避的沟通对象,此时,真实信息的及时传播与有效措施的抉择尤为重要。对任何一个组织来说,采取积极、主动、诚实、信用的公关姿态,及时与知晓公众沟通,让他们知晓事实真相是唯一的选择。此时,任何的消息封锁、互相推诿,甚至临阵脱逃的"鸵鸟"行为都无异于"自杀"。因为一旦信息沟通失灵、谣言四起,知晓公众就会迅速采取对组织更为不利的行动。

● 行动公众:行动公众是由知晓公众发展而来,如果问题没有得到解决,如产品质量问题,顾客就有可能采取行动,或向有关部门投诉或诉诸法律,或向新闻媒介披露等,都会对企业造成很坏的影响,很可能给组织带来极大的伤害。

面对这行动公众,除了尽快采取相应措施,寻求组织与公众的互相理解,对组织而言已别无选择。当然,所采取的措施是否得当,对事件结果影响作用是截然不同的。

 实证鉴录

1972年,美国总统竞选期间,尼克松为连任总统,指使手下5个成员假扮维修人员,潜入华盛顿水门大厦民主党全国委员会总部,在该会主席办公室内安装窃听器,结果被警方当场抓获。事发后,尼克松拒不说出事实真相,以致引起公众愤慨。由于尼克松没有正视知晓公众的要求,失去了引导公众舆论的时机,使自己越来越被动,最后只好辞职下台。事后,尼克松在总结水门事件的经验教训时认为,这完全是"公共关系的失策"。

(三)其他分类

1.依据公众与组织间关系的重要程度可分为:

● 首要公众:指关系到组织生死存亡,决定组织成败的那部分公众。

● 次要公众:指对组织的生存和发展有一定影响,但没有决定性意义的公众。

2.依据公众对组织的态度可分为:

● 顺意公众:即其意见和态度与组织的行为保持一致的公众群体。

● 逆意公众:即对组织的政策与行为持否定意见或反对态度的公众群体。

● 边缘公众:指持中间态度,对组织行为与政策没有明确态度和倾向的公众群体。

3.依据组织价值判断可分为:

● 受欢迎公众:即组织期望与其发展关系而对方也有相同需求,并主动对组织表示关心的公众群体。

● 不受欢迎公众:违背组织的利益和意愿,并对组织构成某种威胁的公众群体。

● 被追求公众:其行为与组织目标相吻合,但他们对组织本身却不感兴趣,缺乏交往意

愿的公众群体。

课余消遣

世界上最小的公关公司

20世纪有专家对全世界数不胜数的公共关系公司按规模进行统计,其中最大的公共关系公司当数美国的博雅国际公共关系公司,它拥有上万名雇员,分公司遍布世界50多个国家和地区,年收入额达1.04亿美元。世界最小的公共关系公司肯定不止一家,而叫嘉芙莲的女士所创办的"电话道歉公司"可以算是最小的公共关系公司之一。它的老板和员工就是这位女士,她的住所和一台电话就是公司的全部固定资产,而她开展的业务却深受顾客的欢迎。

不错吧,你看我的投资费用几乎等于零!

牛刀小试

一、单选题

1.公共关系作为一种新的社会思想和活动,其源头是(   )。

　　A. 中国　　　　　　B. 英国　　　　　　C. 日本　　　　　　D. 美国

2.民主政治取代专制政治,这是公共关系产生的(   )。

　　A. 历史条件　　　　B. 经济条件　　　　C. 文化条件　　　　D. 政治条件

3.公共关系学的目的是(   )。

　　A. 描述客观存在的公共关系状态

　　B. 研究社会组织如何通过有效的公共关系活动去实现自己的目标

　　C. 研究组织与有关各方的关系

　　D. 研究组织形象

4.公共关系特指的传播沟通关系是指(   )。

　　A. 组织与公众环境之间的关系　　　　　B. 公众与公众之间的关系

　　C. 组织与媒介之间的关系　　　　　　　D. 组织与组织之间的关系

5.公共关系的经营管理目标是(   )。

　　A. 销售业绩　　　　B. 产品质量　　　　C. 组织形象　　　　D. 资金成本

6.现在还没有和社会组织发生关系和影响,但将来会与社会组织发生关系和影响的公众,或者事实上已与社会组织发生关系但尚未意识到的公众,称为(   )。

　　A. 非公众　　　　　B. 潜在公众　　　　C. 知晓公众　　　　D. 行动公众

7.(   )是公关工作对象中最敏感、最重要的一个部分。

　　A. 媒介公众　　　　B. 社区公众　　　　C. 消费者公众　　　D. 名流公众

8.公共关系的主体和客体分别是(   )。

　　A. 公众和舆论　　　B. 公众和个人　　　C. 组织和公众　　　D. 个人和公众

9.已经考虑到将与某一社会组织发生联系与交往,但尚未付诸实际行动的公众,可称为(   )。

A. 潜在公众　　　　B. 知晓公众　　　　C. 边缘公众　　　　D. 行动公众

10. 有位顾客因家里的空调质量问题,到当地消费者协会投诉,对于生产该空调的企业来说,这位顾客是(　　　)。

A. 逆意公众　　　B. 潜在公众　　　C. 边缘公众　　　D. 知晓公众

二、多选题

1. 公共关系人员的品德应该包括的内容有(　　　)。

A. 实事求是　　　　　　　　　　　B. 公正无私

C. 勤奋努力　　　　　　　　　　　D. 乐于助人

E. 光明磊落

2. 公共关系的基本要素包括(　　　)。

A. 组织　　　　　B. 传播　　　　C. 环境　　　　D. 资金

E. 公众

3. 公关广告与商品广告的差异在于(　　　)。

A. 直接目的不同　　　　　　　　　B. 根本目的不同

C. 内容不同　　　　　　　　　　　D. 新闻界的报道方式不同

E. 应用范围不同

4. 组织形象的构成包括(　　　)。

A. 产品形象　　　　　　　　　　　B. 员工形象

C. 管理形象　　　　　　　　　　　D. 文化形象

E. 标志形象

5. 公共关系观念主要有(　　　)。

A. 形象观念　　　　　　　　　　　B. 互惠观念

C. 协调观念　　　　　　　　　　　D. 公众观念

E. 传播观念

三、判断题

1. 公共关系特指组织与公众之间的传播沟通关系。　　　　　　　　　　(　　　)

2. 公众与组织之间不一定存在着相互影响和相互作用。　　　　　　　　(　　　)

3. 艾维·李创办了世界上第一家宣传事务顾问所。　　　　　　　　　　(　　　)

4. 公共关系人员的素质应该是性格、品德、智慧、教育和经验的组合。　(　　　)

5. 在市场经济条件下,独此一家别无分店是客观现实,故"独香不怕巷子深"。(　　　)

四、情景题

某公司的王小姐是一位出色的公共关系人员,她恪守"顾客永远是对的"信条,处处为顾客着想。有一天,来了一位顾客买东西,凑巧他想要买的东西卖完了,王小姐在接待时发现了此种情况,就过去歉意地说:"先生,对不起,你要的东西刚卖完,请你过几天再来看看。"顾客听了以后有点不高兴,就开始嚷嚷道:"怎么搞的,这么大的公司都没有,你们应该将这一天要卖的东西准备好,这么不懂顾客心理。"当她正要开口向他解释时,旁边一位营业员抢先说:"先生,你说话怎么这样难听。"那位顾客听了火气更大了,并继续与该营业员对峙着,眼看旁边看热闹的顾客越来越多了。

面对这种局面,假如你是那位王小姐该如何圆满地处理这个问题?

项目二 组织形象调研

模块一

组织形象调研

>>> >

⊡教学目标

终极目标

学会对某一组织形象的调研。

促成目标

1.学会调研问卷的设计；

2.掌握实地调研的方法；

3.学会对调研资料的数据统计、分析；

4.能运用电脑对文字进行处理与排版；

5.学会撰写调研报告。

⊡工作任务

完成对某一组织的形象调研并撰写调研报告。

⊡任务指导

案例学习1-1 可口可乐的无形资产

曾经有人说：如果可口可乐遍及世界各地的工厂在一夜之间被大火烧光的话，那么，第二天世界各大媒体的头条新闻就是：各国银行巨头争先恐后向它贷款，因为这个在红色背景上的八个白色字母标记，已经得到了世界的接纳。通过长期有效的公共关系工作，可口可乐为自己树立了"世界第一饮料"的形象，成为享受现代生活的象征，人们是不会让这样的形象消失的。

案例分析1-1

1.良好的组织形象，对于企业来讲是一笔无形的重要资产，它能够为该企业的产品或服务创造出一种消费信心，从而提高企业在同行中的竞争能力，得到消费者的信任和光顾。

2.对于企业内部来说，良好的组织形象能够为吸引和保留人才创造优越条件，这对于企业的长远发展尤为重要。因为归根结底，企业之间的竞争是人才的竞争，谁拥有了较高素质的员工，谁就拥有了竞争的实力。

3.从外部来看，良好的组织形象能够为吸引投资提供信誉保证，便于获得资金的来源，以及更顺利地获得原料供应和经销渠道。

所以,良好的组织形象是使企业成功的宝贵财富,设计并树立良好的组织形象,使本组织的良好形象深入人心是公共关系的重要职能。

✸课堂讨论 1-1   组织形象包含哪些内容?

讨论总结 1-1

形象分类	具体内容

📖案例学习 1-2   "先搞清这些问题"

有一家宾馆新设了一个公共关系部,开办伊始,公共关系部就配备了豪华的办公室,漂亮迷人的公关小姐,现代化的通讯设备……,但该部部长却发现无事可做。后来,这个部长请来了一位公共关系顾问,向他请教"怎么办",于是这位顾问一连问了以下几个问题:

"本地共有多少宾馆? 总铺位有多少?"

"旅游旺季时,本地的外国游客每月有多少,港澳游客有多少? 国内的外地游客有多少?"

"去年一年中因服务不周引起房客不满的事件有多少起,服务不周的症结何在?"对这样一些极其普通而又极为重要的问题,这位公关部长竟张口结舌,无以应答。于是,那位被请来的公共关系顾问这样说道:"先搞清这些问题,然后开始你们的公关工作。"

🔍案例分析 1-2

公共关系不是一种盲目的、随意的活动,而是有意识、有计划的行为,公关部的设置是搞好公关工作的组织保证。

公共关系工作不仅具有较高的艺术性,而且还有较强的科学性。俗话说:"无规矩不成方圆"。按照公共关系原理,公共关系工作程序分为四个步骤,即调查、策划、实施和评估,也称"四步工作法"。调查研究是公关工作的第一步,是做好公关工作的基础和前提。公关部的经常性任务就是利用自身与各类社会公众之间的广泛联系,开展调查,获取信息,为组织的最高决策层提供信息保障。显然,本案例中的该宾馆公关人员对公共关系的内涵缺乏了解甚至存在误区。公关部长被公关顾问的一系列问题问得张口结舌,自然在所难免。

★课堂讨论1-2 组织形象调研抽样的方法有哪些?

讨论总结1-2

抽样方法		

🚩案例学习1-3 一张照片后的巨额利润

1964年《中国画报》的封面刊出这样的照片:大庆油田的"铁人"王进喜头戴大狗皮帽,身穿厚棉袄,顶着鹅毛大雪,手握钻机刹把,眺望远方,在他的背景处是星星点点的高大井架。

几乎同时,《人民中国》杂志报道说:以王进喜为代表的中国工人阶级,为粉碎国外反动势力对我国的经济封锁和石油禁运,在极端困难的条件下,发扬"一不怕苦,二不怕死"的精神,抢时间、争速度,不等马拉车拖,硬是用肩膀将几百吨采油设备扛到工地。

不久《人民日报》报道了第三届全国人大开幕的消息,其中提到王进喜光荣地出席了大会。

当时,由于各种原因对大庆油田的具体情况是保密的,然而上面三则消息和照片,在日本三菱集团信息专家的手里变成了极为重要的经济信息,他们经过分析后,揭开了大庆油田的秘密。

①根据照片和新闻报道的分析,可断定大庆油田的大致位置在中国东北的北部,而且离铁路线不远。

依据是:只有中国东北的北部寒冷地区,采油工人才需戴这种大狗皮帽和穿厚棉袄,只有油田离铁路线不远,他们才能用肩膀将几百吨重的设备运到油田。因此,只需找一张中国地图,就可轻而易举地标出大庆油田的大致方位。

②根据分析,可推断出大庆油田的大致储量和产量,并可确定是否已经开始出油。

依据是:从照片中王进喜所站的钻台上手柄的样式,推算出油井的直径是多少;从王进喜所站的钻台油井与他背后隐露的油井之间的距离和密度,又可推算出油田的大致储量和产量;王进喜出席了人代会,可以肯定大庆油田出油了。

③根据中国当时的技术水准和能力及中国对石油的需求,中国必定要大量引进采油设备。

于是,有关专家和人员在对所获信息进行剖析和处理之后,设计出适合中国大庆油田的采油设备,做好了充分的夺标准备。

果然不久,中国政府向世界市场寻求石油开采设备,三菱集团以最快的速度和最符合中国所要求的设计,获得中国的巨额订单,赚了一笔巨额利润。此时,西方石油工业大国却目瞪口呆,还没有回过神来呢。

案例分析 1-3

在市场经济中,信息已成为一项宝贵的资源,是构成提高竞争力和创造经济成就的关键性因素,是企业无形的财富,这已成为当今社会的共识。

日本三菱重工财团的成功之处在于:

第一,注重市场信息。公共关系的职能之一,就是守望和监视环境。三菱重工财团凭着对市场和环境变化的敏感性,不放过可能收集到的任何细微、零碎的信息。因为决定信息价值的大小并不取决于其事实,而是取决于它所具有的针对性和预见性。可以说,三菱重工财团把握了信息,才把握了市场,进而把握了竞争的主动权。

第二,信息处理迅速。信息的显著特点之一是时效性,即信息的功能效用、效益与时间呈反比,先人一步,占领制高点,在此时可能价值千金,在彼时可能一钱不值。三菱重工财团以最快的速度对所获得信息进行分析和处理后,迅速集中有关专家和人员,设计出适合中国的采油设备,并做好充分的夺标准备。最后,一举获得巨额订单。迅速将信息转化为生产能力,是三菱重工财团的高明之举,更是其成功利用信息的关键所在。

课堂讨论 1-3　组织形象调研方法有哪些?

讨论总结 1-3

调研方法	

案例学习 1-4　美国速溶咖啡调研

20 世纪 40 年代,美国速溶咖啡投入市场后,销路不畅。厂家请调研专家进行研究。先是用访问问卷直接访问,很多被访的家庭主妇回答说,不愿选购速溶咖啡是因为不喜欢速溶咖啡的味道。调研的新问题出现了,速溶咖啡的味道不像豆制咖啡的味道吗?在试饮中,主妇们却大多辨认不出两者味道有什么不同。这说明,主妇们不选购速溶咖啡的原因不是味道问题而是心理因素导致。

为了找出这个心理因素,研究人员设计出两张几乎相同的购物清单,唯一的区别在于两者上面写了不同的咖啡,然后把清单分给两组可比性的家庭主妇,要求她们评价清单持有人的特征。结果差异非常显著。读了含有速溶咖啡购物单的被访者绝大多数认为,按照这张购物单买东西的家庭主妇是个懒惰的、差劲、浪费、蹩脚的妻子,并且安排不好自己的计划;而看到含有豆制咖啡购物单的被访者认为,按照这张购物单购物的家庭主妇是勤俭、称职的妻子。由此可见,当时的美国妇女存在一个共识,作为家庭主妇,担负繁重的家务劳动乃是一种天职,任何企图逃避或减轻这种劳动的行为都应该遭到谴责。速溶咖啡之所以受到冷落,问题并不在于自身,而是家庭主妇不愿让人非议,想要努力保持社会所认定的完美形象。

　　谜底揭开以后,厂家首先对产品包装做了相应的修改,比如使密封十分牢固,开启时比较费力,这就在一定程度上打消了顾客因为用新产品省事而造成的心理压力。在广告中也不再强调简便的特点,而是宣传速溶咖啡同豆制咖啡一样醇香、美味。很快,速溶咖啡销路大增,成为西方世界最受欢迎的咖啡。

　　速溶咖啡调研案的成功,主要是因为研究人员创造性地发现家庭主妇不愿意购买速溶咖啡的深层原因。

案例分析 1-4

本调研案例的成功告诉我们,调研方法正确与否直接关系到调研是否成功,很多时候被调查者由于各种原因而不愿意透露真实的想法,因此对调研方法的选择以及问题的设计都要考虑到被调查者的心态、社会价值观等因素,要创造性地去挖掘引发问题的深层原因。

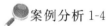

课堂讨论 1-4　如何设计问卷

讨论总结 1-4

问卷设计	
问卷结构	注意问题

校食堂形象问卷调查表

　　为了使来自不同地方,有着不同饮食习惯的师生,能吃到可口而满意的饭菜,为了使校食堂能对全校师生提供更周到而满意的服务,我们××××××调研小组特设计了该问卷,对校食堂进行形象调查,发现问题,找出差距。感谢同学们的积极配合,谢谢大家!

　　1.您认为食堂的环境干净而舒适吗?
　　A. 干净而舒适　　　　　　　　　B. 较干净、舒适
　　C. 一般　　　　　　　　　　　　D. 较不干净、舒适

E. 不干净、舒适

2.您在任何时间吃饭都能容易地找到座位吗?

A. 很容易　　　　　　　　　　　　B. 较容易

C. 一般　　　　　　　　　　　　　D. 有时不容易

E. 经常不容易

3.食堂需要设置洗手间吗?

A. 非常需要　　　　B. 有最好　　　　C. 无所谓　　　　D. 没必要

4.就餐时,您买菜排队等候的时间大约是多少?

A. 约 1—3 分钟　　　　　　　　　　B. 约 3—5 分钟

C. 约 5—8 分钟　　　　　　　　　　D. 8—10 分钟

E. 10 分钟以上

5.食堂是否应该有音乐?

A. 应该有　　　　B. 无所谓　　　　C. 不需要

6.您对食堂的整体环境感觉怎样?

A. 很好　　　　　　　　　　　　　B. 较好

C. 一般　　　　　　　　　　　　　D. 不太好

E. 较差

7.您觉得食堂的主食价格是否合理?

A. 非常合理　　　　B. 基本合理　　　　C. 不太合理　　　　D. 非常不合理

8.您觉得蔬菜的价格怎样?

A. 很便宜　　　　B. 较便宜　　　　C. 一般　　　　D. 较贵

E. 很贵

9.您觉得肉类的价格怎样?

A. 很便宜　　　　B. 较便宜　　　　C. 一般　　　　D. 较贵

E. 很贵

10.您觉得饭菜的量与价格成比例吗?

A. 成比例　　　　B. 基本成比例　　　　C. 稍微少了点　　　　D. 太少了

11.您对食堂的饭菜总体价格满意吗?

A. 很满意　　　　　　　　　　　　B. 较满意

C. 一般　　　　　　　　　　　　　D. 不太满意

E. 很不满意

12.您对早餐的品种满意吗?

A. 很满意　　　　　　　　　　　　B. 较满意

C. 一般　　　　　　　　　　　　　D. 不太满意

E. 很不满意

13.您对午餐的菜肴满意吗?

A. 很满意　　　　　　　　　　　　B. 较满意

C. 一般　　　　　　　　　　　　　D. 不太满意

E. 很不满意

14. 您对晚餐的菜肴满意吗?

A. 很满意 　　　　　　　　　B. 较满意

C. 一般 　　　　　　　　　　D. 不太满意

E. 很不满意

15. 您认为食堂的菜肴有特色吗?

A. 有特色 　　　　　　　　　B. 较有特色

C. 一般 　　　　　　　　　　D. 不太有特色

E. 毫无特色

16. 总体来说,您对食堂的菜肴能接受吗?

A. 很能接受 　　　　　　　　B. 能接受

C. 基本能接受 　　　　　　　D. 不太能接受

E. 难以接受

17. 您认为食堂的餐具干净吗?

A. 很干净 　　　　　　　　　B. 较干净

C. 一般 　　　　　　　　　　D. 较不干净

E. 很不干净

18. 您对服务员的个人卫生满意吗?

A. 满意　　　　B. 较满意　　　　C. 不太满意　　　　D. 不满意

19. 您经常会在饭菜里吃出杂物吗?

A. 从来不会　　　　B. 偶尔会　　　　C. 经常会　　　　D. 没注意

20. 你会遇到打卡打错的事吗?

A. 没遇到过　　　　B. 一学期约1—2次　C. 一学期约3—4次　D. 一学期约5—6次

21. 卡打错了纠正容易吗?

A. 服务员主动纠正 　　　　　B. 同学发现才予以纠正

C. 同学发现但较难纠正 　　　D. 事后才发现难以纠正了

22. 食堂服务员态度如何?

A. 热情 　　　　　　　　　　B. 较热情

C. 一般 　　　　　　　　　　D. 较冷淡

E. 很冷淡

23. 总体来说,您对食堂服务员的服务工作满意吗?

A. 满意 　　　　　　　　　　B. 基本满意

C. 对少数服务员满意 　　　　D. 较不满意

E. 不满意

24. 您经常去食堂就餐吗?

A. 以食堂就餐为主 　　　　　B. 约有一半时间去食堂就餐

C. 约有3/1的时间去食堂就餐 　D. 约有4/1的时间去食堂就餐

E. 基本不去食堂就餐

25. 您能承受的午餐的就餐价格是多少?

A. 3 元以内   B. 4~5 元

C. 6~8 元   D. 9~12 元

E. 13~15 元

26. 您能承受的晚餐的就餐价格是多少?

A. 2 元以内   B. 3~4 元

C. 5~6 元   D. 7~8 元

E. 9~10 元

27. 您觉得在食堂就餐您最不能忍受的事情是什么?

★ 课堂讨论 1-5   如何进行实地调研

讨论总结 1-5

调研员应注意的问题

★ 课堂讨论 1-6   如何撰写调研报告

讨论总结 1-6

调研报告的结构

课堂讨论 1-7　如何进行排版

讨论总结 1-7

排版的要求

任务实操

1. 以公关部为调研团队，讨论选择调研主题；

参考主题

● 对某企业的形象调研

● 对某班级的形象调研

● 对校图书馆的形象调研

● 对校后勤服务公司的形象调研

● 对校食堂的形象调研

● 除以上主题外的其他合适主题

2. 人员分工，撰写调研计划；

3. 设计问卷；

4. 实地调研；

5. 问卷回收、统计、分析；

6. 撰写调研报告。

知识链接

■ 组织形象

组织形象是指社会公众对一个组织机构的整体印象和评价，它是一个企业在正确的公共关系思想指导下，通过企业上下有计划、有步骤地长期努力，建立起来的符合社会整体利益、体现企业特征的形象。

组织形象是企业自身行为与公众评价的统一。企业自身行为是组织形象的内在基础，公众评价是组织形象的外在标志,通过知名度和美誉度这两个数量指标,可以测定一个企业的组织形象的具体情况。

(一)塑造组织形象应该坚持如下原则

1.特色性原则。各个企业都有自己特定的发展目标和特定的公众对象,因此要根据本企业的特点,制定和规划富有新意、避免雷同的组织形象,这样才便于异军突起,便于公众注意和记忆。同时还要符合本企业的社会任务,要"剪裁得当",要根据企业的规模、行业、实力来设计企业的形象。

2.长期性原则。组织形象的树立是一项长期的战略任务,要经过持久的努力,同时,由于企业自身和社会环境都处在不断变动之中,要适应公众变化着的评价标准,不断完善、充实以至于更新组织形象。

3.整体性原则。在我国许多企业中,树立组织形象的工作常由许多部门分散进行,这可能会出现各自为政、互相矛盾的局面。因此,要坚持整体性的原则,制定统一的公共关系政策和指导原则,在此基础上协调各部门的公共关系工作,把不自觉、不连续的公关工作提高到自觉和系统的水平,使之为企业整体形象的树立和保持服务。

(二)组织形象包含以下内容

①产品形象

质量、款式、包装、商标、服务

②实质形象

体制、制度、方针、政策、程序、流程、效率、效益、信用、承诺、服务、保障、规模、实力

③人员形象

领导层、管理群、员工

④文化形象

历史传统、价值观念、企业精神、英雄人物、群体风格、职业道德、言行规范、公司礼仪

⑤环境形象

企业门面、建筑物、标志物、布局装修、展示系统、环保绿化

⑥社区形象

社区关系、公众舆论

⑦标识形象

厂名、徽记、品牌、商标、标准字体、标准色彩、构图规范

⑧广告形象

广告词、广告音乐、广告歌曲、广告人物、广告色彩、广告风格

■公关调研

一、调研的内容

在现代社会化大生产中,企业面对着复杂、变动的社会环境,影响企业经营活动及其发展目标的不可控因素日益增多,因此,全面、准确地分析环境的变化及其发展趋势,根据本单位的利害关系对可能造成的影响做出判断,并将有关信息作为企业决策的依据,以利于企业变更计划和调整行为,保持与环境之间动态平衡的关系,就成为公关工作的重要职能之一。

企业周围积聚着无以计数的信息,公关工作应该着意于哪些内容呢?

1.产品形象信息

产品形象信息是企业形象的重要内容之一,在某种意义上说,产品形象是企业形象最直接的外在标志。社会公众对于企业产品的接受和赞誉,是对企业整体形象的认识的基础。因此,要关注和了解本企业产品在各类公众心目中的形象,他们对本企业产品的了解程度,对产品的价格、质量、性能、用途等方面的反映,他们对产品的评价及其改进意见。

2.组织形象信息

组织形象是社会公众对一个企业的整体印象和评价,它以企业在社会公众中的知名度和美誉度为标志。但是,一个企业在管理者心中的主观形象与在公众心目中的客观形象往往相距较远,因此,需要充分听取公众对企业组织形象的评价,以不断调整、改进和完善组织形象。这些信息内容包括公众对本企业组织机构设置和工作效率的评价;对本企业管理水平的评价;对本企业人员素质的评价;对本企业服务质量的评价等内容。

3.政策决策信息

政府是行使对社会进行统一管理的权力机关,这种管理通过两种手段进行:一种是行政手段,另一种是法律手段。政府制定的各种法规和政策,直接关系到企业的发展战略、经营方针和决策目标。因此,必须着意关注,注意搜集这方面的信息内容。

4.新闻舆论信息

社会上每天发生的事情无以计数,而能够通过传播媒体报道出来的只是很少的一部分。一个信息被传播媒体报道出来,就表明这个信息是重要的,在社会生活的"议事日程"上,被报道的这件事应该放在重要地位上被考虑。由于新闻媒体对社会生活和社会舆论具有控制和导向作用,新闻媒体的报道从客观上反映了社会公众对某一事件的认识和看法,因此是搜集信息工作必须严密关注的。

此外,还有流通渠道信息、竞争对手信息等也是不可忽视的。

二、抽样的方法

抽样就是从大型的调查人口总体中抽取一部分作为调查样本,以便从样本的特征来推断整个人口总体的特征。

为了抽取样本,需要有"抽样框",即一份反映调查对象人口总体自然特征的基础材料。如地图、姓名、地址录、电话簿、工商企业名录、职工花名册等,以便从中抽取样本。抽样的方式主要有"随机抽样"和"配额抽样"。

(一)随机抽样法

由于随机抽样是按照概率原理抽取样本,完全排除调查者的主观意愿。因此,在调查的总体中,每一个对象都有被抽中的均等机会,这可以控制抽样出现的误差。

1.简单随机抽样法

a.抽签法:把各个体编上号码,然后抽签。

b.随机数法:如在3万个消费者中调查200人,样本数为200(3位数),然后在随机数表上确定一个起点,开始选取。

2.分层随机抽样法

即将人口总体按特征分层(分类),然后在每层中随机抽取样本。如按人口性别、年龄、职业、教育程度等特征分类。

a. 分层同比抽样：即分层后按同一比例，以随机抽样法分别从各层中抽取样本。

$$总体 5000 人 \longrightarrow \begin{array}{l} 男性 4000 人 \\ 女性 1000 人 \end{array} \xrightarrow{10\%} \begin{array}{l} 男性 400 人 \\ 女性 100 人 \end{array}$$

b. 分层异比抽样：即分层后根据特殊需要，在不同的层次中按不同的比例进行抽样。如上例要对 500 人样本中更准确地观察女性的态度，则可以扩大女性的抽样比例。

$$总体 5000 人 \longrightarrow \begin{array}{l} 男性 4000 人 \xrightarrow{10\%} 男性 400 人 \\ 女性 1000 人 \xrightarrow{20\%} 女性 200 人 \end{array} \longrightarrow 600 人$$

其调查结果女性比男性扩大一倍，因此，可将男性结果扩大一倍或将女性结果缩小一半。这样，可使总体抽样所得的结果更精确。

3. 等距随机抽样

将人口总体顺序编号，用等距法，每隔一定间隔抽出一人为样本。如从 1 万人中抽取 200 个人作为样本，则其抽样间隔为：$10000 \div 200 = 50$

用公式计算出被抽取的号码：

$$I, I+R, I+2R, I+3R, I+4R, \cdots\cdots I+(N-1)R$$

I——起始数字；R——抽样间隔；N——样本数

如 I 选 2，则被抽取的数码为：

$$2, 52, 102, 152, 202, \cdots\cdots 2+(200-1) \times 50 = 9952 号$$

（二）配额抽样法（不完全随机抽样法）

即先确定调查对象人口总体的各项特征，然后按总体中具有各项规定特征的人口比例，确定样本中具有各种特征的人数比例。配额抽样须规定两项或两项以上的特征，这些特征可以是互相独立的，也可以是互相交叉。

举例：在 200 人的样本中，要求男女性别各占 50%；文化程度：大学 20%；高中 30%；初中 50%

如：两项特征互相独立

则男 100 人；女 100 人；

文化程度则不管男女：大学 40 人；高中 60 人；初中 100 人

如：两项特征相互交叉

则男女各占 50%

文化程度：100 人男性中大学 30%；高中 40%；初中 30%

100 人女性中大学 10%；高中 20%；初中 70%

三、调研的方法

（一）实地观察法

是指调查者进入调查现场，用自己的感官及辅助工具，观察和记录调查对象的表现，从而获得第一手资料的调查方法。

1. 直接观察法：即去现场对公众进行观察。如企业要了解产品是否受欢迎，可到经销店观察顾客的选购及反应或观察本企业产品是否被置于商店的显著位置。

2. 间接观察法：即借助仪器或委托他人对公众对象进行观察。如公关人员为了解哪些电视节目受人欢迎，可选定一定数目的家庭，经同意后在其电视机上装上一定的仪器，这样就可把这些家庭所看的节目记录下来进行分析。国外汽车商为选定在哪个电台上做广告，委托洗车行把车主所听的电台记录下来。

（二）访谈法

是指调查者当面直接向公众作调查的一种方法。即事先选择好调查对象，安排时间进行访问，就某些问题征求被访问者的意见。访谈法可分集体访谈法和个别访谈法；按层次可分常规访谈法和深度访谈法；按媒介可分当面访谈法和电话访谈法。下面重点介绍：

1. 个别访谈法

①标准化访谈法：是指调查者事先准备好标准化问卷，按程序逐项进行询问，以获取资料。问卷是标准化访谈的主要工具。

标准化访谈要求选择调查对象的标准、调查的问题、调查问题的提法及编号顺序，访员的提问方式和记录方式必须是统一的。

②非标准化访谈：指事先不制定统一的问卷和访问程序，仅按照一个粗线条的访问提纲，由访员和被调查者进行自由交谈。

深度访谈法

类似记者采访，不使用问卷，不受给定问题的限制，访问者按事先准备好的调查提纲，与调查对象深入交谈，以求获得对方的深层动机。深度访问需发挥访问者的主观能动性，善于引导，对某些问题还要适时追问。

实证鉴录

有一家面包生产厂家为了了解其新上市的面包的口味是否会得到消费者的喜欢，就派出了调查员到消费者中去调查。调查的情况如下：

调查员："你觉得这种面包怎样？"

被访者："这种面包挺好的。"

这是模糊的回答，不知具体什么好，调查员继续问。

调查员："怎么好？请具体说一下。"

被访者："口味好，颜色也好看。"

这样的回答还不到位，还需继续追问。

调查员："你说的味道好是指……。"

被访者："甜度合适，也不粘牙，口感均匀。"

2. 集体访谈法

类似于公众座谈会的一种搜集信息的方法。由一名或几名调查员与公众进行交谈，以了解他们的意见和看法。优点是了解情况快、工作效率高、经费投入少，参加者可以通过信息交流，相互启发、相互补充。缺点是对调查员的要求较高，被调查者可能有顾虑，也可能导致被调查对象的观点相互影响。

3. 电话调查法

电话调查法的优点是时间快、费用低，具有隐秘性。缺点是对有些复杂的问题会不大说得清楚。

电话调查法可采用问卷式，也可以采用提纲式。

(三)问卷调查法

指调查者运用统一设计的问卷,利用书面回答的方式,向被调查者了解情况并搜集信息的方法。

1.问卷调查设计

(1)明确目的,建立前提假设和理论框架

前提假设:即根据问卷设计者对某一事物提出一个假设,通过调查验证假设正确与否。

调查的理论框架:是由被调查者的基本情况,动力因素和态度、行为构成。

比如:某组织要实行对员工分配制度的改革,公关部门就要对员工基本情况进行调查(如工龄、学历、职务等);员工对收入的期望值的调查;员工的对改革方案的态度与行为的调查。

基本情况 ——→ 动力因素 ——→ 态度、行为(对方案支持、
(工龄、学历、职务)　(方案的合理性　　中立、反对的态度以及会
　　　　　　　　　　与满意程度)　　　引起什么相关行为)

员工的基本情况,即不同的年龄、工龄、学历、职务对分配方案会形成不同的态度和行为。另外,对方案的合理性与满意度也会引起对方案的不同的态度和行为。

(2)问卷的基本内容

问卷通常由说明词、问卷主体和结语三部分组成。

①说明词

包括询问人代表的企业、访问的目的,请求被调查人的合作等。必须简明扼要,通俗易懂。语气应该亲切,诚恳,有礼貌。特别是要抓住被调查者的心理状态,消除他们的疑虑,激发他们的参与意识,争取他们的积极合作。还要说明如何填写问卷及注意事项,对被调查者的身份、答案予以保密,以及对被调查者的合作表示感谢、奖励等。

②问卷主体

问卷主体包括调查的问题内容和问题形式。

A. 问题分类:

——自变量部分:由社会性的事实构成,即确定谁在答卷。如性别、年龄、文化程度、居住地区、经济收入、职业、婚姻状况等,其内容的多少取决于调查的目的。

如:

——因变量部分:受自变量或其他变量影响而发生变化的变量。即问态度。如:你喜欢喝纯净水吗? 你饮用什么牌子的纯净水?

通常有以下几种常用的态度量表:

○李凯尔特量表(Likert)。即给出一句话,让被调查者在"非常同意、同意、中立、不同意、非常不同意"这五个等级上作出与其想法一致的选择。回答"非常同意"的人得分是5,回答"非常不同意"的得分是1。这样,就得出每个被调查者对每一句话的态度数值。如:

近几年企业形象的塑造是成功的

非常同意　　　　同意　　　　　中立　　　　不同意　　　非常不同意

○语义差异量表。是用两极修饰词来评价某一事物,在两极修饰词之间共有 7 个等级,

分别表示被调查者的态度程度。如：

请问您对 B 商标的看法（请在每行按您的感觉圈一个数字）

坏　　1 | 2 | 3 | 4 | 5 | 6 | 7　　好

不宜记　1 | 2 | 3 | 4 | 5 | 6 | 7　　宜记

平淡　　1 | 2 | 3 | 4 | 5 | 6 | 7　　醒目

雷同　　1 | 2 | 3 | 4 | 5 | 6 | 7　　新颖

○顺序量表。即可表示各类别之间的顺序关系的量表，适宜美誉度、定位度调查。如要求家庭主妇根据她们心目中的偏好，将五种洗衣粉品牌依最喜欢至最不喜欢的次序顺序排列。

请将下列洗衣粉品牌依您最喜欢至最不喜欢的顺序排列

（最喜欢者给 5 分，最不喜欢者给 1 分）

A. 汰渍□　　　B. 碧浪□　　　C. 活力 28□　　　D. 雕牌□　　　E. 白猫□

不过以上代表各类的分数不能用来做算术运算，在顺序量表中可以看出高低次序，但无法确定各类之间的差距大小。

○重要性量表。即对某些事物的重要性从好到差或从差到好排列。如：

×××牌的洗衣机的售后服务_____

很好　　较好　　一般　　较差　　很差

1　　　2　　　3　　　4　　　5

○比较法。如：

您认为选择电脑最重要的标准是（请在方框内划"√"）

A 品牌　　　　　□　　　价格□

B 使用方便　　　□　　　节电□

C 价格　　　　　□　　　质量□

D 售后服务　　　□　　　品牌□

C 功能　　　　　□　　　价格□

——中介变量部分：是受到自变量影响会发生变化，同时，又能影响因变量的因素。即问到底为什么这样。如：你认为常喝纯净水对身体有益吗？

B. 问题形式：分开放式和封闭式两种形式。

所谓开放性问题，是指提出问题由被调查者自由回答。所谓封闭性问题，指事先编制了答题的选择范围及方式而不能自由回答的问题。

③结语

简短地对被调查者的合作表示真诚的感谢，也可征询一下对问卷结构的设计和问卷调查本身有何看法和感受。

四、访员的训练

通常在入户访问调查中，训练有素的调查员，其入户成功率可达 90%，而没有技巧的调查员则只有 10%。访员在调查中应注意：

①保持中立态度。没有经过培训的调查员，在访问实施过程中很难保持中立。调查员

的惊奇表情,对某个回答的赞同态度,这些都会影响到被访者。

②不能表达自己的观点。调查员在访问中,除了表示礼节性兴趣外,不要作出任何其他反应。即使对方提问,调查员也不能说出自己的观点,要向被访者解释,他们的观点才是真正有用的。

③不要谈及自己的背景资料。有的被访者好奇心强,一会儿问家庭,一会儿问工作,但即使你对小问题的回答啊,也会影响访问的结果。实际上,调查员应该给出一个模糊的回答并鼓励被访者谈他们自己的见解。

④要发挥创造思维能力。虽说调研需要科学的程式化的步骤,但还需要创意的帮助。因为有些深层次的原因,单靠信息搜集和直接访问是不能发现的,我们还必须依靠创造性的思维能力。

五、调研报告的撰写

(一)序言

调研报告的序言部分通常包括扉页和目录或索引。

1.扉页

扉页一般只有一页纸,其内容包括:

(1)调研报告的标题。

标题可以有两种写法。一种是规范化的标题格式,即"发文主题"加"文种",基本格式为"××关于××××的调查报告"、"关于××××的调查报告"、"××××调查"等。另一种是自由式标题,包括陈述式、提问式和正副题结合使用三种。陈述式如《东北师范大学硕士毕业生就业情况调查》,提问式如《为什么大学毕业生择业倾向沿海和京津地区》,正副标题结合式,正题陈述调查报告的主要结论或提出中心问题,副题标明调查的对象、范围、问题,这实际上类似于"发文主题"加"文种"的规范格式,如《高校发展重在学科建设——××××大学学科建设实践思考》等。作为公文,最好用规范化的标题格式或自由式中正副题结合式标题。

(2)执行该项研究的机构的名称。

(3)调研项目负责人的姓名及所属机构,即写清楚项目主要负责人的姓名及其所在单位。

(4)注明报告完稿日期。

2.目录或索引

目录或索引应当列出报告中各项内容的完整的一览表,但不必过分详细。一般只列出各部分的标题名称及页码。目录的篇幅以不超过1页为宜。

样张

> 湖州职业技术学院
> 毕业生就业情况调查
>
>
>
> 调研机构　湖职院公关部
> 项目负责人　公关部张××
> 完稿日期　2008年8月

样张

(二)摘要

阅读调研报告的人往往对调研过程的复杂细节没有什么兴趣,他们只想知道调研所得的主要结果、主要结论,以及他们如何根据调研结果行事。因此,摘要可以说是调研报告极其重要的一部分,它也许是从调研结果得益的读者唯一阅读的部分,所以应当用清楚、简洁而概括的手法,扼要地说明调研的主要结果,详细的论证资料在正文中加以阐述。

(三)引言

调研报告的引言通常包括研究背景、研究目的和研究内容三个部分。

1. 研究背景

研究者要对调研的由来或受委托进行该项调研的原因作出说明。说明时,可能要引用有关的背景资料为依据,分析组织的公共关系和广告活动等方面存在的问题等。

2. 研究目的

研究目的通常是针对研究背景分析所存在的问题提出的。它一般是为了获得某些方面的资料或对某些假设作检验。但不论研究目的为何,研究者都必须列出本研究预期将获得的结果。

3. 研究内容

对将要研究的主题说明主要从哪几方面去研究。

(四)正文

调研报告的正文必须包括研究的全部事实,从研究方法确定直到结论的形成及其论证等一系列步骤都要包括进去。

报告正文的具体构成虽然可能因研究项目不同而异,但基本上包含三个部分,即研究方法,调研结果,结论和建议。

1. 研究方法

(1)调研地区。说明调研活动在什么地方或区域进行,选择这些地区的理由。

(2)调研对象。说明从什么样的对象中抽取样本进行研究,通常是指目标公众。

(3)样本容量。抽取多少消费者作为样本或选取多少实验单位,确定样本容量时考虑到什么问题。

(4)样本的结构。根据什么样的抽样方法抽取样本,抽取后样本的结构如何,是否具有代表性。

(5)资料采集方法。是实地访问还是电话访问,是观察法还是实验法等。如果是实验法,还必须对实验设计作出说明。

(6)实施过程及问题处理。研究如何实施,遇到什么问题,如何处理。

(7)访问员介绍。访问员的能力、素质、经验对调研结构会产生影响,所以对访问员的资格、条件以及训练情况也必须简略地介绍。

（8）资料处理方法及工具。指出用什么工具、用什么方法对资料进行简化和统计处理。

（9）访问完成情况。说明访问完成率及部分未完成或访问无效的原因。

调研方法的介绍有助于使读者确信调研结果的可靠性。但在描述时要尽量简洁，把方法及采用原因说清楚即可。

2.调研结果

调研结果部分是将调研所得资料报告出来。资料的描述形式通常是表格或图形。在一份调研报告中，仅用图表资料呈现出来还不够，调研人员还必须对图表中数据资料所隐含的趋势、关系或规律加以客观的描述。调研结果有时可与结论合并成一个部分，这要视调研主题的大小而定。

3.结论和建议

要说明调研结果有什么实际意义。结论的提出方式可用简洁而明晰的语言对研究前所提出的问题作明确的答复，同时简要地引用有关背景资料和调研结果加以介绍、论证。

建议则是针对调研获得的结论提出可以采取哪些措施、方案或具体行动步骤，如公关策略应如何改变，公关活动主题应是什么样的，与竞争者抗衡的办法，公关广告诉求应以什么为主，等等。

（五）附录

附录的目的基本上是列入尽可能多的有关资料，这些资料可用来论证、说明或进一步阐述已经包括在报告正文之内的资料，每个附录都应编号。在附录中出现的资料种类常常包括：调查问卷；抽样有关细节的补充说明；原始资料的来源；调研获得的原始数据图标（正文中的图表只是汇总）。

六、撰写调研报告的注意事项

调研报告是调研活动的成果的体现，调研的成败以及调研结果的实际意义都表现在调研报告上。因此，撰写调研报告时要特别认真细致。

1.要考虑读者的观点、阅历，尽量使报告适合于读者阅读。

2.尽可能使报告简明扼要，不要拖泥带水。

3.使用普通词汇，尽量避免行话、专用术语。

4.务必使报告所包括的全部项目都与报告的宗旨有关，剔除一切无关资料。

5.仔细核对全部数据和统计资料，务必使资料准确无误。

6.充分利用统计图、统计表来说明和显示资料。

7.按照每一个项目的重要性来决定其篇幅的长短和强调的程度。

8.务必使报告打印工整匀称、易于阅读。

模块二

组织形象分析 　　≫ ≫ ≫ 　 ≫

↪教学目标

终极目标

学会对所调研的组织形象进行分析。

促成目标

1.结合本团队调查的组织学会对组织期望形象的分析；

2.学会对组织实际形象的分析；

3.学会组织形象差距分析。

↪工作任务

结合校食堂形象调研项目来进行讨论。

↪任务指导

❋课堂讨论 2-1　校食堂的自我期望形象分析

校食堂期望形象要素调查表

评价 调查项目	相当	稍微	中	稍微	相当	评价 调查项目
食堂环境好	60	20	20			食堂环境差
饭菜价格能接受	70	20	10			饭菜价格不能接受
服务态度好	90	10				服务态度不好
工作认真	80	20				工作不认真
餐具洁净	90	10				餐具不洁净
菜肴接受程度好	65	25	10			菜肴接受程度差
能吸引学生就餐		70	20	10		不能吸引学生就餐

根据上表格内容转化语义为数值并完成下表：

形象要素	语义数值	期望形象描述
食堂环境		
饭菜价格		
服务态度		
工作认真		
餐具洁净		
菜肴接受程度		
吸引学生就餐		

课堂讨论 2-2　校食堂的实际形象分析

校食堂实际形象要素调查表

评价 / 调查项目	相当	稍微	中	稍微	相当	评价 / 调查项目
食堂环境好	3%	75%	17%	5%	0	食堂环境差
饭菜价格能接受	0	5%	7%	82%	6%	饭菜价格不能接受
服务态度好	2%	36%	57%	4%	1%	服务态度不好
工作认真	2%	14%	56%	26%	2%	工作不认真
餐具洁净	0	8%	67%	26%	19%	餐具不洁净
菜肴接受程度好	0	2%	64%	32%	2%	菜肴接受程度差
能吸引学生就餐	16%	54%	21%	9%	0	不能吸引学生就餐

根据上表格内容转化语义为数值并完成下表：

形象要素	语义数值	实际形象描述
食堂环境		
饭菜价格		
服务态度		
工作认真		
餐具洁净		
菜肴接受程度		
吸引学生就餐		

★ 课堂讨论 2-3　校食堂的形象差距分析

根据校食堂期望形象数据与实际形象数据画出形象差距图

5	4	3	2	1	0	
						食堂环境
						饭菜价格
						服务态度
						工作认真
						餐具洁净
						菜肴接受程度
						吸引学生就餐

对校食堂的形象
差距进行描述

_____

_____

_____

_____

⇨ 任务实操

1. 以公关部为团队,以被调研组织为目标对其进行形象分析;
2. 讨论被调研组织的期望形象,选几个主要的指标来进行分析;
3. 选取主要的指标完成被调研组织形象要素分析表;
4. 根据被调研组织的期望形象与实际形象的主要指标完成组织形象差距图。

⇨ 知识链接

■组织期望形象分析

自我形象分析包括以下几方面:

● 组织状态和条件的调查分析

组织对自我形象的要求不能脱离客观的实际状态和条件,公关人员必须完整地掌握本组织各方面的基本资料,包括经营方针和管理政策,生产状况、财务状况、技术开发状况,市场营销状况等,并以此作为设计组织形象的客观依据。

● 员工阶层的调查研究

即了解本组织广大员工对自己的看法和评价。一个组织的目标和政策须得到广大成员的认同和支持,才可能有效地转化为该组织的实际行动。因此,需要通过调研,了解广大员工对组织的要求、看法及各种批评建议,了解他们对领导层提出的总目标的信心和支持程度,发动全体成员寻找组织的薄弱环节及改善措施。

 实证鉴录

　　如日本丰田汽车公司制定了一个建议制度,丰田工厂到处都挂着"好产品、好主意"的大标语牌。实施建议制度第一年只征集到了 183 条建议,后来逐年增多,据统计,从 1968 年至 1980 年的 13 年间,丰田公司征集到的建议有 430 万条之多,平均每年有 33 万条。

　　建议制度自建立以来所取得的成效是惊人的。仅 1975 年 7 月至 1976 年 6 月间,就为公司节省了 40 亿日元,其中有不少建议每月就可为公司节省 200 万～300 万日元。

　　建议一旦被采纳,公司将视具体情况给予 5 万～10 万日元的奖金,除奖金外,公司还进行其他种类的表彰。如对优秀提案,每月末举行表彰仪式,公司授予提案者奖状,并授予金、银、铜奖。据统计,公司仅 1976 年付出的奖金就达 4.15 亿日元(1400 多万美元)。

● 管理阶层的调查分析

一个组织的行政和技术业务管理阶层是组织的核心力量,他们的观点、意见和态度,既对上层产生影响,也会对下层员工产生影响。

● 决策阶层的研究分析

公共关系活动的目标必须围着组织的目标,支持组织总目标的实现。作为组织的决策者和领导者,对于自己组织形象期望水平,对于组织目标和组织信念的形成,对于组织形象的选择和建立,具有决定性的意义。因此,公关人员必须详尽研究领导者所拟定的各项目标和政策,领会领导者的决心和意图,并以此作为设计组织形象的重要依据。

通过领导与员工意愿的结合,再结合组织的实际情况,就可以确定本组织的自我期望形象。

■ **组织实际形象分析**

组织形象要素分析(要素调查表)

组织形象要素调查表是公共关系专家为测量组织实际形象,反映社会公众对某一组织的不同看法、表态和评价的原因所使用的一种专门表格。

在运用该调查表进行组织形象定位时,大致可分以下四个步骤:

1.确定组织形象内容的要素

根据组织的实际情况,确定其形象内容的构成要素,要素取 3～9 个。

2.制作调查表格

一般采用语意区分法。即将所确定的形象要素,分别以其语意的两极为两个极端,在这两端之间再设置若干个中间程度的档次,制作成 5 等份或 7 等份的表格,以表示这些属性的程度差别。

3.进行实际调查

请被调查者就自己的看法在要素语言的档次中进行选择填写。

4.汇总定位

对所有表格进行统计汇总,计算出各档次持某种意见的人在调查表人数中的百分比,并将百分比数字填入表内。(附表一)(语意差异量表)

评价 / 调查项目	非常	相当	稍微	中	稍微	相当	非常	评价 / 调查项目
经营方针正确		65	25	10				经营方针不正确
办事效率高			25	65	10			办事效率低
服务态度诚恳				15	20	65		服务态度不诚恳
业务水平有创新					20	70	10	业务水平无创新
管理顾问有名气						10	90	管理顾问无名气
公司规模大					25	55	20	公司规模小

通过以上步骤,就可从调查表内的数字中比较直观地获知公众对某一组织的看法、评价及其原因。

■ **组织形象差距分析**

通过组织形象内容间隔图来反映组织自我期望形象与实际社会形象之间差距的图表。运用组织形象的内容间隔图,能使自我期望形象与实际社会形象之间的差距形象化,从而明确指出被调查组织在形象方面或公共关系的其他方面存在的问题,以促进公关人员改善公关状况。

组织形象内容间隔图的形成步骤是:

1. 编制组织形象要素调查表(见前表)

2. 转化语意为数值

把组织形象要素调查表中的 5 等份或 7 等份语意转化为 5 个或 7 个相应的数值段,每个数值段的间隔为 1。

3. 计算平均语意数值

① $(6 \times 65 + 5 \times 25 + 4 \times 10)/100 = 5.55$

② $(5 \times 25 + 4 \times 65 + 3 \times 10)/100 = 4.15$

③ $(4 \times 15 + 3 \times 20 + 2 \times 65)/100 = 2.5$

④ $(3 \times 20 + 2 \times 70 + 1 \times 10)/100 = 2.1$

⑤ $(2 \times 10 + 1 \times 90)/100 = 1.1$

⑥ $(3 \times 25 + 2 \times 55 + 1 \times 20)/100 = 2.05$

4. 绘制形象内容间隔图(见下图)

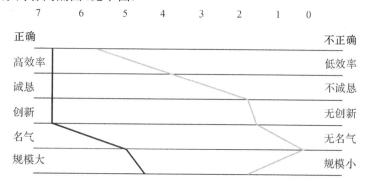

图中粗线部分为公司的实际形象,细线为该公司期望形象,两条曲线之间的差距就是组织的"形象差距"。

➡课余消遣

亚都"收烟"的风波

5月30日是世界禁烟日,颇具声势和规模的戒烟运动在全国各地接连举行。黄浦江畔的上海外滩,由上海市吸烟与健康协会主办的万人戒烟签名活动如期举行。政府官员,接受咨询的专家学者和闻讯而至的市民云集陈毅广场。以生产空调换气机在市场上"闹腾"得颇为火爆的北京亚都科技股份有限公司上海办事处出资30万元,也介入了这次活动。在活动的前一天,亚都公司在上海有影响的两家报纸上,以"亚都启事"为题打出广告:"请市民转告烟民——亚都义举,全价收烟。"具体内容是,亚都公司按市价收集参加此次活动的烟民的已购香烟,并在公众的监督下集中销毁。为使活动顺利圆满,亚都的工作人员兑换了用于收烟的5万元零币,购置了"销烟"用的大瓷缸、生石灰,并按当地商场的零售价格核准了烟价,可谓万事俱备。

上午10时,活动开始后,人群向亚都戒烟台前聚集并排起了长队。队列中既有老者,也有时髦女郎,还有小孩,这与亚都人设想中的烟民形象相去甚远。更引人注目的是,排队中的许多人带着成条的香烟,少者一两条,多者达20条,绝大多数还是价格不菲的"中华"、"红塔山"、"万宝路"等高档香烟。但从外包装上一眼就能看出是假烟。精于计算的上海人让亚都的工作人员乱了阵脚。收烟台前,为了鉴别烟的真假,吵嚷、争吵之声时有所闻。为使活动得以进行,亚都公司临时决定,每人只限换一条,香烟是真是假也不再计较。可烟民也有对策,让工作人员奈何不得。

下午2时,亚都公司的5万元现金已经用光,宣布活动结束。尚在排队的数百名烟民不干了,他们把收烟台和10余名工作人员团团围住,纷纷指责亚都公司"说话不算数"、活动内容和广告不符云云,并对工作人员有撕扯、推搡的现象。双方僵持了约半个小时,仍没有缓和的迹象。为平息事态,尽早脱身,工作人员只得拿出200件文化衫免费发送。之后,在闻讯赶来的保安、巡警的协助下,工作人员才得以离开广场。

哎呀,怎么事前不做调查呢?知己知彼,才能百战不殆嘛。

➡牛刀小试

一、单选题

1.公共关系管理过程中的四步工作法是(　　)。

　A. 公关调查、确定目标、选择媒介、编制预算

B. 估计形势、确定公众、选择媒介、评价结果

C. 公关调查、公关策划、公关实施、公关评价

D. 确定目标、选择媒介、组织实施、评价结果

2. "除了喝白开水外,你是否饮用饮料? 是(　　)否(　　)"这种提问方式属于问卷调查中的(　　)。

A. 对比选择 　　　　　　　　　　B. 两项选择

C. 排序选择 　　　　　　　　　　D. 意见程度选择

3. 形象差距分析,在公关"四步工作法"中属于(　　)。

A. 调查阶段　　　B. 策划阶段　　　C. 实施阶段　　　D. 评价阶段

4. 在抽样调查中普查属于(　　)。

A. 间隔随机抽样 　　　　　　　　B. 分层随机抽样

C. 分区多级随机抽样 　　　　　　D. 整群抽样

5. 问卷的设计分为两种,它们是(　　)。

A. 两项选择和多项选择 　　　　　B. 简单式和复杂式

C. 封闭式和开放式 　　　　　　　D. 对比式和排序式

二、多选题

1. 常规访谈法的优点是(　　)。

A. 可当面听取意见 　　　　　　　B. 富有灵活性

C. 可做深入调查 　　　　　　　　D. 可节省时间

E. 调查结果准确 　　　　　　　　D. 简便易行

E. 无法排除被调查者之间的社会心理因素

2. 电话调查的优点是(　　)。

A. 时间短 　　　　　　　　　　　B. 费用低

C. 能深入问问题 　　　　　　　　D. 适宜访问不易接触的被调查者

E. 坦白性强

3. 问卷一般包括(　　)等。

A. 前言 　　　　　　　　　　　　B. 主体

C. 自变量问题 　　　　　　　　　D. 开放式问题

E. 结语

三、判断题

1. 在公关调查中,随机抽样法是一种准确率高,又省时、省力、省钱的好方法。　(　　)

2. 开放式问卷的特点是答案比较规范,公众回答方便,结果便于定量分析。　(　　)

3. 公关宣传要尽量选用中性的词语,以显得平易近人,慎用最高级的赞语。　(　　)

4. 等距抽样是将总体按一定次序排列成一览表,然后按相同的人数抽取样本。　(　　)

5. 被调查者的基本情况、动力因素和态度、行为构成了问卷设计的基本理论框架。

(　　)

四、情景题

1988年7月20日晚10时30分,南京城西的一幢住宅楼的五楼上,突然响起震耳欲聋的爆炸声,一台"沙松牌"140立升的电冰箱瞬间开了花。强大的爆炸气浪产生了难以想象

的冲击力,使拇指粗的电冰箱钢门锁被扭弯,箱门飞出两米砸到对面的墙上,冰箱后坐力使冰箱后面的墙上留下了几个窟窿。冰箱的主人一家 4 口都是侥幸捡了条命:紧靠冰箱的床上,睡着上午刚出院的产妇和刚出生 4 天的婴儿,母女俩侥幸没被伤着;男主人当时正在另一处洗澡,否则可能难逃厄运;几分钟前,家中雇的保姆还站在冰箱前忙活,幸好当时已离开,算是万幸。"沙松牌"冰箱的生产商——沙市电冰箱总厂闻讯后马上组织专门的事件处理小组赶赴现场进行处理。

如果你作为事件处理小组的组长,你接下来应该如何开展工作?

项目三 组织形象策划

教学目标

终极目标　能根据对被调研组织的形象分析找出差距，完成被调研组织的形象策划文案；学会公关专题活动的策划。

促成目标

1. 掌握公关活动的模式
2. 学会组织形象策划文案的撰写
3. 学会公关专题活动的策划

工作任务

1. 完成被调研组织的形象策划文案的撰写
2. 完成某一公关专题活动的策划

模块一

组织形象策划

≫ ≫ ≫　　≫

☞教学目标

终极目标

根据所调研的组织形象的差距完成形象策划文案。

促成目标

1. 掌握公关活动的模式；

2. 学会组织形象策划文案的撰写程序。

☞工作任务

完成被调研组织的形象策划文案的撰写。

☞任务指导

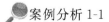案例学习 1-1　会员制营销

智金美容美发为了吸引更多的消费者来消费，特推出了会员制。

凡持会员卡购买项目、产品将根据所持会员卡的卡级进行打折，现金购买就不享受打折优惠（把项目、产品的价目表放在咨询台上，让顾客进行比较）；

购买会员卡在存款时享受优惠（例如实际存款 1000 元，则可以优惠 200 元，卡中的金额将是 1200 元）；

持会员卡消费可以参加消费积分计算，每消费到一定金额就可以累计相应的积分，我们将定期根据会员的积分搞各种活动。如积分可以用于再消费，可以兑换礼品，可以参加沙龙等；

每年有一个神秘的生日礼物赠送；

只要是会员，每年会有一项免费的礼品赠送；

会员卡可以随着消费额的增加而自动升级，享受更实惠的优惠。

他们还把各项内容做成广告牌贴在店内店外的墙上的显眼位置，保证顾客能够看到。

案例分析 1-1

会员制营销是一种深层次的关系营销，是维系会员的一种营销方式，一种能抓牢会员

的心、提高会员忠诚度的方法。采取系统管理和长远渠道规划,利用企业产品、品牌、视觉标识、管理模式以及利益机制来达成目标。

案例思考:有哪几种维系型公关的方式?

案例学习 1-2　成都酒家案

1988年一季度,甲型肝炎在全国突然蔓延,对饮食业造成了很大冲击。在疾病流行期间,人们几乎不到外面饭馆就餐,很多饮食行业的营业额大幅度下降。可是北京有一家"成都酒家",却根据顾客心理,采取一系列措施扭转了局面,他们改变过去的"餐具一次消毒法"为"双消毒法",把过去只是冲洗、消毒,改为冲洗、消毒、再煮,然后把餐具扣过来,将水晾干,最后盖上消毒纱布。他们的这一举动引起北京新闻界的关注,电视台为此在成都酒家录了像,很多报纸做了报道。这家餐馆通过这种"主动姿态",不仅制止了营业额下降,反而使经济效益提高了很多,又扩大了知名度。

案例分析 1-2

成都酒家在全国甲型肝炎突然蔓延时,以攻为守,紧紧抓住公众怕病菌传染的心理,以积极主动的姿态去改善消毒方式,让公众放心。一个组织在出现与环境不协调时,一定要根据自身的条件,把握有利时机,调整决策和行动,迅速出击,积极主动去改造环境,逐步减少直至消除冲突的因素,以保证组织预定目标的实现。

案例思考:进攻型公关有哪些特点?

案例学习 1-3　长城饭店的日常调查

北京长城饭店是1979年6月由国务院批准的全国第三家中外合资合营企业。1983年12月试营业,是北京6家五星级饭店中开业最早的饭店,是北京第一座玻璃大厦,北京20世纪80年代十大建筑之一。随着改革开放的深入发展,北京新建的大批高档饭店投入运营,饭店业竞争日益加剧。长城饭店之所以能在激烈的竞争中立于不败之地,成为京城饭店的佼佼者之一,除了出色的推销工作和优质服务外,饭店管理者认为公共关系工作在塑造饭店形象上发挥了重要的作用。

一提到长城饭店的公关工作,人们立刻会想到那举世闻名的里根总统的答谢宴会、北京市副市长证婚的95对新人集体婚礼、颐和园的中秋赏月和十三陵的野外烧烤等一系列使长城饭店声名鹊起的专题公关活动。长城饭店的大量公关工作,尤其是围绕为客人服务的日常公关工作,源于它周密系统的调查研究。

长城饭店日常的调查研究通常由以下几个方面组成。

(一)日常调查

1.问卷调查。每天将表放在客房内,表中的项目包括客人对饭店的总体评价,对十几个类别的服务质量评价,对服务员服务态度评价,以及是否加入喜来登俱乐部和客人的游历情况等等。

2.接待投诉。几位客服经理 24 小时轮班在大厅内接待客人反映情况,随时随地帮助客人处理困难、受理投诉、解答各种问题。

(二)月调查

1.顾客态度调查。每天向客人发送喜来登集团在全球统一使用的调查问卷,每日收回,月底集中寄到喜来登集团总部,进行全球性综合分析,并在全球范围内进行季度评比。根据量化分析,对全球最好的喜来登饭店和进步最快的饭店给予奖励。

2.市场调查。前台经理与在京各大饭店的前台经理每月交流一次游客情况,互通情报,共同分析本地区的形势。

(三)半年调查

喜来登总部每半年召开一次世界范围内的全球旅游情况会,其所属各饭店的销售经理从世界各地带来大量的信息,相互交流、研究,使每个饭店都能了解世界旅游形势,站在全球的角度商议经营方针。

这种系统的全方位调研制度,宏观上可以使饭店决策者高瞻远瞩地了解全世界旅游业的形势,进而可以了解本地区的行情;微观上可以了解本店每个岗位、每项服务及每个员工工作的情况,从而使他们的决策有的放矢。

综合调查表明,任何一家饭店,光有较高的知名度是远远不够的,要想保持较高的"回头率",主要是靠优质服务,使客人满意。怎样才能使客人满意呢?经过调查研究和策划,喜来登集团面对竞争提出了"宾至如归方案"。计划中提出在 3 个月内对长城饭店上至总经理,下至一般服务员进行强化培训,不准请假,合格者发证上岗。在每人每年 100 美元培训费基础上另设奖金,奖励先进。其宗旨就是向宾客提供满意的服务,使他们有宾至如归的感觉。随着这一方案的推行,饭店的服务水平又有了新的提高。

案例分析 1-3

当今社会已经步入了信息时代,信息对于一个企业来说至关重要。企业的决策离不开信息,而信息质量的高低又直接影响着企业决策的好坏。那么,企业应如何去获得高质量、高精确度的信息呢? 最重要的一点,就是企业应高度重视和开展周密系统的调查研究工作。从公共关系的工作过程来看,公共关系始于调查研究,只有收集了大量信息,汇集了大量的资料和事实,才能进行有效的公共关系活动。长城饭店在这方面为我们提供了成功经验。长城饭店在信息来源、采集方式、如何处理等方面都有自己的特点,形成了一个全方位的信息系统。信息的收集不仅仅局限于每天住宿的客人身上,而是注意到了信息在空间上和时间上的发展变化。在立足于全市、全国、全世界范围的信息采集与分析的同时,对全年、半年、月、日等不同时段的情况都加以监测,形成了全方位立体交叉的信息网络,既保证了信息来源的广度,又保证了信息的时效性和正确性,从而保证了较高的科学预测能力和科学决策能力。所以,在竞争日益激烈的市场经济条件下,企业要生存、要发展,就要重视日常的公关工作,重视信息的收集与整理,重视调查研究。

案例思考：应如何做好防御型公关？

_____

_____

_____

_____

案例学习1-4   35次紧急电话

一次，一位名叫基泰丝的美国记者，来到日本东京的奥达克余百货公司。她买了一台"索尼"牌唱机，准备作为见面礼，送给住在东京的婆婆。售货员彬彬有礼，特地为她挑了一台未启封包装的机子。

回到住所，基泰丝开机试用时，却发现该机没有装内件，因而根本无法使用。她不由得火冒三丈，准备第二天一早就去"奥达克余"交涉，并迅速写好了一篇新闻稿，题目是《笑脸背后的真面目》。

第二天一早，基泰丝在动身之前，忽然收到"奥达克余"打来的道歉电话。50分钟以后，一辆汽车赶到她的住处。从车上跳下"奥达克余"的副经理和提着大皮箱的职员。两人一进客厅便俯首鞠躬，表示特来请罪。除了送来一台新的合格的唱机外，又加送蛋糕一盒、毛巾一套和著名唱片一张。接着，副经理又打开记事簿，宣读了一份备忘录。上面记载着公司通宵达旦地纠正这一失误的全部经过。

原来，昨天下午4点30分清点商品时，售货员发现错将一个空心货样卖给了顾客。她立即报告公司警卫迅速寻找，但为时已迟。此事非同小可。经理接到报告后，马上召集有关人员商议。当时只有两条线索可循，即顾客的名字和她留下的一张"美国快递公司"的名片。据此，奥达克余公司连夜开始了一连串无异于大海捞针的行动：打了32次紧急电话，向东京各大宾馆查询，没有结果。再打电话问纽约"美国快递公司"总部，深夜接到回电，得知顾客在美国父母的电话号码。接着又打电话去美国，得知顾客在东京婆家的电话号码。终于弄清了这位顾客在东京期间的住址和电话，这期间的紧急电话，合计35次！

这一切使基泰丝深受感动。她立即重写了新闻稿，题目叫做《35次紧急电话》。

案例分析1-4

此事曾被美国公共关系协会推举为世界性公共关系范例。"奥达克余"在不到20小时的时间内，能够将一起由于自身失误而引发的风波妥善地平息下去，应当说是得力于强烈的公关危机意识和及时的公关举措。

千里马也有失蹄之时。由于企业在极其复杂的现实环境中运行，因此，很难对运行中可能发生的各种情况做出完全准确的预见。这样，难免会有失误的地方，并自然而然会使组织形象受到不同程度的损害。问题在于，事情一旦发生，应当如何对待？"奥达克余"的做法是值得企业学习的，他们对待自身的失误，树立了正确的态度：亡羊补牢，向公众表明解决问题的诚意，求得公众的谅解和合作，使失误对组织形象产生的损坏减少到最低限度，并由被动变为主动。

失误一旦发生,企业形象便开始遭受损害,因此,要使纠正失误的公共关系工作有成效,就要有强烈的"救火"意识,及时发现,及时纠正,及时改善。其中"及时"二字最为关键。"奥达克余"为解决问题付出的努力是非常及时的。问题发现后,他们立即行动,意在顾客成为知晓公众之前解决问题。如果"奥达克余"被动地等待顾客上门交涉,坐失良机,《笑脸背后的真面目》一经见报,"奥达克余"的日子就难过了。可见,任何企业必须明确这样的公关道理:纠正失误如同"救火"。

案例思考: 矫正型公关的特点是什么?

案例学习1-5 中国香港地区旅游业的国际公共关系活动

中国香港地区旅游协会根据调查研究、分析认为,美国来中国香港地区的旅客将大有增长的潜力。据有关调查表明,不少美国人对中国香港地区还不十分熟悉,很多美国旅客都把中国香港地区当作前往亚洲其他地区的中转站,似乎中国香港地区不是特别有吸引力的旅游地。根据这种情况,中国香港地区旅游协会聘请美国伟达公司来帮助他们推行一项庞大的争取美国游客的公共关系活动。

为增强中国香港地区的吸引力,招徕更多的美国旅游者,1980年7月,伟达公司制定了一项全面的公共关系活动。这项活动的公众是一些高阶层的游客,也就是那些消费能力很强的人士,包括度假观光者、商界行政人员和专业人员。该计划要达到的目标是:促使更多的美国人首次或再次来中国香港地区游览,并希望人们最少能住四天。为了实现这一目标,该协会实施了以下公关活动:

1. 电视宣传。在哥伦比亚广播公司制作的"60分钟广播"中播放一集推广短片。这个节目是全美国收视率最高的节目之一。另外,还在中国香港地区拍摄了一套介绍中国香港地区的专辑,在美国日间的妇女节目里一连五天播放,收看的观众达到2千万人。

2. 刊物宣传。伟达公司还在美国最畅销的杂志上刊登有关中国香港地区的资料,使更多的美国人了解中国香港地区。美国合众国际社曾发表一篇题为《中国香港地区值得一游》的文章,介绍中国香港地区。

3. 卫星宣传。伟达制作了有关中国香港地区旅游生活方式的13辑录像带,并通过卫星传播到美国300家电视台。

4. 特别活动。1983年,在中国香港地区举行国际龙舟比赛。利用此次机会,中国香港地区旅游协会要求伟达公司通过一个旅游团体,邀请美国选手参加。美国国内各种报纸、电视台、电台详细报道了这场国际龙舟邀请赛。这项比赛由中国香港地区旅游协会主办,是中国香港地区一年一度之盛事,对促进旅游业的发展有极大的作用。

经过四年的不懈努力,这项争取更多美国游客来中国香港地区旅游的公关活动获得了极大的成绩。据统计,1983年以来美国的旅游者增长率为19.5%,同时,每人的平均消费平均增长幅度高达41%。此外,每个旅客平均逗留的时间也延长到3—7天。

案例分析 1-5

宣传型公共关系利用种种传播媒介,迅速将组织的有关信息传播出去,形成社会舆论,创造必要的声势或气氛。伟达公司为中国香港地区旅游协会进行的这一次公关活动,就是利用大众传播媒介进行广泛宣传而取得成功的。在开展宣传型公关活动之时,媒介的作用是很重要的,它既决定宣传的效果和范围,又使公众信服。伟达公司在新闻媒介、播出栏目和时间的选择以及制造新闻方面都是非常成功的。

案例思考：宣传型公关有哪几种方式？

_____

_____

_____

📖 案例学习 1-6 新加坡航空公司的完善服务

新加坡航空公司(简称新航)在国际航空业务群雄角逐的激烈竞争中独占鳌头,多年连续被国际民用航空组织评为优质服务第一名。新航的服务有很多独特之处,他们把西方的先进技术及管理手段与东方的殷勤待客传统有机地融合在一起,把"乘客至上"的公共关系思想贯穿于服务的全过程,给每一位乘客留下极为深刻的良好印象,使来自各国的乘客自然成为新航的义务宣传员,再加上通过新闻媒体做广告宣传,使公司的良好形象不胫而走,誉满五洲。

新航的服务准则是:对所有乘客一视同仁地施以关心和礼貌,在一切微笑的服务细节上给乘客留下难忘的印象,并树立公司的整体形象。这些服务准则通过每一位工作人员的良好举止体现出来。

(一)订票时可得座位号,登机时对乘客以姓相称

一般航空公司乘客在订票时是不能拿到座位号的,登机前才能在机场领得印有座位号的登记卡。而新航通过公司设在全球各地的计算机订票系统,可使乘客在任何国家预定任何班次的机票时,能够同时得到飞机上的座位号。公司将订坐某次班机的全体乘客姓名按舱位平面图排列交给当班乘务员,要求每个乘务员事先记住自己所负责的那一舱位所有乘客的姓名,乘客上机时只需将座位号贴在登记卡上,乘务员在机舱门口引导乘客对号入座,并在舱位图上做记号。乘客就座后,乘务员就能按照记忆,对每一位乘客直接以姓相称,使乘客在感到宾至如归的同时又略感意外的和谐与舒适。这样周到的服务,是世界上任何其他航空公司都不曾做到的。

(二)殷勤款待,乘飞机如同做客

新航的优质服务,使乘客从进入飞机起就感觉如同是在殷勤的主人家中做客一般。乘客在座位上刚坐定,乘务员就手拿衣架来到面前,和蔼地询问你要不要把上衣脱下挂起来,如果要的话,可把上衣连同登记卡一并交给她,下机时再把上衣送还。飞机起飞之前,乘务员又送来热毛巾,端来一杯杯饮料,然后又送上插着牙签的小点心请乘客选用,乘客真好像是受到主人的悉心款待。

（三）照顾乘客休息用餐，将饭店服务方式搬进机舱

　　洲际飞行乘客易疲劳，而且途中要用几餐饭。因此，班机起飞不久，乘务员就给每位乘客送上一双尼龙软鞋套和遮光眼镜，供乘客休息时用。还送来一份印刷精美的菜单，上面以英、法、德三种文字印有全程每餐饭的菜名，并附有飞行各段所需的时间，然后乘务员来到座位上登记每位乘客所选用的主菜。公务舱开饭时，先给乘客小桌上铺桌布，再送上主菜托盘。主菜用完后，乘务员前来把托盘中的主菜取走，空出位置再送甜食或水果，这就等于把饭店的服务方式搬进了空间狭小的机舱，而不是一股脑儿地把所有的吃食都端到小桌上。

（四）纪念品加优待券，希望你再来光顾

　　乘客休息后，可得到一包精美的盥洗用具，包括牙刷、牙膏、肥皂、梳子和两小瓶化妆品，上面都印有新航标记，不但是美观实用的纪念品，而且是值得保留的宣传品。乘客如需写信，均可由新航免费寄至世界各地。头等舱和公务舱的乘客如填写一张表格，便可将自己的姓名、地址存入新航公司的计算机，并取得一个编号，日后可得到公司寄来的一二十张优待券，一年之内可凭优待券优先购买新航的机票，行李超重可不付费，还可以到新加坡的一些百货商店享受购物折扣优惠。

　　以上这些及其他各项服务措施，构成新加坡航空公司充满活力的公共关系，使新航在国际航线上赢得了声誉，赢得了顾客，在激烈的国际竞争中胜人一筹。

案例分析 1-6

　　有一位日本企业家曾说过："现在的顾客与其说是买东西，不如说是买服务；就交易成功率来说，周到的服务大于商品的质量与价格。"此话不无道理。实际上，作为民航、铁路、公路、海运等运输性企业，为更好地开展业务，吸引旅客和货主，也需要搞好运输性企业的公共关系，除保证旅途运输的安全外，为旅客提供周到细致的服务就显得更为重要了。

　　新加坡航空公司为塑造企业形象，从公共关系基本原理出发，实行了完善服务的一系列措施，其突出特色在于航空公司抓住每一个细小环节来赢得顾客的信任，为塑造企业形象服务。比如：把饭店的服务方式搬进机舱；对乘客以姓相称；赠送旅客有新航标记的精美纪念品等。这些服务贯穿于整个旅行过程中，乘客每时每刻都能感受到乘务员那无微不至的热情服务，旅行生活显得丰富多彩，充满情趣。

　　从新加坡航空公司"空中小姐"和颜悦色的面容、彬彬有礼的举止和周到细致的服务上可以看出，公关意识已融入每个员工的头脑里，体现在每个员工的行动中，贯穿于公司的每次活动上，这是树立企业形象的根本。企业要处理好与顾客的关系，得到顾客的信任和支持，必须首先得到企业每个员工的支持。他们要从一言一行中为企业创造声誉，这比公关人员"自吹自擂"所形成的声誉稳固得多。因此有人说："全员公关是组织公共关系的最佳状态"。新加坡航空公司在优质服务的同时进行公关活动，在树立形象方面犹如金融行业的利滚利，收益十分巨大。比如，新航公司为顾客寄乘机优待券，让顾客享受购物折价优惠待遇，毫无疑问，这些乘客不久就将成为公司的固定主顾。同时，经过一次难忘的际遇（如乘飞机旅行），顾客事后一定会向同事、亲朋好友大加介绍，一传十、十传百，顾客源源而来，企业何愁不发展呢！这也许就是新加坡航空公司胜人一筹的原因所在吧。

案例思考：新加坡航空公司这样做是不是本亏大了？服务型公关应注意什么？

案例学习1-7　四通集团向未来投资

1992年9月12日，中央电视台在新闻联播里报道了当天在人民大会堂举行的四通公司资助中国学科奥林匹克代表队颁奖的活动。

第二天，首都各大报纸纷纷报道了这一消息。从这项活动的内容、参加者的层次以及公众对这一活动的关注来看，它在中国学科奥林匹克史上是空前的。由于四通公司独家发起并迅速圆满地完成了这次活动，"四通"的名字又一次给广大公众留下了深刻印象。

这项活动的具体发端是在1991年。当时公关部参加了那一年学科奥林匹克归国汇报会，在领略到少年英雄艰难攀登的同时，也看到了选手们的好成绩是根植于孕育和培养这些未来科学巨星的那片土壤的。对这些智力健儿应该奖励，而且应该重奖。不仅如此，对站在这些少年背后的那些培育者也应该奖励。但是我们国家对此项活动的投入相比起来是很少的。选手、教练以及各代表队的经济状况是很窘迫的。那么，我们"四通"能不能为改变这种窘迫尽一点绵薄之力呢？"四通"公关部动起了心思。

1992年，又一度学科奥林匹克竞赛结束了，中国选手又取得了"大满贯"的绝好成绩。不久，体育奥林匹克大火大红起来。当舆论界把两个奥林匹克一冷一热的情况对比议论的时候，"四通"敏感地发现了社会对教育科技的忽略。这一情况促使"四通"公关部提议独家发起并完成这次集资捐助学科奥赛的公关活动。

"四通"公关部把这一动议向公司领导汇报，当时公司领导正在中国香港地区处理其他业务，接到公关部传真后，立即讨论并拍板决定，同意公关部的这项提议。公关部接到这一决定以后积极行动起来，于9月1日下午举行通报会，把这一决定通报给各界。参加会议的有国家科委、国家教委、中国科协及数学、物理、化学、信息学会的专家和领导，以及参与学科奥林匹克竞赛的各代表队的领队和教练员。

9月1日，四通公司成立了"为学科奥林匹克智力竞赛捐资委员会"，主席由集团公司执行副总裁李文俊担任，委员有公司副总裁张进、公关部部长李小列、办公室主任彭建伟。

捐资委员会9月4日以《四通人》快讯的方式向集团的全体同仁发出了自愿捐资的号召。此通告发出之后，得到全体同仁的热情支持，48小时以后，就收到集团所属企业和个人价值30余万元的捐款。

"四通"这次捐款的分配方式采用了一个被社会各界称为"非常恰当"的方式，即：

——为4个学科代表队所有的19位选手筹措读大学的助学金，每人每月200

元,直到他们大学毕业。

　　——为每个队提供 1 万元资金以奖励教练员。

　　——为每个队提供 2 万元培训费。此外,把 4 套四通 386 微机及打印机赠送给信息代表队,为培养新的选手提供设备支持。

　　1992 年 9 月 12 日,在人民大会堂云南厅隆重举行了四通公司资助中国学科奥林匹克代表队颁奖大会。

　　面对这样的义举,四通公司总裁段永基并没有丝毫捐助者的得意之色,反而诚恳地向接受捐助者说了一句:"拜托了!"他说:高科技企业在国内外市场取得成功,需要源源不断的掌握最高技术的人才。人才哪里来? 来自教育。企业界应向教育界说一声:"拜托了!"他认为,未来的社会发展主要靠科学技术,而科学技术的后劲在中小学。在一代少年身上,他看到了"四通"未来发展的宏伟前景。段永基先生的这些话,说出了所有"四通"决策者毅然做出这个决定的动机。

　　首先,"四通"是一个高科技企业,它的创业以及发展绝对离不开掌握高科技、新知识的人才。"四通"把公益投资向基础教育倾斜,事实上是为自己本身的长远后劲投资。其次,"四通"不可能脱离中国的时空,而成为超然的"地球村民",它的根扎在中国。如果中国没有一个重教育、重科技的气氛,"四通"自身的发展也是很艰难的,在这方面"四通"要带头营造这样的环境。再次,在巴塞罗那奥运会轰轰烈烈的对比下,"四通"人也确实有一种不平之感。这种感觉不仅是"四通"人独有的。"四通"的举动无疑或多或少地为公众争来了一种新的平衡。

　　从深远一点的背景来看,对教育的资助也是"四通"一贯的行为——近几年来,四通公司每年向一所中学提供办学资金 25 万元,以改善学校的办学条件;四通公司是向国家科委和团中央主办的"希望工程"捐款首家突破 100 万元的企业。

　　还有北京市连年举办的中小学生计算机程序设计大奖赛,以及每年 9 月的教师节,"四通"都投入了自己的奉献。

　　1992 年,四通集团又向中国的基础教育投入了更高的热情。"四通"已不满足于集资助教,而是要和教育界一道,把教学成果转化为商品,转化为生产力,把"输血"变为提高本身的造血机能,成立了一个企、教联营的经济实体——四通教育科技公司。

　　集资捐助学科奥林匹克赛之举,使"四通"再次赢得了良好声誉:

　　国务委员、国家科委主任宋健说:"四通集团以促进科技教育发展为出发点的赞助活动具有远见卓识,我代表国家科委感谢四通公司的首创精神和善意。"

　　国家科委副主任朱丽兰说:"四通公司给不太直接相关的事业进行投资表明'四通'是最有希望的企业。"

　　北京市市长助理、市教育局局长陶西平说:"四通公司是有远见的,着眼于 21 世纪的未来,所以才扶持这样一个事业。"

　　清华大学计算机系教授、信息代表队领队兼教练吴文虎说:"中国有像'四通'这样的有识之士,高科技的未来就有希望了。"

　　中国科协、北京市委、市政府、市教育局、市高新技术产业实验区以及全国教育界、科技界的领导和著名学者也纷纷盛赞"四通"义举。

案例分析 1-7

现代企业不但要营利,还需要承担一定的社会责任和社会义务,以表明企业是社会的一员,愿为社会发展贡献一份力量。通过这样的行为,搞好与社会公众的关系,建立良好的企业声誉。而致力于赞助社会福利事业、文化事业、教育事业和学术理论活动等等,不但有利于社会,而且能使企业赢得社会的普遍好感,培养与某类公众的良好感情,树立企业关心社会公益事业的良好形象。

赞助活动是公关专题活动的一种类型,要想使赞助活动达到树立企业形象的目的,就必须妥善选择赞助的对象和赞助主题,选择学科奥林匹克赛作为赞助对象是四通成功的关键。

案例思考: 社会活动型公关主要的活动方式有几种?

案例学习 1-8　假如我是广州市长

广州市委、市政府先后举办过直接为市长作参谋的"假如我是广州市长"征文活动(后定名为"市长参谋活动"),为政府职能部门出谋献策的"房改方案千家谈"、"菜篮子工程千家谈"等"千家谈系列活动",讨论广州市风和广州人精神的"羊城新风传万家"和"羊城居委新形象"等大型公众活动等等,运用报纸、杂志、广播、电视等媒介,动员了成千上万的市民参政议政,各抒己见,都收到了良好的社会效果,提高了政府对市民的凝聚力。

案例分析 1-8

1.此案例反映了政府公共关系中拓宽社会沟通渠道,吸引公众参政议政的问题。政府公共关系工作要尽可能争取公众的了解,这就需要加强政府自身的传播工作,提高政府的透明度,满足公众的知情权。各种大众传播媒介为社会沟通提供了广泛的参与方式,围绕公众关心的热点问题动员公众献计献策,集思广益,这也是政府公共关系的一种形式。

2.广州市委、市政府通过举办"假如我是广州市长"征文活动,动员成千上万的市民参政议政,收到了良好的社会效果,这充分说明了政府与公众双向沟通的重要性,说明了公众议政活动在政府公共关系活动中的作用。因此,在开展政府公共关系活动时,应积极开拓公众参与性强的社会沟通渠道,让公众的意见能够充分地表达出来,为政府制定政策提供依据。开拓公众参与性强的社会沟通渠道,还有利于形成生动活泼、稳定和谐的政治局面与社会秩序。由此可见,政府公共关系工作就应该发展一系列公众议政参政的社会渠道。

案例思考：征询型公关的工作方式有哪些？

★课堂讨论 1-1　如何编写公关策划方案

讨论总结 1-1

策划方案的内容

任务实操

1. 以公关部为团队，根据前面的组织形象调研资料讨论策划案的内容；

2. 搜集相关资料；

3. 完成策划案初稿；

4. 修改并完成策划案；

5. 打印装订；

6. 各公关部策划介绍；

7. 评出优秀策划案。

知识链接

■公共关系活动类型

根据公共关系活动的特点，或针对不同的组织环境和组织公共关系的具体状态，可以将公共关系活动划分为以下几种类型。

一、维系型公共关系

维系型公共关系活动是指社会组织在稳定、顺利发展的时期，维系组织已享有的声誉，稳定已建立的关系的一种策略。它的特点是采取较低姿态，持续不断地向公众传递信息，在潜移默化中维持与公众的良好关系，使组织的良好形象长期保存在公众的记忆中。

维系型公关是针对公众心理特征而精心设计的，具体可分为硬维系、软维系两种形式。

1. 硬维系　是指那些"维系目的"明确，主客双方都能理解意图的维系活动。硬维系一般适用于已经建立了购买关系或业务往来的组织和个人,它的特点是通过优惠服务和感情联络维系与公众的关系。如某些西方航空公司明确宣布,凡乘坐本公司航班多少次以上者,公司可提供免费旅行一次。商店的会员证制、积分制等。有些国外厂商还利用一些节日、纪念日的机会,向老客户赠送一些小礼品,举行一些活动,来加强感情,联络发展厂商与顾客之间的关系。

实证鉴录

　　1986 年的圣诞节,北京长城饭店公共关系部请来了一批孩子来饭店装饰圣诞树。除供应他们一天的吃喝外,临走时还特地送给每人一份小礼物。这些孩子分别来自各国的驻华使馆,他们的父母都是使馆的官员。长城饭店是五星级的豪华饭店,顾客主要是各国的来华人士。邀请这些孩子来饭店,看起来是为孩子们举行了一项符合西方习惯的传统活动,但"醉翁之意"是希望通过孩子来维系长城饭店与各使馆的关系。孩子在饭店待了一天,长城饭店的豪华设施在他们幼小的心灵中留下深刻的印象。他们的父母也一定会问孩子圣诞节在长城饭店过得是否快乐,还可能看看赠送给孩子的礼物,由此对长城饭店的好感油然而生。对长城饭店来说,随之而来的是宾客盈门。

2.软维系　软维系对象不像"硬维系"那样具体和明确,目的是要公众不要淡忘了组织,具体方式可灵活多样。可用各种传播媒介进行低姿态的宣传。如定期广告、组织报道,还可组织一些传播活动,让公众记住和了解组织。

实证鉴录

　　日本东京的许多公司每天早晨总是派出几名公司职员,在街头向路人散发印有公司名称、地址、服务项目的香水纸巾,这些香水纸巾不但给你带来了方便,而且还使你在不知不觉中了解了这些组织的情况,加深了对公司的印象。软维系的奥秘,就在这种不知不觉中。

搞好维系型公共关系应把握以下原则:

1.抓住公众心理。一个组织与其公众已经发生并建立了良好的公共关系之后,随着时间的推移,这种公共关系状态会向好的方向进一步发展,也可能向不好的方向转化。此时社会组织应研究公众的心理需求,通过维系型公关活动使公众产生对组织有利的心理定势,从而使组织与公众能维持良好的公共关系状态,防止逆转。

2.渐进性。维系型公共关系活动旨在公众中造成对社会组织有利的心理定势,即公众在不知不觉中形成对社会组织的好感。有关组织形象的信息对公众的刺激强度不够、过弱,或刺激强度过大、过猛,都不利于形成这种心理定势。最有助于形成这种心理定势的是渐进性的积累,保持适中的信息刺激度。因此,开展维系型公共关系活动,在方法上必须注重"细水长流",而不是大张旗鼓地活动。

3.保持超脱姿态。维系型公共关系活动要让公众在不知不觉中形成对组织的好感,因此开展维系型公关活动要在"超脱"二字上下工夫,不论是"硬维系"还是"软维系"都要表现出一种高姿态,表现出"醉翁之意不在酒"的味道,使公众在心理上乐于接受。

二、进攻型公共关系

进攻型公共关系活动是指社会组织与环境发生某种冲突、摩擦的时候,为了摆脱被动局面,开创新的局面,采取的出奇制胜、以攻为守的策略。

这种公关活动方式,适用于组织与外部环境的矛盾冲突已成为现实,而实际条件有利于组织的时候。采用这种方式的最大特点是"主动",以一种进攻的姿态开展工作。组织要抓住有利时机和有利条件,迅速调整组织自身的政策和行为,改变对原有环境的过分依赖,以便争取主动,力争创造一种新的环境,使组织不致受到损害。

改造环境,组织可以采用以下战略:

1.改变战略。改变组织对环境的依赖关系。组织可以通过不断研制新的产品,开拓新的市场,吸引更多的顾客,建立新的合作关系等方法,改变对原有环境的过分依赖。

2.交流战略。组织通过与环境的交流协商,如加入同业协会、商定协作交流协议等,减少与竞争者的冲突和摩擦。

3.回避战略。组织为避免受过多环境消极因素的影响,可以采用回避战略。组织与所处环境发生冲突时,要及时抓住时机,调整决策和行动,积极主动地去改造环境,逐步减少直至消除冲突的原因,以保证预定目标的实现。

实证鉴录

1957年,哥伦比亚广播公司在"面向全国"这一节目里,邀请苏联共产党第一书记赫鲁晓夫发表了一篇演说。赫鲁晓夫趁机说:"我可以预言,你们美国人的子孙后代将在社会主义制度下生活。"第二天清晨,许多报纸便以醒目的标题报道了这一演讲。当天,全国掀起了轩然大波,总统艾森豪威尔恼羞成怒。哥伦比亚广播公司的编委们面对政府的反应,诚惶诚恐,害怕国会搞限制立法,甚至还害怕被吊销该公司5个电台的执照。怎样才能摆脱困境呢?大家束手无策,最后求助于专职公关顾问,才使公司转危为安。

公关顾问提出的解决办法,是鼓励人们要以积极的,而不是消极的态度对待此事。他督促哥伦比亚广播公司要起来反驳,要在"面向全国"的节目里表现出一种自豪感,而不能流露出任何畏缩的情绪;要向全国夸耀自己为增进世界各国之间的相互了解作了重大贡献,而不能为给一位苏联领导人提供了一次直接向美国人说话的机会而感到内疚。结果奇迹出现了。哥伦比亚公司的反击,不仅再次引起纽约和华盛顿各大报纸的整版报道,而且还为争取广播事业的言论自由打响了第一炮。这一事件持续了好几个月,以要求宪法保障广播的言论自由而结束。在这里,哥伦比亚广播公司正是凭着自己的主动出击,才恢复了公司内部的相互信任,赢得了社会舆论的支持,而且还第一次提出言论自由权。就其活动方式来说,这是一次相当成功的进攻型公关活动。

三、防御型公共关系

防御型公共关系活动是指社会组织公共关系可能出现不协调,或者已经出现了不协调,为了防患于未然,组织提前采取或及时采取的以防为主的措施。

这种模式适用于组织与外部环境出现了不协调,或与公众的关系发生了某些摩擦苗头或出现潜在危机时为了控制公共关系失调的苗头,防患于未然,采取以防为主的策略,重视

信息反馈,及时调整自身政策和行为,以适应环境的变化,其特点是防御与引导相结合。

作为组织,应建立起防御机制,把危机消除在萌芽之中。要建立起有效的防御机制,则要做好以下三方面的工作。

1.强烈的防火意识

公关危机是由客观事件或客观情况引起的,一般具有突发性。我们把公关危机看作是一场火灾,因此,就应像防火那样,警惕各种公关危机的隐患和苗头。

①要有危机意识。组织要具有危机意识,一旦出现对组织不良的问题,就要将问题扼杀在摇篮之中,切忌麻痹大意。

②要有自律意识。组织应经常性地检查自身的行为是否损害了公众的利益,是否违背了政府的政策法规,发现问题便及时加以纠正。

③要有公众意识。组织在处理与公众利益相冲突的事件时,如果为了部分公众利益而损害全体公众利益,为了眼前的利益而损害他们的长期利益,势必在危机中越陷越深。

④要有尊重舆论的意识。尊重舆论,就是要主动搜集公众信息,认真对待公众投诉,慎重对待记者的采访。

⑤要有法律意识。组织管理人员要主动了解、学习各种法律法规,自觉遵守法纪,避免出现违法问题。

2.科学的报警系统

公众对组织强烈的不满情绪以及出现的各种反对意见,是公关危机的前兆信息。及时掌握这些前兆信息就能对公关危机作出科学的预测。掌握信息的主要方法有:

①建立外部预警系统。如信访制度、公众来访接待制度、总经理信箱等。

②内部自查。要建立组织自查制度,看看有没有损害公众利益的行为,对环境有无损害,经营有无问题,服务质量如何等。

3.妥善的灭火方法

公关危机一旦发生,公关部门应协助组织领导妥善地加以解决。一般经过四个步骤:

①听取意见。公关危机发生后,公众会采取各种形式(如投诉、来访),向组织提出严厉批评。不管这种批评采取何种方式,措辞如何尖锐,是否存在偏见,公关人员都要代表组织,诚恳耐心地听取。

②查清事实。这是解决危机的关键。考虑到公众的对立情绪,组织对事实的调查,最好委托第三方进行。

③交流意见。这种交流既可以通过新闻媒介进行,也可以与公众代表直接交流,但要做好充分的准备工作,要拟出可供选择的解决方案。

④了解反映。在危机解除,达成谅解后,应通过民意测验等方式调查公众对危机的看法,对解决办法的反应及对组织的意见,并加以总结,以便进一步做好工作。

 实证鉴录

某律师在消费当地一家颇有影响的食品企业所生产的食品时,发现产品存在严重的质量问题。于是,他与企业进行了交涉。企业接待人员表示研究后给其一个答复,但此后便没了下文。无奈,律师把有质量问题的食品拿到当地一家颇有影响力的报社,将情况反映给记者。该报社遂派记者到企业进行现场采访。记者

们在企业拍摄到了许多违反国家食品生产规定的现场画面。企业领导发现后强行索要记者所拍资料,不成后,将记者扣留。在当地公安人员的解救下,记者在被困1个多小时后得以安全返回。事后,该报以系列报道的形式将消费者反映的有关该企业的问题,以及记者在企业中所拍摄的材料、经历公之于众,企业经营一时陷入困境。

四、矫正型公共关系

矫正型公共关系活动是社会组织在公共关系状态严重失调、组织形象受到严重损害时所进行的一系列活动。这种模式适用于组织的公共关系严重失调、组织形象发生严重损害的时候,其特点是"及时",及时发现问题,及时纠正错误,及时改善不良形象。

组织形象受损,一般有两种情况:

一是由于外在的原因,如某些误解、谣言,甚至人为破坏。此时,公关人员应及时、准确地查明原因,迅速制定对策,采取行动,纠正有损组织形象的行为和因素,公关人员对于损害组织形象的误解和谣言决不能掉以轻心,稍有疏忽就将给组织造成不必要的损失。

实证鉴录

饮誉国际的"雀巢"食品公司就曾遭到过这种厄运。在20世纪70年代中期,有人传言,雀巢食品中含有对人体有害的物质,导致发展中国家母乳哺育率下降,婴儿死亡率上升。雀巢公司对这一传言没有给予重视,采取了听之任之的态度。结果,这一传言逐渐发展为一场世界性抵制雀巢食品的运动,使雀巢食品销量大减。后来,雀巢公司虽然采取了积极对策,聘请公关专家,说明真相,消除误解。但是,雀巢公司已经承受了重大损失。后经历了七年的努力,才挽回声誉,重新恢复了失去的市场。

二是由于组织内在的原因。如产品质量、服务态度、环境保护、管理政策等方面发生了问题,而导致公共关系严重失调。此时,公共关系部门应迅速查清原因,采取行动,尽快与新闻界取得联系,控制影响面,并及时把外界的舆论准确地反馈给决策层和有关部门,提出消除危机的办法和纠正错误的措施。

五、宣传型公共关系

宣传型公关模式主要利用各种传播媒介直接向公众表白自己,以求最迅速地将组织信息传输出去,形成有利于自己的社会舆论。

这种公关模式,根据宣传对象的不同,又可具体地分为内部宣传和外部宣传。

1.内部宣传

其主要对象是组织的内部公众,宣传的目的是让内部公众及时准确地了解与组织有关的信息。其形式有:

①企业报纸　报道一切有关企业生活的新闻,发展的信息与资料。风格活泼,格调明快,尽量刊载那些企业职工最感兴趣的文章,内容有针对性,采用定期与不定期相结合的方式,企业遇到重大事件,还可增发号外或特刊,给予突出报道。

②职工手册　内容一般包括企业历史、宗旨、目标、现状、组织机构,以及全面的企业经营活动情况,还可为职工提供企业内部生活所必需的参考资料,如作息时间、假期、薪金制度,各种管理条例、福利待遇等。

③黑板报　刊登企业内部的好人好事,表扬有突出贡献的优秀职工和班组,从各方面、各角度反映企业生活,活跃气氛。另外,可利用照片宣传窗、闭路电视、电影、座谈会、演讲会等。

2.外部宣传

外部宣传的目的是让外部公众迅速获得本组织有利的信息而形成良好的舆论。外部宣传的形式有两种:

①不借助大众传播媒介的宣传,包括举办展览会、经验或技术交流会、公开演讲等;

②借助大众传播媒介的宣传,一种是花钱利用广告作宣传,另一种是不必支出费用,又易于为公众所接受的形式,即通过新闻节目播出。必要时组织还可以抓住公众关注的"热点",组织相应的活动,吸引新闻媒介前来报道,这就是制造新闻。这里所说的"制造新闻",并不是说要公共关系人员凭空捏造一些新闻来欺骗公众,而是要遵循新闻报道工作的客观规律,寻找公众关注的"热点",使社会组织的活动与公众最为关心的事物相结合,产生新闻价值,吸引新闻媒介前来报道。

"制造新闻"在实际操作中应注意以下问题:

● 应结合社会政治、经济、文化生活中的重大活动去制造新闻

一般来说,各个时期的重大中心活动,是公众普遍关心的问题,最容易引起公众的兴趣,借此机会制造新闻能够产生广泛而深刻的影响。

实证鉴录

在北京申奥期间,能够与申奥有关系的活动就会引起公众与新闻媒介的注意。养生堂的农夫山泉推出了买一瓶农夫山泉,就为申奥捐出一分钱的申奥全国总动员活动,不仅扩大了知名度,产品在市场中的占有率也大大地提升;在中国入世以后,于2002年4月22~23日广东省政协、省科协举办了形象生动、通俗易懂的有关世贸组织的基本知识和有关法律、规则的图片展览活动,让更多的公众了解世贸组织的有关知识,受到了广大公众的欢迎。

● 与盛大节日或纪念、庆典活动相联系制造新闻

组织可以在传统的元旦、春节等节日期间搞一些具有新闻价值的公益活动,也可以利用开业或获得荣誉等纪念日策划公关事件进行新闻宣传,还可以利用教师节、老人节、护士节等具有更深刻意义的节日制造新闻。

实证鉴录

1991年8月,山东沲水县"千里冰"啤酒厂为提高知名度想在人民大会堂开新闻发布会,邀请中央领导人出席,希望各大报刊发消息。他们找到了策划家铁流,希望铁流能为他们策划这次活动。一个名不见经传的乡镇企业将这无异于"国际玩笑"的玩笑交给了铁流。铁流由"千里冰"的厂名联想到毛泽东的诗词——"千里冰封,万里雪飘",又由此联想到毛泽东的诞辰——12月26日,于是,他要求厂方不要搞成新闻发布会,将名称改为"千里冰之夜毛泽东诗词朗诵晚会"。到12月25日,即毛泽东诞辰98周年的前夜,人民大会堂举办了一场唱毛主席的歌、跳毛主席的舞的全盘"毛派"晚会,被邀请的中央领导人都出席了晚会。第二天,新华

社,全国各大报头版头条都刊发了"千里冰之夜毛泽东诗词朗诵晚会"的消息。人
们为小小的乡镇企业能举办如此高规格的活动而惊叹不已。

● 与权威人士或社会名流相联系制造新闻

企业活动与权威人士或社会名流相联系,其活动的知名度可以得到提升,从而起到事
半功倍的效果。

 实证鉴录

广东今日集团很好地利用了名人马俊仁指导的"马家军"连破3项世界纪录的
轰动效应。马俊仁对重要食疗很有研究,队员喝了他配置的饮品,对增强体力很
有好处。今日集团"制造"出1000万元买断马俊仁神秘配方的新闻,将依该配方生
产出的保健饮品命名为"生命核能"。1000万元买一个配方,这简直是天文数字,
一下子引得全国几百家报纸杂志、电台电视台纷纷报道,持续两个多月。今日集
团的新名字也随之家喻户晓。

● 抓住"新、奇、特"来制造新闻

赋予普通事件以奇特的色彩,引起新闻界及公众的关注。

实证鉴录

澳大利亚的手表市场长期被瑞士钟表行业所垄断。一天,澳大利亚的上空飞
来一只"银鹰",这只银鹰突然下起了银色的雨点,雨点落地竟然是光亮闪烁的一
块块日产的西铁城手表。手表从空中抛下,落地后完好无损,人们被这从天而降
的"馅饼"及其高质量惊呆了。原来,这是日本西铁城手表制造商为打破瑞士钟表
独霸澳洲的局面,别出心裁制造的飞机空投手表事件。这一举动产生了轰动效
应,不言而喻地展示了西铁城手表的质量,从而获得了巨大的成功。

● 与媒体合作搞活动提高在媒介中出现的频率

经常与电视台、广播电台、报社、杂志社等新闻部门联合举办各种活动,提高组织在新
闻媒介中出现的频率。

实证鉴录

2004年,蒙牛推出了一款新产品——"酸酸乳",如何在短期内推向市场并且
达到高销量,对于蒙牛人来说是一个挑战。因为其竞争对手伊利优酸乳的销量已
经达到25亿元。2005年,蒙牛对于这个新产品的销售指标是:从7亿元做到25
亿元。

接下来,蒙牛开始寻找突破口,最早他们找了一家策划公司,该公司建议他们
举办舞蹈比赛。在双方讨论过程中,湖南卫视当年做的第一届超级女声节目引起
了蒙牛的兴趣。原因是这个节目的受众群体是12岁—24岁的年轻女观众,与蒙
牛酸酸乳的消费群相同。

于是,由央视市场研究总监袁方为蒙牛牵线,前液态奶市场总监孙隽遂前往
长沙与湖南卫视接触。然而事情的经过远没有想象的顺利,孙隽在向当时主管此
事的副总裁汇报这一策划时,没有获得认可,整整两个小时被骂得"狗血淋头"。

尽管遭遇相关领导的不认可,孙隽依然坚持自己的想法,并反复强调:蒙牛酸酸乳要成功,一定要联袂超级女声。最终,蒙牛以1400万元的价格成为超级女声的赞助伙伴,并由此掀起了一场平民运动风暴。

赞助2005超级女声,使蒙牛获得空前成功。2006年,蒙牛投入6000万元与湖南卫视进行一揽子战略合作,不仅包括"超级女声"的冠名,还包括硬性广告等其他方面的合作。随着2006超级女声的开唱,蒙牛几万名销售人员都成为超级女声的义务宣传员,而蒙牛遍布全国的几十万个销售终端与几十亿包蒙牛酸酸乳产品,都成为宣传超级女声、倡导青少年饮奶、发扬健康、阳光的"超女精神"的舞台。

六、服务型公共关系

服务型公关模式以提供各种实惠的服务工作为主,目的是以实际行动获得社会公众的好评,树立组织的良好形象。

开展服务型公关活动应把握以下原则:

1. 提高自觉性。向公众提供优质服务,是与建立良好组织形象联系在一起的社会行为。公众往往把组织提供的服务视为组织形象的缩影,从组织提供的服务上形成对组织的直观印象。因此,必须自觉把服务工作放在重要位置上,自觉开展服务工作,而不只是着眼于经济利益。

2. 注重实在性。组织应以实际行动向公众证明组织的诚意,用实际行动去说话,让组织对公众的一切诚意和善意变成看得见、摸得着的实在东西。对公众做的事情越实在越具体,越可能对公众产生吸引力。

3. 提倡特色。服务型公关活动已逐渐成为企业普遍的经营管理策略,在这种背景下,我们要提倡人无我有,人有我优,形成特色。

实证鉴录

小天鹅洗衣机的服务规范可以用1,2,3,4,5来概括,又好记又有特色。

1双鞋:上门自带专用布鞋。

2句话:"我是小天鹅的修理员×××前来为您服务","今后有问题我们随时听候您的召唤"。

3块布:垫机布、擦机布、擦手布。

4不准:不准顶撞用户、不准吃喝用户、不准收用户礼品、不准乱收费。

5年保修:整机5年保修,终身上门服务。

七、社会型公共关系

社会型公关模式以各种社会性、赞助性、公益性的活动为主,组织通过对社会困难行业的实际支持,为自己的信誉进行投资。其目的是扩大组织的社会影响,提高组织的社会声誉,赢得公众的支持。社会型公关活动的特征是:公益性、文化性、量力性、宣传性。经过精心策划的社会型公共关系活动,往往可以在较长的时间内发挥作用,具有潜移默化地加深公众对组织美好印象的功能,取得比单纯商业广告好得多的效果。

社会型公关的类型可分三种:

1. 以组织机构本身的重要活动为中心而开展的公关活动

利用公司的开业剪彩、周年纪念的机会,邀请各界嘉宾渲染喜庆气氛,借庆典活动与各

界人士建立关系。

2.以赞助社会福利事业为中心开展的公关活动

如为残疾人福利事业捐款、为修复长城提供资金等,通过各种赞助、资助活动在社会公众中树立组织注重社会责任的形象,这些活动都能够引起新闻媒介的关注,给予报道。

3.资助大众传播媒介举行各种活动

如"蒙牛酸酸乳"超级女声大奖赛,"大红鹰"杯歌曲大奖赛,宝洁公司的飘柔之星评选,各种智力竞赛,有奖竞猜,球星、影星、歌星评选等。这些活动集知识性、娱乐性于一体,既活跃了社会生活,又宣传了组织,提高了知名度。

 **实证鉴录**

　　广州花园酒店率先将西方的母亲节(5月第二个星期日)引进中国内地。1985年,花园酒店与广州市妇联联合举办了"母亲节征文比赛和表彰模范母亲"活动,向全市中小学生征集歌颂母爱文章,由专家评出30位优秀者;还在全市各区选出5位模范母亲,请她们于母亲节当天到酒店参加文娱活动并领取奖品。这是国内首次举办的母亲节庆典,为这家开业不久的酒店赢得了很大的声誉。

八、征询型公关

征询型公关模式以采集信息、调查舆论、收集民意为主,目的是通过掌握信息和舆论,为组织的管理和决策提供参谋。

征询型公关的特点是长期性、复杂性、艰巨性。它要求从事这项工作的公共关系人员具有智慧、耐力和诚意,能通过各种方法获得公众的配合,不断向组织提供有价值的信息,使组织机构成为"千里眼"、"顺风耳",能根据公众要求,随时调整组织的行为,不断改进组织的服务和产品,保证组织与社会环境的协调、平衡,促进组织的发展。

征询型公关的工作方式有:组织市场调查,产品调查,访问重要用户,征询使用意见,开展各种咨询业务,建立信访制度和相应的接待机构,设立监督电话,处理举报和投诉等。

实证鉴录

　　美国亨氏集团与我国企业合资在广州兴建婴幼儿食品厂,并据此试制了一些样品,且提供样品试用。围绕"喜欢不喜欢这样的食品"、"食品的味道"、"甜度要怎样改进"、"包装好不好"、"价钱是否合理"等问题,亨氏广泛征求社会各界对婴幼儿食品的意见和要求。亨氏在几个地区征集了上千人的意见,反复调查了五次,然后才根据调查得来的可靠资料,初步确定亨氏婴幼儿营养米粉和亨氏高蛋白营养米粉的配方、规格和价格。这样开发出来的新产品自然受到广大家庭的青睐。尤其是他们根据中国儿童食品中缺少微量元素,形成儿童营养不平衡的现状,在米粉中加入适量钙质、铁质,使得这种品牌有了极大的诱惑力。亨氏米粉通过征询型公关活动创造了市场,悄然地走进中国家庭。

■公共关系策划的程序

一、策划人员的选定

聘请策划人员要遵循以下三个原则:

（一）限制人员数量

一般情况下,聘请与策划目标密切相关的人员以 3－10 人为宜(当然还要根据策划项目的大小来定),做到精干、高效。

（二）注重策划人员的素质

即每一位策划人员都应该是某一方面的专家,在策划过程中能够独立承担某一部分策划内容或能很好地配合某一问题的策划。

（三）人员结构优势互补

所聘请的策划人员要在知识结构、能力、特长优势等方面互补,保证策划成果浑然一体,无懈可击。

二、分析收集信息

在制定策划方案前,策划人员主要做的是对收集的信息进行分析和提炼的工作。面对大量的、杂乱无序的信息,策划人员首先要将其分类。一般来说,信息包括组织自身信息,即组织的历史状况信息、基本现状信息以及未来的战略目标信息;公众的信息;竞争对手的信息;协作伙伴的信息;国家政策环境的信息等。策划人员应从中找出与此策划活动相关的信息资料,并将之灵活运用到策划活动中去。在这个过程中,策划人员要善于利用信息调查分析的各种手段和方法,对信息进行精心挑选,去伪存真,去粗取精,最大限度利用有效的信息来进行科学的策划。

三、确定主要公关目标

应根据调查分析中发现的问题确定公关目标。目标是公关活动的方向,有了它,策划活动就不会无的放矢了。一般来说,目标有长期目标和短期目标之分,也有一般目标和特殊目标之分,还有总体目标和具体目标之分。从总的方面看,主要包括促成组织与公众之间相互了解和劝说公众以改变公众态度与行为两个方面。由于公关人员的精力和经费是有限的,所以不可能在同一时间内将所有的目标都实现。因此,确定目标时应按重要程度、实施时间先后统筹考虑,按各类目标的轻重缓急分别进行。

四、分析公关目标公众

任何组织都有其特定的公众,公关工作是以不同的方式针对不同的公众展开的,而不是像广告那样通过传播媒介把各种信息传播给大众。因此,一旦决定某项策划活动,首先要做的就是要分析和界定公众,研究他们的需求,从而有针对性地设计策划主题,开展策划活动。可以说,只有确定了公众,才能合理使用有限的经费和资源,确定工作的重点和程序;只有确定了公众,才能适当地选择媒介和工作技巧;只有确定了公众,才有利于搜集、准备那些与之相关的实效信息。

五、设计公关策划活动主题

任何成功的公关活动,都是由一系列项目组成的系统工程,为了避免项目繁多,特别是那些历时教长的大型公关活动容易给人造成杂乱无章的印象,这就需要使公关活动有一个统一的、鲜明的主题。公关活动主题是公关活动的灵魂,它统率着整个公关活动的创意、构思、方案、形象等各要素;公关活动主题像一根红线贯穿于整个公关活动中,使组成活动的各要素有机地组合成一个整体。公关活动主题有其自己的特色,它与新闻主题的精炼、有个性与文学作品主题的含蓄、深刻有所不同,公关活动主题的特色是公关活动目标、信息个性、心理需求与审美情趣的有机融合、综合体现。

　　为了让千千万万因贫困而失学的孩子重返学校,1989年共青团中央、中华全国青年联合会、中华全国学生联合会和全国少先队工作委员会联合创办了中国青少年发展基金会,其活动的主题为"希望工程——百万爱心行动",其含义为孩子是祖国的希望,教育是人类文明的希望,基金会的事业也充满着希望,希望所有因贫困而失学的孩子都能获得教育,以达到全民受教育的目标。

　　申办2000年奥运会的各大城市,其申办的口号各具特色。悉尼的口号是"分享奥运精神"。旨在表现悉尼市民对申办奥运的支持及对所有奥运参加者的热情,很具有国际性。"分享"一词是神来之笔。柏林的口号是"柏林感谢世界"。"感谢"一词更是画龙点睛,贴切地反映东西德合并的政治背景,自视为世界和平、自由的象征,却表现出一种谦逊、博世人好感的低姿态,虽寥寥几字,表达的意味十分丰富,耐人寻味。伊斯坦布尔的口号也十分响亮,"让我们相会在洲际交汇之处"。体现了该城横跨欧亚两大洲和荟萃东西方文化的特点。而北京申办2008年奥运的口号是"新北京、新奥运",具有博大包容性,表达出了中国人对奥运这一体育盛会经久不息的热情,也含蓄地表示出了北京以崭新面貌卷土重来的巨大决心和办出一届具有中国特色的奥运会的信心。

　　国家旅游局、建设部、国家土地局、国家科委、国家教委等8家单位共同举办的一项超越意识形态的大型活动,其主题为"拥有一片故土",旨在通过向海外炎黄子孙发售"拥有一片故土"证书及相应的宣传活动,证书所有人拥有全国三十六处"故土园"各一平方英寸的土地使用权,并将这些土地自愿用于三十六处"故土园"的建设,此公关活动主题正适应了海外华人公众的心理需要,海外华人离乡背井在海外漂泊,思念故乡故土,借以"拥有一片故土"证书,从精神上寄托自己对故土的依恋之情,并寻找一种感情上的满足。

六、选择合适的媒体

　　在主题设计好之后,紧接着要做的就是选择恰当的媒介去做宣传活动。公关中常用的媒介有大众传媒和人际传媒两大类。

　　首先,要注意根据公关活动的目标来选择。比如,组织想通过此次活动扩大知名度,那么可选择大众传媒,一来速度快,二来范围广,很容易达到既定效果。但如果组织只是想缓和内部关系,则最好运用人际传播方式,通过会谈、对话等形式加以解决。

　　其次,要根据公关活动的对象来选择。如果对象是文化层次较低的群体,则不宜采用印刷类的大众媒介,而要采用电子类或人际传播的方式。反过来,如果对象文化层次较高,则宜采用印刷类的,因为印刷类的内容往往比电子类和人际传播的方式解析性更强,更容易让读者信服。

　　但是,策划活动中所运用的媒介不是单一的,往往需要许多媒介一起配合使用,才容易出效果。

七、活动经费预算

　　公关活动经费预算一般是由以下费用构成:

（一）人力预算

需要什么样的人？需要多少人？每日需要工作多少时间？

（二）财力预算

宣传费用、必要的管理费、项目开支等。

（三）物力预算

各项公关活动需要什么样的物质条件，如摄像机、汽车、计算机、展览设备、奖品等。

公关预算的结果，最终都是以公关报告书或方案策划书的形式出现的。

八、编写公关策划方案

编写公关策划方案即编写策划书。策划书是整个策划活动的文字体现，是策划活动的指导性蓝图。它的基本结构包括以下五大部分：

（一）封面

策划方案的封面不必如书籍装帧那样考虑其设计的精美，但文字书写及排列应大小协调、布局合理，纸张只要略比正文厚些即可。封面内容一般包括：

1. 题目

公关策划活动书的标题有两种：一种是由公关活动的主体——组织的名称、公共关系活动的主要内容加上策划书之文体名称构成。比如，宝洁公司飘柔洗发水宣传、促销活动策划书。另一种是在前一种标题上方再加上一行揭示主题的文字，从而形成虚实结合的复合标题，如：上标题是"粒粒瓜子寄深情"，下标题是"××食品公司炒货促销活动策划书"。

2. 策划者单位和个人名称

方案如系群体或组织完成，可署名"某某公共关系公司"、"某某专家策划团"或"某某公司公关部"，对其中起主要作用的个人也可在单位名称之后署名，如"总策划某某"、"策划总监某某"等。方案如系个人完成则直接署名"策划人某某"。

3. 策划文案完成日期

写清楚年月日甚至具体时间。

4. 编号

比如根据策划方案顺序编号，根据方案的重要性或保密程度编号，或根据方案管理的分类编号等。

5. 可加以注明

如策划方案尚属草稿或初稿，还应在标题下括号注明，写上"草案"、"讨论稿"、"征求意见稿"等字样。如果前有"草稿"，决策拍板后的策划方案就应注明"修订稿"、"实施稿"、"执行稿"等字样。

（二）序言

序言是指把策划书的大致内容以简明扼要的语言，将之整理好，让人一目了然。序言最好不要超过400字，一般控制在300字左右。

（三）目录

目录主要让人读后能了解策划书的基本轮廓。但一般策划的项目较多、内容比较繁多复杂的时候才有做目录的必要，反之就可以不用编写目录。目录是标题的细化和明确化。要做到让读者看过标题和目录后，便知整个方案的概貌。

（四）宗旨

这是策划的大纲，是对策划的必要性、社会性、可行性等问题的具体说明，目的在于告诉读者策划者到底要干什么。

（五）内容

内容是策划书的精华部分，也是主体部分。它具体说明了此次策划活动的整个过程的每一个细节内容，是策划书的灵魂之所在。在这里面，包含了对此次策划活动的经费预算、有关人员工作的具体分工、活动的具体步骤、选择的传播渠道、场地、时机以及策划要达到什么样效果的说明。

九、方案审定

审定方案一般由组织领导、专家以及实际工作者对方案的可行性与最优型进行咨询，即由策划者就方案的具体情况进行答辩，继而众人对方案进行商讨、研究并完善的过程。一般来说，审定方案主要看它的目标、主体、对象的确定是否与组织总目标密切相关，另外看方案的实施条件，比如场地、人力、物力等是否存在漏洞以及方案的效果如何。

模块二

专题活动策划

≫ ≫ ≫　　≫

⇨教学目标

终极目标

学会展览会、企业参观、新闻发布会等活动策划。

促成目标

1. 掌握举办展览会的程序；

2. 掌握企业参观的程序；

3. 掌握新闻发布会的程序。

⇨工作任务

以公关部为团体，选择一种活动来进行策划。

⇨任务指导

小组展示展览会活动程序。

师生点评展览会活动

_____

_____

_____

小组展示企业参观活动程序。

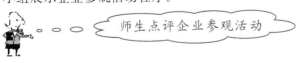

师生点评企业参观活动

_____

_____

_____

_____

小组展示新闻发布会活动程序。

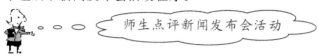 师生点评新闻发布会活动

➪任务实操

1.对本公关部的活动程序策划再进行修改;
2.形成电子稿文案或 PPT。

➪知识链接

■展览会

一、举办展览会的作用

耳听为虚,眼见为实。展览会通过实物、模型和图表来进行宣传,不仅可以起到传播信息、扩大影响的作用,还可以起到使组织宣传自我、增进效益的作用。

二、组织展览会

1.确定展览会的基本事项

确定展览会的目的、种类、规模,参展单位的范围与条件,举办展览会的时间与地点,报名参展的具体时间与地点,咨询有关问题的联络方法,主办单位拟提供的辅助服务项目,参展单位所应负担的基本费用等,一并如实地告知参展单位,以便对方据此加以定夺。

2.确定参展单位

举办展览会,由什么单位来参加是非常重要的问题。在具体考虑参展单位的时候,主办单位对于报名参展的单位,需根据展览会的主题与具体条件进行必要的审核。参展单位的正式名单确定之后,按照商务礼仪的要求,主办单位事先应以适当的方式,对拟参展的单位发出正式的邀请或召集。

3.宣传展览内容

为了引起社会各界对展览会的重视,并且尽量地扩大其影响,主办单位有必要对其进行大力宣传。可以采用的方式有:举办新闻发布会;邀请新闻界人士到场进行参观采访;发表有关展览会的新闻稿;公开刊发广告;张贴有关展览会的宣传画;在展览会现场散发宣传性材料和纪念品;在举办地悬挂彩旗、彩带或横幅;利用升空的彩色气球和飞艇进行宣传。为了搞好宣传工作,举办大型展览会时,主办单位应专门成立对外进行宣传的组织机构,名为新闻组或宣传办公室。

4.分配展示位置

应按照"公开、公正、透明、优化"的原则分配展位,布置展览现场要做到各种展品围绕既定的主题,进行互为衬托的合理组合与搭配,整体上井然有序、浑然一体。

5.安全保卫工作

举办展览会前,必须依法履行常规的报批手续。此外,组织者还须主动将展览会的举办详情向当地公安部门进行通报,求得其理解、支持与配合。按照常规,有关安全保卫的事项,必要时最好由有关各方正式签订合约或协议,并且经过公证。这样一来,万一出了事情,也好各负其责。

6.辅助服务项目

主办单位作为展览会的组织者,有义务为参展单位提供一切必要的辅助性服务项目。否则,不但会影响自己的声誉,而且还会授人以柄。由展览会的组织者为参展单位提供的各项辅助性服务项目,最好有言在先,并且对有关费用的支付进行详尽的说明。

具体而言,为参展单位所提供的辅助性服务项目,通常主要包括以下八项:

- 展品的运输与安装;
- 车、船、机票的订购;
- 与海关、商检、防疫部门的协调;
- 跨国参展时有关证件、证明的办理;
- 电话、传真、电脑、复印机等现代化的通讯联络设备;
- 举行洽谈会、发布会等商务会议或休息之时所使用的适当场所;
- 餐饮以及有关展览时使用的零配件的提供;
- 供参展单位选用的礼仪、讲解、推销人员等。

三、参加展览会

1.接受邀请

收到出席展览会的邀请函,如同意参加展览,应回函。

2.准备参展组织与产品的介绍

组织简介或组织产品简介不仅是展览会参展者重要的文字宣传材料,而且在组织的对外交往或者其他活动也很有意义。

- "简介"应以照片为主,所用照片必须是从最理想的角度拍摄的组织或产品最漂亮的地方,封面的设计要特别注意它应是"简介"中最精彩的一页。
- 文字内容包括对本组织历史和现状的介绍,组织的经营宗旨、经营特色,组织提供的产品和服务项目的特色、供应时间和价格等。文字力求简明扼要、优美流畅。旅游业的"简介"还应印上导游图。
- 在扉页或其他醒目的地方可写些问候语或祝福语,合适的位置上注明组织的地址、联络处、联系人及电话号码,以方便公众随时联络,便于组织及时提供产品或服务。

3.努力维护整体形象

参展整体形象主要由展示物的形象与工作人员的形象两个部分所构成。对于两者要给予同等的重视,不可偏废其一。

- 展示物的形象,主要由展品的外观、展品的质量、展品的陈列、展位的布置、发放的资料等构成。用以进行展览的展品,外观上要力求完美无缺,质量上要优中选秀,陈列上要既整齐美观又讲究主次,布置上要兼顾主题的突出与观众的注意力。而用以在展览会上向观众直接散发的有关资料,则要印刷精美、图文并茂、资讯丰富,并且注有参展单位的主要联络方法,如公关部门与销售部门的电话、电报、电传、传真以及电子邮箱的号码,等等。

● 工作人员的形象,则主要是指在展览会上直接代表参展单位露面的人员的穿着打扮问题。在一般情况下,要求在层位上工作的人员应当统一着装。最佳的选择,是身穿本单位的制服,或者是穿深色的西装、套裙。在大型的展览会上,参展单位若安排专人迎送宾客时,则最好请其身穿色彩鲜艳的单色旗袍,并胸披写有参展单位或其主打展品名称的大红色绶带。为了说明各自的身份,全体工作人员皆应在左胸佩戴标明本人单位、职务、姓名的胸卡,惟有礼仪小姐可以例外。按照惯例,工作人员不应佩戴首饰,但男士应当剃须,女士则最好化淡妆。

4. 要注意待人礼貌

展览一旦正式开始,全体参展单位的工作人员即应各就各位,站立迎宾。不允许迟到、早退,不允许无故脱岗、东游西逛,更不允许在观众到来之时坐卧不起,怠慢对方。

● 当观众走近自己的展位时,不管对方是否向自己打招呼,工作人员都要面含微笑,主动地向对方说:"你好! 欢迎光临!"随后,还应面向对方,稍许欠身,伸出右手,掌心向上,指尖直接指向展台,并告知对方:"请您参观"。

● 当观众在本单位的展位上进行参观时,工作人员可随行于其后,以备对方向自己进行咨询;也可以请其自便,不加干扰。假如观众较多,尤其是在接待组团而来的观众时,工作人员亦可在左前方引导对方进行参观。对于观众所提出的问题,工作人员要认真作出回答。不允许置之不理,或以不礼貌的言行对待对方。

● 当观众离去时,工作人员应当真诚地向对方欠身施礼,并道以"谢谢光临"或是"再见!"

任何情况下,工作人员均不得对观众恶语相加,或讥讽嘲弄。对于极个别不守展览会规则而乱摸乱动、乱拿展品的观众,仍须以礼相劝,必要时可请保安人员协助,但不许对对方擅自动粗,进行打骂、扣留或者非法搜身。

5. 善于运用解说技巧

● 对产品的解说时,要善于因人而异,并要突出自己展品的特色,在实事求是的前提下,要注意扬长避短,强调"人无我有"之处。在必要时,还可邀请观众亲自操作,或由工作人员为其进行现场示范。不过争抢、尾随观众兜售展品,弄虚作假,或是强行向观众推介展品,则万万不可。此外,还可安排观众观看与展品相关的影视片,并向其提供说明材料与单位名片。通常,说明材料与单位名片应常备于展台之上,由观众自取。

● 解说时要注意四个方面的重点:突出产品特征、突出展品优点、突出客户利益、突出可资证明的证据。

 实证鉴录

美国加州商会为了在中国推广和销售加州杏仁,委托凯旋公关公司在中国策划一次宣传推广活动。经过调查分析,凯旋决定策划举行一次"健美人生巡回展",希望在消费者心中树立杏仁有利健康的形象。

活动选择具较强影响力的大型商场进行专业健美操表演活动,并采用各种生动的形式来最大限度地加强对加州杏仁的宣传和推广。例如,张贴各种吸引人的标牌、制作一个超人模样的杏仁吉祥物、进行一次主题生动的庆祝会、展示杏仁营养宣传品、进行消费者调查等活动。

为了突出加州杏仁的形象,要求表演者穿着统一的印有加州杏仁商会标记的服装。舞台的幕后背景以及舞台覆盖物均设计成富有生命活力的绿色,一棵绿色的杏树在这片田野中,突出了杏仁的健康形象。特大型的印有加州杏仁商会会标的舞台覆盖物和舞台背景非常有效地突出了这次活动的主题。此外,免费给在场的小朋友发放印有加州杏仁商会宣传语"送给幸福的人"的彩色气球。主持人不断地在舞台上带领小朋友们做游戏,并指导在场的观众参加健美运动。另外,加州杏仁商会的吉祥物也出现在这次活动中,颇受现场观众的喜爱,并引得媒体记者争相拍照留念。

这次以"健美人生巡回展"为主题的宣传推广活动,吸引了数十万观众参加,给消费者留下了深刻的印象,实现了产品信息的传递;同时,通过吸引众多媒体的关注和报道,成功地拓展了中国市场,取得了预期的目的。

■企业参观

一、为什么要进行企业参观

1.可以扩大企业知名度。让公众了解组织的宗旨、功能、特色、优点,增强组织透明度。

2.促进业务。参观厂区、生产流程、产品,让公众产生信任感,便于谋求投资、合作或推销产品。

3.和谐社区关系。让社区公众知道本企业完善的设施、优良的工作环境、可靠的安全系统,以求得社区公众的理解与支持。

4.增强员工或家属的自豪感。如规模大地位重要的企业,可组织某一所属部门的员工或家属参观组织的先进设备,全局性设施,从而产生自豪感、激发工作热情,或使家属全力支持员工的工作。

二、参观企业工作准备

1.准备宣传小册子。用简明扼要、深入浅出的语言介绍参观内容,最好配有一定的图表或数据,少涉及专业术语。小册子宜在参观一开始就发给公众,使公众快速阅读后对参观内容有大致的了解,并可保留。

2.放映视听材料。在参观前可放映有关录像片、幻灯片或电视片,作简洁的介绍。

3.观看模型。如组织规模庞大、设施分布很广,可以事先制作模型,让公众观看,然后再选择几处重要的地方实地观看。

4.可引导观看实物。由专人引导公众沿着一定路线,一边讲解,一边观看实物,事先要设计好观看路线。

5.中途休息。参观的时间不宜太长,在参观中途,提供休息室,备好茶水供参观者休息。

6.分发纪念品。参观过程中可向公众分发一些小型纪念品,让公众一见到它就想起本组织,引发美好回忆。

7.征求意见。参观结束,宜在出口处设置公众留言簿或意见簿,有条件的最好请参观者座谈观感、提出意见,便于组织改进工作。

■新闻发布会

一个组织在发展过程中难免会遇到许多错综复杂的问题,会发生许多重大的事件,如受到了公众的批评,同其他社会组织发生了不可澄清的法律纠纷,组织作出了一项重要决策等。这就需要通过新闻发布会来与公众沟通信息,以取得公众的谅解。新闻发布会有时也称记者招待会,是以主动向外传播各类有关信息的方式,通过新闻界对某一事件进行客观公正的报道,而使社会公众了解事件真相的会议。

一、新闻会发布的特点

举办新闻发布会的目的是迅速及时地把组织的重要信息传播给社会公众,因而,新闻发布会具有以下特点:

1.宣传性。宣传性是指新闻发布会是组织的一项重要信息传播和宣传活动。

2.正式性。正式性是指采用新闻发布会来传递信息,形式正规、隆重,而且能增加信息传递的深度和广度。

3.耗费较高。这是指召开新闻发布会要占用记者和组织者较多的时间,需要动用一定的人、财、物,有较高的成本。

二、新闻发布会的程序

(一)会前筹备

1.确定新闻发布会的主题

新闻发布会的主题即新闻发布会的中心议题,主题确定是否得当,往往直接关系到本单位的预期目标能否实现。以下几种情况,需要考虑是否应该举办新闻发布会。

● 本单位有重大项目开建、扩建、合并或者关闭,需要向社会公布。

● 本单位重要部门的开业庆典,或突破某一业绩,或周年纪念日,需要与公众共乐。

● 本行业在经营方针上发生变化,或是推出新举措、新产品、新技术和新服务,需要向社会推广。

● 本组织或本企业的首脑或高级管理人员发生变化,需要向社会公示。

● 本组织或本单位遭到社会的误解、误会或者批评失真,需要向社会澄清或解释。

 实证鉴录

20世纪80年代后期,国内的一家民营企业开发出了一种全新的果汁型饮料。这种饮料不仅营养丰富、无添加剂、口感舒适,而且符合健康和卫生标准,并与国际上饮料的流行趋势相吻合。然而,国内的饮料市场几乎全部被外国饮料所占领。要在当时特定的条件下,将这种新型的国产饮料推上市场,并且争得一席之地,可以说是难上加难。

要想在广告宣传上与财大气粗、经验丰富的外国饮料商决一雌雄,显然不是国内这家民营企业的强项。于是,它的负责人决定另辟蹊径,在力所能及的情况下,为自己做上一次"软广告"。在饮料消费的旺季来临之前,这家企业专门租用了首都北京的一座举世知名的建筑物,在其中召开了一次由新闻界人士为主要参加者的新产品说明会。在会上,这家企业除了向与会者推介自己的新产品之外,还邀请了国内著名的饮料专家与营养专家,请其发表各自的高见,并邀请全体与会者亲口品尝这项新产品。

此后,不少与会的新闻界人士不仅争先恐后地在自己所属的媒体上发布了这条消息,而且还纷纷自愿地为其大说好话。有些新闻界人士甚至还站在维护国产

饮料的立场上,为其摇旗呐喊。结果一时间令其名声大振,销量也随之大增,终于在强手如林的饮料市场上脱颖而出。

2. 选择会议地点和举办时间

举办新闻发布会,在地点的选择上除可以考虑本单位所在地、活动或事件发生所在地之外,还可优先考虑新闻和媒体比较集中、影响比较大的中心城市。必要时,还可在不同地点举行内容相似的新闻发布会。举行新闻发布会的现场,应交通方便、条件舒适、面积适中。

一次新闻发布会所使用的全部时间,应当限制在两个小时以内。举行新闻发布会的最佳时间,在周一至周四的上午十点至十二点,或是下午的三点至五点左右。在选定举行新闻发布会的时间时,还须注意要避开节日与假日、避开本地的重大社会活动、避开其他单位的新闻发布会、避开与新闻界的宣传报道重点撞车或冲突。

3. 选择会议主持人和发言人

由于记者的职业习惯,提问大都尖锐深刻,有时甚至很棘手,这对主持人和发言人提出了很高的要求。主持人和发言人必须对提问保持头脑清醒,反应机敏,有较高的文化修养和口头表达能力。

新闻发布会的主持人大都由主办单位的公关部长、办公室主任或办公室秘书担任。

其基本的条件是:仪表较好,年富力强,见多识广,反应灵活,语言流畅,幽默风趣,善于把握大局,长于辩驳答问,并且具有丰富的主持会议的经验。

新闻发布会的发言人是会议的主角,通常应由本单位的主要负责人或专业的对外宣传部长担任,有的企业还可请自己常年聘任的专业律师担任。除了在社会上口碑较好、与新闻界关系较为融洽之外,对他的基本要求还应当包括:修养良好,学识渊博,思维敏捷,记忆力强,善解人意,能言善辩,彬彬有礼等等。

本单位的接待人员必须精选,最好由品行良好、相貌端正、工作负责、善于交际、有较高素养的年轻女性担任。

为了宾主两便,主办单位所有正式出席新闻发布会的人员,均须在会上正式佩戴事先统一制作的姓名胸卡。其内容包括姓名、单位、部门与职务。

4. 准备发言稿和报道提纲

公关人员在会议召开前,应组织内部统一口径,组织专门小组负责起草发言稿,全面认真搜集有关资料,拿出准确、生动的发言稿,并写出新闻报道提纲,在会上发给记者作为采访报道的参考。

5. 准备宣传辅助材料

宣传辅助材料要围绕主题准备,尽量做到全面、详细、具体和形象。辅助材料的形式应多样,有口头的、文字的、实物的、照片和模型等。这些材料的准备要根据会议主题和内容的具体要求而定,在会议举行时现场摆放或分发,以增强发言人的讲话效果。

6. 择定邀请记者的范围

邀请的记者覆盖面要广,要能照顾到各方新闻机构。既要有报章杂志记者,也要有电台、电视台的记者,而且不仅要有文字记者,还应有摄影记者。特别注意对记者要一视同仁,不能厚此薄彼。发邀请信时,认识的记者可以发给本人,不认识的记者可以发到新闻机构,并且在会议举行前及时用电话联系落实记者出席情况。

7.组织参观和邀请的准备

发布会前后,可配合主题组织记者进行参观活动,请记者作进一步的深入采访,这样常常会引出具有重大价值的新闻报道。有关参观活动事宜应在会前就安排好,并派专人接待,介绍情况。会后,如有必要可邀请记者共进工作餐,利用非正式交谈,相互沟通,融洽与新闻界的关系,解决有关发布会没有解决的问题。

8.制作会议费用预算

应根据所举行新闻发布会的规格和规模制订费用预算,并留有余地,以备急用。费用项目一般有:场租费、会议布置费、印刷品费、邮电费、交通费、住宿费、音像器材费、相片费、茶点或餐费、礼品费、文具用品费等。

9.做好会议接待工作

组织人员要提前布置好会场,横标、发言人席、记者座位,周围环境要精心设计、安排,营造一种轻松、自然、和谐的会场气氛。组织应培训接待人员和服务人员,要求他们穿戴整洁、适宜,精神饱满、愉快,体现出组织的风格;同时,安排会议的纪录、摄影、摄像工作,以备将来的宣传和纪念之用。

(二)会议程序

举办新闻发布会,会议程序要安排得详细、紧凑,避免出现冷场和混乱局面。一般来说,新闻发布会应包括以下程序:

1.签到

组织应安排足够的工作人员,设立签到处,并派专人引导记者前往会场。参加会议的人要在签到簿上签上自己的姓名、单位、职业和联系电话等。

2.发资料

会议工作人员应将写有姓名和新闻机构名称的标牌发给与会记者,并将会前准备的资料,有礼貌地发给到会的每一位相关人员。

3.介绍会议内容

会议开始时要由会议主持人说明举办新闻发布会的原因,所要公布的信息或事件发生的简单经过。

4.主持人讲话

主持人要充分发挥主持和组织作用,以庄重的言谈和感染力,活跃整个会场气氛,并引导记者踊跃提问。当记者的提问离会议主题太远时,要善于巧妙地将话题引向主题。会议出现紧张气氛时,能够及时调节缓和,不要随便延长预定会议时间。

5.回答记者提问

发言人要准确、流利自如地回答记者提出的各种问题,不要随便打断记者的提问,也不要以各种动作、表情和语言对记者表示不满。对于保密的东西或不好回答的东西不要回避,而要婉转、幽默地进行反问或回答,以确保所发布的消息必须准确无误。

6.参观和其他安排

会议结束后还应由专人陪同记者参观考察,给记者创造实地采访、摄影和录像等机会,增加记者对会议主题的感性认识。如果有条件,社会组织还可举行茶会和酒会,以便个别记者能够单独提问,并能融洽与新闻界的关系。

（三）会议效果检测

新闻发布会结束后,社会组织要检验会议的效果是否达到了预期目的,要求做好以下工作:

1. 尽快整理出新闻发布会的记录材料,对会议的组织、布置、主持和回答问题等方面的工作做一总结,从中认真汲取经验和不足,并将总结材料归档备查。

2. 搜集到会记者在报刊、电台上的报道,进行归类分析,检查是否达到了会议的预定目标,是否有由于失误而造成的谬误。对检查出的问题,要分析原因,设法弥补失误。

3. 对照会议签到簿,看与会记者是否都发了稿件,并对记者所发稿件的内容及倾向做一分析,以此作为以后举办新闻发布会邀请记者范围的参考依据。

4. 收集与会记者以及其他与会代表对招待会的反映,检查招待会接待、安排、提供便利等方面的工作是否有欠妥之处,以便改进今后工作。

5. 如出现不利本企业的报道,应做出良好的应对策略。若是不正确或歪曲事实的报道,应立即采取行动,说明真相,向报道机构提出更正要求;若报道的虽然是正确事实,但不利于本企业,这种情况完全是内部失误造成的,对此应通过该报道机构向公众表示虚心接受并表达歉意,以挽回企业声誉。

⇨课余消遣

可口可乐与百事可乐"大战"

1978年,与可口可乐公司竞争几十年的百事可乐公司第一次夺走了可口可乐已保持了将近一个世纪的领先地位,在国内销售中荣膺冠军。

面对失败,可口可乐公司进行了全面的改革。它首先开发出适合社会需求的新产品——"节食可口可乐",进而又着手改良使用了近一个世纪的老配方,研制出更为柔和爽口的新配方。为此,公司从1983年中期开始,在全国范围内对两种配方的消费者意向进行了历时18个月、涉及19万多名消费者、耗资400万美元的大规模的品尝试验。这是公司历史上最大规模的一次产品调研。结果显示,受试者对新老可口可乐的选择比列是61:39,即新可乐的选择率高于老可乐22个百分点。1985年4月,公司决定把产品投放市场,在两个月时间里,一多半美国人品尝了新可口可乐,其中35%的人打算继续购买,这比上市前的调查结果更令人鼓舞。但是新的问题出现了,出于对老产品的饮用习惯和长期形成的感情依恋,很多消费者接受不了新配方取代老配方的做法。他们有的组成怀"旧"团体,还有很多人来电话要求恢复老配方。到6月,已有不少人对新配方采取了消极抵制行动,舆论形成了不利的潮流。可口可乐的包装商们称,这样下去,有可能在一夜之间被百事可乐夺去市场。根据消费者的要求,公司在7月恢复了老可口可乐的生产。几天里,致谢的电话电报如潮水般涌来。公众的反应是空前的。到1986年可口可乐公司庆祝它的100周年纪念日时,可口可乐已在与百事可乐的新一轮竞争中取得了根本的胜利。

了解消费者的喜好，满足消费者的口味，产品生命才能常青！

⇨牛刀小试

一、单选题

1. 组织开展公关活动的基础是(　　)。
   A. 公共关系意识　　　　　　　　B. 公共关系观念
   C. 公共关系状态　　　　　　　　D. 公共关系策划

2. 以提供信息服务为主的公关活动模式是(　　)。
   A. 征询型公关　　　　　　　　　B. 宣传型公关
   C. 交际型公关　　　　　　　　　D. 社会活动型公关

3. 不借助媒介而直接交往,具有灵活性、人情味,使公众感到亲善和诚意,有利于相互信任,这类公关活动称为(　　)。
   A. 服务型公关　　　　　　　　　B. 征询型公关
   C. 宣传型公关　　　　　　　　　D. 交际型公关

二、多选题

1. 宣传型公关的具体形式有(　　)。
   A. 发新闻稿　　　　　　　　　　B. 公共关系广告
   C. 印刷内部刊物和资料　　　　　D. 演讲和表演
   E. 举行会议

2. 编制公关预算的具体方法包括(　　)。
   A. 会议讨论法　　　　　　　　　B. 目标作业法
   C. 销售额提成法　　　　　　　　D. 实报实销法
   E. 领导决策法

3. 电视作为大众传播媒介的缺点包括(　　)。
   A. 记录性较差　　　　　　　　　B. 公众选择余地较小
   C. 接受方式不灵活　　　　　　　D. 制作周期长
   E. 制作费用高

三、判断题

1. 服务型公关模式以提供各种实惠的服务工作为主,目的是以实际行动获得社会公众的好评,树立组织的良好形象。　　　　　　　　　　　　　　　(　　)
2. 长期的公关活动适宜选用电子媒介,短期活动适宜选用印刷媒介。　(　　)
3. 公关广告和商品广告都属于付费的宣传活动。　　　　　　　　　(　　)

四、情景题

　　2003年夏,百事可乐在大型商场摆出强大的阵容,展开公关、宣传、广告、促销攻势,赢得了年轻一族消费者的青睐。

　　现场的促销专柜是一个大型百事可乐易拉罐造型,背景是醒目的百事可乐新形象标志,百事可乐、美年达、七喜三大百事系列产品方阵更是气势非凡,与巨星背景大招贴、POP挂旗、宣传画、促销礼品模型,构成一道亮丽的风景线。促销专柜前人头攒动,参加百事可乐促销活动的消费者络绎不绝,真可谓"风景这边独好"。

2003年百事可乐整个营销活动的主题是"百事音乐巨星赏",其主要目标是成为"新一代的选择"。百事可乐与中国香港地区"天王"郭富城、"天后"王菲、国际巨星珍妮·杰克逊、瑞奇·马丁签约,使其成为百事可乐的形象代言人,目标直指时尚年轻一族,欲在新一代中建立一种新的生活观念,根植"百事可乐"全新的精神境界,使"百事可乐"成为"新一代的选择"。而且把时代巨星、时尚音乐、广告策略、促销活动有机地进行整合,统一形象、统一组织、统一传播,形成极具冲击力的百事可乐大营销活动。

"能俘获你的心的品牌就能促成行动,能俘获你的感情的品牌便能得到青睐",看看现在一些叫喊式广告,"心动不如行动"、"每天喝杯×××",是带有强迫式的传播方式,而且声音杂乱,传播组织缺乏统一性。这样,很难达到真正的市场效应,更谈何创新市场、巩固市场。

当然,百事可乐2003年适逢良机,"可口可乐"受比利时事件的影响;国内的可乐品牌还未能站稳脚跟,并及时展开有效的品牌推广。而百事可乐则以时尚色彩、时尚音乐、时尚活动,再次掀起可乐市场风暴,尽展百事巨星风采。

通过上面的案例,分析百事可乐此次策划成功的原因。

项目四 组织形象传播

教学目标

终极目标　能运用传播的相关知识来设计产品的传播方案
促成目标
1. 学会协调与他人的关系，提高人际交往能力
2. 能初步运用公众心理分析原理对公众进行心理分析
3. 弄清传播的基本要素及传播模式，熟悉传播中的影响因素

工作任务

1. 能对公众进行心理分析
2. 设计产品传播方案

模块一

公关协调

≫ ≫ ≫   ≫

➭教学目标

终极目标

初步学会对内对外公众关系的协调。

促成目标

1.初步学会内部公众关系的协调;

2.初步学会外部公众关系的协调。

➭工作任务

学会协调内部公众与外部公众关系的主要方法。

➭任务指导

案例学习1-1 惠普之道

1983 年,英国女王伊丽莎白访美时,提出只参观一家公司,就是惠普。因为惠普不仅是全球排名前 100 名的公司,更以其对人的尊重和信任而闻名于世。1979年,某国际调查研究公司曾调查了近 8000 名惠普员工,询问他们对公司的看法,结果员工的评价好得使公司领导难为情。该调查公司致函惠普:"员工对惠普公司的看法都很乐观,心悦诚服地推荐本公司为具有最好工作环境的公司。这在 25 年中我们所调查过的 100 余家美国公司里,可以说是绝无仅有的。"

惠普的创始人之一比尔·休利特说:"惠普的政策和措施都是来自一种信念,就是相信惠普员工都想把工作干好,有所创造。只要给他们提供适当的环境,他们就能够做得更好。"后来,人们把这种信念称为"惠普之道"。"惠普之道"就是关怀和尊重每一个人,时刻维护个人的尊严和价值。

与员工保持亲密关系

惠普的创始人比尔·休利特和大卫·帕卡德是大学时代的同学,在大学最后一年,他们拟订了一个毕业后自己创业的计划。但这个计划最终搁浅了,因为美国当时正处于经济萧条期。1934 年,帕卡德在通用电气公司找到工作,而休利特准备继续读研究生,于是他们决定推迟创业计划。直到1938年,帕卡德和休利特才开始把计划付诸实施,他们把一间只能容纳一辆汽车的车库用作工作车间,惠普正是从这里发展起来的。在创业前的读书和工作的经历中,帕卡德和休利特所体验的一些道理,有助于形成日后的"惠普之道"。他们都喜欢体育运动,帕卡德还加入了学校的足球队,曾有一位波特先生对他说,两个争夺冠军的运动队,其成员旗鼓相当时,默契配合极为重要,假如运动员的素质和配合都很好,那么,谁有必胜的意志谁就获胜。这句话给帕卡德留下很深的印象。

帕卡德在GE工作时,曾检查出一批产品不合格,他对其中的原因做了全面了解,发现是因为设计部门下达给工人的指示不够充分,无法保证每一个环节都准确无误。这对惠普是一条重要的经验:除了书面的操作指南外,往往还必须亲临现场指导。惠普的"走动式管理法"就是由此产生的。

"走动式管理法"要求经理亲自走到员工当中,用亲切、友好的方式与他们交谈,倾听他们的问题和建议并给予解答和利用,使他们在直接的互动中很快排除疑问,并彼此保持亲密的关系。一次,一位刚刚被提升的车间经理来找帕卡德,说他的管理不好做,希望帕卡德能亲自要求其下属听从他的领导。帕卡德说:"如果我不得不这样做,那你就不配做他们的头头。"

为了同雇员保持非常亲密的关系,惠普采取了一系列周到的工作。野餐就是其中一项,这也是体现"惠普之道"的重要行动之一。上世纪50年代初,公司在圣克鲁斯山买下一块地皮,改建成娱乐区,面积足够让2000多人举行野餐,雇员及其家属还可以在一年中的任何时候到此露营。随着公司规模的扩大,惠普在其他地区也建起游乐区。在苏格兰,惠普买了一个小湖泊,是垂钓的好去处,可能还是观看尼斯海怪的景点;在德国,惠普买了适于滑雪的山地。

与员工共患难

在惠普创办之初,帕卡德和休利特就决定,不能让惠普成为一家只会"雇用人和解雇人"的公司,而是应该一经决定雇用某人,就不再轻易辞退。在当时这是一项颇有胆识的决策,因为那时美国的电子业几乎全靠政府订货。第二次世界大战期间,惠普曾有机会获得一项军方合同,但要履行合同,就得招募12名新工。公司高层问下属经理,当合同结束,还有没有职位安排他们。下属经理说"没有",于是,惠普就放弃了这一合同。1970年,美国经济处在衰退时期,各公司纷纷裁人,惠普得到的订单也低于公司的生产能力。可即使这时,惠普都没有解雇一名员工,而是全体人员包括领导层一律减薪10%,工作时间也相应减少10%。半年后,订货单回升,公司又恢复了全时工作周。帕卡德说,这样做给公司带来一个好结果:生产技能熟练的人没有因为被解雇而进入非常艰难的就业市场,因而为日后的经济好转储备了高度熟练的劳动力。惠普的一位元老说,1950年,曾有人愿意出1000万美元购买惠普公司,这在当时是一笔不小的数目,但被惠普断然拒绝了。公司高层认为,如果接受收购,将使员工落入陌生人手中,若对方以金钱私利为重,会置惠普员工的利益于不顾。惠普也曾有意收购一家工厂,该工厂有华丽的主管套房,办公室和实验室都装有空调系统,但生产部却没有冷气。惠普几经考虑,打消了购买的念头。原因很简单,在他们看来,如果工厂没有全部装设空调系统,那么把冷气装在办公室,而不是装在工作场所中,是不可思议的。

给员工自由发挥的空间

休利特总结过一条有趣的管理公式:博士＋汽车库＝公司。"惠普之道"尊重每一位员工,承认每一个人的成就,认为大家都是公司的"博士"。惠普的产品设计师们不管正在搞什么东西,都可以把东西留在办公桌上,谁都可以过来摆弄一下,并可以无所顾忌地对这些发明评头论足。惠普存放机械零件的储藏室从不锁门,工程师们不仅可以在工作中随意取用零件,而且公司还鼓励他们把零件拿回家供个人使用,帕卡德和休利特说,不论他们用这些零件所做的事是否与工作有关,只要他们摆弄这些总能学到东西。一次周末,休利特到工厂想干点儿活,但他发现放器材的地方已经上锁,于是立即砸开门闩。星期一早上,人们看到他留下的条子:"请勿再锁此门。谢谢,比尔。"在惠普公司,任何一位领导都没有单独的办公室,公司各部门的全体职工,都在一个大办公室里办公,没有隔墙、没有门户,单位之间仅仅用不太高的屏风隔开。这就是所谓的"汽车库",帕卡德和休利特还把它称为"开放式管理",这种管理方式使员工随时可以提出他们遇到的问题和正在关注的问题,而经理也能够很快找到令人满意的解决办法。如果一个雇员不愿意同他的直接上司谈,他甚至可以越级同较高一级的经理讨论种种问题。在惠普创办的头 18 年中,公司没有设立人事部。帕卡德和休利特并不是反感这种部门,而是特别强调经理和员工之间的沟通,他们认为,人事部门可能排斥或干扰经理和员工之间的亲密关系。1957 年惠普设立人事部门时,帕卡德和休利特谨慎地确定了它的作用和原则,使其支持经理人员,而不是取代。惠普采取灵活的办公方式,其目的就是给员工提供良好的环境,让他们自由发挥自己的能力。公司制订的目标中说:"惠普不应采取严密的军事管理方式,而应赋予员工充分的自由,使每个人按其本人认为最有利于完成本职工作的方式,为达到公司的目标做出各自的贡献。"惠普没有时刻表,不进行考勤,员工只要完成 8 小时工作即可,这样做正是为了让员工能够按照个人生活的需要来调整工作时间,更好地完成工作。作为一个大公司,惠普在发展中依然能够保持与员工的个人感情,这已使其成为一个典范,而一切源于"惠普之道",即:永远以关心、尊重和信任的态度对待员工。

🔍 **案例分析 1-1**

惠普的创始人之一比尔·休利特说:"惠普的政策和措施都是来自一种信念,就是相信惠普员工都想把工作干好,有所创造。只要给他们提供适当的环境,他们就能够做得更好。"后来,人们把这种信念称为"惠普之道"。"惠普之道"就是关怀和尊重每一个人,时刻维护个人的尊严和价值。

惠普的"走动式管理法"要求经理亲自走到员工当中,用亲切、友好的方式与他们交谈,倾听他们的问题和建议并给予解答和利用,使他们在直接的互动中很快排除疑问,并彼此保持亲密的关系。

"开放式管理"是任何一位领导都没有单独的办公室,公司各部门的全体职工,都在一个大办公室里办公,没有隔墙、没有门户,单位之间仅仅用不太高的屏风隔开。这就是所谓的"汽车库"。这种管理方式使员工随时可以提出他们遇到的问题和正在关注的问题,而经理也能够很快找到令人满意的解决办法。

与员工共患难,给员工以发展的空间,使得员工的聪明才智得到充分的发挥,并能使员工找到主人翁的感觉,这也正是惠普成功的一个关键因素。

课堂讨论 1-1　协调内部公众关系关键要做好什么?

讨论总结 1-1

_____

_____

_____

_____

_____

课堂讨论 1-2　内部公众关系协调有哪些方法?

讨论总结 1-2

_____

_____

_____

_____

_____

案例学习 1-2　商场联合拒销"长虹","长虹"如何化险为夷?

1998 年 2 月,春节的喜庆气氛还没消失,四川长虹彩电却在济南商场栽了跟斗——被七家商场联合"拒售"。这意味着长虹将在济南失去市场。在家电竞争日益激烈的今天,企业还有什么比失去市场更大的风险? 再者,今天有济南"拒售",明天再有别家效仿又该如何? 为什么"拒售"? 据商家一方理由是"售后服务"不好;而长虹方面说每天有四辆流动服务车在市内流动维修,而济南消费者协会也证实没有关于长虹的投诉。这究竟是怎么一回事? 一时间公众议论纷纷,多家媒体也作了追踪报道。据报载,长虹老总在事发后立即率领一班人马前往济南与七大商家进行斡旋,双方均表示"有话好好说",争取及早平息风波,取得圆满解决。

案例思考:面对突发事件,长虹应遵循怎样的思路,运用怎样的办法来解决矛盾?

_____

_____

★课堂讨论 1-3 企业有哪些重要的外部公众?

讨论总结 1-3

企业重要的外部公众有: _____

_____

★课堂讨论 1-4 如何协调外部公众?

讨论总结 1-4

各类外部公众的协调方法

案例学习 1-3 格兰仕微波炉上市

广东格兰仕公司在数年前就已开发生产出了可与世界名牌产品相比,而价格仅为其一半的微波炉,但他们没有急于抢占市场,而是首先投入了巨大的人力、财力并运用传媒的力量在全国范围对微波炉的使用特性、产品优势及维护、保养知识作细致、系统的介绍,并编制了 500 多例微波炉菜谱,仔细介绍微波炉的烹调技法,还派出"格兰仕小姐"到各地市场作现场演示,甚至还通过听众热线、咨询电话等形式与顾客作深层次的沟通,使微波炉这一新产品很快为人们所熟悉和接受。格兰仕微波炉不仅在国内市场的占有率稳步上升,还远销 50 多个国家和地区。

 案例思考:为什么格兰仕不匆忙把微波炉上市?

案例学习 1-4 只有一名乘客的航班

英国航空公司所属波音 747 客机 008 号班机,准备从伦敦飞往日本东京时,因故障推迟起飞 20 小时。为了不使在东京候此班机回伦敦的乘客耽误行程,英国航空公司及时帮助这些乘客换乘其他公司的飞机。共190名乘客欣然接受了英航公司的妥当安排,分别改乘别的班机飞往伦敦。但其中有一位日本老太太叫大竹秀子,说什么也不肯换乘其他班机,坚决要乘英航公司的008号班机不可。实在无奈,原拟另有飞行安排的008号班机只好照旧到达东京后再飞回伦敦。

一个罕见的情景出现在人们面前:东京——伦敦,航程达1.3万公里,可是英国航空公司的008号班机上只载着一名旅客,这就是大竹秀子。她一人独享该机的353个飞行坐席以及6位机组人员和15位服务人员的周到服务。有人估计说,这次只有一名乘客的国际航班使英国航空公司至少损失10万美元。

案例思考:英国航空公司是不是损失惨重?

★ **课堂讨论1-5　协调顾客公众的主旨**

讨论总结1-5

📖 **案例学习1-5　IBM的社区公关**

俗话说远亲不如近邻,组织能否"永续经营",社区工作很重要。

1992年,IBM中国台湾子公司荣获公关基金会评选的年度"最佳社区关系奖",其得到的评语是:长期而具体地策划社会公益活动,受益阶层广泛,系组织落实本土化之典范。

他们的社区关系工作主要有:

先进的社区建设理念——取之于社会,用之于社会。公司成立专门的公共服务部,每年编制公益预算,专项从事公益活动。

强调社区公益活动的前瞻性与典型性。IBM有计划地选择并组织策划了一些能引起公众共鸣,且广受社区公众关心的主题活动,并予以长期坚持。

社区公益活动多样化。如IBM通过与当地社团合作成立"软体工程研究班",帮助培养中高级人才;与中国台湾大学合作引进生产自动化技术;将中国台湾学子送到IBM本部受训;举办大学院校企业个案研讨比赛等等,显示为社区技术与人才培养无私奉献之心。

社区环境的积极守护者。1990年8月,IBM与其他三家组织伙伴一起认养敦化路和八德路口的敦北地下道,并于1991年10月获台北市养工处的认养绩效最优单位称号等。

对慈善事业的热心倡导与积极投入。IBM连续三年举办救助弃婴慈善音乐会;连续五年独家赞助由台北市当局主办的"台北市音乐季";提供中国台湾专科、大学及研究院资讯科学相关科系的绩优学生奖学金；赞助社区居民的慈善游园会、慈善义卖晚会、"残障青年科技之旅"等活动。

正是这些科学、有序的社区公益活动，使 IBM 公司在中国台湾公众心目中树立起良好的正面形象，赢得了公众的喜爱与支持。

课堂讨论 1-6　如何协调社区公众关系

讨论总结 1-6

_____

_____

_____

_____

案例学习 1-6　无视新闻媒介关系的后果——某饮料厂接连败诉的启示

1998 年 7 月 26 日，一家晚报刊登了一则批评某饮料厂食品不卫生的新闻稿，内容如下：

以生产酸梅汤而闻名京城的老字号某饮料厂，昨天竟因不卫生被市卫生防疫站食品监督人员处以 1700 元罚款。市计算机一厂前不久购进 1000 瓶北京某饮料厂生产的山楂蜜果汁，几名职工饮后恶心、腹泻。市防疫站经检验后，通知禁止该批成品出厂销售。

7 月 19 日，市防疫站的监督人员到某饮料厂进行检查，发现该厂没有吸取教训，灌装车间苍蝇多，原料红果片存在飞虫杂质，剩余饮料不倒，仍无成品库。监管人员要求该厂限期解决问题。昨天进行复查，卫生状况有所改进，但改进不大。桂花酱桶盖上依然有虫，墙角乱堆杂物，房屋破损不堪，消毒池不及时放消毒液。这则批评稿一发，立即引起了用户强烈的反向。用户纷纷退货。饮料厂被迫停产 2 个月。

对于新闻媒介的监督与批评，该厂领导没有认真检查自己，反而以晚报报道严重失实为由，向区人民法院提出对晚报的控告。厂长还认为这篇报道的产生，是市防疫站监督人员私心报复的结果。

区法院经过认真的调查研究，于 9 月 26 日开庭审理了这一案件，并确认了下列事实：

1. 晚报的批评报道基本属实。

2. 晚报的报道内容也有"言词不够确切，不够严谨"的地方，今后需要注意改进。

区人民法院作出一审判决：饮料厂控告不能成立。原告败诉。

一审判决后，该饮料厂不服又向中级人民法院提出上诉。

市中级人民法院对事实进行了仔细核查，于次年 2 月 23 日开庭公开审理了此案。经过法庭进一步调查，市中级人民法院确认：晚报对饮料厂的批评报道属于正当的舆论监督，并不构成对原告名誉权的侵害。因此，驳回上诉，维持区人民法院对饮料厂上诉晚报侵害法人名誉权一案的一审判决。前后经过了 7 个月的时间，饮料厂打了一场败诉的官司。

案例思考：饮料厂的做法有何不妥之处？

───────────────────────────────

★课堂讨论 1-7　如何协调媒介公众关系

讨论总结 1-7

───────────────────────────────
───────────────────────────────
───────────────────────────────
───────────────────────────────

☞任务实操

一、总结出协调政府公众与竞争者公众的方法；

二、案例学习分析：

一个真实的"顾客是上帝"的故事

一次，我驻外代表蔡君夫妇在纽约的一家超级市场选购商品。蔡太太推着采购车只顾浏览货架上琳琅满目的商品，一不小心，采购车撞在货架上，两瓶茅台酒应声落地，酒液和瓷瓶碎片溅了一地。蔡太太惊得面色煞白，蔡君也手足无措，暗自寻思："糟了，这回不但要赔款，还准得挨一顿训。"没想到超市的服务员不但没责怪，反而连声说："对不起！由于我没能照顾好先生和夫人，让你们受惊了。"她立即打电话向经理通报事故。一会儿，一位40多岁的经理满脸微笑着走来，谦恭地说："我已经从闭路电视中看到刚才发生的一切，我的职员没有将货架放稳，令二位受惊了，这个责任在我们。"看到蔡君的裤腿还残留着点点酒斑，他立即从西装口袋里掏出雪白的手帕，并一再致歉，不仅没让蔡君赔偿损失，还亲自陪同蔡君夫妇选购货物，最后亲热地送他们两人离开商场。

也许是出于对经理的回报，这一次蔡君夫妇几乎将囊中所有的钱全花在这家商场，以后每周购物，他们不用商议，就驾车直奔这家超级市场。当他们离开纽约时，粗略计算一下，花在这家商场的钱，要比两瓶茅台酒的价值多出何止百倍。

思考：

1.商场经理和营业员在茅台酒破碎后不但没有责怪反而赔礼道歉，为什么？

2.从这个案例中，谈谈你对"顾客永远是正确的"、"顾客是上帝"的理解。

☞知识链接

■组织内部公众关系

组织内部公共关系一般包括内部员工关系和股东关系两类，其中内部员工关系是社会组织的首要公众关系,是整个公共关系活动的起点,也是其他公众关系的基础和前提。

一、内部员工关系及其特性与功能

(一)什么是员工关系

员工关系是指社会组织与其员工之间通过双向沟通方式,在互利互惠原则下寻求并达成和谐、一致、互动的一种内部管理职能。简单讲就是通过良好的信息沟通,使组织与员工消除内耗,齐心协力达成共同的奋斗目标。

(二)员工关系的特性

1.密切性

员工是组织的一分子,组织是由员工组合而成的。在生产诸要素中,劳动力是最活跃也是可塑性最大的一种生产要素。这一切都说明,员工关系是社会组织所有公众关系中最密切也是影响最大的一种关系。如果说某个社会组织员工关系的密切程度还不如其他公众关系的话,那么这个组织离瓦解的日子也就不远了。

2.可控性

既然是内部公众,相对来说这种关系就较容易控制。组织可以通过各种制度的制订与执行来沟通员工关系,这显然要比与新闻媒介或消费者关系更有主动性。

3.日常性

即组织与员工的关系是最为常见也最为频繁的,无时无刻不在发生着种种联系。同理,对员工的沟通也存在着日常性的特点,必须随时了解员工心理状态,并运用不同方式,密切员工关系,重视员工利益,员工才能与组织交心,而不可能凭借一两次大型活动或某项宣传就能达到沟通理解的目的。员工关系的这种特性反过来也说明,它是组织公共关系活动的起点。

整个社会组织的公共关系工作就是从良好的员工关系开始的。理由是:其一,员工是组织最重要、关系最密切的公众,他们是组织赖以生存发展的基础。组织的一切决策、计划、行动都必须通过他们才能付诸实施。只有组织的全体员工同心协力、努力奋斗,才能在"内求团结"的基础上做到"外求发展"。其二,员工与外部公众接触最频繁,也最为了解外部公众的各种心理。同样,外部公众对组织的印象也往往是通过与组织内部员工的接触形成的,员工的言行举止很可能会决定组织在外部公众心目中的形象好恶。公共关系强调"全员PR"的理由也是基于此。有公共关系学者这样认为,公共关系活动如得不到员工的信任和了解,便不能获得真正的成功。著名的IBM公司创始人、美国公认的组织管理天才沃特森曾说:"你可以接收我的工厂,烧掉我的房子,但只要留下这些人,我就可以重建IBM。"

(三)员工关系的功能

1.导向功能

把员工的言行包括思想引导到组织的既定目标体系之中。让员工能舍"小家"顾"大家",让组织能在"大家"中充分兼顾"小家"的利益,使组织与员工之间能达成真正的目标一致、利益一致。

2.凝聚功能

使员工在个人目标与组织目标保持高度一致的基础上,建立一种以组织为中心的群体意识,从而产生一种无形的向心力。此外,通过教育、引导,使员工逐步树立事业心、责任感,追求更高境界的个人目标。记得有位名人曾说过这样一句话:"人为了钱而工作,但他们是为了得到承认而活着。"这也正是员工关系的基本着眼点。

3.约束功能

通过一些无形的非正式性、非强制性和不成文的行为准则宣传和引导,对组织中每一位员工的思想观念及行为举止起着规范约束作用。

当然也不能否认管理制度、管理规范在保证组织运作秩序中的作用。我们知道,严格管理是规矩,没有规矩难以成方圆;严格管理是手段,但不是目的,它是希望员工执行管理规范,而并不愿看到员工因违反制度而受罚;严格管理是路标,要求员工按路标走,这样才有组织与员工的共同辉煌;管理的最高境界则是无为而治,即全体员工都能自觉地、发自内心地、主动地参与组织的各项活动,并能充分发挥自身潜能。有时,一种自觉的行为所能达到的效果会远远大于被动的执行。正如有人讲,管理制度是"要我做",员工公关是"我要做"。

4.激励功能

使组织内部员工产生一种士气高昂、自觉奉献的精神状态。

组织通过了解员工需求状况,进而采取各种灵活的、有针对性的激励措施,尤其是通过对员工深层次需求的激发,让员工认同组织以及行为,树立"组织兴旺我光荣,组织衰败我耻辱"之崇高信念,不仅从行为上,而且从思想意识上与组织保持一致。

 实证鉴录

总经理的自画像

中国香港地区怡东酒店餐饮部零点餐厅的费小姐来酒店从事服务工作已有4年,她似乎生来就适于干酒店,经常得到客人的表扬。5月初某天,费小姐提早20分钟来到酒店。刚换好工作服,只见餐厅经理兴冲冲走过来:"Miss费,恭喜你,总经理又写信夸奖你了。"餐厅经理爽朗的声音引来了费小姐周围不少服务员羡慕的眼光。费小姐又是嫣然一笑,她恭敬地接过总经理的信。"咦,总经理的画像——一幅漫画,这是谁画的?"她不禁感到诧异。以前她先后收到过两封总经理签署的表扬信件,那是因为有宾客给总经理写的意见书上点名称赞了她。酒店总经理给自己定了一个规矩:凡客人在意见书上表扬某员工,他便一定要亲笔给那员工写封信,感谢他为酒店做出了杰出贡献,可是今天的这封信里不仅有总经理的亲笔赠言和签名,还有他的自画像呢!费小姐和餐厅几位小姐越想越不理解……"你们都不明白,这是一种很高的荣誉。你们都不知道我们的总经理还有一条规矩:凡一位员工受到客人3次以上表扬,总经理都要送一幅自画像给该员工。总经理不仅是个企业家,还是一位挺出色的漫画家呢!"餐厅经理边看漫画边眉飞色舞地说道。"费小姐今晚不要忘了请客!"同事们围着不好意思的费小姐七嘴八舌地嬉闹开来。

二、员工关系的协调方法

员工关系的协调既需要科学的管理方法,又需要精湛的管理艺术。员工关系的协调方法主要有如下几种:

（一）关心、保护职工的物质利益

人的第一需求是物质需求。这是因为人的任何活动都是建立在物质基础上的。员工也只有在满足基本生存需要的前提下，才能有其他需求的热情。在付出劳动之后，能否拿到合理的收入，享受到应有的福利待遇，是绝大多数员工首先关心的问题，也是能否维持员工劳动热情的基本保证。如果员工的收入较低，直接影响到他们的日常生活，他们就会失去工作的热忱，不能安心岗位工作。

组织必须满足员工合理的物质利益需求，确保员工及其家属生活无虞，组织与员工的关系才能和谐。满足员工的物质需求，要注意分配的公正与合理，以激发员工的积极性作为最终目的，而不是挫伤他们的积极性。

1.帮助组织建立效率优先、兼顾公平的分配机制，并努力营造勤劳致富、公平获益的氛围。借助物质利益来调动员工的劳动积极性，关键在于使员工看到通过勤奋工作，尤其是良好的业绩能获得实实在在的收入、待遇和种种利益；同时也要注意员工对公正、合理分配的要求，否则会挫伤他们的积极性。

2.引导员工正确处理个人利益与整体利益的关系。在同一组织内，个人利益与整体利益总是存在两面性。一方面具有一致性，属于一种休戚相关、水涨船高的关系，应教育员工只有加快组织的整体发展，提高组织整体效益，个人利益才会增长；另一方面又具有矛盾性，存在着相互制约、此消彼长的特点，要引导员工克服"竭泽而渔"的心理，降低过高的期望值，以保证组织可持续发展，从而获得自己的长期利益和根本利益。

3.切实解决员工在物质生活方面存在的实际困难。由于种种原因，员工在物质生活上难免会存在一些个人无法克服的实际困难。内部公共关系通过一切可能的方式、途径提供帮助，解决他们的后顾之忧，能很好地培养员工对组织的情感依赖和归属感。这也是公共关系的本质要求。

4.不断改善内部劳动条件、劳动环境和劳动保护措施。不断改善劳动条件、劳动环境，认真做好劳动保护和安全工作，是组织应尽的义务，也是员工应享受到的合法权益，而且对提高劳动生产率，调动工作积极性、协调企业与员工的关系也具有十分重要的意义。

中国台湾裕隆集团是一家知名企业，它的成功与董事长吴舜文所领导的正确处理好企业内部员工关系是分不开的。该公司不仅从工薪方面激发员工的积极性，而且还从居住条件与工作环境方面来改善员工的条件。企业的厂房里有空调，女工宿舍也装有空调；员工们上下班有专车接送，有全日供应餐点的福利社；有供阅览进修的图书馆；还有电影院、篮球场、美容室及医疗所等文化和服务设施。此外，已婚员工购房可享受无息贷款或免息分期付款，员工有公费旅行、休假及退休制度等。这些深得人心的措施，很好地协调了企业内部的员工关系。

（二）满足员工的精神需求

精神需求既包括人们自由地发挥自己的创造性的需要，又包括人们对各种精神产品的需要。不同的员工因其文化素养、工作性质、个人经历和志趣爱好的不同，其精神需要也存在明显的差异。员工所关注的精神需要主要集中在：尊重员工的主人翁地位，提高员工的责任感；合理地开发和利用人才，增强员工的自信心；提高组织的向心力，培养员工的自豪感;引导员工在日常工作中寻求生活的乐趣和意义,通过培养员工对本岗位、本企业的责任心、自信心和自豪感,使每位员工获得心理上的平衡与精神上的满足。

组织内部公共关系应全力创造有助于员工实现精神需要的环境和条件。

1.营造和谐、宽松的人事环境。一个组织的人事环境是否和谐、宽松,主要看绝大多数员工是否能形成和获得信任感、温暖感、舒适感。信任感体现了员工之间、员工与组织之间相互信任的程度,温暖感反映了员工之间、组织上下的融洽关系,舒适感则表明了员工对所处环境和条件的体验。有了这样的环境和氛围,员工的积极性、创造性便能很好地发挥出来。

实证鉴录

　　美国耐尔塔航空公司大力提倡和培植员工的"家庭感情",并把"家庭观念"融入各项制度中。在内部公共关系中,他们把培养"家庭感情"看得比眼前利益和成本投资更为重要,这就是他们获得成功的"耐尔塔之路"。每一位在单位供职的员工,不仅希望自己从事的工作富有价值和意义,在事业上有希望、有奔头,而且希望自己的组织是一个充满人情味与温馨的"大家庭",只有在融洽的家庭气氛中,员工们在日常工作中碰到的焦虑和压力才能得到缓解、消除。同时,这种家庭式的情感需求的满足必然促使广大员工形成强大的工作动力,把组织营造成为一个坚强团结的集体,以卓越的事业绩效去赢得社会各界公众的信任与好感。

2.鼓励员工参与组织的管理。积极鼓励员工就改进、改善本职工作提出建议;引导员工为组织的整体发展献计献策,以便使他们的注意力从一岗一事的局部提升到对整个社会组织的生存、发展的思考和关注上。这样做的意义不仅能满足员工的自我实现需要,也使社会组织获得了宝贵的决策参考资料,大大提高组织决策的科学化、民主化水平。

3.提高员工的综合素质。通过教育、培训,不断提高员工科学文化、技术和管理素质,这不仅有利于增强员工对新的生产方式、新的社会要求的适应能力,更会不断增强社会组织的生存力和竞争力。同时还应看到,随着员工综合素质的提高,他们的自我调节能力、解决困难的能力也相应增强,一些问题、矛盾的化解也变得较为容易。因此,不断提高员工的综合素质也是改善社会组织与员工之间关系的一种重要手段。

4.开展丰富多彩的文体娱乐活动。在力所能及的条件下,将员工组织起来,参加体育竞赛、文艺演出、交友联谊以及读书看报、交际舞会等有益身心的活动,既可以使员工获得精神满足,亦可以拉近彼此的距离,增进感情,从广义上则丰富了社会组织文化的内容。公共关系人员通过有目的、有计划的组织、引导,更直接改善了社会组织与员工的关系。

实证鉴录

　　沃尔玛公司重视对员工的精神鼓励。总部和各个商店的橱窗中,都悬挂着先进员工的照片。各个商店都安排一些退休的老员工,身穿沃尔玛工作服,佩戴沃尔玛标志,站在店门口迎接顾客,不时有好奇的顾客同其合影留念。这不但起到了保安员的作用,而且也是对老员工的一种精神慰藉。公司还对特别优秀的管理人员授予"萨姆·沃尔顿企业家"的称号。公司以沃尔玛的每个字母打头,编了一套口号,内容是鼓励员工时刻争第一。公司每次召开股东大会、区域经理会议和其他重要会议时,每个商店每天开门营业前,都要全体高呼这些口号,并配有动作,以振奋精神,鼓舞士气。

(三)提供员工晋升的机会

不想当将军的士兵不是好士兵。职位晋升是员工的较高级需要,每一位员工都渴望能够得到职位晋升。由于职位晋升要求员工必须具有较高职位的技能,要求员工表现优秀并具有较好的适应性和潜力,职位晋升被视作是对员工能力的认可和尊重,所以社会组织为优秀员工提供职位晋升机遇也是一种良好的员工关系处理技巧。

实证鉴录

沃尔玛给每一位应聘人员提供相等的就业机会,并为每位员工提供良好的工作环境,完善的薪酬福利计划和广阔的人生发展空间。在一般零售企业,没有数年以上工作经验的人很难提升为经理。而在沃尔玛,哪怕是新人经过6个月的训练后,如果表现良好,具有管理好员工和商品销售的潜力,公司就会给予一试身手的机会,如做经理助理,或去协助开设新店等,若干得不错,就会有机会单独管理一间分店。事实上,沃尔玛的经理人员大都产生于公司的管理培训计划,通过公司内部提拔起来的。其中常用的培训方法之一就是交叉培训,让不同部门的员工交叉上岗,培训学习,获得更多的职业技能。沃尔玛公司由于注重加强员工对于整体工作运行的普遍性认识,进行多技能培训,因而保持了员工工作的高质高效。

(四)设置员工退出成本

在市场经济条件下,人才流动是一个必然的现象。但必须认识到人才流动的两面性:一方面,人才流动为经济发展和社会进步创造了条件,提供了人力资源保障;另一方面,对于组织来讲,花费大量成本所培养出来的员工一夜之间跳槽到了竞争对手的麾下或者从组织辞职,不仅给组织带来不小的损失,更为严重的是将在组织内部产生不良影响。因此,很多组织在收到员工的辞职信时百般阻挠员工跳槽或辞职,使得组织与员工关系十分紧张。

社会组织应该从公共关系和管理制度两方面设置员工的退出成本。从公共关系角度来看,组织内部公共关系应该从增强员工对组织的认同感、转变员工对组织的态度及引导员工的行为等几方面入手,减少助长员工退出的因素,使员工能安心在本组织工作。从管理制度上讲,应该制定出详细的可操作的制度和措施,防止核心员工的跳槽和辞职,并使跳槽或辞职的核心员工承担相应的退出成本。员工退出成本是指在员工跳槽或从本组织辞职时,要付出或承担的代价,它既可以是经济利益方面的,也可以是社会福利方面的。如掌握组织核心技术的技术人员要离开组织,那么组织应该与其签订竞业禁止协议,禁止该技术人员到竞争对手那里或者独自开办企业从事相关领域的工作,以避免本组织核心技术的泄露。

■组织外部公众关系

外部公共关系是指社会组织主体与其内部公众以外的其他公众的关系总和。它包括服务对象公众、传媒公众、社区公众、政府公众、业务伙伴公众等各类对组织生存与发展有着某种联系的公众,也称组织的外部环境。

从公共关系"内求团结、外求发展"的目标分析:"内求团结"是前提,"外求发展"才是根本;没有"外求发展"的目标,"内求团结"也变得毫无必要;社会组织只有在"内求团结"的基础上,及时、主动、有效地与外部公众建立良好的沟通与传播渠道,取得外部公众对组织的认同、理解、支持与合作,才能让组织进入"人和"的境界。

一、消费者关系

消费者关系是指各类物质产品、精神产品的消费者与社会组织之间的关系,有时又称为顾客关系。消费者是企业的衣食父母,一个企业成功与否最终要靠消费者的评判,消费者构成了企业生存发展重要的外部环境和条件。没有消费者,企业从根本上失去了存在的意义。良好的消费者关系即企业以其符合消费者需要的优良行为,而与消费者结成的具有较大广度和深度的社会关系。

(一)消费者的基本权利

我国在1993年10月31日颁布了《消费者权益保护法》,以及产品"三包"服务的若干规定,从法律角度对消费者的正当权益给予明确和保护。其中《消费者权益保护法》第九条规定,"消费者享有自由选择商品或服务的权利"。其含义包括:消费者有权主动选择提供商品或者服务的经营者;自主选择商品品种或服务方式;自主决定购买或者不购买任何一种商品,接受或者不接受任何一项服务;有权进行比较、鉴别和挑选。

在实际生活中,消费者应拥有的基本权利是:

1.有权了解产品质量与使用要求等方面的真实信息

必须让消费者对产品的制造、使用、维护各方面信息有全面真实的了解,才能使每一位消费者在了解事实真相基础上,依据自身条件做出购买决定。这方面,过度的广告传播,片面吹嘘、夸大的虚假宣传,往往会误导消费者,诱使其做出错误的购买决定。如有一种保健品,仅仅对促进人体睡眠有一定疗效,却在广告中夸大功能,宣传所谓防止衰老、促进新陈代谢、增强人体免疫能力等尚未经国家权威部门认定的疗效,显然就是对消费者正当权益的一种损害。对有的商品,厂家报喜不报忧,光强调其优越性而回避对使用人本身副作用的说明,也是一种不正常的广告误导行为。

2.有权充分挑选商品的式样、种类,在试用满意后再决定最终购买与否

我国目前的市场经济还不成熟,一些社会组织的消费者意识还比较淡薄,体现在销售行为中,往往重售前、售中不重售后。在顾客购买时,售货员面如春风,但一旦要求退换,则是手续烦琐、表情冷淡。实际上是犯了服务大忌。在营销界有这么一条公式"100-1=0",意思是即使有100个顾客对组织满意,但只要有一个顾客对该组织或产品持否定态度,组织的美誉即等于零。而且调查显示,每位非常满意的顾客会在产生相同需要时,考虑该组织或产品;当一个非常不满意的顾客出现时,他会把不满至少告诉20个人,而这些被告诉者在产生相同需要时几乎都不会光顾该组织或产品。

3.有权对商品的质量、款式、性能、价格等要素提出意见,并有权要求这些意见被相关组织听取

首先,消费者从民众角度有权对社会组织的产品在质量、款式、宣传等方面与国家政策、法规和民俗风情有悖时,提出意见并要求有关社会组织改进。如近年在玩具市场出现的一种仿真恐怖性人体器官玩具和仿真危险性武器,虽然没对使用者构成直接身体伤害,但对儿童正常的心理发育不利,民众就有权要求厂商及时更改,并督促政府职能部门及时作为。其次,消费者就消费角度对其应享有的权利有权要求有关组织切实履行。这点在非工商组织表现得尤为明显,如公安、财税、交通甚至地方政府等政府管理部门的不作为,消

费者可以提出要求,甚至提起诉讼,要求享有服务对象应有的权利。

4.当使用不良的商品或服务受到损害时,有权要求得到赔偿

当消费者使用(或享受)其所购买的商品(或服务)而受到利益损害时,消费者就可以要求得到补偿。

实证鉴录

2001 年 7 月,佳木斯一旅客以"既然是特快列车,没理由比快速列车慢,更没有理由比普通列车慢"为由,将哈尔滨铁路局告上了法庭,告其有欺诈行为。其理由是既然买了特快空调列车的票,就不该享受比普通快车还慢的速度。

2000 年,美国联邦法院作出判决,要求菲利普·莫利斯等几家烟草制造商向美国烟民赔偿一千余亿美元,原因则是烟草公司向烟民销售香烟,使广大烟民在吸烟过程中受到了身体伤害,并导致许多疾病的发生。

(二)消费者关系的目的

消费者关系的目的是希望达成社会组织主体与消费者之间利益的和谐,在双方的共同发展过程中寻求"双赢"。具体在组织的行为上又可归纳为下列几方面:

1.通过市场调研获取消费者对组织决策及行为的基本态度,以求通过改进,使组织更能"投消费者所好"。

2.通过了解消费需求及构成,适时推出消费者称心如意的商品和服务,在满足消费者需求的同时,创造组织自己的经济价值与社会价值。

3.通过合理的传播手段与方式,向消费者公众展示组织的整体面貌,让消费者能"越了解你,越喜欢你,越支持你"。

4.与消费者公众保持良好的双向信息沟通渠道,确保消费需求信息能在第一时间准确反映到组织的决策层,以便及时做出迅速合理的反应。

实证鉴录

2001 年 7 月 13 日晚 10 点 11 分,我国首都北京成功申办 2008 年奥运会,就在萨马兰奇宣布北京获胜后大约半小时,可口可乐北京公司就将一批特制的庆贺申奥成功的金色罐装可乐发往北京各大商场、超市,在商机上就已经领先了一步。同时,通过传播渠道将组织的有关信息通畅地向消费者公众做出真实告知,使消费者能对组织及其相关产品或服务有较全面的认识。

(三)消费者关系的协调艺术

1.积极消除影响消费者关系的因素

消费者最关心的是能否获得具有质量保证的产品、服务;以什么样的方式向消费者提供;消费者要付出什么和付出多少。这也是影响组织与消费者关系的最直接的因素。

(1)研究消费者需求是促进组织与消费者关系的基本前提

市场营销学研究表明,当买方市场已呈明显态势时,消费者需求的研究成为一切社会组织决策的先决条件。只有了解了消费者的需求,并为消费者提供适销对路的产品和服务,消费者才能认可组织,支持组织。

实证鉴录

旧中国有位民族资本家丁子青，他经营的北京"东来顺"羊肉馆正是靠"适众人之口，又独具风味"的特色，使其从一个小小的粥摊发展成为当时北京最大，并颇具声誉的回民高级饭店。丁子青经常品尝顾客剩下的饭菜，以了解不合口味的原因，并在佐料上大动脑筋，最后他将佐料分装七个小碟，由顾客自己搭配，从而解决了"一人难调众口"的大难题。而今，"东来顺"涮羊肉已成为北京一大品牌。

美国的快餐连锁组织麦当劳为何能以全球统一标准的食品在世界各地取得巨大成功，其负责全球特许经营的副总裁吉姆·克莱默在解释麦当劳凭什么能风靡全球时说，食品的高品质、服务的高水准和环境的清洁性，在这三个方面，世界各地的顾客都有同样的要求。但食品品质的标准化并不排斥口味的多样化。麦当劳的汉堡包、炸薯条等主要食品的口味是全球统一的，但麦当劳也会根据各地顾客的口味推出一些仅在一定区域内提供的新品。两者兼顾，就是麦当劳的成功秘诀。

研究消费者需求不单纯是指跟在消费者的后面，单纯为满足现实需求而运作组织行为，更要研究需求的发展趋势，在消费潮流中能抢先机，善于引导消费、创造需求。正如美国著名管理学家彼得·德鲁克所说的："组织的目的只有一个适当的定义：创造顾客。"

（2）提供质量优异的产品、服务是搞好与消费者关系的物质基础

为消费者提供优质产品并不仅仅是指产品的性能如何、是否方便耐用等。随着人们生活水平的提高，还要求满足在设计与包装方面的求新、求美、求异的需要。

对消费者的服务包括三个阶段，即售前、售中和售后，每一个环节都直接关系到最后的服务效果。

就售前服务而言，良好的广告宣传，正确的消费观念引导和消费的指导都是不可少的。只有让消费者充分地知晓和了解，组织的产品（或服务）才有可能让消费者问津。

就售中服务而言，它包括销售（或服务）环境的布置、陈列和组织本身员工与消费者的接触，以及接待的热忱、主动、耐心、周到服务。

就售后服务而言，指的是消费者消费后的系列追踪服务，包括送货上门、义务维修、售后"三包"以及售后的感情联系等。"真正的销售始于售后"，这是众多销售专家的智慧结晶。

许多研究也表明，售后服务是留住顾客、增加顾客忠诚度的最有效方略。意大利经济学家帕累托的20/80营销法则的内容就是：组织经营利润的最大来源是20%消费者的重复购买。美国的一项研究表明，让一个老顾客满意，只需花19美元，而要吸引一个新顾客，就要花119美元；减少顾客背叛率5%，就可提高利润25%。他们在调查中还发现，顾客从一家组织转向另一家组织，70%的原因是服务，组织的员工怠慢了一个顾客，就会影响40名潜在的顾客。在竞争焦点上，服务因素已逐步取代产品的质量和价格，世界经济已进入服务经济时代。正是基于这样的认识，美国IBM公司公开表示，自己不是电脑制造商而是服务性公司；"IBM并不卖电脑，而是卖服务。"日本的麦当劳汉堡包店记载了约60万小朋友的"生日档案"。小朋友生日的前几天，就会收到该店寄来的贺卡；生日这天，小朋友应邀持卡到该店做客。按一般惯例，小朋友得到一份节日礼物也就心满意足了，可这家汉堡包店却

特别郑重其事地发出邀请。该店负责人说,我们要使顾客每天都会产生一种"忠诚"的"感情",就还"可以赚他们下一代的钱"。

 实证鉴录

美国著名汽车经销商吉拉德就是上述观点的坚持者之一。在他的顾客还没走出店门之前,他的儿子就已经写好了"感谢惠顾"短笺,每逢节日他总是要给顾客们寄出各种大小不一,不同格式、颜色的贺卡,平均每月可达1万多张。长期维持着与顾客的正常联系,使他经销汽车20多年,成为全美销量第一的汽车经销商。

美国凯皮特公司(北美机械制造公司)在它的广告里说:"凡是买了我们产品的顾客,不管在世界上哪个地方,若需更换零配件,我们保证在48小时内送到,如果耽误,我们就将产品白送给你们。"他们说到做到,有时候为了一个价值只有几十美元的零件,甚至不惜动用直升飞机,费用高达数千美元。正是由于卓著的经营信誉,使该公司能经营50余年并日渐兴盛。

（四）巧妙化解与消费者之间的纠纷

由于社会组织不可能完美无缺地向消费者提供所需一切,因而消费者与组织之间难免会发生种种误会,甚至摩擦和纠纷。社会组织必须开辟多种渠道,以高超的艺术予以化解,其中正确处理投诉是重要的途径。

1.当面投诉

投诉者大多是购买商品的消费者,如要求退款或退换货物等。面对这些投诉者,组织员工应该以友好、尊重的态度耐心倾听他们的意见,使其消除怨气。凡符合规定的要求,应尽量给予满足,并表示歉意;不符合规定的,要礼貌解释和进行合乎情理的说明,请对方予以谅解。

2.电话投诉

受到不满意服务接待的消费者也可能会用电话进行投诉,对这些电话投诉者,组织员工除了冷静对待,礼貌解释说明外,能马上答复的要求马上答复,不能马上答复的要约定时间,然后转告有关人员、部门处理。

3.信函投诉

对消费者的信函投诉应及时答复,必要时应上门核实情况,答复的语气要婉转、礼貌。责任在组织的,应真诚解释、道歉,处理后报告相关部门。

4.传媒投诉

消费者的传媒投诉对组织带来的负面影响最大,所以应积极与媒介和投诉者联系,了解真相,采取对策。投诉正确的,及时解释并补偿服务,同时加以改进;投诉错误的,也要积极争取与传媒合作,向消费者和大众解释因果,从而使之成为宣传、扩大良好信誉的机会。

总之,消费者的投诉无论是否正确在理,社会组织都应耐心听取,冷静、认真、及时地处理,而不能计较投诉者的言辞、态度,应把处理投诉看做是与消费者建立密切关系的契机,使消费者从这种特殊交流、沟通中获得各种满足,从而与组织关系融洽起来。

二、社区关系

（一）社区关系的含义及特征

1.社区关系的涵义

"社区关系"就是一个社会组织的"地方关系"、"邻里关系"。它是指与某个社会组织主

体有地域上互邻,且利益上相关的一种公共关系。

2.社区关系的特征

(1)地域互邻性

社区关系是社会组织公众关系中部分地域互邻,较为密切的部分公众关系组合。当然,这种地域互邻性的范围决定于组织主体的自身规模与知名度,如对四川长虹集团来说,整个绵阳市就是它的社区。而对一般组织而言,它的社区范围也许仅仅是一条街道,一个居民区。

(2)利益相关性

既然邻里,就必然有直接、间接的利益关联,如公用场所共享、社区环境维护、社区建设责任等。一旦社会组织发生社会性环境危机事件,社区公众往往是直接的利益受损者。当然,社会组织享有的知名度与美誉度越高,则带给社区公众的直接或间接利益也就越多。

(3)组织主体与公众的相互制约性

一个生机勃勃的社会组织能带给社区众多的就业机会与丰厚的利益回报,它的税收能增强社区的经济实力,它的社区投入又能发展社区经济;反之,一个社会组织如果没有社区的良好支持,其生存就会受到威胁,一旦社区居民对该组织采取敌对行动,就会形成社区危机。所谓"荣辱与共",实际上是社区关系的一个很好写照。

(二)社区关系的重要性

俗话说远亲不如近邻,社区是社会组织生存和发展的根基。组织能否"永续经营","睦邻"公众扮演着相当重要的角色。

1.社区是劳动力的主要来源地

社区成员与组织员工间相互渗透,有着千丝万缕的关系。也正因为这样一种关系,组织内部的情况往往会很快被社区成员知晓。同时,社会组织的主要管理骨干也往往是以本社区成员为主,这是因为生长在同一地域,在信息沟通上较易达成共识。如雅戈尔集团下辖的近200个分市场、1500余家专卖店,任店长以上职务的管理人员中,宁波籍的就占近70%。

2.组织的维系和发展有赖于社区的支持

从能源、水电、交通到邮政、网络、生活用品供应,都必须寻求社区的支持。

3.良好的社区关系能较好地促进组织主体的发展

社会组织如同家庭,如果一家人经常同左邻右舍产生纠纷,那他们的家庭生活就不会幸福。同样,社会组织与社区公众的关系不和谐,那这个组织也就难以顺利发展。

良好的社区关系有四个标志:

(1)本组织的基本情况为社区公众所熟悉;

(2)本组织所产生的产品或提供的服务使社区公众喜爱该组织;

(3)组织受到社区政府部门和其他社会团体的尊重;

(4)本组织成员同社区公众保持良好的人际关系。

具备了上述四项条件,组织主体也就具备了良好的"人和"条件。一方面,员工为在该组织工作而感到骄傲,并促使其更加努力工作;另一方面,社区公众对组织形象的正面宣传,能进一步促进组织环境的和谐。

（三）社区关系的协调艺术

1. 维护社区环境

保护人类的生存环境,珍爱地球上的每个生命,是任何社会组织必须正视的问题。有许多社会组织在其运作过程中,存在着环保与效益的矛盾,即在生产效益的同时,也在生产着污染。尤其在一些不发达地区,企业更是将自身效益建立在对周边环境的恶意毁损上,许多地下造纸厂、化肥厂、农药厂不停地向外排放各种有毒污染物,使居民苦不堪言。所以,对于现代组织来说,绿色营销,是其发展的必由之路。所谓绿色营销是指组织在经营战略制定、市场细分与目标市场选择、产品生产、定价、分销、促销过程中注重个体利益与社会整体利益的协调统一,并在此前提下追求经济利益的一系列经营活动。它不仅包括保护生态环境,消除一切污染环境的经营行为和有不良副作用、危害消费者身体健康的产品,也包括保护消费者心理健康,树立良好的社会风尚。它体现了社会组织兼顾消费者利益,符合人类共同愿望,建立人类与大自然对立统一的协调机制,代表着组织未来的发展方向。

 实证鉴录

几年前,我国北京申奥惜败。几年后的今天,北京终于获得了2008年奥运会举办权,这其中,对环境保护的重视也是本次申奥工作的一大特色。我们可以回忆第一次申奥宣传片中的一个小细节:一个老大爷手提着一个鸟笼,在晨曦中漫步。从环保角度分析,这显然是不适宜的,鸟儿应该有自由的天空可以飞翔,怎么能将之关在笼中忍受孤独呢。而在本次申办中,"绿色奥运"不仅是我们的口号之一,也体现在具体的行动上。比如所有运动场在材料的选用上都尽可能使用无污染材料或再生性材料,场地绿化选用耐旱植物品种,用水都安装了回收再利用设备。场馆周围80%至90%的路灯将利用太阳能发电技术。连申奥工作人员手中的名片,都是用再生纸制作,体现出了良好的绿色意识,此举也赢得了国际奥委会官员的一致好评。

2. 支持社区公益活动

社区关系不能仅停留在社会组织自身行为约束上,而应积极参与社区建设,促进社区繁荣与发展,与所在社区形成"共存共荣"的关系。尤其是在对社区公益性活动的支持上,应不遗余力。

社区的各类领导者与意见领袖一般都希望本社区的社会组织能为社区的健康发展提供多方位的支持,尤其是在资金、人力等方面能给予扶植。如兴办教育、投资科技、赞助社区文体活动、安置老弱病残、支持社区绿化等,这是正当的要求。社会组织身为社区的成员应以此为己任,树立正确的社区意识,取之于民、用之于民,才能让"新睦邻"变成现实,让社区的所有公众真正以组织的存在为荣,从而建立起良好的"地利"环境。

 实证鉴录

以生产名牌保健药品"立钻牌"铁皮枫斗晶的浙江天皇药业有限公司,早在1994年产品进入市场之时,就明确了以对社会公益事业的关心来回报公众对企业厚爱的宗旨。1994年,将价值百万元的铁皮枫斗晶无偿赠送给中国科学院的学术专家们;1994年,向在杭州的50余名老红军战士赠送价值30万元的产品,帮助他

们摆脱病痛的折磨;同年,捐赠 20 万元人民币给浙江天台希望小学;2000 年,公司的爱心和产品的良好功效又帮助救活了一位濒死的抗洪英雄——硬骨头战士稽琪,使其康复出院;同年又向英雄部队"硬骨头六连"无偿提供价值 50 万元的设备,帮助部队改善生产基地的条件和食堂设施;2001 年 5 月 29 日,又将价值几百万元的新产品,通过上海市慈善基金会,捐赠给对上海有突出贡献的劳模、教授、科学家等各界人士。在公司成立以来短短的六七年间,其慈善捐助总额已逾千万元,卓著的社会责任心与显著的产品疗效,使铁皮枫斗晶的销售与业绩逐年上升,公司步入了良性发展轨道。

3. 促进社区的安定与繁荣

让社区在繁荣发展过程中,同时拥有一种和睦、友善的氛围,一种高就业率、低犯罪率,人与人间祥和、安定的生活环境,是每一位社区公众的理想。社会组织也应积极承担起此项职责。

当然,充分发挥社会组织主体的经济与技术功能,帮助社区推进经济繁荣,也是一项重要的"社区义务"。如大力提高组织自身经济效益,为地方多创税收;以龙头作用带动地方附属产业及附属组织的发展;发挥人才与科技优势,扶植发展社区经济等等。

实证鉴录

　　美国安塞公司在员工中就倡导对公共事业的热心态度,由员工自愿组成的"抢救队",每周 7 天,每天 24 小时,无论何时发生天灾、人祸,随时出动,无偿为社区居民提供救助,成立数十年而不息,成为了社区建设的中坚分子。美国通用公司也不例外。为了培养与社区公众间的"准自家人关系",他们将组织自身的服务设施和娱乐设施,如医院、汽车俱乐部向社区公众开放。为了减少误会,公司还专门编印了一本指导手册,详细介绍了开放组织的意义及运作中的注意事项,其细致程度无可挑剔。长此以往,员工与社区公众的关系变得更为和谐了。

4. 给社区带来光荣和骄傲

社区里有闻名的古迹、美丽的景观、漂亮的建筑,这些自然是社区居民引以为豪的资本,但如果让社区拥有一个令人侧目、让人尊敬的组织,又何尝不是社区居民的一件荣事呢?就像"长虹"对于绵阳市、宝钢对于上海宝山区、北仑港对于宁波市一样,社区公众也会从自豪中发出内心的真心真爱、关心这些给他们带来光荣和骄傲的组织。

实证鉴录

　　20 世纪 80 年代中期,广东中山温泉宾馆自成立之日起就善待乡邻,将所在乡的物质与精神文明建设看成是自身建设的一部分,出资帮助社区农民发展农业、改善生活、解决就业、增加福利、提高文化及文明程度,使所在社区由后进乡一跃而成为全国文明卫生的先进乡,成了宾馆的"附属旅游点",更提高了宾馆的知名度与美誉度。

三、媒介关系

(一)媒介关系的涵义与传媒特性

1.媒介关系涵义

媒介关系是指组织与大众传媒公众关系的组合。这种关系又含有双重人格关系:其一,大众传媒是社会组织与其他公众信息沟通的"中介"环节;其二,大众传媒本身也是社会组织的目标公众。因此,许多社会组织都视结交"无冕之王"、保持与媒体的良好关系为公共关系的重要内容。

2.大众传媒特性

(1)受众量大面广传播速度快

大众传媒的传播范围随着现代科技的发展可超越任何空间限制,在时间上也能使地球上的任何一个角落实现"信息同步"。在传播时间与速度上,不仅对有计划组织的信息传送可以同步,对于一些突发性事件也能做到迅速、准确地将信息传播到整个公众整体。

 实证鉴录

1981年3月30日,当时的美国总统里根遇刺,9分钟后ABC发出消息,12分钟CBS的电讯上天,13分钟NBC也向全球作了报道,使事件迅速让公众知晓。

1984年,可口可乐公司为了对付主要对手百事可乐的竞争,也为了迎合人们日趋崇尚健美体型的要求,决定改变已使用了99年的配方,推出新型的"减肥可口可乐"。为了使这一消息家喻户晓,它向博雅公司求助,博雅公司发动全美各地雇员、代理人和各类传播手段,倾尽全力宣传。结果,在可口可乐公司宣布推出新产品的24小时内,其知名度就达美国公众的82%,这个数字打破了以往任何广告的传播纪录。

(2)内容繁简兼备,且能大量复制和文字化

由于各种传媒的不同传播特性,以及不同的风格特点,使受众接受信息的选择性大大加强,既可以接受一句话新闻,也可以仔细阅读长篇新闻追踪报道,能完全满足受众对事件图像、文字各方面的信息需求。同时还可利用电脑网络对所需信息随时下载保存,使信息的吸收率大大提高。

随着新闻产业的不断繁荣与发展,受众也会接收到越来越全面的信息,发生在全球各地的各种大小事件都可能通过传媒获取,这也是信息社会的基本特征之一。

(3)信息的客观、真实性

大众传媒无论是对社会负责,还是对传媒本身负责(收视率与发行量是影响传媒自身效益的关键指标),都会力图以最快的速度、最新的角度,对事件(尤其是受众关心的热点话题)做出客观、公正的报道,以赢得受众的尊重与喜爱。这就使得社会组织不得不更重视传媒的"态度",一旦与传媒交恶,负面新闻的曝光会使组织形象感受到更大的压力。

 实证鉴录

1974年11月,美国Mobil石油公司副总裁致函《纽约时报》,指出在过去两年中,《纽约时报》已发表了20篇纽约州司法部控告Mobil公司的报道,其中有10篇上了头版,事实上其中有两次控告被州法院所否决,但《纽约时报》未做任何报道,

此后 Mobil 公司曾反过来向法院控告纽约州司法部,结果《纽约时报》还是未作报道。为什么 Mobil 公司被控是新闻,而 Mobil 公司控告他人就不是新闻了呢?这一问题值得深思。

(二)媒介关系的协调原则

建立良好的媒介关系是营造良好舆论环境的关键,是运用大众传播手段的前提。社会组织利用新闻媒介做公关工作,一方面要通过广泛宣传,扩大组织的影响;另一方面可在不必支付费用的情况下借助新闻媒介的优势来塑造组织形象,而后者更具有公关意义。

1.坚持"双向"平等原则

社会组织需要大众传媒的信息传播,但不是被动的附属关系;恰恰相反,现代社会组织在发展过程中,其许多信息也正是传媒所需要的,大众传媒的新闻性要求尽可能迅速"找到"新闻,这就使双方存在一个互补的"双向"关系,也是一种平等的交往关系。

另外,新闻媒介所属的层次不同,影响力有大有小,同样的报纸,全国性的大报如《人民日报》《经济日报》《光明日报》等就比省市地方报纸的影响力要大些;同样是电视台,中央电视台与地方电视台传递信息的实际效果就不同。但作为组织,不论对大报还是小报,对中央电视台还是地方电台,对有名望的记者还是一般的记者,在提供信息和接待上,都应该做到一视同仁,给予平等地获得信息的机会和权利;同时,对新闻媒介单位中的工作人员也要平等对待,不能厚此薄彼。

2.坚持以礼相待原则

组织应以主动热忱的态度对待各新闻媒体,积极配合,为采访或报道工作提供方便,如主动撰写新闻稿,主动与记者沟通本组织的近期活动计划。即使是可能会对组织不利的采访,也应如实相告,承认自身的问题,并及时改正,将此作为一个发现问题、更正错误的机会,而千万不能恶言相对,将事态扩大。

3.坚持以诚相待原则

组织应主动与传媒建立和维护相互尊重和信任的关系,在各自的切身利益冲突时,有时应作为敌手,有时则应作为同事相互合作。严格遵守公共关系基本准则——将事实真相告诉给公众。以诚实赢得朋友,既不掩盖事实,也不夸大新闻,确有难言之隐也应向传媒做出说明,求得对方谅解。

4.坚持迅速及时原则

新闻媒介单位的职业特点是要求"快",因为新闻信息的时效性很强。一条新闻在特定时间内与传播速度成正比关系,超过时间就要失败。由此,就决定了记者采访组织时或与组织有其他业务联系时,组织要及时接待;邀请记者采访,要事先做好一切准备,争取在最短的时间内向新闻界提供较多的有价值的信息。记者对社会组织工作失误的报道,只要情况属实,要立即改正,并把改进情况及时反馈给记者和新闻媒介。

(三)媒介关系的协调艺术

组织在配合媒体工作时要注意以下几个方面:

1.要注意从公众利益而非本组织利益的角度谈问题。

2.组织在提供新闻稿时要让新闻易于阅读和使用,包括内容取舍,叙述方式,甚至字体大小要合适等。

3.要注意在写新闻稿时把最重要的事实在一开头就陈述出来,要懂得新闻稿件内容安排的"倒三角"原理,即先讲中心意思,然后再进行具体介绍,以利于编辑。

4.在与记者交谈时,不要与记者争论或者失去自制而冲动,记者拥有最后的发言权。

5.在回答记者问题时,不要详细作答,如记者的提问是直截了当的,则回答也应简洁,问题越是棘手,回答就越应简短。

6.当所要求回答的事实内容尚未得到确认时,不要轻易作答,更不能凭想当然或把将来须证实的事实告诉媒体。

7.告诉事实真相,即使这样很痛苦,不能以为坏消息会被人遗忘、疏漏。只有告诉真相,才能免使组织遭受试图隐瞒事实的指责。

8.除非确实已拥有记者所认为的新闻,否则记者招待会就不必举行。实际上,只有当你没有任何别的手段将一个重要的、社会性新闻事件以及时的方式通报给媒体时,才有必要举行此类招待会。

四、政府关系

(一)政府关系的涵义与原则

1.政府关系涵义

政府关系是指社会组织与政府及各职能机构、政府官员和工作人员之间的关系,即组织与政府沟通的具体对象。

政府是国家权力的执行者,是对社会进行统一、有序管理的权力机构,任何社会组织都必须无条件遵守政府法律与法规,服从政府以及各职能部门的管理。但在政府与社会组织之间这种管辖与被管辖关系之中,还存在着一种相互了解、互相沟通的关系,这就是政府公众关系。

(二)政府关系的协调艺术

1.了解政府法规,寻求一致效益

从公共关系角度看,只有当组织利益与公众利益一致时,组织利益才能得到根本保证。在处理社会组织与政府关系时,这个原则尤其适用。因为政府是特殊公众,只要政府施加对社会组织的影响,其效果就非一般公众所能比。

政府公众本身没有自己的利益,他们所维护的是公共利益、社会利益甚至国家利益。因此,社会组织要寻求与政府公众的利益一致,实际上就是寻求组织利益与公众利益、社会利益、国家利益的一致。要寻求一致,必须了解政府关系的主导方面——政府的政策、法规,了解政府部门的职能、作用,从而进一步了解他们所维护的利益具有什么样的内容。还要按照政府政策法规精神不断调整自己的组织目标,从而保证利益上的一致性或协调性。

2.支持政府行为,严格守法担责

要处理好政府关系,必须在政府面前树立"好公民"的形象。首先,要遵纪守法,严格按政府政策、法规的要求活动,依法经营,依法纳税。其次,积极承担作为"公民"必须承担的社会责任,支持政府开办的公益事业,主动举办或参加一些公益、福利事业。最后,主动协助政府管理,实施有效的监督,要求社会组织主动与政府保持多渠道的信息联络,主动向政府通报本组织的有关情况,主动就有关政策、法规向政府部门提出意见、建议等。

3.争取政府支持,立足长远发展

这是政府关系处理成效的最终考验,衡量一个组织在处理与政府关系方面的公共关系艺术水平、效果的最终尺度。实施时要注意以下方面:

（1）组织要尊重政府部门人员的作用

主要体现在：维护上级权威，尊重领导意见，如有不同意见时，应选择适当的时间、场合善意地提出；创造性地贯彻上级主管部门和领导下达的指令，如有不当指令时，应在实施过程中纠正完善，不能拒不执行；上级领导来检查时，要热情接待、做好配合，而不应理解为奉承讨好等。

（2）组织应邀请政府部门及其主管参加有关活动

组织可以在庆典、节日、表彰大会、成果展览等特殊日子邀请政府人员前来，以加深他们的印象，提高社会组织在政府公众心目中的地位。

（3）组织要努力争取政府的扶持和帮助

争取政府的扶持和帮助可以分为两个方面：一是信息方面的支持，积极向社会组织提供有关宏观、微观信息，以帮助组织科学决策；二是争取政府在政策、税收、投入方面的支持，以促进组织加速发展。

模块二

公关传播

≫ ≫ ≫   ≫

⮞教学目标

终极目标

能初步运用公众心理分析原理对公众进行心理分析。

促成目标

1. 掌握影响公众行为的诸多因素；
2. 弄清传播的基本要素及模式；
3. 知道影响传播的因素。

⮞工作任务

1. 案例分析；
2. 设计产品传播方案。

⮞任务指导

📢案例学习2-1   丑陋玩具风靡全美

美国艾士隆公司董事长布希耐有一次在郊外散步,偶然看到几个儿童在玩一只肮脏并且长相丑陋的昆虫而爱不释手。布希耐突发异想:市面上销售的玩具一般都是形象优美的,假若生产一些丑陋玩具,又将如何? 于是,他让自己的公司研制一套"丑陋玩具",并迅速推向市场。结果一炮打响,"丑陋玩具"给艾士隆公司带来了巨大收益,并使同行们也受到了启发,于是"丑陋玩具"接踵而来。如"疯球"就是一串小球上面,印上许多丑陋不堪的面孔。又如橡皮做的"粗鲁陋夫",长着枯黄的头发、绿色的皮肤和一双鼓胀且带血丝的眼睛,眨眼时发出非常难听的声音。这些丑陋玩具的售价虽然超过正常玩具,却一直畅销不衰,而且在美国掀起了一场行销"丑陋玩具"的热潮。

🔍案例分析2-1

1. 研究公众对象的一个重要内容就是分析公众心理和行为,以便使传播沟通工作具有较强的针对性和科学性。此案例就是一个组织利用公众的求新欲望和逆反心理,成功地把自己的产品推向市场的公关活动。

2.求新欲望是人的一种基本欲望,就是想要从自己周围环境中寻求新刺激的欲望,来满足自己的好奇心。这是人们追随流行的心理原因之一。逆反心理指作用于个体的同类事物,超过了个体感官所能接受的限度而产生的一种相反的体验,使个体有意识地脱离习惯的思维轨道,向相反的思维方向探索。

3.布希耐就是利用人们的这两种心理,产生了"丑陋玩具"的创意,并使艾士隆公司获得巨大的经济利益。"丑陋玩具"之所以风靡全球,关键就在于它迎合了人们的两种心理需求。在公共关系活动中,组织也应该充分利用公众的求新欲望和逆反心理,采用科学的传播方式,选用适当的传播工具,实现组织和公众之间沟通的顺畅,从而使公共关系活动的效果更圆满。

★课堂讨论 2-1　影响公众行为的心理因素有哪些?

讨论总结 2-1

影响公众心理的相关方面	影响因素分析

☞课堂游戏

游戏名称:沟通试验

游戏目的:通过游戏验证信息传递有哪些要素。

游戏内容:

游戏一:

一组 5 个同学排成一纵队进行传话试验,由一个同学悄悄地把所传的话向后一个同学传递,一个接一个往下传,听不明白的也不准询问话的内容。最后看第五个学生的复述内容跟第一个同学的内容是否一样。

游戏二:

另一组为双向沟通试验。游戏方式同上,但后一个同学如听不明白可向传话者问明所传内容。最后看第五个学生的复述内容跟第一个同学的内容是否一样。传递的信息内容可事先编好,内容以 20 字左右为宜。最后教师总评试验结果。

课堂讨论 2-2　信息传递需要哪些要素？如何传播？

讨论总结 2-2

传播模式

画出拉斯韦尔的 5W 传播模式图：

画出申农的线性传播模式图：

案例学习 2-2　欧洲游客的尴尬

　　有一位欧洲游客到非洲喀麦隆的一个边远村子去旅游。走到路边见到一位少女向他弯腰行礼，一边喊道"古路加生"！这位游客虽不知什么意思，为表示礼貌，也一边回礼一边说"古路加生"说完就准备走。谁知这位姑娘竟抱着游客的双腿不肯松手，嘴里连连高喊"古路加生"。弄得这位游客不知所措，又莫名其妙。不一会儿，姑娘的叫喊声惊动了村里的村民，村民纷纷跑了出来，这时事情更麻烦了，村民居然要求这位游客留下来做那位姑娘的丈夫，而游客自然不答应。经调解，他只好到村子的庙中做了一番"深刻"的忏悔，并买了一头牛作为赔偿给了姑娘，才算了事。原来，按当地风俗，凡是姑娘看中男方，便弯腰行礼，口叫"古路加生"，如果男方同意，便照着样子回复一次。谁知这位游客不知此习俗，招来如此麻烦。

课堂讨论 2-3　影响传播与沟通的因素有哪些？

讨论总结 2-3

列出影响传播与沟通的因素	
主要影响方面	主要影响原因

案例学习 2-3　日本奈良饭店

日本古都奈良饭店坐落在青山环抱中,为世界一流宾馆。宾客很多。到四月以后,燕子争相飞到旅馆屋檐下筑窝栖息,繁衍后代。好客的店主人和服务员还为燕子提供筑巢方便。可是燕子的粪便落在明亮的玻璃窗上、走廊上,服务员擦不胜擦。于是,客人不高兴了,服务员抱怨了,燕粪成了宾馆的一大难题。一天,有位经理终于想出了解决的妙方——以燕子的名义给客人写了一封信。

女士们、先生们:

我们是刚从南方赶到这儿来过春天的小燕子,没有征得主人的同意,就在这儿安了家,还要生儿育女。我们的小宝贝年幼无知很不懂事,我们的习惯也不好,常常弄脏你们的玻璃窗和走廊,致使你们不愉快。我们很过意不去,请女士们、先生们多多原谅。

还有一事恳请女士们和先生们,请你们千万不要埋怨服务员小姐,她们是经常打扫的,只是擦不胜擦,这完全是我们的过错,请你们稍等一会儿,她们就来了。

你们的朋友　小燕子

游客们见到小燕子的信,都给逗乐了。肚里的怨气也在笑声中悄然散去。每当他们再看到粪便,便自然联想起小燕子那番亲切而有趣的话语。此信所产生的效果比服务员登门道歉还好。

课堂讨论 2-4　如何进行有效的传播?

讨论总结 2-4

有效沟通的方法	
沟通方法	具体做法

任务实操

(一)公众心理分析

1.案例学习与分析;

2.归纳影响公众行为的心理因素并形成文字;

3.完成情景题分析:方颖文的初次拜访。

方颖文的初次拜访

方颖文,WOSH 广播公司的销售代表,正在拜访"浪漫一身"商店的老板徐佳雯。商店位于无锡社区,是一家以款式最新、最流行而闻名的时装店。方颖文与徐佳雯会面,想向徐佳雯推销 WOSH 广播时间来为其"浪漫一身"作广告。

方颖文:(伸手)早上好,许小姐,今天好吗?

徐佳雯:很好,顺便提一下,我姓徐,双人徐。

方颖文:对不起,今天天气很不错,真希望能出去打高尔夫球。你打高尔夫球吗?

徐佳雯:不,我不打。现在,你有什么事? 我很忙。让"浪漫一身"运转很花时间。

方颖文:你肯定很忙。你知道,每个人都说你这儿是无锡最好的商店,人人都这么说。

徐佳雯:(交叉手臂于胸口)是啊! 听到这我很高兴,现在说一说你为什么来这儿?

方颖文:好,先让我作个自我介绍,我是 WOSH 广播公司的方颖文。希望我今天没有多占用你宝贵的时间。我想向你介绍一下购买 WOSH 广播广告时段的情况。

徐佳雯:在过去,我们主要登报纸广告,那样做效果似乎不错。

方颖文:听你这么说,我很遗憾,确实有些人那么认为。但是你至少应让我们尝试一下,这样你可能会有惊人的收获。

徐佳雯:也许将来我会尝试一下,但眼下我不想在广播广告上浪费资金,现在,我要走了,我们刚到一批新货。

请分析案例中方颖文为什么传播失败? 其违反了公众的哪些心理?

(二)完成产品宣传策划小方案

1.对某一儿童产品的宣传策划;

2.对某一机械产品的宣传策划。

以各公关部门为团队,完成这两个产品的宣传策划。要注意不同的传播对象采用不同的传播手段与方式。传播策划中要包含传播目的、传播对象、传播方法等,准备文案以便团队交流。

⯈知识链接

■公关传播的涵义与特点

一、公关传播的涵义

传播是从"communication"一词翻译过来的,是指两个相互独立的系统之间利用一定的载体和途径所进行的有目的的信息传递活动。传播的核心是"传",且追求"传务求通"。因此,传播的基本定义是:传播是指人与人之间一切信息的传递和分享,也是人们接受、排列、选择、传送、储存信息的过程。传播是人类社会赖以生存和发展的前提。

公共关系传播是指社会组织利用各种媒介,有计划地将信息或观点与公众进行交流沟通,以达到争取公众、信息共享的目的。其基本涵义包括以下两个方面:

第一,传播是一个有计划的、完整的行动过程。"有计划",是因为整个传播活动必须按组织的公共关系总目标有步骤地进行。"完整",是指传播过程必须完全符合传播学的"五个 W 模式"。

第二,传播是一种信息的分享活动。传受双方是在传递、反馈等系列过程中获得信息,因此,这不是一般意义上的单向性信息传递,而是通过双向的信息沟通,使双方在利益限度内最大程度地取得理解,达成共识。

二、公共关系传播的特点

（一）文化性

文化性是指社会组织自身的文化和外在的文化氛围。一个社会组织的内外公众与组织的沟通,很大程度表现在文化层次上。如果商品气息太浓,买卖关系太重,这种沟通就会产生障碍。因此,社会组织的公共关系传播不但要有市场意识,还要有文化意识。

（二）道德性

社会组织的公共关系传播,应当遵守社会道德的行为准则和规范,要表现出自己是一个道德感强的"公民",承担着社会义务,有良心、有荣誉感。把对于社会的义务视为自身理所当然的责任,做出有利于他人、有利于社会的行为;同时把应负的道德责任变为内心的道德感和行为准则,从而自觉地调整自己的行为。因此作为社会组织,应结合时代特征,把自身在环境、教育、科技等方面的贡献作为信息内容与公众沟通。

（三）双向性

双向性是指传播是公众与组织之间的互动行为,它包括组织的信息向公众传递和公众将这些信息反馈到组织这样两个环节。组织的信息传递是前提,公众的信息反馈是结果,组织的理念、意图、决策是否正确,是否符合公众的实际,要靠反馈来检验和修正。没有组织的传递,便没有公众的反馈。根据公共关系传播的双向性特点,公关人员为突出双方利益要求,就必须首先了解和掌握公众的心理和要求。了解公众利益需求,就必须找到与此相关的组织利益,使传播的行为为双方都能接受,还必须注意搜集和研究信息反馈,使传播活动能有的放矢,也要注意情感在公共关系中所拥有的调节职能和信息展示职能。

（四）共享性

共享性是指传播信息在时间上和空间上由传受双方共同享用。就空间而言,信息能够同时为众多的使用者所拥有,某个人在使用信息后,不会引起信息在数量上和内容上的任何变化;就时间而言,由于信息扩散的过程同时也是信息分享的过程,传播者将信息传出以后,自己仍然可以享用它,并未失去什么。信息作为一种重要资源,不管使用者多少,每个人都可以完整地使用信息内容,有效的信息可以永久地跨时代地储存和享用。

（五）快速性

快速性是指公共关系的信息传播迅速而快捷,表现出及时、机动的外在特征。由于科学技术的发展,特别是日新月异的大众传播手段的运用,使人们在较短的时间内就能把信息传送到组织所需要的地方去,使组织在最短的时间内"誉满全球"。组织在策动传播时,要有效利用快速性特征,从受传者的需要出发,确定内容、选择主题,注意扩大传播面。要做到题材多样化、大众化,传播信息要快、要准,语言表达要力求简洁、明快等。

（六）广泛性

广泛性是指公共关系信息被所有传播媒介所追求并经传播媒介而广泛扩散,直至在公众中形成日渐成熟的公共关系意识。现代科学技术的飞跃性发展,为信息传播的广泛性实现提供了现实条件。如新闻媒介可以大规模地复制信息,同时它能做到使同一信息在最短的时间内家喻户晓、尽人皆知。甚至可以突破地域、国界乃至文化的限制实现全球互联,真正地达到"天涯共此时"。另一方面,公共关系传播的广泛作用,逐渐培育了广泛的公共关系意识,这种意识反过来影响公众行为,为公共关系传播的广泛性奠定了主观基础。全员公关意识能促进信息得到广泛的传播,同时又为公共关系传播的广泛性确立了深厚的群众基础。

■影响公众行为的心理因素

公众心理是社会心理的一种特殊存在形式,是日常社会生活普遍存在的一种群体心理现象。我们知道,公众的心理状态,心理倾向随时随地影响着社会的公共活动,因此研究公众的心理越来越受到公关人员的重视。影响公众行为的心理因素很复杂,在此介绍最常见的几种。

一、知觉与公众行为

知觉是人脑对直接作用于它的客观事物的整体反映。

对于同一个事件,不同的公众会产生不同的知觉,从而导致不同的态度和行为。因此,公关人员需要正确了解公众对组织某一事件的知觉状况,然后根据公众的知觉状况调整公关的内容和方法,以对公众的知觉过程施加影响,使其朝着对组织有利的方向发展。

在很多时候,公众并不是完全依据所获得的信息形成态度。在接收信息后,公众已有的知识和经验、已有的态度和观念,以及内在的需要和情感都会对所接收的信息进行再加工,这样对客观事实的知觉会出现程度不同的变形或歪曲现象,形成这种现象的原因主要有以下几个方面。

(一)知觉的选择性

一个人在同一时间、同一场合中可面对众多信息,但他不可能感知所有的信息,而只能对其中少数信息形成清晰的知觉,而对大部分信息则视而不见、听而不闻。造成这种知觉的选择性有两种原因:

1.客观原因。如事物的特征明显,与众不同,引人注目,就能首先引起人们的注意(如响亮的声音、鲜艳的色彩、醒目的标志等)。

2.主观原因。人们会根据自己的知识、经验、身份、个性、兴趣、信仰、价值观等有选择地注意、理解与记忆周围的信息。

(二)知觉的偏见

人们在感知事物的时候,由于特殊的主观动机或外界刺激对事物会产生一种片面的或歪曲的印象。常见的原因有:

1.首因效应(第一印象)

是指公众与人或事物初次接触时所获得的印象对以后的认知有着重要的影响作用。事物给人最先留下的印象往往有强烈的作用,左右着人们对事物的整体判断,影响着人们对事物以后发展的长期看法。第一印象一旦形成就比较难以消除。

实证鉴录

心理学上有一个有趣的实验,给两组大学生看同一个人的照片。在看照片前,对第一组大学生说,照片上的人是一个屡教不改的罪犯;对第二组大学生说,照片上的人是一位著名的学者。然后,让这两组大学生分别从这个人的外貌来说明他的性格特征。结果两组大学生对同一张照片作出了截然不同的解释。第一组大学生说,他深陷的目光里隐藏着险恶,高耸的额头表明死不悔改的决心。第二组大学生说,深陷的目光表明他思想的深刻性,高耸的额头表明了在科学道路上无坚不摧的坚强意志。

因此,在公关的传播中要十分注意首因效应。无论是人、产品、环境,还是组织行为,都要尽可能给公众留下良好的第一印象。

2.近因效应(末轮效应)

即最近或最后印象的强烈影响。事物为人留下的最后印象往往非常深刻,难以消失(如背书最能记住的是开头和结尾)。介于中间的信息同时受到最初到达和最近到达的信息的抑制,使我们对中间的信息常常会记忆模糊。

因此,做广告应慎重考虑广告的推出时机和排位问题,从事公关演讲和宣传活动,要注意开头和结尾的安排。

3.晕轮效应(以点概面效应)

即一种以偏概全、以点概面的片面知觉。公众在对信息进行认知时,由于对其中品质或某种特性有显著印象,从而掩盖了对其他品质或特性的知觉。

4.定型效应(刻板印象)

是指由于社会影响,公众头脑中存在着对某一类人的固定印象。在他们知觉别人时,总是按其年龄、职业、性别、民族等特性对知觉对象进行归类,并用头脑中已有的固定印象去认知、评价这个知觉对象。例如"无商不奸"是对经商人的刻板印象。美国人总是天真开朗,不拘小节;英国人总是一副绅士派头。刻板印象是对人、对团体的最初步最简单的认识,是在有限的材料基础上作出的广泛的结论,这种刻板的固定印象常常会使公众对人们的印象带上某种模式,从而影响了态度。

以上几种常见的知觉现象是"心理定势"的具体表现。它既有积极的定向作用、推动作用、稳定作用,也有消极的妨碍作用、惰性作用、误导作用。

研究公众的各种心理定势,是影响公众的态度和行为的重要依据。

二、需求与公众行为

需要是人对特定目标的渴求与欲望。美国行为科学家马斯洛在1943年写的《人类动机理论》和后来写的《激励与个人》等书中提出并详细阐述了他的需要层次理论。

需要层次理论认为,人的行为是由动机决定的,而动机又由需要引起的。其理论的出发点是:

第一,人类永远是有需要和欲望的,随时有待于满足。需要的是什么,要看已经拥有的是什么。已满足的需要不会形成动机,只有未满足的需要才会构成行为动机。

第二,人类的需要是从低级到高级,具有不同层次的,只有当低一级的需要得到基本满足时,才会产生高一级的需要。一般来说,需要强度的大小和需要层次的高低成正比,也就是说需要层次越低,强度越大。

马斯洛按照需要的次序把人类需要划分为五个层次:

1.生理需要

指人类维持生命的最基本需要(食物、衣服、房屋)。有许多组织因为不能满足员工的生理需要而引起与员工的纠纷与冲突,这些矛盾不解决,势必影响员工的情绪,最终导致影响员工的工作热情,使组织的正常运行受到影响。

2.安全需求

包括各种秩序及安全感等方面的需求,有生活上的安定,生老病死有所依靠,生存的空间不受侵害和污染等。即不仅考虑到眼前,而且还考虑到今后。如要求摆脱失业的威胁,要求在生病及年老时生活有保障,要求工作安全并免除职业病的危害,希望解除严格的监督及不公正的待遇,希望干净和有秩序的环境,希望免除战争和意外的灾害等。社会和组织满足了人们安全方面的需求,那就会使人们的生活质量提高,工作安心,会对社会或组织产生好感,产生热情。

 实证鉴录

　　河南临颖(ying)县有一个南街村,由村支部书记王洪彬带头,带领村支部集体承包了南街村的村办企业。集体承包后,村支书带领大家,企业由 2 家增加到 26 家,产值由 1984 年的 70 万元增至 1995 年的 12 亿元,增长了 1700 倍。但村干部的工资却仍旧是 250 元。

　　该村实行的是低工资、高福利,村民主要的生活资料全部免费供给,至 1995 年底,村民们都已住进村里统一建造的住宅楼,大套三室一厅,92 平方米,小套二室一厅,74 平方米,根据家庭成员的多少,按需分配。居室统一配备了中央空调、彩电、家具、煤气炉灶、抽油烟机等,村民只需预备被褥衣服、锅碗瓢盆。水电、煤气、粮食等不限量地免费供应,逢年过节,大到鱼肉鸡鸭,小到瓜子糖果,村里免费供应。从入托、小学、初中直至大学,一切费用均由集体承担。人身保险、医疗、农业税等,不用村民掏一分钱。

　　南街村人的这种生活方式被人称为"南街"现象。南街村人的生活没有后顾之忧,给人一种安全感。

3.从属和爱的需求

人是社会的人,有一种群体归属的需要。在生活中,感情上需要与人交流,与别人保持和谐的人际关系和真诚的友谊,希望向别人输出爱,又希望从别人那里得到理解和爱戴。一般地说,这是比前两种需要较高的需要,这种需要已经超出了人生存需要的圈子,具有较高的社会性,当前两种需要得到适度的满足时,这种需要就成为大多数人追求的东西,并成为人们的行为动机。我国古语道"衣食足而后知荣辱",从一定意义上说,就蕴涵着需求层次的思想。

4.尊重的需求

是指人类自尊和受他人受社会尊重的需要。主要包括:自尊心、自信心、成就感、荣誉、地位及被他人和组织赞扬的需要。

尊重需要如果得到满足,能使人对自己充满信心,对社会满腔热情,体会到自己生活在世界上的用处和价值。如果尊重的需要一旦受挫,就会使人产生自卑感、软弱感、无能感,甚至使人丧失生活的基本信心。

　　美国女子玛丽想为自己买一辆汽车,她早就看中了一辆黑白相间的福特牌汽车。在美国,年轻女子一般是不大会自己出钱为自己买车的,要么父母亲买,要么男朋友或丈夫买,而且买车一般也都是分期付款,不会一次性付清。但玛丽偏要用自己的钱给自己买一辆车,并一次付清车款。

　　在一个特殊的日子,那一天是玛丽生日,玛丽带着准备好的钱给自己买车了。上午近11点玛丽到了一家早已看好的车行,但那位服务小姐看玛丽一个单身年轻女子,觉得不太可能买车的,就敷衍了几句借故走开了。玛丽想见车行的经理,但经理也走开了要一个小时后才回来。于是,玛丽只好到外面闲逛一下过会儿再来。玛丽不经意地走到街道的对面,没走多远发现了一个车行,但车行里没有她看好的黑白相间的福特牌汽车,而只有黄色的莫库里牌汽车,虽然也比较好看,但她更喜欢的还是黑白相间的福特汽车。这时,上来一个女服务员热情地与玛丽交谈,在交谈的过程中,女服务员知道了今天是玛丽的生日,于是借故走开了一会继续与玛丽聊天。十几分钟后,另一个服务员手捧一束玫瑰花进来了,那个女服务员把那束玫瑰花送给了玛丽并祝她生日快乐。玛丽激动万分,毫不犹豫就买了那辆黄色的莫库里牌汽车。

由此不难看出,对人的不信任、不尊重最容易从根本上挫伤人的积极性,挫伤其自尊心。自尊心受到伤害,其干劲就会减弱。反过来说,你要是能使一个人感到他十分重要,他就会欣喜若狂,就会发挥出冲天干劲,"小猫也会变成大老虎"。

　　5.自我实现的需求

它是指人的实现个人理想、抱负、发挥个人能力的需要,是需要的最高层次。这种需要能最大限度地发挥人自身的潜能,有所创造、有所发明。

要争取公众的支持就必须满足公众的需要。公众的行为往往同时受多种需要的支配,在一定的条件下,多种需要中会有一种最为迫切的、起主要支配作用的"优势需要"。公共关系的政策、活动和资源不一定能够满足公众对象的所有需要,但要尽可能满足公众对象的"优势需要"。

　　三、态度与公众行为

　　1.态度及其结构

态度是人们在认识和行为上相对固定的倾向,包括人对事物和社会认知的倾向、情感的倾向、意图的倾向。

　　一般来说,态度由认知、情感和意图三个因素构成:

　　●认知:是指主体对态度对象的认知,包括感知、思维、理解、看法等,是主体对态度对象的整体了解和评价,这是态度形成的基础。

　　●情感:指主体对态度对象的情感体验。认知规定了态度对象,对它加以评价,并使主体表现相应的行为,从中获得情感体验,如喜好——厌恶、尊敬——轻视、热爱——仇恨、同情——冷漠,同时激励着主体的行为表现。情感是主体对于态度对象的情绪反映,它以认知为基础,又左右着人的行为方向,在态度中具有调节作用。

　　●意图:指主体作用于态度对象的行为准备状态。意图是由认知因素和情感因素所决定的对于态度对象的行为反应倾向,即准备"做还是不做","要做,该怎样做",也就是潜在的行为倾向,这是态度的外显因素。

态度可以被看作是心理向行为过渡的临界点,态度是行为的准备状态,行为是态度的表现状态。态度的变化会直接导致行为的变化,而行为的变化会导致相互关系的变化。

 实证鉴录

有一个消费者想买一台彩电,根据各种信息分析,他觉得长虹彩电质优价廉,作为首选目标。过了几天他在报纸上看到文章说:长虹抱着对消费者高度负责的态度,当众砸碎了300余支不合格的彩管。一周后,这位消费者又看到报道说,康佳集团公司副总经理坦言,康佳根本就没有劣质彩管可砸,到现在为止,康佳没有使用过一支废次品彩管;还说,康佳是国内最早通过国际 ISO9000 系列标准认证的企业,到目前为止,没有一支不合格的彩管进过厂。言下之意,你长虹可以不惜代价,砸彩管以取信于消费者,而我们康佳则通过严格的质量保证体系不可能购进不合格品,当然也无管可砸。两下比较,作为消费者,两者的质量谁高谁低,自然就不用说了。这时,该消费者的态度就发生了改变,要买彩电就买康佳而不买长虹。这就是认知发生了变化,引起了态度的变化,从而引起了行动的变化,从而导致了消费者与长虹之间、康佳之间的关系的变化。

2.态度的特性

● 态度的社会性:指人的态度产生于社会,并指向和作用于社会。没有一种不带社会性的态度。

● 态度的针对性:指任何一种态度都有其相对应的特定对象,即态度对象。

● 态度的协调性:指构成一种态度的各个因素是协调一致的,在认知的基础上产生相应的情感,在情感的激励下产生相应的意图,它们之间在彼此相对稳定的条件下不发生矛盾。我们说情感与意图是完全协调的,有什么样的情感,就会产生完全相适应的意图。而认知与情感的协调性是不完全一致的。人们常说,"知道是一回事,做又是一回事"就是这种不协调性的一种表现。

● 态度的稳定性:指态度一旦形成,将持续一段时间而不轻易改变,在这方面情感起着突出的作用。往往有这样的情况,认知因素已经改变了,但情感还左右为难。

● 态度的两极性:是指对事物往往有两种相互对立的极端态度。如肯定——否定、赞成——反对、积极——消极。但应注意的是,肯定态度不一定是积极态度(如对错误抱肯定态度,则是消极态度),否定态度也不一定是消极态度。在态度的形成中可能存在着"中性态度",但它是短暂的,终究会向两极发展。

● 态度的间接性:是指态度只是行为表现前的心理状态,即行为准备状态,态度与行为之间可能存在着不一致性,这要由自我意识来调节。如某人在考虑到某种利害关系时,可能表现出与真实态度相违背的行为,如花言巧语的欺骗。

3.影响和改变态度的因素

态度的改变可分为两种:态度的一致性改变和态度的不一致性改变。态度的形成和改变受以下一些主客观因素制约。

● 社会因素:指社会上各种事物,包括社会制度、社会群体、社会交往、道德规范、国家法

律、社会舆论、风俗习惯等。他们的存在和作用强有力地影响着人们态度的形成和改变。如 20 世纪 80 年代的全民经商,90 年代的文凭热。

● 团体因素:团体因素包括一定的信仰、目标、组织形式、规章制度、行为规范、成员与团体的关系等,它也是一种强有力的客观因素。个人与团体的关系越密切,在团体中的地位越高,其归属感越强,那么团体就越能对他施加影响;反之,关系越疏远,就越难对他施加影响。

● 宣传因素:是指在宣传过程中由宣传者的威信,宣传内容、宣传方式方法等结合成为一种客观的说服力,影响着被宣传者有关态度的形成和改变。如对喝纯净水的态度的形成,正是靠宣传的作用。运用宣传手段进行公关传播,是我们传达组织理念、树立组织形象、优化公众环境的重要策略之一。

● 个性因素:主观的个性因素含个性倾向性因素和个性心理特征两个因素。

A. 个性倾向性因素:是指个体心理活动中稳定的意识倾向性特征,有需要、动机、理想、信念、世界观等因素。如能满足你需要的就形成喜好、积极的态度。

B. 个性心理特征:指个体心理活动中稳定的心理特征,包括能力、气质和性格三个因素。

气质:主要以其灵活性及可塑性影响着态度的改变和形成。灵活性及可塑性较大的多血质者较易改变态度;灵活性及可塑性较小的黏液质者和抑郁质者较不易改变态度。

性格:则以其类型特征影响着态度的改变和形成。

外倾型者及顺从型者——较易改变态度;

内倾型者及独立型者——较不易改变态度;

理智型者——善于通过认知因素改变和形成态度;

意志型者——易于通过目的的明确而改变和形成态度;

情绪型者——易受情感因素的影响而改变态度。

● 态度系统特性因素:一个人形成某些态度,这些态度往往相互组合成为一个态度系统。这个系统具有各种特性,作为主观的心理条件而影响着态度的形成和改变。态度如果具有以下一个特性,则较不易改变。

A. 态度是幼小时形成的

B. 态度发展到两个极端

C. 态度所涉及的关系较复杂

D. 态度在长时期内前后是一贯的,并已形成相应的信念

E. 态度中认知、情感、意图三个因素完全协调一致

F. 态度强烈地激励着行动,并使主体取得较多的满足

G. 态度与价值观的联系较密切

如果态度具有更多的上述特性,则其强度更牢固,所表现出的行为更强烈,因而要改变它也就更不容易。

总之,态度的改变,是上述各种主客观因素相互作用的结果。其中,客观因素是外因,主观因素是内因。外因通过内因而起作用,使态度得以形成或改变。公关工作者如能恰当把握好主客观因素的相互作用,就能对公众的态度施加有效的影响。

四、从众心理与公众行为

从众心理是指在社会团体的压力下,个人不愿意因为与众不同而感到孤立,从而放弃

自己的意见,采取与团体中多数人相一致的行为,以获得安全感、认同感和归属感。这种归属感使公众在态度形成时,不仅要依据自己的知识经验、心理状态,还要依据他所在群体成员的态度。

决定团体成员是否从众的因素有以下几个方面:

(一)团体方面

1.人越需要这个团体,则越愿意从众;

2.团体一贯是团结的,人员间感情深,越易从众;

3.团体是专制的,易从众,越民主,越不易从众;

4.个别人意见不同,越易从众;

5.团体意见受社会支持的,个人就易从众。

(二)个人方面

1.个人在团体中的地位比别人高,不易从众;

2.个人的智慧与能力高,不易从众;

3.个人的情绪是稳定的,不易从众;

4.重视人际关系的人易从众;

5.整体观念强,易从众。

(三)问题本身

1.对非原则性问题比对原则性问题易从众

2.对一般问题比对重大问题易从众

3.有明确答案的不易从众,没有明确答案的易从众

应该注意的是,团体压力与权威命令不同,它不是自上而下的命令,也没有硬性的条例规定,不是强制性的,它是通过多数人的一致意见和态度,形成一种无形的压力,对个人的心理构成影响,往往比权威命令更能制约和改变个人的行为。

五、逆反心理与公众行为

逆反心理是指作用于个体的同类事物,超过了个体感官所能接受的限度而产生的一种相反的体验,使个体有意识地脱离习惯的思维轨道,向相反的思维方向探索。

美国心理学家布林指出,当一个人的行为自由受到威胁时,他会处于一种动机唤醒状态,这种状态驱使他去试图恢复自己的自由。这种动机状态是人们对其行为自由减少的一种反应,也就是一种反作用力。布林称之为心理抗拒,即逆反心理。影响心理抗拒的因素有:

(一)对自由的期望

一个人对自由的期望越高,则当自由被剥夺时,其心理抗拒力量也就越大。如"禁止吸烟"对吸烟者来说,抗拒力大,对不吸烟者无所谓。

(二)对自由剥夺的威胁

当人们的某种自由行为有可能被剥夺,人们也会产生抗拒来企图使自己保持这种自由。如严肃劳动纪律,对自由散漫的人来说就会产生心理抗拒。

(三)自由的重要性程度

如果一项自由对自己越重要,则当这项自由被剥夺时,其心理抗拒力也越大。所谓重要性,指这种自由行为无法用其他行为来替代。如吸烟成瘾者无法用吃糖等其他方法来代

替,从而使他产生很大的心理抗拒力。

(四)是否会影响到其他自由

如果人们的某种自由被剥夺,还会影响到其他自由也被剥夺,其心理抗拒会更强。如有人认为,吸烟、喝酒的自由被剥夺后,会影响他的交际范围。

人们产生心理抗拒以后,将会影响其态度的转变,因此,如果组织宣传不当,非但不会转变态度,反而适得其反。

因此,要防止出现公众的逆反心理,公关人员就应当细心研究公众对"自由"的看法与认识,充分尊重公众的"自由"。另外,从信息传达的角度来看,还要注意传播的信息量和刺激量要适度,信息量过大、刺激过度就容易使传播对象产生厌烦情绪,同样也会产生逆反心理。

■公关传播的要素与模式

一、传播要素

传播作为信息交流活动,有其特定的结构,它是由以下各要素有机地组成的动态过程。

(一)信源

信源也称传播者、传者或信息发送者,即信息的制造者。这里一般是指某一个具体的社会组织。在公共关系传播活动中,传播者与公共关系的主体是同一的,它既可以是个人,也可以是群体或机构。另外,在传播活动中,传播者作为传播主体承担着对信息进行筛选、制作、发送的责任。

(二)信宿

信宿也称传播对象、受传者或信息接收者,指的是传播者的作用对象,即传播内容的接收者和反应者,在公关活动中一般是指公众。在传播活动中,信宿同样可以是个人,也可以是群体或机构,它们接受信息符号并对信息符号传递的内容做出反应。公共关系传播的受者是其全部或某一特定部分公众(因而又称为受传者)。公众成为受者的数量和范围取决于传播的具体需要,即由公共关系具体目标来决定。

(三)信息符号

在传播活动中,任何信息内容都是表现为一定的符号形式传播出去的。符号是信息的外在形式或物质载体,公共关系信息是组织传达给公众的具体意见、观点等,也包括公众向组织反馈的各种意见、建议等。人类拥有的最完整的符号体系就是语言符号和非语言符号,因此,符号作为信息的载体,是现代社会运用最广泛的一类传播媒介。

(四)信息通道

信息通道也称信道。信道是指信息在传播过程中必须经过的传播途径。传播者和被传播者之间通过信息符号进行的交流和沟通,还要借助一定的传播媒介形成的具体信息通道,如文字的传播需要写成文章、书信,通过纸张印刷才能广为流传。传播媒介是在传播双方之间运送信息符号的媒介物,它们能在空间定向运动,能被发送和接收,能负载信息而减少失真的程度。传播媒介的种类繁多,如书籍、报刊、广播、电视、互联网、磁带、光盘、人际交流、联谊活动等,它们形成各种各样的传播媒介和信息通道。

(五)信息反馈

信息反馈是指受者对传者发出信息的反应。在传播过程中,这是一种信息的回流,传者可以根据反馈检验传播的效果,并据此调整、充实、改进下一步的行动。

 实证鉴录

　　我们收听广播就是一个传播的过程,其具备以上各个要素。信源:广播台的编导及主持人;信宿:收听广播的各类听众;信息:主持人讲述或播出的节目内容;媒介:口语、声音、无线电波;信道:收音机、听觉、感觉等;反馈:听众中产生的影响及发生的行为变化,或打电话向电台进行咨询、质疑等。

二、传播模式

在传播学的研究中,人们归纳了几种传播过程的活动模式。

(一)传播过程的直线模式

1.拉斯韦尔模式

美国著名政治学者、传播学研究的先驱 H·拉斯韦尔,集研究之大成,于 1948 年提出了著名的"拉斯韦尔要素"——"五 W 要素"理论,从而首次为人们理解传播过程的结构和特点提供了具体的出发点。

(1)Who——谁

(2)Say what——说了什么

(3)Through which channel——通过什么渠道

(4)To whom——对谁说

(5)With what cffect——反映如何

图 4-1　拉斯韦尔模式

2.申农模式

申农数学模式,为传播过程的进一步研究提供了重要的启示。在这个模式中,传播表现为直线、单方向的过程。如图 4-2 所示。这个模式中的编码指的是媒介选择和针对信息内容选择的具体表现形式、表达方法,以及对内容的重新组织。这一模式简单、明确地表明了传播要素之间的关系和传播活动的过程。

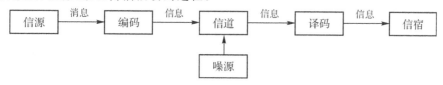

图 4-2　申农—韦弗数学模式

(二)传播过程的反馈模式

这种传播模式是由美国学者施拉姆提出的。这种模式是一种双向循环式活动过程,它与传播数学模式的根本区别在于:(1)引进了反馈机制,将反馈过程与传受双向互动过程联系起来,把传播理解成为一种互动的、循环往复的过程。(2)在这一循环系统中,反馈还对传播系统及其过程,构成一种自我调节和控制。传受双方要使传播维持、发展下去,达到一定的目的,就必须根据反馈信息调节自身的行为,从而使整个传播系统基本上始终处于良性循环的可控状态。一个经验丰富的传播者会时刻注意反馈,并且随时会根据反馈来修改

它的信息,因此,反馈在传播过程中担负着很重要的角色。

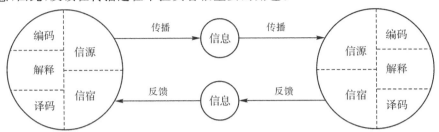

图 4-3   反馈传播模式示意图

（三）公共关系传播模式

公共关系传播模式是根据传播过程的反馈模式的原理设计的,包含了拉斯韦尔的"五W"模式的基本要素。公共关系传播的主体是组织,组织通过传播渠道,借助传播媒介,将公共关系信息传播给公众,公众在接受组织传来的信息后,对组织所作的反馈便是公共关系传播所取得的结果了,这就是信息的循环传播过程。当组织首先将信息传播给公众时,组织是信源,是传者;公众是信宿,是受者。所不同的是,公共关系传播的受者并不是社会大众,而是特定的目标公众。当公众将接受信息后的结果反馈给组织时,公众就成了信源,是传者,而组织则成了信宿,是受者了。整个公共关系的传播过程,也是一个双方不断适应、彼此影响、相互了解与理解的过程。

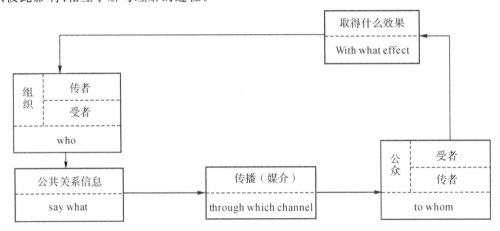

图 4-4   公共关系传播模式

■影响传播与沟通的因素

一、时空因素

时空环境,包括时间和空间两个方面。传播的任何一方"无故失约"、"拖延时间"或"姗姗来迟",都会使对方对这次传播活动的态度和感受发生变化,其传播行为会随之改变,从而影响传播效果。

从时间角度上看,真正衡量传播效果的是单位时间内所传播的有效信息量。当然,传播时机(即在何时进行传播)的选择,对传播效果也是有一定影响的。例如谈判,谈判时间适当与否会对谈判效果产生影响。一般地说,以下几种情况,是在选择谈判时间时应注意的:第一,避免在身心处于低潮时进行谈判。例如夏天的午后,这是人们需要休息的时候。

第二,避免在一周休息日后的第一天早上进行谈判,因为这个时候人们在心理上可能仍未进入工作状态。第三,避免在连续紧张的工作后进入谈判,这时,人们的思绪比较零乱。第四,避免在"体内时间"内进行谈判。从现代心理学、生理学的角度看,傍晚 16 时至 18 时是所谓的"体内时间",即是最没有效率的时间。这段时间人的疲劳在心理上、生理上都已达到顶峰,因而焦躁不安,思考力减弱。

空间是指传播活动存在于一定的物理环境中。传播信息总是在具体的空间环境中进行,不同的环境条件会使人对信息有不同的感受,并产生不同的传播效果。空间环境影响传播效果一般有两个方面:一是座位的设置排列;二是交流环境的气氛。座位的设置排列,应该根据信息传播目的来安排不同的就座方位。一般来说,如果是向员工作报告,应采用并排同向的教室型座位排列,以此避免员工之间横向沟通,从而加强纵向传播效果;如果是举办联谊会,则应采用围桌而坐的方式,以增加彼此之间的交流次数和表示友好的机会。因此,如何选择适当的就座方式,将会直接影响公关的传播效果。交流环境的气氛包括音响、照明、室内温度和整洁程度等。实践证明,一个组织的领导人在一个嘈杂、昏暗、脏乱的办公室和在一个安静、明亮、整洁的办公室与他的部下交谈,决不会引出同样的信息互动,因此,不可忽视"环境效应"。

实证鉴录

心理学家 N. L. 明茨(N. L. Mintz)早在 20 世纪 50 年代就做过这样一个实验:事先布置两个房间,一间窗明几净、典雅庄重(所谓 beautiful room,简称"B");另一间粗俗龌龊、凌乱不堪(所谓 ugly room,简称"U")。实验对象分别被安排到这两个房间,每人必须对 10 张照片上的人作出判断,说出他(或她)是"精力旺盛的"还是"疲乏无力的",是"满足的"还是"不满足的"。结果坐在"B"房里的实验对象倾向于把照片上的人看成是"精力旺盛的"和"满足的";在"U"房里的人则倾向于把照片上的人看成是"疲乏无力的"和"不满足的"。可见,在公关传播中,应该注重交流时的环境影响。

二、心理因素

心理因素,主要是指信息接受者的情感心理状态。有句俗话叫"人逢喜事精神爽"。在不同的情感状态下,人们接受信息的效果是不一样的。情绪愉悦时,人们能迅速接受信息,并强化理解、记忆或行动;情绪低落时,人们会抑制信息的接受量,从而可能错过许多有利机会。因此,传播行为的发生、延续和发展,应建立在双方心理相悦的基础上,心情不好,传播效果会受到很大影响。所谓"酒逢知己千杯少,话不投机半句多"便是这种心理因素作用的结果。为此,组织在实施传播时,一定要注意了解和把握所面临公众的心理动态和感受,只有这样才能获得理想的信息反馈和情感共鸣,进而产生有利于组织的公众行动。比如,在旅游胜地的花园内、树林中,向游客宣传"爱护花草树木"这一观点,木牌上写不同的话,效果就截然不同:

①严禁摘花折枝,不准乱写乱刻! 违者罚款!

②除摄下美景,其他请别带走;除留下足迹,其他请别留下。

第①例是一些训斥性的词语,命令式的口气,"不满意"的情绪体验使人难以接受传播的观点。而第②例是一种语言艺术,并在传播过程中产生一种"附加的诱因",其作用就在于唤起受者肯定、积极的"愉悦"情感和行为上的接纳。因此,"愉悦"情感是促使传播取得成效的"催化剂"。

三、文化因素

传播是一种文化现象,它既反映了广泛的时代文化背景,又受到文化特质的制约。在传播过程中,传受双方的文化差异,必然会对传播效果产生影响。不同的经济环境、风俗习惯、民族心理、性格特征、思维方式和价值观念等,使人们对同一信息内容可能产生不同的主观感受。这就是人们常说的"物以类聚,人以群分"、"入乡随俗"等惯用语的文化依据。

 实证鉴录

据说有一种牌号为 CRICKET(奎克脱)的小型汽车,在美国的销售情况与在英国的不大一样。究其原因,在于两种文化对"CRICKET"这一词的理解不同。这是一个多义词,即可指蟋蟀,又可指体育运动中的板球。美国人不爱打板球,所以一听到"CRICKET"就理解为蟋蟀,于是觉得这种汽车虽然很小,却跑得很快,如同蟋蟀三跳两跳就跑了一样,所以在美国市场上这款车很有吸引力。而英国人则相反,听到"CRICKET"就以为是板球,"板球牌"汽车怎能吸引人呢?同理,中国的知识分子曾一度被污蔑为"臭老九",如果脱离了当时的社会和文化背景,是很难理解这一称呼的含义的。

1980 年初,联合国秘书长飞抵伊朗协助解决人质问题。伊朗的大众传播媒介一播放他抵达德黑兰时发表的谈话"我来这里是以中间人的身份寻求某种妥协的"时,他的努力立即遭到严重的抵制,甚至连他的座车也受到石头的袭击。产生这种传播效果的原因是"中间人(mediator)"一词在伊朗是指"爱管闲事的人"。因此,在跨文化传播中,务必了解和尊重受者的文化习惯,避免产生沟通障碍。

四、信誉意识

信誉意识,包括两个方面:一是指传播内容的可信度;二是指传播者被受众所依赖的程度。

在传播过程中,信息内容的权威性越高,受众对之就越信服;反之,就很难使受众信服,从而影响传播效果。所以,对新产品的宣传,广告商往往利用用户来信、有关学术权威机构的鉴定、产品获奖的名次等来提高其广告信息的可信度。

传播者被受众依赖的程度,就如同其所传播的信息内容一样重要,它将极大地影响着信息传播的效果。受众对传播所产生的依赖感,一般由三个因素形成:

1.产生于权威效应,即传播者是这一方面的专家、学者。

2.产生于名人效应,即传播者本不是这一方面的专家,但由于他的职位、身份而带来的声望,增强了感召力。

3.产生于首因效应,即传播者给受众的第一印象良好,如讲演者良好的仪表、悦耳的声音、充实的内容,会给听众留下良好的印象。

 实证鉴录

1988 年 9 月 11 日,《新民晚报》刊登了一则鲜为人知的消息:"注意,99.68% 的成年人脸部都有螨虫感染"。不久,市场上出现一种螨虫克星——虹雨牌肤灵

嫩肤霜。对于这样一个还没有被人了解的新产品,广告主(扬州美容化妆品厂)就采取了提高广告信息可信度的方法:该产品获第十四届日内瓦国际发明奖、中国首届发明奖成果专利应用,并指出该产品"系全国著名皮肤病专家曲魁遵教授发明"。从而增强了信息来源的可信度,起到了改变公众心理倾向的有效作用。

■如何有效地进行公关传播

一、公共关系传播原则

(一)目标明确原则

公共关系传播是为特定的目标服务的,这就是说组织在传播活动中必须明确这个特定的目标。根据传播效果层次理论,目标可分 4 个层次:

1.引起公众注意

在现实生活中,组织关注的焦点与公众所关心的问题往往是不一致的,公关传播的重要目的就是要使公众注意组织,在此基础上,才有可能使公众对组织产生认同、肯定的积极态度与行为。

2.诱发公众兴趣

成功诱发公众兴趣的根本一点在于了解公众兴趣所在,使公关传播的内容与方式同公众兴趣相结合。因此,组织在传播前要了解公众兴趣、爱好、立场和观点,并据此安排组织的传播活动。

3.取得公众的认同

取得公众的认同,涉及公众的态度问题。而态度是人们在社会生活中的经验经长期积累形成的,它与主体的情感、信念、立场、需要有关,是人们心理活动的内在动力,一旦形成便具有相对的稳定性。要取得公众的认同,必须做长期、大量、深入细致的工作。组织的公共关系传播内容应该符合公众的价值取向,要能体现出正义和社会责任感。

4.促发公众的支持行为

公众的支持行为就是让公众参与公关活动,购买宣传的产品,实施组织提倡的原则等,这是公关传播所能达到的最高目标。

(二)有效沟通原则

有效沟通就是要通过沟通活动取得预期的效果。公共关系传播追求的是有效沟通,即通过沟通使公众理解、喜爱和支持组织,同时在传播中尽量剔除无用的信息。

1.保持信息的真实与适当的信息量

对公众来说,虚假、空泛的内容丝毫不能引起其兴趣,更谈不上关注。当然,好的消息如果信息量不足,那么公众就会放弃对其的关注而转向另一个热点。因此,传播利好消息时应有一定的信息量,这样才能赢得公众的信任。

2.注意传播的方式与态度

组织在传播过程中一定要谦虚,尊重别人,要"投公众之所好",设身处地为公众考虑,从公众角度讲话,这样才能取得好的效果。

3.注意制作技巧与保持渠道的畅通

在进行传播内容的制作时,要注意制作技巧的使用,使传播的文字内容或节目的编制等易于公众接受和喜欢。传播过程中要保持传播渠道的通畅。比如,文字印刷质量要好,版面清楚,不要有错别字,图像清晰,传播的时间安排适当等。

（三）双向沟通原则

双向沟通原则是指传播双方互相传递、互相理解的信息互助原则。虽说双向沟通原则很重要,但在公共关系传播中却易被组织忽视。有许多案例都说明双向沟通原则在公关传播过程中被忽视了,因此高度重视传播过程中的一些特殊的双向性原则是十分必要的。通常情况下,组织与公众的沟通应注意以下两个方面:

1.创造沟通的共识区域

这里的共识区域是指信息接传各方在知识、经验、兴趣、爱好、文化传统等方面有相似之处。所谓"物以类聚,人以群分",这些相似之处就是双方可以沟通的范围,也是沟通有效的要素之一。

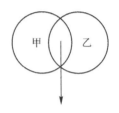
甲乙经验的共识区域

一般说来,双方的共识区域范围越广,信息分享的程度就越高,沟通也越容易。不少企业在实施传播活动中,都把企业的产品同企业与公众的共识区域结合,从而形成彼此的有效沟通。

实证鉴录

　　美国亨氏集团为了打开中国市场,将公关传播对象直接定为婴儿母亲,通过一些活动,引起她们对产品的注意,从而迅速在中国占领市场。亨氏集团在其厂房还在建造的时候,就在周围地区找到一些婴儿母亲,召开"母亲座谈会",由于母亲非常关心孩子的健康与成长,因而这一活动受到了母亲们的欢迎。她们踊跃参加,并就公司提出的食品配方、规格、价钱等问题提出意见和建议。公司据此重新试制产品并免费提供品尝。亨氏集团通过在不同地区征集上千位母亲意见的做法,使亨氏婴儿米粉声誉大大提高。

2.具备反馈意识

要使沟通有效,传播者与受众者必须具备反馈意识。所以作为公共关系传播主体的社会组织,要及时接受公众的反馈,并据此调整自己的行为。忽视这一点,组织将付出惨痛的代价。

实证鉴录

　　当1986年美国大众汽车公司生产的Audi500(奥迪)车销量大增时,美国一个全国电视新闻节目"60分钟"报道了一则题为"Audi车自己会开"的消息,大意为因刹车不灵致使老太太及她开的奥迪车一起闯进了游泳池。消息报道后,公司经调查向电视台表示是顾客操作不当,不属质量问题,过后便不再问及此事,继续生产。但由于公司未对事故直接原因作出解释,因而舆论界一时议论纷纷,结果使奥迪车年销售量递减,到1991年已从1986年的5万～6万辆降到了5000辆。虽然1992年政府出面证明厂家是对的,但是仍旧没有扭转奥迪车销量下降的局面。

（四）平衡理论原则

在沟通传播中,沟通双方常因某些原因而失去平衡,从而不能达到沟通的目的。沟通中遵循平衡理论原则,可以协调双方关系,使沟通更有效。

1.平衡理论的内容

平衡理论又叫"A—B—X"模式,由美国社会学者纽科姆提出。这里,A 是一个认识主体,B 是另一个认识主体,X 是一个对象、一种观念或一则信息。A 与 B 是否协调,不仅决定于它们之间相互认识程度和吸引程度,而且取决于它们对 X 的态度是否一致有密切关系,不一致就会引起紧张、不协调。平衡理论强调信息的发出者利用"相似性"的人际吸引为中介,通过沟通,与接受者产生认同,达到协调的目的。

平衡理论的基本思想是:人与人之间的不平衡状态是客观存在的,因此沟通不仅是可能的而且是必要的。沟通的过程是由不平衡走向平衡的过程。

2.平衡理论原则的实施

从上述平衡理论的内容,可以看到个人心态平衡与关系平衡互为因果、互相影响。所以在寻求关系平衡过程中,可以从以下两方面着手。

(1)提倡 A—A 式平行沟通

A—A 式平行沟通,来源于人格结构的 PAC 沟通理论。PAC 沟通理论是人的 3 种自我状态的简称。其中:

P(Parent State)表示父母状态。以权威和优越感为标志,其言语和行为往往是支配性的、评价性的、批评性的。

A(Adult State)表示成人状态。以理智和稳重为标志,其言语和行为往往是不卑不亢的,充满自信和理性,富有教养,并具有分析、理解和平等精神。

C(Child State)表示儿童状态。以冲动和变化无常为标志,其言语和行为往往是创造性的、自发性的,有时是任性或粗暴的,表现为遇事无主见,要么敏感冲动,要么绝对盲从。

这里的父母、成人、儿童不是实际的指称,而是抽象意义上的概念。

在一个人的性格结构中,哪种心理状态占优势,在沟通中就会出现哪种心理状态与沟通行为。

 实证鉴录

在一次某公司举行的订货会上,两位销售员进行了如下对话:

销售员甲:今年贵公司举行了几次订货会?

销售员乙:共举行了三次。

这种对话为 A—A 式平行沟通,双方关系是平等的,因此,沟通会继续。

如换成这样的对话:

销售员甲:今年贵公司举行了几次订货会?

销售员乙:无可奉告。

这种对话属 A—P 式交错沟通,双方关系由非预料中的回答而引起对抗,气氛较为紧张,沟通无法继续,违背了平衡原理原则,是公关沟通中的大忌。

(2)提倡情感沟通

情感是人对客观事物是否符合自身需要而产生的态度的体验。人的情感是丰富多彩的,在现实生活中可表现为积极情感和消极情感。作为平衡理论的思想就是强调在沟通过程中,公关人员应运用传播技巧进行情感移入,注重情感交流,增进情感的互动,激发公众的积极情感,从而产生亲密感,达到关系平衡。

（五）整分合原则

1.整分合原则的内容

公共关系沟通的整分合原则，是指在整体规划下，将沟通过程的各相关部分进行有效综合的原则。这一原则包含以下两个内容：一个是沟通具有系统的整体性特征；另一个是沟通作为一个系统，其内部各构成要素之间是相互依存的。

2.整分合原则的实施

（1）综合运用多种沟通方式

根据信息流动的方向，沟通方式一般有3种类型：垂直沟通、横向沟通、非正式沟通。为了取得信息沟通的整体效应，组织往往需要综合运用各种方式进行沟通。

（2）综合使用多种媒介

在沟通过程中，作为信息载体的媒介是多种多样的。以人际交流为例，除了基本的语言媒介（符号传播）以外，还有作为非语言传播等方式。社会组织在公共关系传播上除了运用大众传播媒介外，还应该充分运用组织内部刊物、宣传栏等。

二、公共关系传播方法

公共关系传播的方法多种多样，随着不同的时间、地点和场合的变化，公关的方式方法要灵活机动、随机应变。但是，无论多么纷繁复杂的事物都是有规律可循的。

（一）肯定赞美法

在传播中，找到对方的闪光之处，和对方形成情感上、乃至理性方面的和谐交流，可以加强传播的效果。可能很多人认为一个老是犯错误、满身都是缺点的人，采用肯定赞美法实在困难。孔子在《里仁篇》第七章的一句话："观过，斯知仁矣。"意为观察他的过错，就知道他的优点了，所以无论传播对象是谁都可以采用这种方法。当然，赞美对方要求出自真诚。

（二）反复强调法

谎言重复一千遍也不能成为事实，但是如果一个信息多次反复地被传播，无疑会给受传播者留下难以磨灭的印象。当一个观念被传播者不厌其烦地向传播对象多次灌输后，就会给双方留下条件反射的印象，这样就会产生不用想起、不会忘记的效应。同时，反复强调某一信息还会促成传播对象对该信息的思索。其实很多优秀的企业都有自己的形象定位，目的都是通过围绕它反复宣传，使之深入人心，反之企业形象在公众心目中就比较混乱。

（三）引用经典法

有选择、有针对性地引用名人、名家、名言、名句等也是在公关传播中说服对方，增强传播力量的一种有效方法。因为这种方法借助了名人和历史人物在人们心目中的地位的影响力，同时又带有明确的目的性和显著的倾向性，这样在公关组织宣传自身的形象过程中，无疑会产生一定的引导效应，让对方相信名人、相信经典的同时，相信和接受传播信息。

（四）情理交融法

这是指传播者在传播中采取晓之以理、动之以情的措施于传播对象，使传播对象接受传播者观点和态度的方法。这种方法是一种高层次的传播手段，也是一种综合的传播方法。它将形象和抽象、感性和理性结合起来，以使传播对象心悦诚服地理解和接受传播的观点。这种方法能够及时引起传播的共鸣，并且效果是长期的。

　　麦当劳把"Q、S、C＋V"组成的"开心无价,麦当劳"通过各种形式的媒介传播出去。首先从理性上宣传自己的卓越的品质、优质的服务和清洁的环境给消费者带来超值的享受,然后从感性上宣传在麦当劳是很开心的,而开心本是无价的,有了前面的理想宣传,感性宣传自然就容易引起消费者共鸣。这使麦当劳取得了巨大成效。

（五）幽默巧喻法

　　它是一种用隐语或巧妙的形象揭示传播本质内容的方法。这种方法由浅入深、由表及里地使传播对象清楚地感受到直接明显的形象,而且也能从中悟出包含在形象背后的深刻内涵,让人回味无穷。

　　北京奥运会吉祥物由 5 个拟人化的娃娃组成,统称"福娃",分别叫"贝贝、晶晶、欢欢、迎迎和妮妮"。"贝贝"化身为鱼儿在无边的大海中游弋,"晶晶"扮作憨态可亲的熊猫在茂密的森林中玩耍,"迎迎"犹如藏羚羊在广阔的草原上奔跑,"妮妮"似轻盈的燕子欢快地在天空中低唱。他们簇拥在象征着古奥林匹亚赫拉神庙的奥林匹克圣火——"欢欢"身旁,用各自的名字组成谐音"北京欢迎您"的铿锵话语,向全世界人民发出了邀请。福娃代表了梦想及中国人民的渴望。其原型和头饰蕴涵着人类与海洋、森林、火、大地和天空的联想,其形象设计运用了中国传统艺术的表现方式,展现了中国的灿烂文化。

课余消遣

出版商的智慧

　　美国有一出版商有一批滞销书一直不能脱手,他忽然想出了一个主意,给总统送去一本书,并三番五次地去征求意见。忙于政务的总统不愿与他多纠缠,便回了一句:"这本书不错。"出版商因此大做广告——现有总统喜欢的书出售,于是这些书便一抢而空。不久,这个出版商又有书卖不出去了,就又送了一本书给总统,总统上过一回当,想奚落他,就说:"这书糟透了。"出版商闻之脑子一转,又做广告——现有总统讨厌的书出售。不少人出于好奇争相购买,不久书又卖完了。第三次,出版商将书送给总统,总统接受了前两次教训,便不给予任何答复,出版商却大做广告说:"现有总统难以下结论的书,欲购从速。"结果,书居然又被抢购一空。通过有效传播,商人最终达到自己的目的。

好聪明的出版商,竟巧妙地利用总统来为他的书作宣传。

⇨ 牛刀小试

一、单选题

1. 人们在观察事物时,由于对该事物的某种特征印象深刻,并进而推及该事物的总体特征,从而产生美化或丑化该事物的印象,这种心理定势称为(　　)。

   A. 首因效应　　　　B. 晕轮效应　　　　C. 近因效应　　　　D. 末轮效应

2. (　　)是指积极探索某种事物的认识倾向。

   A. 兴趣　　　　　　B. 价值取向　　　　C. 依赖　　　　　　D. 喜欢

3. (　　)是个体心理发展十分迅速,趋向于全面成熟的阶段。

   A. 儿童期　　　　　B. 中年期　　　　　C. 青年期　　　　　D. 少儿期

4. 大型建筑物上的霓虹灯形象宣传牌是属于(　　)。

   A. 高姿态传播方式　B. 低姿态传播方式　C. 感性传播方式　　D. 理性传播方式

5. 组织与公众联结的方式是(　　)。

   A. 大众传播　　　　B. 传播沟通　　　　C. 人际沟通　　　　D. 舆论宣传

二、多选题

1. 企业认真做好消费者的公关工作,就是要树立"消费者就是朋友"的思想,不仅要满足消费者物质消费的需求,还要满足消费者(　　)等精神方面的需求,从而达到经济效益和社会效益的统一。

   A. 信息知晓的需求　　　　　　　　B. 情感的需求

   C. 选择的需求　　　　　　　　　　D. 表达的需求

   E. 参与的需求

2. 引起公众产生知觉偏见的因素有(　　)。

   A. 首因效应　　　　B. 媒介效应　　　　C. 近因效应　　　　D. 晕轮效应

   E. 定型效应

3. 态度是人们在认识和行为上相对固定的倾向,包括人对事物和社会(　　)。

   A. 认知的倾向　　　B. 情感的倾向　　　C. 需求的倾向　　　D. 意图的倾向

   E. 行为的倾向

4. 影响公众态度形成的因素有(　　)。

   A. 个人因素　　　　B. 团体因素　　　　C. 社会因素　　　　D. 宣传因素

   E. 个性因素

5. 能使公众产生较高心理抗拒的因素是(　　)。

   A. 对该自由的期望很高　　　　　　B. 该自由非常重要

   C. 该自由可能被剥夺　　　　　　　D. 该自由不能用其他自由来替代

   E. 该自由被剥夺会影响其社交

三、判断题

1. 公共关系传播模式是根据传播过程的反馈模式的原理设计的,但它不包括"五W"模式的基本要素。　　　　　　　　　　　　　　　　　　　　　　　　　　　　(　　)

2. 在比较发达的商品经济社会里,公众的消费主要是由消费心理支配的。　　(　　)

3. 企业可扮演消费者的教育、引导和组织的角色,与消费者一起设计生活、美化生活。

（　　）

4. 人际传播的情感影响力往往要超过大众传播,这主要得益于说话人的表情和目光。

（　　）

5. 劝说从本质上来说,就是改变公众原有的信念、态度、立场和行为,在一个民主和法治的社会里,这是比较容易的。 （　　）

四、情景题

某大学的一年级某新生班,学生张磊由于表现较为出色,不到一个月就被选为班长。选上班长以后张磊的干劲也很足,希望通过自己的努力,能把班级搞好。但经过几个星期的努力,班级的各项工作并没有如其希望的那样很出色,最大的问题是同学们好像并不很服从他,其他班委很多也各自为政,班级活动难以开展,班级学生涣散,没有凝聚力,张磊也感到工作压力很大,心里很苦闷。

假如你是张磊,接下去你应该怎么做?

项目五 公关技巧运用

终极目标　能根据所学的公关技巧尝试解决公关危机，能进行简单的营销公关策划与 CIS 策划。

促成目标

1. 初步学会公关危机的解决办法
2. 明确什么是营销公关
3. 弄清 CIS 与 CS 的基本内容

工作任务

1. 模拟解决公关危机
2. 为某一产品策划营销公关方案
3. 为某班级或某活动设计一个徽标、主题口号

模块一

营销公关 ≫ ≫ ≫　≫

⬡ 教学目标

终极目标

能对某一产品进行营销公关策划。

促成目标

1. 理解营销公关的内涵与特征；
2. 弄清营销公关的策略。

⬡ 工作任务

营销公关策划。

⬡ 任务指导

案例学习 1-1　潘婷——爱上你的秀发

一、项目背景

1999 年 5 月,宝洁旗下的著名洗发水品牌潘婷打算于 1999 年 8 月在上海及浙江市场全面推出其最新的护发产品——潘婷润发精华素,从而带动一种全新的护发新概念,即:从简单护发到深层润发的重大改变。为配合该产品的发布,需要策划及展开一系列既新颖又有力度的公关活动。

二、项目调查

在策划活动之前,公关代理公司宣伟进行了详尽的市场调查。由于潘婷润发精华素产品是美发领域的一项新突破,且其上市的时间 1999 年又正是新旧世纪交替的特殊时间段,加上 1999 年 10 月 1 日是我国建国五十周年的大庆日子,考虑到这一特殊阶段正是对文化、历史等领域进行回顾展望的好时机,而此类活动又比较容易引起媒介及大众的兴趣,宣伟最后决定举办一个名为"潘婷——爱上你的秀发"中国美发百年回顾展活动。该活动将是中国首次举办的有关美发技术及美发历史的回顾展,在吸引大众关注的同时,也能缔造潘婷品牌在美发界的先驱地位。

潘婷在与大家一起回顾百年间发丝的时代变迁的同时,也能帮助消费者更好地了解不同时代的美发、护发产品及技术,并展望21世纪美发、护发的最新潮流及产品。

三、项目策划

第一,公关目标:在上海及浙江地区的媒体中提高潘婷润发精华素的知名度,并通过举办中国美发百年回顾展树立潘婷业界护发先驱的形象。

第二,整个公关目标的实现由三大部分活动完成:(1)前期宣传。争取权威人士和媒体的支持。(2)活动本身。中国美发百年回顾展览会。(3)后期善后工作。

四、项目实施

(一)前期活动

为了争取各领域权威人士的支持并为产品发布活动作好铺垫工作,装有潘婷润发精华素产品及使用反馈表的礼盒发给上海及浙江地区的媒体及美发界、演艺界等领域的社会知名人士共330人,其中包括上海东方电视台著名主持人袁鸣、曹可凡及在华东地区小有名气的发型师王磊等,首先争取他们对产品的认同和支持。在这三百多位产品试用者中有超过一百多位回复了使用意见反馈表,所有人都给予潘婷润发精华素很高的评价,其中大部分试用者还表示在使用了该产品一次后,头发在柔顺度、光亮度方面就有明显的改善。

在对产品有了一定认识的基础上,再邀请各主要媒体于8月5日在上海召开一次媒介研讨会,为将来的正式活动埋下伏笔。将近20位来自上海及浙江地区的记者参加了研讨会。为了增加信服力,潘婷还特别从日本邀请了研究发展部的潘婷护发专家为大家介绍护发的基本知识,并向大家当场演示了使用润发精华素产品的即时效果。为了活跃现场气氛并增加记者们的兴趣,护发专家还特别为每个人都作了头发测试,记者们透过头发测试仪了解了自己的发质并对怎样保养头发有了心得,可谓收获不小。

(二)前期宣传

为了加强宣传的覆盖面及影响力,并直接影响到产品的目标消费群18—35岁女性,宣伟特别选择与在华东地区非常热销的生活类包括《上海时装报》及拥有一大批年轻听众的上海东方广播电台合作,进行了一系列宣传活动,如:在《上海时装报》上连续六周刊登了"潘婷——爱上你的秀发"中国美发百年回顾展系列关于头发故事的文章,与读者一起回顾百年来的美发变迁、分享护发小秘诀,并对潘婷润发精华素及展览会情况作了介绍,以提升展览会的吸引力。

另外,宣伟还与上海东方广播电视台的音乐节目"3——5流行世界"合作,参与制作了为期一周(共6期)名为"潘婷音乐时间"的小栏目,除了对美发历史、护发知识及展览会情况的介绍外,还由主持人现场接听听众朋友的有奖竞猜电话,答对题目的听众获得了潘婷润发精华素礼盒一个作为奖励。活动结束后,据节目主持人介绍,听众们的反应非常热烈,每天拨打答题热线的听众不计其数。

(三)活动部分

"潘婷——爱上你的秀发"中国美发百年回顾展于8月25日在上海图书馆一楼展厅举行。当时在选址问题上的确让人绞尽脑汁,由于展览会的地点既要外观有气派,又要交通方便,更要与展览会主题相符而具文化气息,几经周折最后终于选定了既具文化底蕴又地处闹市区的淮海路上新建的上海图书馆。

展览会的开幕式暨潘婷润发精华素上市会非常隆重,宣伟安排在展厅外悬挂了巨幅的宣传横幅以提高影响力及吸引力。来自上海、杭州、温州及宁波的80多位媒体代表参加了活动,其中包括大众媒体、商业/消费类媒体、生活及美容美发等不同类型的媒体,更囊括了上海所有6家电视台及浙江省各城市的4家电视台,真可谓盛况空前。

另外,由于潘婷品牌的形象已非常鲜明,为了辅助及加强潘婷润发精华素产品的信服力,还特别邀请了在"99中国服装表演艺术大赛"系列活动中荣获潘婷优雅气质奖及最佳秀发奖的戴洁小姐及梁馨小姐共同出席开幕式活动,并邀请她们参与了不同时代发型与服饰的表演。

本次展览会内容相当丰富,不但向参观者展示了从明末清初到现在社会的发型变化及美发、护发技术,还特别制作了一部反映我国各个时代不同发型及美发技术变迁的纪录片,该片是我国首部全面展示中国近代美发史的片子,具极高的观赏性和教育性。为了增加展览会的生动感,更在展览会现场还原了三四十年代的旧上海美发厅场景,吸引了成千上万的观众驻足观赏。据统计,为期三天的展览会共吸引了近三万人次的观众到场参观。

(四)后期工作

活动结束后,宣伟分别致电与所有与会媒体进行交流,以不断改进今后的工作。更有其他省市的媒体在观看了有关报道后对该选题发生了浓厚的兴趣,并致电宣伟索取详细资料和图片供发稿之用。其中中央电视台2套的生活栏目还特别选用了我们的素材,在庆祝祖国建国50周年的一系列回顾报道节目中,特别制作了一档长达15分钟的有关美发、护发专题的节目,造成了相当大的社会影响。

五、项目评估

(一)综合评估

据统计,在全国范围内共收到相关报道64篇,其中包括4家电台及8家电视台。所有这些报道折合广告价格高达人民币230多万元。

活动结束后仅三个月,潘婷润发精华素就荣登上海最大的连锁店——华联集团的护发产品销售额榜首。该活动在造成一定社会影响的同时也提升了产品的销售表现。

(二)新闻报道分析

基本上所有媒体都提到了关键信息,占报道总数的95%。有3篇报道只介绍了百年回顾展本身,但没有提到潘婷润发精华素产品。然而,这些报道都使用了潘婷润发精华素上市会的有关照片,读者很容易从照片上及其他媒体的报道上意识到潘婷是该活动的主办者,从而提高潘婷的知名度。

(三)报道性质分析

较积极的正面报道数量占总数的95%,客观的中性报道占5%,没有负面报道,这样的结果是令人满意的。

此次活动的新颖之处体现在哪儿？公关的重要作用体现在何处？

_____

_____

_____

_____

什么是营销公关？

_____

_____

课堂讨论 1-1　为什么要把营销和公关结合起来？

讨论总结 1-1

_____

_____

_____

⇨任务实操

1. 以公关部为团队,进行营销公关策划;

主题为:运用营销公关,策划推销苹果的营销公关创意。(你如何让普通的苹果提升其价值)

2. 讨论,形成方案;

3. 完成文字及 PPT 制作;

4. 各公关部策划案展示。

⇨知识链接

■认识营销公关

营销公关,就是企业利用公共关系手段和技巧,建立和促进生产与消费之间的双向交流。在树立良好的企业形象和产品形象的基础上,促进企业产品生产和销售,完成企业既定发展目标的过程。

从 20 世纪 90 年代以来,企业公共关系实践的发展趋势就是紧密联系企业的市场营销,两者功能密不可分。公共关系与市场营销两大功能的整合运作,形成了社会范围内的"营销公关"(PRM——Public Relations Marketing)这一新概念。研究表明,在现代市场营销中,尽管开辟和发展市场的方法与途径多种多样,但是能够在市场上引起震撼效应,形成强大吸引力并保证企业顺利进入市场进而占有市场的方法是公共关系。因此,重视与研究企业如何利用公共关系促进产品销售,这既是企业顺应商品经济发展的客观要求,也是企业自身生存与发展的现实需要。营销公关既是对公共关系在市场营销活动中重要功能的肯定,又是市场营销与公共关系互相嫁接、合成后的新的一代市场营销观念。营销公关把公关活动与营销活动结合起来,一方面使营销活动从单纯的产品促销升华到塑造企业整体形象的高远境界,另一方面又使公关活动的形象塑造融入了市场经济,从而进入更讲实效的领域。它比营销会赢得更多的公众,又比公关带来较大的实惠,从而既树立起企业的社会形象,又树立起产品的商业信誉。

实证鉴录

　　1997 年初夏,河北旭日升集团公司的主打产品旭日升冰茶拟将投放江西市场,选择南昌市为市场切入点。但当时在江西市场,各种品牌的饮料竞争已经是十分激烈,而人们对旭日升冰茶却一无所知。旭日升集团的市场策划者们没有选择大众传媒进行产品的广告宣传,而是将现代公共关系与市场营销技术巧妙地结合在一起,成功地开展了营销公关。当时在南昌市,新一轮的国有大中型企业改制正在进行,不可避免地产生了职工下岗、职工再就业以及与此相关的社会稳定问题,这些问题成为人们最关心的话题。以此为契机,公司营销部与当地有关部门协商,决定赞助一万名下岗职工,为他们免费提供带有旭日升标识的冰柜和遮阳伞,让他们重新走上自立谋生之路。几乎一夜之间,旭日升的产品和标志铺满南昌市的大街小巷,旭日升冰茶也很快占领了江西市场。

■营销与公关结合的必要性

　　市场营销是企业经营管理的重要一环。只有通过市场营销环节,企业才能把产品变为商品,从而实现生产目的,获取合理的利润。在具体实施时,必须通过各种营销策略的有机组合,才能完成销售过程。传统的市场营销理论把市场营销组合概括为四个基本策略——产品策略(product)、价格策略(price)、渠道策略(place)和促销策略(promotion)。由于这四个策略的英文字母开头均为"P",所以简称为 4P。

　　但是,在现代市场环境下,由于不可控因素(包括政治、经济、法律、文化、地理、时尚等方面)日益复杂,有时企业即使相当合理地运用了 4P 策略,也未必能成功地把产品卖出去,因此,出现了"大市场营销"理论。这种营销理论认为:在新形势下企业不仅要像传统市场学理论强调的那样适应外部环境,而且要采取适当措施,积极主动地影响外部环境,创造有利的营销条件。大市场营销理论所包含的策略除了 4P 因素以外还加上另外两个相当重要的因素,即政治力量(Political Power)和公共关系(Public Relations)。

　　公共关系是企业市场营销战略中不可缺少的武器,有效地运用公共关系手段,可以提高新产品的知名度,引导社会的消费时尚,强化消费者的购买心理,沟通同消费者之间的相互信任关系,改进企业的市场营销环境。可以说,公共关系是企业营销活动的催化剂,公共关系能够使企业更快地达到营销目的,更快地扩大营销成果。现在海外不少企业开始使用"营销公关"的概念和策略,认真分析市场,对商品进行准确定位,设计一系列教育消费者的公共关系宣传活动,以将商品信息更明确、更有效地诉求至消费者的脑中。

正如国外公关专家所言:广告诉求至眼耳,公关诉求至人心;广告动之以情,公关晓之以理。现在海外越来越多的企业在调整对外宣传预算时,削减部分广告开支,以加大营销公关的投入。

据有关人士统计分析,企业运用营销公关所取得的传播投资回报率,约为一般传统广告的三倍。

虽说这政治力量和公共关系两个 P 是后加的,但公关策略的这个 P 可以上升到统领其他"4P"或"5P",也就是说,其他几个策略都应以公关为主导。因为当今时代就是公共关系时代,所以,营销公关的基本策略可以概括为以公共关系为主导的市场营销策略。

比如从产品策略上看,由于社会的发展,人们对产品概念的认识也不断发生变化。传统的产品概念把产品看作生产者通过有目的的生产劳动所创造出来的物化成果,即指具有特定形态和一定用途的物品,如洗衣机、电视机、计算机等,而现代产品概念则指能够提供给市场、用于满足消费者某种欲望和需求的任何事物。它可以是有形的物品,也可以是无形的劳务,还可以是一个点子、一种感觉、一类观念、一些意识等。企业在制定产品策略时,首先要从公众利益出发,以消费者的需求为中心,提供适销对路的产品及良好的售前、售中和售后服务。通过一系列的公共关系活动,在消费者中树立良好的企业形象,与消费者建立良好的关系。

实证鉴录

　　青岛海尔集团在其经营管理和产品开发过程中,始终坚持消费者第一,坚持真诚到永远的服务宗旨。据说,有一农民朋友在购买海尔洗衣机后不久机器就发生故障,于是向服务部进行投诉,海尔集团马上派人前去维修,发现并非机器本身的原因,而是因为这位农民使用不当所致。原来农民朋友用洗衣机冲洗土豆、山药等农产品,泥沙杂物淤积导致洗衣机出现故障。查明原因后,海尔集团一方面真诚地向顾客进行解释和道歉;另一方面抓紧研究,很快开发出适合农民朋友使用的多功能洗衣机,受到广大农村消费者的欢迎。

从促销策略上看,传统的营业推广、广告宣传、人员推销,现在也都融入了公共关系。其各类行为都在公共关系的意识和观念指导下进行,并讲究公共关系艺术,追求最大化的公共关系效应。正如人们所言:"广告使人买,公关使人爱",营销公关则使人"因爱去买,因买便爱,又爱又买",成为企业最忠实的公众。

实证鉴录

　　北京弗莱灵克公关咨询公司为"护舒宝"的透气丝薄卫生巾策划的大型新产品上市发布活动历时三个月,取得巨大成功,令人耳目一新,留下深刻印象。其原因就是将公共关系与营销的"5P"策划有机地整合在一起。这种整合的过程和内容,集中地体现在对活动的策划上和媒体的公关方面。

　　这一策划最引人注目的是对新产品发布会匠心独运的创意设计。发布会创

意设计的成功表现在三个方面:

一是创意准确地传达产品的定位,从内容到形式保持与保洁公司和与"护舒宝"品牌形象的高度一致。出于品牌形象考虑,发布会选择在北京王府饭店的水晶厅,采用高雅、时尚、新潮的时装表演来展示新产品的时尚、潮流的领导品牌形象。

二是创意达到了优雅、准确、清晰地表现新产品特点的效果。卫生巾是一种具有特殊性和敏感性的产品,不适宜采用产品本身的展示来传达产品本身的特点,上市活动策划有较大难度。发布会推出的风格清新的"透气"时装表演,既给人感受到清新透气的产品特点,留下深刻产品印象,又避免了粗俗和尴尬。

三是成功营造了活动的氛围。大型活动策划成功关键因素之一就是活动氛围的营造,而推广卫生巾这类产品,其氛围营造更具挑战性,更能考验创意水准。以清爽浪漫优雅的蓝白色为主调,从大到时装表演,小的活动用到的每一件道具,都刻意追求清新透气的感觉,成功营造了活动的氛围,也为媒体报道提供了丰富生动的内容。

模块二

公关危机 ≫ ≫ ≫ ≫

⬚ 教学目标

终极目标

能用所学过的公关原理与技巧模拟解决组织的一个危机事件。

促成目标

1. 认识危机的特征与类型；

2. 弄清公关危机的内部成因；

3. 掌握公关危机处理的原则；

4. 把握如何处理危机。

⬚ 工作任务

运用解决危机的方法与技巧对较简单的组织危机提出解决的办法。

⬚ 任务指导

📖 案例学习 2-1　雀巢公司险遭灭顶之灾

当一个巨大的多种经营跨国公司把经营范围扩展到许多产品的时候，宣传机构对它的某种产品进行的恶意宣传以及公众对此产生的消极反应并不值得大惊小怪，对此可以不必在乎，它是会自行消亡的。但雀巢公司的上述判断错误了。宣传机构的反向宣传，抗议者的口头抗议，使普通公众对公司的看法不断改变，从而数年之内公司的形象越来越坏。受影响的不仅是特定产品，其他产品及公司别的部门也成了公众强烈抗议的对象。雀巢公司长期以来忽视他人对其公共形象的攻击，导致现在要使公众接受其产品已经步履维艰。

雀巢公司是瑞士一家全球知名的跨国公司，产品主要有三大类：乳制品、即溶饮料和烹调用品。它的经营业绩卓著，1982 年销售额达 136 亿美元，产品行销五大洲。

婴儿喂养奶粉是 20 世纪 20 年代初作为母乳的一种代用品而开发出来的，专用于 6 个月以下的婴儿，是一种牛奶、水和糖的混合物，按照母乳的营养成分比例调制而成。婴儿奶粉在第二次世界大战后销量迅速上升，到 1957 年达到顶峰。之后,西方国家出生率开始下降,一直持续到70年代。这种形式造成婴儿奶粉销路日窄,逼迫生产厂家寻求新的市场。他们不可避免地把目光投向第三世界。

在发展中国家的婴儿奶粉市场中,雀巢公司占据40%~50%的市场份额,但该产品在公司全部产品中所占的比重只有3%。

到20世纪70年代初,上述市场风云突变。有人开始怀疑第三世界国家婴儿的高死亡率与婴儿奶粉的市场攻势有关,因为他们把目标对准那些无力解读饮用说明或因生活条件所限无法正确饮用奶粉的消费者。在一些国际会议上,医务人员、工业界代表和政府官员公开谈论婴儿奶粉饮用不当和婴儿死亡率之间的联系。但公众对此尚未知晓。

1974年,一家英国慈善机构"为需求而战",出版了一本28页的小册子《婴儿杀手》,点名批评雀巢公司在非洲的营销策略。雀巢开始成为公众瞩目的对象。

不到一年时间,德国的"第三世界工作组"将《婴儿杀手》这本小册子译成德文出版,文中内容未做多少改动,但题目却被换成《雀巢——婴儿杀手》,原因是这家组织认为,雀巢作为婴儿奶粉产业的带头羊,理应承担更多责任。

雀巢总部被激怒了,与该组织对簿公堂,控告它的"诽谤行为"。案件的审理持续了两年,引起全世界的关注。虽然雀巢打赢了这场官司,但法庭建议公司就其营销手段做全面的审视。"我们胜诉了,但从公关的角度讲,这是一场灾难。"雀巢后来承认了"婴儿杀手"的控诉玷污了雀巢的名誉。

1939年,一位医生曾悲愤地写道:"如果你们像我一样,每天都悲惨地目睹无辜的婴儿由于喂养不当而死去,那么,我相信,你们会和我怀有同样的感觉:关于喂养婴儿的误导宣传应该作为最恶毒的煽动予以惩罚,由此而造成婴儿的死亡应被视为谋杀。"风波发生后,这段重新被人们拾起的话题,注定要开启公众对婴儿奶粉的谴责与抗议之声。

问题的关键在于对奶粉饮用不当。大量第三世界国家的消费者生活在贫困之中,卫生条件恶劣,医疗保健匮乏,文盲率居高不下。在这种情况下,缺乏正确的饮用方法不可避免。饮用水取自污染严重的河流,或从井中打出,装在肮脏的容器里。

因此,人们可能用污染的水冲奶粉,然后倒入未经消毒的奶瓶中。此外,贫穷的母亲为了让一罐奶粉能喝更长时间,每次喝时都尽量用水稀释。据牙买加一位医生对两个营养不良的婴儿(大的18个月,小的4个月)的观察报告说,一罐奶粉通常只够一个四个月大的婴儿喝3天,可是这两个孩子的母亲竟然用它喂了他们14天。这位母亲十分贫困且不识字,家里没有自来水和电,但孩子却有12个之多。

雀巢在第三世界国家的销售攻势很猛。它的营销努力不仅仅针对消费者,还针对医生和其他医务人员。使用的媒体包括广播、报纸、广告牌,甚至还出动了装有大喇叭的宣传车。它还大量免费赠送样品、奶瓶、奶嘴和量匙。在某些国家,雀巢雇佣护士、营养师和接生婆组成自己特殊的宣传队伍,正是这一手段成为激烈批评的焦点。

批评者认为,这些人实际上是带有欺骗性的销售人员,她们入室拜访年轻母亲,散发样品,劝说这些母亲停止母乳喂养。由于她们有职业身份,对于天真的消费者来说无疑带有诱导的意味。

针对医生和医务人员开展的促销活动也引起争议。这种促销形式的具体过程是:派推销员前去向儿科医生、护士和其他有关人员宣讲产品的质量和特点,并提供诸如海报、图表、样品等宣传物品。公司还出钱资助医生和医院里的其他人士出席医学会议。

批评者指出,雀巢的这些促销手段过于直接,造成母乳喂养人数的下降。他们对雀巢的做法,主要抨击的几点如下:①奶粉喂养造成发展中国家婴儿死亡率上升;②关于婴儿营养的小册子对母乳喂养忽略不提或是贬低其作用;③媒体进行误导宣传,以鼓励那些不识字的贫穷妇女选择奶粉喂养而不是母乳喂养;④广告刻意将母乳喂养描述为原始人和不方便的;⑤免费散发样品和礼品以诱导使用奶粉喂养;⑥雇佣护士组成宣传队伍,以及在医院中开展促销,都可视为厂家操纵消费者的行为;⑦奶粉定价过高,使许多消费者使用时易于发生稀释过度的行为。

在《婴儿杀手》英文、德文版出版商和雀巢的官司了结后,消费者保护积极分子成立了专门的民间组织反对雀巢公司的做法。同时,一些机构,包括世界健康大会和世界卫生组织,也开始寻求减少婴儿奶粉产品的宣传活动。

在外界日益增长的压力下,雀巢和其他同类公司不得不有所收敛。1975年,他们通过了一个公约,保证在今后的促销活动中做到:承认母乳喂养是最佳哺育方式;告诉消费者婴儿奶粉只是一种补充性代用品,使用时应寻求医生帮助,等等。

但是,随后几年各地的报告表明,雀巢在许多场合又故伎重演。因此,1977年,美国的民间组织发起了一场抵制雀巢产品的活动,很快扩展到其他9个国家。这一活动一直持续到1984年1月。

抵制者的要求是:停止雇佣护士作为宣传人员;停止免费散发样品;停止向医务人员开展促销活动;停止针对消费者的促销活动和广告宣传。他们开展的活动十分有效,不仅导致了雀巢利润的下跌,而且引发了舆论的认同和政府的行动。

在风波初起之时,雀巢的管理层认为,这不是一个大问题,也许用不了多久就会销声匿迹。然而,他们完全打错了算盘。公司的形象持续受到损害,问题不仅不能在短时间内消失,反而越来越糟。更为严重的是,这一公关灾难已超出婴儿奶粉之外,危害到公司的其他产品。

1977年,当抵制活动刚刚兴起时,雀巢把它作为一个公关问题来处理。公司的公关部升级为企业责任办公室,雇用世界上最大的公关公司伟达公司协助开展工作。30万份宣传品被邮寄给美国的教会人员,指出他们一味谴责雀巢是错误的。随后,公司又聘请著名的公关专家丹尼尔·爱德曼,他建议公司保持低姿态,努力让第三者发言。

这些办法都未能奏效。1981年,雀巢停止雇佣公司,转而开始自我恢复名声的工作。新的策略的目标是,树立公司人道的、负责的"企业公民"形象。

第一步是批准采用世界卫生组织的《母乳代用品销售守则》。第一守则禁止向一般公众做广告和向母亲发放样品。第二步是大力改善和新闻界的关系。

雀巢同新闻界的关系曾一度降到最低点。在 1981 年的头 6 个月中,仅《华盛顿邮报》就发表了 91 篇批评雀巢的文章。现在雀巢开始采取一种"门户开放,坦率交流"的政策来同新闻界打交道。

最有效的措施是建立了一个 10 人委员会来监督雀巢对《母乳代用品销售守则》的遵守情况,并调查处理消费者的投诉。委员会由医学专家、教会人士、社会活动家和国际问题专家组成,美国前国务卿爱德蒙·马斯基任主席。它成立于 1982 年 5 月,其成员同世界卫生组织、联合国儿童基金会的代表及民间组织的代表一起工作,职责主要集中于观察雀巢在四个方面的行为:①其散发的教育材料是否对母乳喂养和奶粉喂养的社会健康后果进行了对比;②其产品说明是否宣扬了母乳喂养的好处和对使用有污染的水提出警告;③公司是否已不再向医务人员赠送礼物;④不再向医院发放样品。雀巢在所有方面都做出了积极的回应。

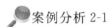案例分析 2-1

雀巢作为一家全球知名的跨国公司,在其辉煌的发展历史中,险些毁于形象危机之中,是灾难性的一例,应该成为许多企业组织的一支清醒剂。

对雀巢来说,某种产品出现了一点儿不良反应似乎算不了什么。"不必去管这种'小'问题,它会自行消失的。"这就是雀巢管理层一开始的想法。事实证明,对问题采取置若罔闻的态度是最下策的。公众不会善罢甘休,如果问题牵涉到人的生命,公众抗议的声势更会一浪高过一浪。因此万不可忽视关于企业负面报道的威力,忽视公众的威力。

对来自各方的抗议采取直接冲突的形式和坚持敌对的立场都是无济于事的。正如雀巢公司采取诉诸法庭的做法,即使打赢了官司,也只能增加对它的反面宣传,给抗议者火上浇油,尽管证据和理由都有利于公司,但反面的宣传和一边倒的批评都可能赢得公众。由此看来,公司还是谨慎行事为妙,莫要莽撞陷入有损公众形象的圈套,应考虑公众形象的社会作用,本着有事好商量的精神,与反对者加强沟通,解决问题。

关于这场风波,也许雀巢自己总结得最好:"所有公司都应该注意倾听消费者的声音,当出现问题时,它们应该寻求同公众领袖的对话,共同找出解决的办法。"

这起事件虽然早已成为过去,但其中的经验教训无疑是深刻的。

★课堂讨论 2-1　案例讨论

1.雀巢雇用世界上两大有名的公关公司来处理婴儿奶粉事件为何没有产生预期的效果?

_____

_____

2.企业的市场营销策略对其形象有怎样的影响?结合案例谈谈看法。

_____

_____

3.企业在处理危机的过程中,可否运用法律手段? 应注意哪些问题?

_____

_____

_____

课堂讨论 2-2 什么是公关危机?公关危机有哪些特征?

公关危机是指:_____

_____

公关危机的特征是:_____

_____

课堂讨论 2-3 危机的类型有哪些?

序号	危机的类型

课堂讨论 2-4 危机的成因分析

危机形成的因素有以下几方面:_____

_____

_____

_____

课堂讨论 2-5 危机来临该怎么办?

解决危机的步骤是:_____

_____

_____

_____

_____

任务实操

(一)案例分析

1.分析塞勒菲尔德核反应厂钚泄漏事故案

塞勒菲尔德核反应厂钚泄漏事故

1986 年 2 月 5 日,英国核燃料公司塞勒菲尔德核反应厂液态钚储藏罐的压缩空气受到重压,一些雾状钚从罐中泄漏出来。工厂亮起了琥珀色的警报,300多名非必要人员撤离了危险区,当时只留下40人来处理泄漏事故。

泄漏事故发生在中午10:45—11:45之间。媒体很快就报道了所发生的事故,因为从工厂蜂拥出来的工人和琥珀色的警报,人们一眼就能看出工厂出了问题,事故的消息随后就传开了。英国广播公司的电视记者在中午给工厂打电话时,工厂的新闻办公室还没有作好发布事故消息的准备,所得到的回答只是些站不住脚的许愿,即工厂将发表一个声明。直到下午4:00才看到这个声明,而这期间记者们一直提心吊胆地等待着。

英国核燃料公司在宣布泄漏事故时,暴露了公司危机状态下的困境。一方面他们表示,要最大可能地让公众了解事实真相,另一方面每天又像挤牙膏一样一点一点地报出消息,这更加剧了人们的恐惧。

公司没有足够的新闻发布人来应付外界打来的询问电话。记者们发现他们要排队等候消息。于是不确定的因素大大滋生了人们的不安情绪,政府为此也十分焦虑。英国核燃料公司的新闻办公室在正常工作时间后停止办公。当探听消息的人在晚间给公司打去电话时,电话总机告知,请留下电话号码,等新闻发布人上班后再回电。

最后,英国核燃料公司不得不开始搜集有关信息,也因此而付出了巨大的代价。他们花费200万英镑进行广告宣传活动,邀请公众参观塞勒菲尔德展览中心。

请回答此危机事件给我们以什么启示?

2.讨论、发言、总结

(二)情景题

1.阅读情景题:黄兴凤之死

黄兴凤之死

10月11日,新学期第三天。当日下午2点左右,万州卫生学校高级护理班女生黄兴凤和往常一样走进408教室准备上课。2点30分,学校的上课铃准时响起,整个教学楼里32间教室的600多名同学开始上课。2点45分左右,一名男子(事后查明此人即犯罪嫌疑人袁华军——黄兴凤的男朋友)踹开前门后径直朝坐在最后一排的黄兴凤走去,他边走边喊:"黄兴凤给我站起来!"还没有等黄兴凤站起来,袁华军的大砍刀已经向她的头上砍去。目瞪口呆的黄兴凤还没有来得及反应便倒下了。一向温顺的黄兴凤没有想到,"男朋友"袁华军居然会在她上课的时候对自己下毒手。

教室里的32个女生吓得大声尖叫,有的开始逃离教室。负责该班儿科教学的女老师冯英也傻了眼。犯罪嫌疑人袁华军连砍黄兴凤两刀后,走回到教室前面的讲台边,开始寻找曾经反对他将"女友"带离万州的另一名女同学熊娅,但由于慌乱,他并没有发现躲藏在教室左前方女生人群中的熊娅。见没有人阻拦,袁华军又跑回黄兴凤身边,朝她连砍15刀。

若你是该校领导,你该如何处理此校园内发生的危机事件?

2.讨论、发言、总结如何处理校园危机事件

◐ 知识链接

■危机的涵义与特征

一、什么是危机

就社会组织而言,危机是指由于组织自身或公众的某种行为而导致组织环境恶化的那些突然发生的、危及生命财产的重大事件。

二、危机的特征

危机有很多特征,主要表现在以下几个方面:

(一)突发性

危机事件一般在组织毫无准备的情况下突然发生的。这些事件容易给组织带来混乱和惊慌,使人措手不及,如果对事件没有任何准备就可能造成更大的损失。

(二)难以预测性

组织所面临的危机往往是在正常生产情况下难以预料的,它在某种程度上具有不可预测性,会给组织带来各种意想不到的困难。特别是那些组织外部的原因造成的危机,如自然灾害、国家政策的改变、科技新发明带来的冲击等,它们往往是组织始料不及并难以抗拒的。

(三)严重的危害性

无论是伤人损物的危机还是形象危机,对组织、对社会都会造成相当的损害。对组织来说,它不仅会破坏目前的正常生产秩序,使组织陷入混乱,而且还会对组织未来的发展、经营带来深远的影响,特别是发生了有人身伤亡的事故之后。从社会角度看,组织危机会给社会公众带来恐慌,有时还会给社会造成直接的物质损失,如产品不合格或是机毁人亡的事故,抑或污染公害,给人造成终身残疾或对生态环境造成不可逆转的破坏。

(四)舆论的关注性

现代社会,大众传播十分发达,组织危机常常会成为舆论关注的焦点、热点,成为媒介捕捉的最佳新闻素材和报道线索。有时候它会牵动社会各界,乃至在世界上引起轰动。所以说,危机对组织带来的影响是非常深刻和广泛的。

在现实生活中,危机往往是由两种或三种甚至四五种因素共同引发,所以不能机械地、简单化地寻找原因,而应整体分析,对症治疗。

■危机的类型

常见的危机事件有:重大工伤事故;意外性的火灾、偷盗、抢劫;消费者因权益受到损害的抱怨、投诉甚至起诉;舆论的负面报道;员工情绪强烈对立;因组织自身行为损害社会利益而受到的舆论攻击(如环境污染),以及被故意陷害、中伤等(美国强生公司的泰莱诺尔事件就属此类)。具体可分为以下几种类型:

1.组织自身行为损害社会利益而引起的危机

 实证鉴录

1984年美国联合碳化合物公司的印度博帕尔邦毒气渗漏事件,同年的前苏联

切尔诺贝尔反应堆泄漏事件,及近年我国一些地方化工厂、造纸厂违规排污,造成周边区域水污染等到事件。

随着人民生活质量的提升,对卫生、环保、绿色的要求日趋强烈。一旦社会组织在追求自身利益过程中,不注意公众和社会利益的保护,那也就是站在社会的对立面上,肯定要受到社会舆论的谴责和惩罚。而解决问题的惟一途径也只有社会组织充分重视社会利益,并积极承担自身应尽的社会责任,事先采取积极有效手段,减少组织在发展过程中对社会利益的损害。一旦事发,亦应迅速采取积极有效手段,并在事后着重考虑如何设法补偿社会的损失、挽回组织的声誉,维持与社会公众的良好关系。正所谓解铃还需系铃人,一味的隐瞒事实真相,甚至置社会利益于不顾,结果只会是自取灭亡。

2.意外灾难性事件而引起的危机

实证鉴录

1976年我国唐山大地震;1990年厦航飞机在白云机场发生的撞机事故;杭州著名购物中心天工艺苑火灾事故;1999年可口可乐在比利时和法国的饮料中毒事件;1988年7月的沙松冰箱爆炸案等。

一般讲,这类事故属于天灾人祸,组织主体的直接责任不大,关键在于处理是否及时、得当。因此,此类事故的处理要求:一是尽快做好抢救和善后工作,以最大限度减少事故带来的人身安全与财产设备损失,使受伤害的公众及社会有关方面感到满意,并对组织这种主动、认真、负责的行为表示理解与认同;二是及时做好舆论报道工作,将事实真相告诉给公众,消除谣言造成的危害,确保危机的处理有一个公正、有利的舆论环境。著名危机管理专家诺曼.R.奥古斯丁曾说道:"我自己对危机的最基本经验,可以用六个字概括'说真话,立刻说'。"

3.组织故意原因引起的危机

实证鉴录

1998年盛夏,广大解放军官兵连日奋战在抗洪前线,抵御百年不遇的长江洪水。湖南省水利厅受水利部委托,到湖南省中康公司购买13万瓶"长沙水"牌纯净水,赠送给解放军战士。未曾想喝了不出半天,许多战士出现腹泻,英雄塔山旅八连有9人腹泻严重,10人腹疼难忍,3人呕吐,1人发烧,连队领导立即检查剩余的"长沙水"牌纯净水,发现近500瓶内均有小碎片、青苔及悬浮状物质。而在事后与中康公司的协调处理过程中,对方以各种理由推诿,并拒绝承担责任。更有甚者,在10月10日的协商会上,该公司董事长非但没给战士们一个满意的答复,反而当众打开一瓶有悬浮物的"长沙水"一饮而尽,并强调饮后没有任何不良感觉,行为实在既可悲又可恨。此事件经当地传媒披露,尤其是中央电视台报道抗洪救灾物资中有假冒伪劣,甚至过期变质问题后,"长沙水"牌纯净水这一曾经辛苦树立起来的地方知名品牌,终于轰然倒下。

像生产假冒伪劣产品,或产品中含有影响消费者健康的不合格成分以及组织内部员工行为,损害消费者利益等,这类事件的直接后果是产生与消费者的直接对立,会使组织形象和产品形象受到直接致命的打击。

4.舆论的负面报道引起的危机

舆论的负面报道有两种情况:一种是对组织损害社会利益行为的真实报道,如违法排污、生产的产品有质量问题或不符合卫生标准、内部员工有伤害消费者的言行等;另一种则是对组织情况的一种失实报道,它往往是由部分公众向媒体的投诉而引起,也有部分是因为组织与传媒界的个别记者交恶而受到中伤。

传媒的舆论导向作用是非常显著的。在某种程度上讲,传媒宣传还起到树立某种社会评价标准作用,往往直接影响着民众对某种社会现象的评价态度与关注程度。在美国,人们将舆论视为司法、立法、行政三权之外的"第四权力",因此对任何一种舆论负面报道,都必须引起足够的重视。

对前一种负面报道,组织的行为是:首先以负责的态度向公众表明对此类事件的改正决心,并主动采取行动,解决引起负面报道的有关问题,并对因此类事件而受到伤害的目标公众给予某种补偿;再进一步告诉公众,组织本身将以此为鉴,在内部制度健全、员工素质教育及外部承担社会责任各方面,完善下一步计划与决策安排。对后一种负面报道,则应以严正的态度,用最有说服力的证据如专家鉴定、权威部门评议、各类证明等,通过舆论告诉公众,进行公开驳斥,并利用包括新闻发布会、公开声明等手段进行正当的商誉防卫,抑制谣言误导,还组织及相关产品以清白。

实证鉴录

2004年3月《深圳商报》以"长虹在美遭巨额诈骗"为题,报道长虹公司在与美国APEX合作投资中可能被诈骗。文章发表后,长虹产品销售立刻受阻,其股价也迅即下滑。"长虹"虽即刻启动危机预案(在事发当晚即向国内各大媒体发了"致各大媒体传真函"),但负面影响已经形成。其实该事件的真正诱因还是因为长虹管理层内部缺乏公关意识,漠视媒体而最终"酿成此祸"。

据《深圳商报》报道,"记者曾将电话打到四川长虹集团宣传部,一位姓刘的先生说没有听说过这件事情,无法提供更多的信息。但他知道长虹跟美国APEX公司有商业来往,是重要客户。记者又把电话打到长虹集团国际拓展部,接电话的人员称,长虹确实跟美国APEX公司有商业关系,在信用期内也有应收款问题,但没有突破合同信用期限,是有合同规定的,符合国际贸易的规范。记者询问欠款的数量,对方说不是太清楚。记者又问,对长虹美国受骗的这种传闻,是不是同业竞争中竞争对手故意散布的?该人士称,他不负责这方面的事务。记者又把电话打到另一个部门,接电话的人也说他不负责这件事,有什么说法请找集团宣传部。经事后询问,得知这个部门是集团办公室。"从这个信息求证过程来看,长虹内部的管理人员明显缺乏公关危机意识,在危机到来时互相"踢皮球",明哲保身,导致了记者最终将新闻稿刊发而引爆危机。

5.竞争对手或个别敌对公众的故意破坏而引起的危机

实证鉴录

1982年9月底,一条爆炸性的消息震惊了美国,美国强生公司的拳头产品止痛药"泰莱诺尔"出现不安全信号,有7人因服用该药而中毒死亡。当时,该药占据美国成人止痛药市场近 4 成的份额,年销售额高达 4.5 亿美元,占有强生公司总利润的 15%。1982 年 9 月 29 日到 30 日,在美国芝加哥地区发生了有人因服用含氰化物的"泰莱诺尔"药片而中毒死亡的严重事故。最初,仅有 3 人因服用该种药片中毒死亡,但是随着消息的扩散,据称全美各地已有 250 人因服用该药而得病和死亡,"泰莱诺尔"药片中毒一事一下子成了全国性的事件。这一消息顷刻间引起全美 1 亿多服用"泰诺"的消费者的巨大惊慌。强生公司的形象因此一落千丈,名誉扫地。经过调查,终于发现:7 位中毒者的死亡,并非"泰诺"所致,而是一位疯子调包导致,其他 250 人生病则与泰诺无关。

在这件中毒事件发生后,强生为了维护公司信誉,在很短的时间内就回收了数百万瓶这种药,同时花了 50 万美元向那些有可能与此有关的内科医生、医院和经销商发出警报。为了消除人们的疑虑,强生公司决定推出更加坚实的三层密封包装的新型泰莱诺尔解痛胶囊。三个星期后,公司便把这种抗污染包装的泰莱诺尔重新推上市场,配合优惠赠销的攻势,让公众再接受这种新产品。

当企业遇到这种恶意破坏甚至毁灭性的危机时,积极地开展公关活动是摆脱危机的有力武器,它不但可以使企业脱离险境,而且还可以获得更多公众的支持。而最好的公关决策总是同本企业的正确经营实践以及对公众利益认真负责的精神联系在一起的。"泰莱诺尔"药物中毒事件就充分证明了这一道理。

■ 危机的成因

"每一次危机既包含导致失败的根源,又孕育着成功的种子。发现培育以便收获这个潜在的成功机会,就是危机管理的精髓"。因此,对危机的成因作深层的探析也就显得非常重要。除自然环境因素、社会环境因素之外,许多危机的产生根源在组织内部,即往往是因为内部的管理体制或人员素质导致问题演化成危机。具体有以下几方面:

1. 管理者公关理念淡薄,缺乏危机管理意识

在现代组织中,还有相当一部分管理者没有正确的公共关系理念,对社会利益、社会责任的认识仍停留在口头上,在组织利益与社会利益相矛盾时,首先想到的是如何维护组织自身利益,忘却了皮之不存、毛将焉附的道理,以致危机发生之前,不知道"患忧",发生之后,想方设法要"置身事外",使问题演变成一场危机。

实证鉴录

1998 年 2 月 21 日,济南市七大商场(省华联、市华联、百货大楼、银座、人民商场、大观园、中兴),以"售后服务质量不好"为由发出倡议,联合拒售"长虹"电视。此事一经传媒报道、转载,在全国范围内引起议论,上交所"长虹"股价当天就下跌 10% 以上。"长虹"这个中国彩电业的龙头老大形象严重受损(到 2000 年下半年"长虹"的老大地位也被"康佳"所取代,其彩电市场占有率从百分之二十几下降到百分之十几)。原因就是顾客对"长虹"彩电的质量及服务投诉,不能得到厂家及时解决,按服务承诺制要求只能由商家自行承担,在多次交涉、督促无效,无奈之下,七大商场发起了该次拒售行动,从而引发了人们对"长虹"产品质量的疑惑。

2. 组织自身决策违背公关基本原则要求

在现代社会,组织的决策与行为应自觉考虑到社会的利益,"与公众共同发展"。如决策背离公众和社会环境的利益与要求,就有可能使组织利益目标与社会利益目标相对立,从而引发公众对组织的抵触、排斥和对抗,使企业陷入危机之中。

实证鉴录

1998年,"爱多"在拿下中央电视台广告"标王"后,企业业绩达到了巅峰,进入了最辉煌时期。但1999年初因资金问题,而从中央电视台撤掉广告。未承想,在众目睽睽之下的沉默撤军,却导致了一场信誉危机的爆发。传媒界和公众的纷纷猜测,使众多业务伙伴公众惊慌失措,供应商断绝供应,配套厂不再生产,要债的接连上门,其债权人有几百个,债务数亿元,使企业一下子陷入信誉危机。在几番讨债无获后,债权人向法院提出"爱多"破产申请,就此将"爱多"悬在破产边缘,"爱多"大厦终于倒塌。在这个案例中,关键的原因就是决策失误。首先,其不依据企业自身力量,盲目追求"标王",造成企业资金危机;其次,其在下撤广告时,没考虑到可能因此带来的信誉压力,又无事先周密计划。"我们一直在努力"("爱多"广告语)的"爱多",事先又做了哪些努力呢?

3.组织人员素质低下,严重违背组织宗旨

组织人员包括管理人员和员工两类。就管理者而言,现阶段我国的企业管理者已逐步向职业化过渡,但仍有不少组织内部管理者素质差,纯粹靠经验、习惯,甚至靠关系行使其管理职能。对内缺乏感召力和凝聚力,不能激发员工工作潜能;对外缺乏组织形象意识与公众权益意识,对公众的正当权益要求置若罔闻,甚至粗暴对待公众,以致引发组织形象危机。就员工而言,员工的工作特性已决定了他们是组织形象的直接代言人,许多公众也是通过与一线员工的直接"对话"才对组织有了总体印象。这其中员工服务素质优劣、服务能力强弱就直接关系到公众对企业的认同程度,往往个别员工的粗暴行为就会给组织形象带来恶劣后果。

实证鉴录

1999年7月的一个晚上,武汉汉阳家乐福超市二楼麦当劳餐厅,某顾客一家来此就餐,因3岁的独生子特别爱吃番茄酱,便在购买了36元食品后,向服务员提出多给一包番茄酱的要求。服务员竟然在扔下一包番茄酱之后,轻蔑地说"你们中国人就是在占便宜",并掉头离开。闻听此言,举座皆惊,众顾客纷纷谴责该服务员的恶劣言行,要求其当众道歉。未承想,该餐厅值班经理竟站在餐厅中央大声宣布:"麦当劳"没有员工向顾客道歉的规定。甚至有服务员大声嚷道:你们爱国就别来"麦当劳"。新闻媒体披露此事件后,"麦当劳"的形象受到了极其严重的影响。

4.没有建立正常有序的传播沟通渠道

许多企业在传播沟通意识上还存在两大"盲点":其一,无限制扩大组织机密范围,不是奉行事无不可对人言,而是追求事事保密、层层设卡,惟恐公众知晓组织决策内容。更有一些组织,甚至不让员工知晓内部有关信息,这种视公众为敌人、视员工为愚民的行为又怎么能使员工对组织忠诚、公众对组织理解。其二,只知道信息的单向发布,不知道信息的及时反馈,如在广告投入上,有多少企业组织对广告效果做过科学测评呢? 闲时图轻松,急时乱投医,一旦危机发生,谁都不知道发生的程度如何,公众的知晓状况如何,行动程度如何,媒体的态度又是如何,第一手信息资料缺乏,危机又怎么能得以有效控制呢?

■危机的处理方法

危机的处理指的是在危机爆发后,为减少危机的危害,按照危机处理计划和应对策略采取直接的处理措施。危机对组织造成危害的大小,以及组织是否能够转危为安,都取决于危机处理的有效程度。

一、隔离危机

隔离危机就是切断危机蔓延到组织其他地区的各种可能途径。主要从两个方面入手:

(一)人工隔离

即在人力上明确分工,一部分人处理危机,另一部分照常维持日常工作,这样可以避免因危机发生日常工作陷于停顿造成的更大损失。

(二)事故隔离

即对危机本身隔离,对危机的隔离应该从发出警报开始。报警信号应明确危机范围,以便使其他部分的正常工作不被影响,同时为处理危机创造有利条件。

二、危机处理要点

(一)迅速行动,果断处理

当危机发生时,组织应该迅速行动,而不仅仅是迅速做出反应。这取决于组织是否有完善的危机管理计划,如果行动迅速,可以使危机在最初阶段被控制。

(二)找出主要危机

只要能够找到主要危机就可以做到集中力量,有的放矢。主要危机得到控制,其他问题自然迎刃而解。

(三)沉着镇定,坚持不懈

危机处理措施往往不一定能够在短期内奏效。面对这种局面,组织的领导者必须沉着镇定,坚持不懈地努力,只有这样才有可能获得转机。

(四)敢于承担责任

在危机面前,组织的领导者必须勇于承担责任,任何推诿责任的做法,都会引起公众的不满,只能使危机加剧。

(五)及时沟通

问题发生以后立刻主动与各界公众沟通,特别是各大媒体。即使没有准确信息,或起因还未查明,也应该迅速向公众解释原因,一旦获得准确信息,立刻向大家通报。注意,应该同时向媒体、员工、股东及其他利益主体进行沟通,这样有利于保证声音一致,避免任何一方的猜测甚至流言的产生。不要试图隐瞒对组织不利的信息,这样做只能使组织的危机历时更久,并且使组织失去信誉。

(六)合理赔偿

危机发生以后应该准备为受害者做出合理赔偿,满足受害者家属的要求。

(七)主动道歉

即使没有确定是本组织的责任,组织的领导者也应该首先道歉,并且表示对受害者的同情。经验证明,领导者的态度越是中肯越能赢得公众的谅解。

（八）资深主管应该在危机处理中扮演主要角色,负责处理危机事件

主要领导人亲自出面处理危机有利于对问题做出果断及时的处理决定,有利于协调各方面的关系与资源,同时也向公众表明了组织对事态的重视程度。

三、在危机的各个阶段应采取的紧急行动

（一）危机初期——深入现场,了解事实

危机发生初期,组织和有关公众对信息的认识模糊不清,所得到的信息可能前后矛盾。这些前后矛盾的信息容易引起社会公众对组织的误解、偏见甚至敌视。不过,此时的公众还没有介入行动。这时组织的危机管理委员会或危机事故处理小组应该立刻行动。该组织机构的组成人员包括组织负责人、公共关系部门负责人、经过培训的新闻发言人和具体工作人员。同时,组织的高层领导必须亲临现场,组织危机处理工作。最好率领专业人员以最快的速度展开调查,弄清危机事件发生的时间、地点、原因、人员伤亡、财产损失等情况。

（二）稳定期——确定对策,发布消息

当掌握了危机事件的第一手资料,了解了公众和舆论的反应后,组织应在高层领导人的直接参与下,迅速确定一系列对策和措施。确定对策既要考虑危机本身的处理,又要考虑好处理危机所涉及的各个方面的关系,抓住机遇,恢复声誉。同时要不失时机地召开新闻发布会或记者招待会,向新闻媒介公开危机的有关情况。这里要注意,一定要真诚地对待新闻媒介,不论是好消息坏消息都不要隐瞒,要公布真实的调查结果。根据以往经验,新闻发布会要召开多次,要由指定的新闻发言人公布消息,使信息传递口径统一,新闻发言人通常由组织的高层管理人员担任,这样更具权威性。与此同时,还要与受害公众和各方面公众沟通,争取公众的理解。

（三）抢救期——控制事态,减少损失

抢救期是危机灾难发展到顶峰的时期,抢救工作进入关键阶段。在此期间,组织应该及时把抢救工作的最新消息传递给新闻媒介,在发表消息时,一定要坚持实事求是,以免引起新闻界和社会公众的猜测、质疑。危机管理委员会的成员在采取有效措施控制危机的同时,要有条不紊地理顺各种关系,并且可以争取权威性机构帮助解决危机。要设法使受到危机影响的公众理解组织,并帮助组织解决问题,争取事态向有利于组织的方向发展。

（四）危机末期——安抚人心,恢复形象

在危机末期,危机管理委员会有三项重点工作:①安顿人心,对受害公众给予补偿、安慰、关怀,对广大客户和消费者加强沟通,以情动人;②对危机处理情况作全面调查、评估、总结,并将结果写出详细的书面报告,以便向董事会和股东汇报,向公众和媒介公布。另外,还要进一步修正危机预防计划和危机处理计划;③提出恢复组织形象、恢复产品信誉、重返市场的计划。

模块三

CIS 与 CS 战略

≫ ≫ ≫   ≫

▷教学目标

终极目标

能为班级或某项活动设计简单的 CI。

促成目标

1. 弄清 CIS 与 CS 的涵义；
2. 弄清 CIS 与 CS 的内容。

▷工作任务

为某一班级或某一活动策划简单的 CI。

▷任务指导

案例学习 3-1　CIS 与企业效益

深圳新开设了一家中美合资的汽车加油站。根据规定,外方不得单独经营,必须与中方合作才行。加油站卖的是中国的油,标的是同中国其他加油站一样的价格,遵循同样 24 小时服务的制度。所不同的是,合资加油站引进美国的 CIS 设计与管理。他们美化了加油站的建筑,屋檐装饰成红颜色,夜间反光;增加了小卖部,为公众提供方便;还在路边树了广告、灯箱,打出 24 小时加油的招牌。这些做法在一些同行眼里没有什么了不起,但却使该加油站在竞争中取胜,比国内加油站日销量高 30%～50%,夜销量则高达两倍。这就是形象力带来的效益。

广东太阳神集团于 1988 年率先导入 CIS,使企业在激励的饮料竞争中脱颖而出,销售额从 580 万元上升到 1992 年的 12 亿元,创造了中国 CIS 史上的第一个奇迹。

合肥美菱——阿里斯顿电冰箱厂导入 CIS 设计以后也实现了新的飞跃。他们突出企业个性,省去合资单位阿里斯顿的名称,使企业从 8 个与阿里斯顿合作的企业中脱颖而出。全新的 CIS 设计,使之以崭新的姿态投入竞争,10 年来企业的资产已从之前的 100 万元达到目前的 3 亿元,其中不乏 CIS 的功劳。

湖北沙市日化、广东健力宝集团近年也导入了 CIS,聘请专家进行系列设计,从中获益匪浅。

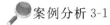 案例分析 3-1

在组织形象宣传方面,组织识别系统的传播作用十分显著。因为70%~80%的形象信息是通过视觉传播渠道传递的,而其中相当部分又以感性和直观的形式来表达与传递。组织标识作为直观的视觉符号,在形象传播方面起着重要的作用。在以上这些案例中,组织应用CI传播策略,不但有力地提高了组织的知名度和美誉度,而且给组织带来了可观的经济效益,为组织长期的稳定发展奠定了基础。

课堂讨论 3-1

讨论总结 3-1

什么是 CIS	CIS 的构成	企业实例(从下面的实例中选出并填入相应的构成中)

企业标志观摩

图1

图2

图3

图4

图5

图6

经营理念:立广厦于天地 奉爱心于人间
企业宗旨:诚信、敬业、创新、完美
企业口号:员工随企业成长 建筑与时代同步
　　　　　星叶品牌——给你一个温馨舒适的家
企业精神:砖石精神——携手向上

图7

图8

奥运会主题歌:我和你

康师傅方便面的广告词:"香喷喷,好吃看得见"。

大唐集团的宣传口号:"大唐风采,我的光彩"。

图 9 图 10 图 11

潮州职业技術学院
潮州廣播電视大學

图 12

★课堂讨论 3-1 何谓 CS,包括哪些内容?

讨论总结 3-1

CS 是指:_____

_____

CS 的内容包括:_____

_____

⤷任务实操

1.以公关部为团体讨论 CI 设计的对象(可以为某一班级或某一活动设计 CIS);

2.设计 CIS;

3.做成 PPT;

4.各公关部作品展示。

⤷知识链接

■CIS 的定义与构成

一、CI 的起源与定义

(一)CI 的起源

20 世纪末,日趋激烈的世界商战的硝烟弥漫了整个地球,日趋高超的市场竞争手段成为企业所刻意寻求的法宝。CIS 战略就是在这种情况下产生的一种公关战略。

CI 战略最早起源于第一次世界大战前德国的[AEG]公司。他们在系列电器产品上首先采用彼得·贝汉斯所设计的商标,这一商标成了以后该企业统一视觉形象的 CI 雏形。

第二次世界大战以后,国际经济开始复苏,工商企业蓬勃发展,企业经营者深感建立统一的识别系统可以正确传达企业的情报,塑造独特的企业经营理念。自 20 世纪 40 年代后期以来,欧美各大企业纷纷导入 CI。1947 年,意大利事务器械所奥力维提开始聘请专家设计标准字。1951 年,美国国家广播公司(NBC)由登高设计的巨眼标志广泛运用于各种媒体。被誉为"美国国民共有财产"的可口可乐,以引起视觉强烈震撼的红色,与充满波动条纹所构成的"COCA——COLA"标志,在全球消费者心中成功地塑造了老少皆宜、风行世界的品牌形象。

60 年代至今可以说是欧美 CI 的全盛时期,许多企业纷纷导入 CI,并掀起了一波又一波的高潮。

第二次世界大战以后,CI 逐渐传到日本。它较欧美晚了一二十年,但发展相当迅速。日本第一个开发 CI 的企业是 1970 年的东洋工业马自达汽车。之后,大荣百货、伊士丹百货、麒麟啤酒、亚瑟士体育用品等企业纷纷建立 CI 新形象。最近几年,日本企业导入 CI 迅速,他们不惜重金为企业设计形象。如日本的美津农体育用品、富士软片、华歌尔内衣等都是委托美国著名的设计顾问公司——蓝德公司设计的。现在,CI 已成为日本工商企业所不可缺少的无形资产。

我国台湾地区最早引入 CI 计划是企业家王永庆的台塑公司,随后味全公司、和成窑业公司、声宝电器公司、中华航空公司等一大批企业先后导入 CI 计划。

1985 年以后,当中国的公共关系正在向纵深方向发展的过程中,企业的 CIS 战略便悄然而生。80 年代后期及 90 年代初,以广东太阳神集团、广东集团燃气具联合实业公司为代表的一些有远见的企业开始先后导入 CI 计划。

(二)CIS 的定义

CI 是英文 Corporate Identity 的简称,Corporate 是"企业"、"社团",Identity 是"身份"、"同一"、"识别"。译为"企业身份的同一"或"企业识别"。完整的 CI 应该是一个不可分割的系统(System),通常译为"企业识别系统",简写"CIS"。

CI 在发展的过程中不断得以完善,从而形成了 CIS。CIS 战略比 CI 战略更系统、更完善。

它是美国式的 CI 传到日本,经过多年的补充和完善后形成的日本式 CIS 战略,从而把完善企业形象和手段向前推进了一大步。

所谓 CIS 是组织、企业将其理念、行为、视觉、听觉形象及一切可感受形象实行统一化、标准化与规范化的科学管理体系。

二、CIS 的基本构成

以企业统一识别系统为核心的 CIS 战略,其基本内容从总体上看主要是由以下五大部分构成:

(一)企业理念识别系统 (MIS)Mind Identity systen

这是企业文化在意识形态领域中的再现,主要表现为企业生产经营的战略、宗旨和精神等。MIS 是企业识别系统中的灵魂和原动力,属于思想、文化层面。企业可以通过它由内向外扩散企业精神和经营思想,启动认识识别的目标,使之成为塑造企业形象的源泉。

理念系统的主要内容包括:经营信条、价值观念、精神口号、企业风格、企业文化与方针政策等。在理念系统中,经营信条、价值观等属于核心和基础的地位,并通常用一种很有震撼力的语言表达出来。

 实证鉴录

请看以下公司的企业理念：

美国 IBM 公司：IBM 就是服务

美国百事可乐公司：第一永远是最重要的

美国喜来登集团：在喜来登小事不小

日本丰田汽车公司：好产品，好主意

日本佳能公司：忘了技术开发，就不能称为佳能

有时，在创意企业的理念系统时，可将企业理念系统中的内容进行有选择地界定，从而构成企业理念系统的一整套方案。如上海蓝旗服饰发展有限公司的理念系统为：

事业领域：开发男士系列精品，提供专业星级服务

企业使命：提高中国男士着装品位，传播现代国际服饰文化

价值观：在蓝旗利润永远位于第二位

蓝旗精神：精益求精，缝制世界品质

深圳彩虹投资发展有限公司的理念系统为：

企业宗旨：彩虹就是为人类生活增添色彩

企业精神：追求卓越，从小事做起

价值观：人与环境的和谐高于一切

（二）企业行为识别系统（BIS）Behavior Identity System

这是企业所有工作者行为表现的综合，企业制度对所有员工的要求及各项生产经营活动的再现等。

由于行为识别系统是通过具体行为来塑造企业形象的，其行为必须要从企业内部和外部环境两方面着手。

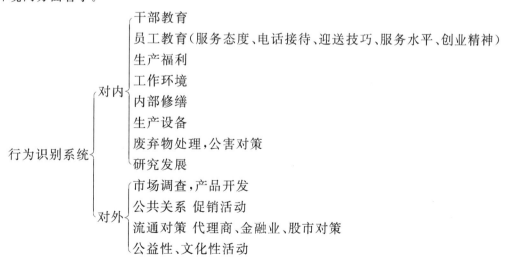

　　人们走进任何一家麦当劳餐厅,除统一的房间设计、统一的杯盘桌椅之外,更可以感受到餐厅职工一样周到热情的服务。顾客刚到收银台前,就会听到服务小姐热情的问候。报上所需的食品名称,马上就可以拿到热气腾腾的快餐。特别是服务员不停地打扫,使餐厅的任何一个角落都纤尘不染,使人感到吃快餐也是一种享受。因为麦当劳的管理手册上有一句著名的格言:"与其靠墙休息,不如起身打扫。"为了树立餐厅清洁卫生的形象,企业领导人制定了严格的卫生管理规范:玻璃每天要擦,停车场每天要用水冲,垃圾桶每天要刷洗,每星期打扫一次天花板,至于擦地板则是营业时间内几乎不会间断的工作,抹布则是每一位员工手中不可或缺的工具。这样,人们对麦当劳自然而然地产生了一种信赖感和亲近感,并一再光顾。这就是行为识别给人带来的冲击力。

（三）企业视觉识别系统（VIS）Visual Identity System

　　这是企业形象的静态表现,包括企业生产经营产品的品牌、商标标识、广告等。VIS是企业识别系统中最具传播力、感染力并且是接触面最为广泛的要素。VIS的基本要素包括以下几方面:

1. 标志

　　在VIS中,标志是应用最广泛、出现频率最多的要素,它启动所有视觉设计要素的主导力量,是统合所有视觉设计要素的核心。更重要的是在消费者心目中,标志与特定企业、特定品牌是同一事物。

　　四川电力建设公司的标志:

　　寓意公司在改革的大潮中顺应潮流,敢于改革,与时俱进,翻开新的篇章,创造新的辉煌。绿色图形为字母"C"的变形,取自企业名称中"川"字拼音的第一个字母;绿色图形和蓝色图形是两个"C"的变形,分别包含着construct(建设、建造)、create(创造)之含义,把公司性质和精神包涵其中。图形主要由绿色和蓝色构成,绿色是生命和环保的象征,蓝色代表建设、科技、安全之意,表示公司不断学习,不断创新,不断提高,有极强的生命力,有现代施工意识,注重安全施工、环保施工、科学施工。

　　字母"D"取自企业名称中"电"字拼音的第一个字母,其内部出现五星图案,用意说明公司是国有大型企业、一级资质企业和一流的企业,具有强大的综合施工能力、丰富的施工业绩和经验、优秀的专业施工队伍、精良的技术装备、强有力的组织保证体系和良好的社会信誉,同时也说明公司的核心竞争力和核心产品之所在。线条组合是企业名称中"三"字的扩展,象征企业以基础建设为龙头,向广阔的市场拓展,也说明企业基础厚实稳重。整个图形构成以企业名称"四川电力建设三公司"之简称"川三电建"的拼音缩写和阿拉伯数字为主框架来表现此企业标志。

2.标准字

从设计层面上看,标准字是泛指将某种事物,团体的形象或全称整理、组合成一个群体性的特殊字体。标准字与一般文字特别不同的是在文字的配置关系上,经过视觉调整的修正,达到了空间的均衡与结构的和谐,具有独特的美感和造型效果。这是一般文字所不能比拟的。如:

3.标准色

是指企业为塑造独特的企业形象而确定的某一特定的色彩或一组色彩系统,运用在所有的视觉传达设计的媒体上,通过色彩特有的知觉刺激与心理反应,以表达企业的经营理念和产品服务的特质。

色彩除了自身具有知觉刺激,引发生理反应外,更由于人类的生活习惯、宗教信仰、自然景观等的影响,使得人们看到色彩就会产生一定的联想或抽象的感情。如可口可乐的红色洋溢着热情、欢快和健康的气息;柯达胶片的黄色,充分表达色彩饱满、璀璨辉煌的产品特色;七喜汽水的绿色给人以生命活力的感受等。

4.企业造型(吉祥物)

很多企业在竞争中为了增强自己的特色,使形象更为生动、易识、易记,选择特定的人物、动物、植物作为具体形象化的造型。如:肯德基的山德斯老先生;迪斯尼乐园的米老鼠、唐老鸭;旺旺小男孩;鳄鱼服装的"鳄鱼"。

"川三电建"的吉祥物选定为蚂蚁。早在恐龙时代,地球上就有蚂蚁了。虽然弱小,但蚂蚁历经了几千万年地球变迁依然兴旺,数量远远超过人类。蚂蚁具有超强的生存能力、适应能力、负重能力及近乎神

欢迎　　指挥　　指挥　　胜利

奇的预见能力,其勤劳、执著、不为他人所阻的行动一致性、组织纪律性与超强的团队协作精神为世人惊叹。蚂蚁精神正是"川三电建"企业理念的集中体现。

蚂蚁的拟人化卡通造型,可增强企业亲和力与喜好感,可供企业在各种传播媒介及举行活动时使用。

5.企业的徽章图案

企业的徽章图案是展示企业 VIS 的另一方面,往往与企业标志相同,有的再附加上一些美化、装饰内容。

视觉识别系统设计完毕应制作一个《VIS 组织识别手册》,使之规范化,并投入运行,实施监控。

(四)企业听觉识别系统(AIS)audio identity system

听觉识别系统是组织形象的声音、语音、音乐识别符号。它是将组织形象要素如组织经营理念、组织精神等写成歌曲,编成广告词、形象语言等,通过各种音响、音乐等媒体进行传播的特殊识别系统。AIS 的设计包括以下三大类:

1.音乐听觉识别系统

主要是通过各种歌曲、音乐听觉识别系统传播组织形象,主要表现为组织歌曲、主题音乐、广告歌曲、七彩铃音等。

2.声音听觉识别系统

通过组织在生产经营过程中形成的特殊声音来传播组织形象。主要是组织注册的特殊声音等。如丰田公司将自己生产的摩托车发动机的特殊音响加以注册保护。

3.语音听觉识别系统

主要是通过各种广告、形象语言、语音听觉识别系统传播组织形象,主要表现为广播广告词、广播口号或标语、组织(品牌)名称、特殊的发言人的声音等,这些声音往往与固定的形象代表统一起来,如小鸭圣吉奥请为"唐老鸭"配音的演员李杨为广告配音,使人们一听广告声音就知道是什么企业。

实证鉴录

听觉识别系统实例欣赏:

团队歌曲:日本松下株式会社首创社歌,每天清晨 8 时全日本 8.7 万多名属下员工整齐列队,齐声歌唱,以此形式向员工灌输企业理念、精神,从而达到强化企业团队精神的目的。

形象歌曲:广东太阳神企业的形象歌曲:"当太阳升起的时候,我们的爱天长地久……"

广播广告词:中国南车集团"精益制造、追求卓越;引领前沿科技、创造卓越动力"。

广告歌曲:五粮液集团柔婉缠绵、清韵悠扬、如缕如烟、动人心弦的广告曲"仙林青梅"。

七彩铃音:企业欢迎词:"您好! 打造'诚信绿洲,追求科技梦想',绿洲集团致力于塑造现代人文企业,请稍候……"

广播口号或标语:华润集团的口号:"与您携手,改变生活"。

企业(品牌)名称:"海尔"、"联想"、"科龙"、"东风"、"保利"、"长安"等。

(五)企业环境识别系统(EIS)environment identity system

环境识别系统又称企业环境识别,亦称环境统一化。EIS 是要对人所能感受到的组织的环境系统实行规范化管理,其内容包括内部环境与外部环境识别。

内部环境是指:门面是否标明单位名称、标志展示;通道是否美观、实用,是否有文化宣传设施;楼道、室内的指示系统管理;配套家具、设施的风格、质量、价格;智能化通讯设施;空气清新度;安全设施。

外部环境是指:环境艺术艺术;生态植物、绿地;雕塑、吉祥物;建筑外饰如广告、路牌、灯箱等;组织环境风格与社会风格的融合程度。

实证鉴录

竹园宾馆是深圳的一个公共关系全国获奖单位,靠公关使企业效益翻了三番。环境的竹文化,是其特色之一。宾馆的公关工作走向了一个新的、更高的层次——由"体育公关"走向"艺术公关",并把公关纳入宾馆自身的企业文化建设上来。

多年来,竹园宾馆员工们共同创立一整套自身的精神风貌、行为规范和价值认同,它具体体现为"虚心劲节、以诚取信"的价值观念和以"竹"为象征、向公众展示"竹的风骨"的企业精神。

竹园宾馆首先从人们印象上强化竹的形象。宾馆蜿蜒筑起的绿色围墙内,虽早已竹荫浓密、修篁万竿,但他们仍要锦上添花。他们把四方竹、罗汉竹、南洋竹等海内外名竹移栽园中,另外,从馆前飘扬的馆旗、员工胸前佩戴的馆徽、大堂正中绘竹的迎宾屏、曲槛回廊摆放的盆竹以及建筑物的竹雕竹饰和"仿竹结构",直到插花的瓶、储糖的罐、盛料的碟、进餐的筷,无不以竹贯穿,或是竹的再现,或是竹的象征。1987年,宾馆通过各种传播媒介打出古人名句"宁可食无肉,不可居无竹",大张旗鼓地从艺术角度"推销"竹园宾馆的形象。而后,在精心筹划"江南竹制工艺品展览"的基础上,进一步举办以"竹"为主题的书法与绘画活动。40多位著名书画家云集竹园,挥毫创作出一幅幅气韵生动的佳作。这又是一件轰动整个特区的雅事。艺术的魅力引来了各界人士,作家、艺术家来了,市长、省长来了,中国香港地区的富贾也来了,大家吟诗作画,好不风雅;世界闻名的"体操王子"李宁来到深圳,为竹园宾馆画了一幅翠竹;省长叶选平、市长李灏也都在宾馆留下了墨宝。

此后,竹园宾馆又开设以竹为题材的竹园画廊,搜集并陈列了近百幅名人佳作。来到竹园宾馆的人无不以一睹竹园画廊的艺术风采为幸。下榻竹园宾馆,除了能享受温馨高雅的服务,还能领略贯穿于经营服务全过程的"竹的风骨"和"竹园文化"。这也许就是为什么被竹园宾馆接待的客人中,有60%的"回头客"和大量长期客人的缘故吧。

■CS的涵义与基本构成

一、CS的涵义

(一)CS的定义

CS是英文customer satisfaction的缩写,意为"顾客满意"。CS的基本指导思想是:企业的整个经营活动要以顾客满意度为指针,要从顾客的角度、用顾客的观点而不是企业自身的利益和观点来分析、考虑顾客的需求,尽可能全面尊重和维护顾客的利益。这里的"顾客"是一个相对广义的概念,不仅指企业产品销售和服务的对象,而且指企业整个经营活动中不可缺少的合作伙伴。

(二)CS的基本观念

1."顾客第一"的观念。顾客第一还是利润第一,曾一度是相互对立的经营观。而随着竞争的深入与文明程度的提高,实践教育了企业,只有让顾客满意才会有企业的利益。所以,西方企业开始提出"顾客第一"、"开明合和",即让别人富起来,自己才能富起来。

2."顾客总是对的"的意识。

3."员工也是上帝"的思想。顾客是上帝,员工也不能是"奴隶",只有让员工满意,员工才能真心地让顾客满意。

二、CS 的基本构成

CS 是建立在 CIS 基础上的,突出"满意"二字,其余与 CIS 相同,即使五要素都达到满意,如 MIS 满意、BIS 满意、VIS 满意、AIS 满意、EIS 满意等。在 CS 理论中还加上了产品满意和服务满意。

(一)产品满意

产品满意就是让顾客对企业产品的功能、设计、包装、价格等各方面感到满意。

 实证鉴录

　　以生产康师傅食品闻名的中国台湾顶新集团,起初只是中国台湾一家不甚起眼的小食品厂。它一开始生产的是蛋卷,产品投放市场以来,销量一直不大,因为蛋卷的价位高,市场容量不大,且只能定位于休闲食品。后来经过详细的市场调查,集团决定进军方便面市场,因为现代人生活节奏很快,对方便食品的需求量也很大。而且当时方便面市场上仍有较大空当,就作料而言,其他方便面只有汤料包或肉料包,经过精心研究和设计,顶新推出了"康师傅"方便面,并一举成名。

(二)服务满意

服务被经济学家认为是第二次竞争,是至尊的事业。一批产品到用户手中,传统的中国企业会把它当作生产经营的终点,而国外企业则把它看成开展新的生产经营和开拓新市场的起点。这一观念的差异导致中国企业能创造顾客,而国外企业既能创造顾客又能留住顾客。所以,这就要求企业必须竭诚为顾客服务,运用核心服务、追加服务、售前服务、售中服务、售后服务,为顾客提供多方位、全过程的优质服务,使他们不仅得到物质满足,更能得到精神享受,同时还能获得社会层满意。

(三)CIS 与 CS 的关系

CIS 列出横向的项目;CS 提出纵向的满意标准,并使满意度尽可能地细化、量化,是对 CIS 的推进。

首先,CIS 与 CS 是从两个角度来处理一个关系——即组织与公众的关系。CIS 是系统地完善自己,来使公众识别自己、选择自己;CS 是为了达到你满意,来努力完善自己。

其次,CS 是在 CIS 基础上对应地达到满意的标准。CIS 如同田径中的五项运动比赛,CS 是订出要拿五项运动的冠军的标准。冠军指标不能代替五项运动,没有五项运动,五项冠军就落空了;没有 CIS,CS 的满意标准也就落空了。

再次,它们不是代替与超越的关系,应是 1＋1＞2 的关系。在导入 CIS 时加上公众满意的标准,会使 CIS 放出异彩。

⇨ 课余消遣

光明"回锅奶":嘴硬不是硬道理

　　2005 年 6 月 5 日,河南电视台经济生活频道曝出惊天黑幕:郑州光明山盟乳业过期牛奶回炉再包装后重新进入市场销售。记者按照最低标准估算,仅郑州光明山盟乳业一年就销售 200 万袋回收奶。

　　6 月 6 日,全国媒体迅速转载该节目所报道内容,各门户网站均在首页显眼位

置以"光明牛奶,你还敢喝吗"之类的专题进行跟踪和讨论。光明乳业亦迅速反应,立即派高管到郑州进行自查,同时向消费者发布"诚告消费者书",称"从来没有做过将变质牛奶返厂加工再销售的行为,请广大消费者放心"。

6月8日,光明乳业董事长王佳芬接受《每日经济新闻》采访时称"这个事情不存在,光明不可能做这个事情"。

6月10日,《都市快报》报道称杭州出现光明"早产奶"。

6月13日,《中国经营报》报道称上海市出现光明"早产奶"。

6月20日,郑州市食品药品安全委员会对光明山盟乳业有限公司有关"光明牛奶利用过期奶再生产"事件发布了书面调查报告。报告称,尚未发现光明山盟回收变质牛奶再利用生产,而存在库存产品在保质期内经检验合格再利用生产。同日,光明发布正式澄清公告承认,"郑州光明山盟乳业有限公司存在用库存产品在保质期内经检验合格再利用生产"。

对此,记者与光明新闻发言人龚妍奇联系时,对方先是不接听电话,随后干脆就关机了。

6月21日,郑州光明山盟乳业有限公司总经理董波及一位副总均被免职。原因是郑州"回炉奶"风波"对光明的品牌和销量都造成了'影响'"。

6月24日,光明乳业在其网站上挂出《光明乳业诚致广大消费者书》,首次就郑州事件向消费者表示道歉。

犯了错误还推诿或抱着侥幸心理,这是公关中的大忌。

牛刀小试

一、单选题

1.公共关系与营销的主要区别为公共关系是( )。
   A. 以通过提供某种产品来满足顾客的需求
   B. 以等价交换为特征的市场推销和交易活动
   C. 不直接满足对象的物质需求
   D. 以通过提供服务来满足顾客的需求

2.人们看到企业的产品广告、标志、名牌、标准字、标准色,就能联想到企业全心全意为顾客服务的精神、精益求精的工作作风、精良的产品质量,属于企业 CS 战略的( )。
   A. 产品满意　　　　B. 理念满意　　　　C. 行为满意　　　　D. 视听满意

3.传播力量最为具体而直接的系统是( )。
   A. 知觉识别系统　　　　　　　　B. 视觉识别系统
   C. 理念识别系统　　　　　　　　D. 行为识别系统

4.( )是 CI 运作的原动力和实施的基础。
   A. 理念识别　　　B. 行为识别　　　C. 视觉识别　　　D. 规则识别

5.企业使命属于组织理念识别系统的( )。

A. 文字形式　　　　B. 宣传形式　　　　C. 组织形式　　　　D. 观念形式

二、多选题

1. 名牌是企业的商标,含有产品的(　　)。

A. 质量　　　　　　B. 价值　　　　　　C. 未来　　　　　　D. 知名度

E. 时常覆盖率

2. 危机事件的特点是(　　)。

A. 突发性　　　　　B. 协调性　　　　　C. 紧迫性　　　　　D. 不可变性

E. 危害性

3. 反映组织经营理念的文字形式有(　　)。

A. 口号　　　　　　B. 标志　　　　　　C. 图案　　　　　　D. 对联

E. 训词

4. 企业理念的文字形式包括(　　)。

A. 标语口号　　　　B. 训词　　　　　　C. 企业文化　　　　D. 歌曲

E. 经营策略

5. CS 战略的基础就是突出"满意"两字,具体包括(　　)。

A. 理念满意　　　　B. 视听满意　　　　C. 产品满意　　　　D. 行为满意

E. 服务满意

三、判断题

1. 公共关系在企业市场营销中的作用,首先表现在企业名牌战略的定位及其传播上。

(　　)

2. 在现代企业经营理念中,顾客就是上帝,但员工也不是奴隶。　　　　　(　　)

3. CI 是一种信息传达的象征和符号,而非企业形象和个性本身。　　　　(　　)

4. 经营策略是企业进行经营活动时所遵循的最高指导原则,它为企业指出了前进的方向。

(　　)

5. 在整个企业识别系统中,行为识别应当是理念识别的静态延伸。　　　(　　)

四、情景题

当一场校园群殴事件发生时,你所在的班级正是事件的焦点,班里有好几个同学参与了校园群殴事件。

作为现场目击者,你如何应对校报、广播站记者的采访、咨询?

项目六 个人形象设计

教学目标

终极目标　能为自己进行综合形象设计，参加班级个人形象比赛。

促成目标
1. 掌握着装的基本原则与规范
2. 男子西装的着装规范
3. 女子着装的规范
4. 掌握首饰佩戴的规范
5. 学会仪容修饰的规范
6. 学会运用正确的姿体语言
7. 掌握交谈的基本礼节与演讲的基本技

工作任务

个人形象设计

模块一

仪表礼仪

≫ ≫ ≫　　≫

教学目标

终极目标

能为自己进行仪容仪表修饰。

促成目标

1.掌握着装的基本原则；

2.学会不同场合的不同着装要求；

3.掌握男子西装的穿着规范；

4.明确女子着装的要求；

5.掌握首饰佩戴的规范与技巧；

6.学会仪容修饰的规范。

工作任务

学会仪容修饰与服饰的搭配，为自己进行仪表形象的设计。

任务指导

案例学习1-1　一口痰"吐"掉一项合作

《文汇报》曾有一篇报道，题目是《一口痰"吐"掉一项合作》。说某医疗器械厂与外商达成了引进"大输液管"生产线的协议，第二天就要签字了。可当这个厂的厂长陪同外商参观车间的时候，习惯性地向墙角吐了一口痰，然后用鞋底去擦。这一幕让外商彻夜难眠，他让翻译给那位厂长送去一封信："恕我直言，一个厂长的卫生习惯可以反映一个工厂的管理素质。况且，我们今后要生产的是用来治病的输液皮管。贵国有句谚语：人命关天！请原谅我的不辞而别……"一项已基本谈成的项目，就这样被"吐"掉了。

案例分析1-1

一个人的举止风度不仅仅代表自己的形象，也体现自己的教养。在一定的场合，个人的行为代表组织行为，个人形象代表组织形象。所以，必须养成良好习惯，提高个人修养，从小处做好，商机才不会溜走。

形象展示

活动名称:个人形象展示。

活动目的:通过对学生的着装观察,找出哪些着装现象是不符规范与缺乏美感的。

活动内容:请三位男生与三位女生进行形象展示,师生共同评价,并填写下面表格。

活动总结:由教师对形象展示的情况进行总结与评价。

形象展示观察记录表

检查内容	男生			女生		
	A	B	C	A	B	C
服装色彩的谐调性						
服装风格的谐调性						
着装的规范性						

✦课堂讨论 1-1　着装应该注意哪些问题?

讨论总结 1-1

序号	着装应注意的问题
1	
2	
3	
4	
5	

西装图片展示。

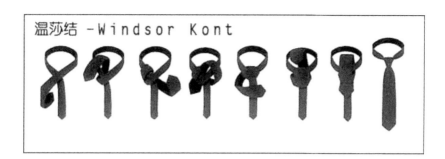

温莎结 –Windsor Kont

★课堂讨论1-2 男子穿西装有哪些基本规范？

讨论总结1-2

物 件	基 本 要 求
西 装	
西 裤	
衬 衣	
领 带	
鞋 子	
袜 子	
皮 带	

女装图片展示

✹课堂讨论1-3　女子着装有哪些规范？

讨论总结1-3

_____

_____

_____

_____

饰物展示

活动名称:学生饰物展示。

活动目的:通过饰物展示掌握饰物的佩戴方式以及适用场合等。

活动内容:请佩戴饰物的学生上来进行展示,在展示中讲解相关知识。

活动总结:展示完毕后由教师进行学生饰物佩戴情况的总结。

✹课堂讨论1-4　饰物佩戴有哪些规范？

讨论总结1-4

主要饰物	佩戴规范与注意点
戒指	
项链	
手链	
包	
头饰	
手套、围巾等	

仪容检查

活动项目:个人仪容检查。

活动目的:通过对自己的仪容检查知道自己的仪容合不合规范,检查出存在的问题。

活动内容:对自己的仪容进行详细检查,并完成下面表格。

活动总结:等学生检查完毕后由教师对学生的仪容进行总结与评价。

	清洁度	健康程度	自我满意度	修饰意见	
脸部					
眼睛					
眉毛					
鼻子					
胡须					
嘴巴					
耳朵					
脖子					
胳膊					
手部					
腿部					
脚部					
汗毛					
其他部位					

课堂讨论 1-5 如何进行个人仪容的修饰?

讨论总结 1-5

仪容内容	修饰要点
头发	
脸部	
口腔	
手	
足	

任务实操

1. 练习服饰色彩的搭配;

2. 练习系领带;

3. 为个人进行形象设计。可以为自己设定一个特定的角色来进行服饰的搭配,然后进行个人形象设计展示。

⮕知识链接

■礼仪概述

一、礼仪的基本概念

礼仪是一种世界性的文化现象,世界各国都非常重视礼仪文明。我国素以"文明古国"、"礼仪之邦"著称于世,在五千年的文明历程中形成了一套完整的礼仪思想和礼仪规范。可以说,礼仪是中外传统文化的精髓之一,也是古代人民留给后辈的一份宝贵的文化遗产。在今天,礼仪是我们每个人人生旅途中的一门必修课。在人际交往、对外交流日益增多的现代社会,熟练地掌握现代礼仪的基础知识,对于我们创造良好的人际交往环境、更好地应付生活的挑战具有非常积极的意义。

礼的繁体字为"禮"。《辞海》中对礼的解释是:本谓敬神,引申为表示敬意的统称。礼的含义比较丰富,它既可指为表示敬意而隆重举行的仪式,也可泛指社会交往中的礼貌礼节,是人们在长期的生活实践中约定俗成的行为规范。

礼仪是一个复合词,包括"礼"和"仪"两部分。"礼"指"事神致福"的形式(即敬神);"仪"指"法度标准"。在礼学体系中,礼仪是有形的,它存在于社会的一切交往活动中,其基本形式受物质水平、历史传统、文化心态、民族习俗等众多因素的影响,因此,语言、行为表情、服饰器物是构成礼仪最基本的三大要素。一般来说,任何重大典礼活动都需要同时具备这三种要素才能完成。

由上可知,礼仪指的是人们在社会交往中由于受历史传统、风俗习惯、宗教信仰、时代潮流等因素影响而成的,既为人们所认同,又为人们所遵守,以建立和谐关系为目的的合乎礼的精神、要求的行为准则或规范的总和。

礼仪的上述定义主要表达了以下几层含义:

1.礼仪是一种行为准则或规范。礼仪表现为一定的章法,即人们进入某一个领域,就要按那里的习俗和行为规范去行动,这才合乎礼仪要求的。

2.礼仪准则和规范是一定社会中人们约定俗成、共同认可的,而且是用语言、文字、动作等进行准确描述和规定的行为准则,并成为人们自觉学习和遵守的行为规范。

3.讲究礼仪的目的是为了实现社会交往各方的相互尊重,从而达到人与人之间关系的和谐。一个人只有在尊重他人的前提下,自己才会被他人尊重,也只有在这种互相尊重的过程中,人与人之间的和谐关系才会逐步建立起来。

二、礼仪的作用

礼仪作为一种社会现象,从古到今无时无刻不在对人们的日常生活产生着影响。在今天,礼仪因其对于社会、对于个人的重要作用受到了社会各界的高度重视和广泛提倡。从学校到家庭,从企业到社会,礼仪的学习蔚然成风,人们在日常生活中越来越注重按照现代社会交往礼仪的要求进行人际交往,这些都说明现代礼仪具有重要的社会功能。

(一)礼仪有助于塑造良好的个人形象

"形象"一词的本义,是指人或物的外观或形体,在社交中专指参与交往的主客双方在对方心目中形成的综合的和系统的印象。在社会交往中,留给对方的印象如何,直接影响着交往双方的关系的融洽和交际的成败。

印象实质上是人们的主观对客观形象的反映。在社交活动中,人对人的印象的形成是一个特殊的知觉过程。这一过程的特点如下:一是信息少。在人与人的接触中,主客双方掌握对方的信息是有限的,其中不乏虚假信息。人们将不得不根据这些信息资料去分析、判断对方。二是印象形成快。人们一见面,甚至一句话也没说,便可能一下子形成一个清晰的、不可磨灭的印象。三是具有延展性。人们常常只是通过获得的少量信息在头脑中构建出对方完整的印象,显然这个印象是超出这些少量信息的说明范围以外的,因而非常可能是不符合实际情况的。由此可见,社交中印象的形成过程容易产生偏差。这种偏差,有的可能会造成不良后果,导致社交的失败。

讲究礼仪有助于塑造良好的社交形象。现代礼仪是人们在人际交往中所应遵守的某种规范,涉及仪容、服饰、举止、谈吐等广泛的范畴。礼仪、礼节不仅是各种人际沟通和社会交往的有效途径,而且是显示人们个人形象的窗口。如前所述,人们头脑中的印象形成过程始终是通过感官感知对方的过程。社会交往中的人,总是以一定的仪表、服饰、言谈、举止来表现某种行为,这是影响人们第一印象的主要因素。一个人的言谈举止、服饰仪表、精神状态等都在直接塑造着他的公众形象。整洁大方的个人仪表、得体的言谈、高雅的举止、良好的气质风度必定会给对方留下深刻而又美好的印象,从而有利于建立起友谊和信任关系。

在人际交往中,礼仪不仅反映着一个人的交际技巧和能力,更反映一个人的气质、风度和教养。通过学习礼仪,可以提高自身的道德修养和文明程度,更好地显示自身的优雅风度和良好形象。一个彬彬有礼、言谈有致的人,在其人生道路上将会如沐春风,受到人们的尊重和赞扬。

(二)礼仪有助于促进人们的交际与沟通

礼仪从古至今都是衡量一个人文明程度的准绳。在社交中,人们相互鞠躬、握手、拥抱等,这不仅是对交往对象表示善意和尊重的形式,而且反映着一个人的精神面貌、道德修养以及处理问题的应变能力。在社交场合,人们按规定的要求进行交往,有助于相互间的沟通和形成共识。

现代社会人际交往日益增多,人们通过社交沟通信息、交流感情、增长见识、建立友谊。讲究礼仪,共同用礼仪来规范彼此的交际活动,能很好地表达相互间的尊重与进一步交往的愿望,可以促使交际双方进行积极的沟通,增进相互之间的了解和友谊,相互建立起好感和信任,进而形成和谐、良好的人际关系。如果不讲究礼仪,即使你心里很尊重对方,想得到对方的好感,也很难给对方留下良好的印象。

根据心理学人际吸引的原则,一个人优雅的举止行为不仅是增强人际吸引的重要因素,而且是人际关系形成和发展的最先步骤。礼仪作为一种行为方式,贯穿于人与人之间社会交往的全过程,并且能够即时转化为对方的视觉和心理形象,迅速引起对方的审美价值判断,从而使礼仪体现出一种形象塑造的功能。心理学的研究成果表明,人们一般喜欢与具有良好修养的人在一起或交朋友,觉得他们更易亲近、更富有吸引力。因此,我们要想得到社会的承认和肯定,给别人留下良好的印象,就必须懂得和遵从社会所公认的礼仪规范。待人处事讲究礼仪,会引起对方的好感与同情,将大大有助于工作的顺利进行。在这种情况下,礼仪和礼貌便成了融洽人际关系的润滑剂。所以,讲究礼仪、以礼待人是实现社交目的的一个必备要素。

有"礼"走遍天下,无"礼"寸步难行。一个人举手投足是否合乎礼仪,是否具有一定的气质风度,对他的社会交往成功与否所产生的影响是举足轻重的。即使一个人没有出众的容貌,装束也朴实无华。但如果他言谈得体,又富有感染力,便会使周围的人很愿意接近他,并给他的社会交往活动带来极大的方便。对于一个粗鲁而没有"礼貌"的人来说,一般的人是避之犹恐不及,更谈不上与其有主动的交往。

(三)礼仪有助于促进道德建设

我国明代著名的思想家颜元说过:"国尚礼则国昌,家尚礼则家大,身尚礼则身修,心尚礼则心泰。"这说明礼仪不仅是个体思想觉悟、文化教养和精神风貌的重要标志,也是一个国家、一个民族的文明程度、社会风尚和道德水准的重要标志。《管子》中说:"礼仪廉耻,国之四维;四维不张,国乃灭亡。"把礼仪列为立国要素之首,充分说明了礼仪在国家建设和社会发展中的重要地位和作用。

礼仪规范从属于道德范畴,是人们处理人际关系和约束个人行为的准则,是精神文明与公共道德极为重要的组成部分。社会交往活动中的礼仪、礼节,是人们互相联络感情、增进友谊、调整关系的个人行为,同时也是一种社会道德,是一个人公共道德修养的外在表现。必要的礼仪、礼节、礼貌,对规范人们的言行举止有着重要的作用。讲究礼仪、礼节并不仅仅是生活小节或个人小事,从局部与整体的关系来看,正是每一个人的道德修养构建了作为总和的整个社会的公共道德修养,个人道德修养的水准与整体的水准息息相关。讲究礼仪也是关爱他人、尊重他人的一种表现,诸如"女士优先"、"尊老爱幼"、"宽容尊重"等礼仪礼节莫不具有某种社会公德内容。从这个意义上说,礼仪、礼节对于整个社会的精神文明建设起着极为重要的作用,也是民族进步的一种重要标志。

在社会生活中,礼仪作为一种共同遵守的非强制性的行为规范,还是一种具有潜在约束力的道德力量,它执行着对人际关系的整合和疏导功能,如要求人们诚实信用、尊老爱幼等。礼仪作为一种规范,潜移默化地熏陶着人们的心灵,使人们在社会生活中事事处处注意自己的言行,养成良好的文明习惯,彬彬有礼,努力成为一个受欢迎的人。礼仪要求人们按照社会公认的行为模式去生活、去交往,从而造就和谐统一的良好人际关系。因此,礼仪对国民综合素质、尤其是道德素质的提高具有十分重要的教育和导向作用。学习礼仪,遵守礼仪,可以净化社会空气,提升个人和社会的道德素质,推动精神文明建设,促进社会的和谐发展与文明进步。

■服饰的社交意义

服饰指人的服装穿着、饰品佩戴、美容化妆等几个方面的统一。

俗话说,三分长相,七分打扮。这七分打扮就包括人的美容、服饰打扮等内容。在社会活动中,人们通过服饰打扮给他人留下美好的第一印象。虽然"以貌取人"是不可取的,但生活中却实实在在存在着,并且相当普遍,根深蒂固,因为人们在较短的时间内判断一个人,靠的既不是背景资料,也不是时间的考验,而是强烈的第一印象。根据晕轮效应,一旦第一印象这种定势产生了,在一定时期内就很难改变。短暂的人际接触有时会决定你的某项事业或某种行为的成功与否。服饰具有如下社交意义:

一、服饰的社会性

每一种服饰都是社会风尚的象征。服饰是最具社会性的,是社会的一个风向标。在古代,人们通过服饰的色彩和样式来划定各种等级品位,黄色便成了帝王之色,小老百姓是不能享用的,于是就有了"黄衫"和"布衣"之说。如《卖炭翁》中写道:"翩翩两骑来是谁？黄衣使者白衫儿。"可见,古代服饰和色彩成了"上下有序,尊贵有度"的等级制度的标志,权利和地位的象征。现代服饰虽然这种阶级性早已消退了,但服饰的社会性仍是源远流长。比如,"文革"时祖国大地一片灰、蓝、绿,反映了这个国家的闭关自守,商品的单调,市场的不繁荣。现在人们的服饰五颜六色,争奇斗艳,这充分展示了人们的一种自我意识的深刻觉醒,人们通过别具个性的服饰展现自我的同时也展现了这个时代开放、自由、竞争、崇尚自然的社会风尚。这就是服饰的社会意义之所在。

二、服饰是美的象征

服饰作为一种美的符号已深入人心,尤其在社交活动中,人们总是有意无意地以美的标准去塑造自己。像现代的歌星、影星、名流之所以特讲究外包装,就是希望通过一种外在美和内在美的高度统一给公众留下一个美好的形象。

虽然,服饰的美是有魅力的,是有创造性的,但这种美并不是绝对的、抽象的。服饰的美是一种相对的具体的美,不同的个体对同一种服饰所体现出的美感就有距离,适合于你的不一定适合于我。因此,我们要知道服饰打扮的礼仪规范,创造一个真正美的自我。

在社会上,许多人将装饰性作为服饰的首要作用。在商界,人们优先考虑的是服饰的社会性作用。其装饰作用通常都被列为第二位来考虑。

有位西方的商界大亨说:"一本好书,要有一个好的封面,才能吸引读者;一个有教养的人,要穿着得体,才能令人景仰。对一个公司来说,它的职员的服饰,好比是一部著作的封面,对它必须从严要求,才能树立起良好的公司的形象。"他的话,精辟地说出了对商界人士服饰从严要求的重要性。

在商界必须遵守的服饰礼仪的宗旨是:典雅、庄重、保守、规范。

■服饰打扮的基本原则

一、整洁原则

整洁原则是指着装要干净合体,整齐有致。无论在何种场合、穿何种服装,我们都要注意衣服的整齐洁净。只有如此,才能保证服饰有美感;否则,无论你穿何种品牌、质地、样式、颜色的衣服,都会给他人留下不洁的印象,也就谈不上什么服饰美了。

二、个性原则

要使打扮富有个性,应注意两个问题:

一是不要盲目追赶时髦。因为最时髦的东西是最没有生命力的。

二要穿出自己的个性。不同的人由于年龄、性格、职业、文化素养的不同,自然就会有不同的气质。所以,选择服饰既要符合个人的气质,同时通过服饰更突现出个性气质。

有一位女大学生说:"着装要有自己的特色,大家看我时能够自然地接受,我在大家中间时,能发现我的存在。"

三、和谐原则

和谐原则即指协调得体原则。我们要挑选适合于自己的服饰,使服饰能掩盖体形的某些不足,借助于服饰创造出一种具有美妙身材的错觉。

高品位的服饰所带来的美的享受和作用是毋庸置疑的,但这并不是说任何依附在人身上的服饰都能产生美感。所以,我们在选择服装时要考虑自己的身材条件以及年龄大小。下面列出的几种特殊身材的人着装时要注意掩饰自己的缺陷。

高大的人,上衣不宜过短,款式不能太复杂,色彩宜单色,避免太亮、太淡、太花的色彩。

矮个的人,上衣不要过长,裤子不宜过短,可上下一色,款式宜简洁,忌穿横条纹。

较胖的人,衣服不能太紧身,以"V"领为佳,裤子或裙子不宜穿在衣服外边,以冷色调为好,忌穿横条纹、大格子、大花衣服。

较瘦的人,衣服不能太紧身,色彩明亮柔和些,不宜穿深色,可穿横条纹、方格子、大花图案的服饰。

除体形外,还要注意服饰与年龄的相配,掌握和谐就是美。

四、着装的 TPO 原则

着装的 T(Time)、P(Place)、O(Object)原则是指人们在穿着打扮时要兼顾时间、地点、场合并与之相适应。

一件被认为美的服饰不一定适合所有的场合、时间、地点。如一件泳装在大海边或在游泳池旁那是一道美丽的风景,如穿着泳装出现在十字街口那就会令人匪夷所思了。

(一)服饰的时间原则

一般包含三个含义。第一个含义是指每天的早上、日间和晚上三段时间的变化,第二个含义是指每年的春、夏、秋、冬四季的不同,第三个含义是指时代间的差异。通常来讲,早上、日间安排的活动户外居多,穿着可相对随便;而晚间的宴请、听音乐、看演出、赴舞会等一般则比较正规,并由于空间的相对缩小和人们的心理作用,往往对晚间活动的服饰给予更多的关注和重视,拘泥的礼仪也就相对严格。除了一天的时间变化外,还应考虑到一年四季不同的气候条件的变化对着装的心理和生理的影响。夏天的服饰应以简洁、凉爽、大方为原则,拖沓累赘的装饰,会使周围的人产生闷热烦躁的感觉,自己也会因为汗水渍渍而显得局促不安。尤其是女性,汗水还会损坏面部的化妆。冬天的服饰应以保暖、轻快、简练为原则,穿着单薄会使人因寒冷而面色发青,嘴唇发乌,甚至出于本能缩肩佝背,以致无俊美可言。还有就是要顺应时代的潮流和节奏,过分复古(落伍)或过分新奇(超前)都会令人侧目,并与公众拉大心理距离。20 世纪 60 年代的西装革履、涂脂抹粉与 90 年代的补丁夹袄给人心里留下的会是同样的不协调,说明穿着打扮始终不能脱开时代的圈界。

(二)服饰的地点原则

服饰的地点原则实际上是指环境原则。不同的环境需要与之相协调的服饰。豪华宾馆铺着丝绒地毯的会客室与陈旧简陋的会客室,穿着同一套服装得到的心理应会是截然的不同。同样,在高贵雅致的办公室,在绿草丛生的林荫中,或在曲折狭窄的小巷里,穿戴同样的服饰给人的感受也会因人而异,或是给人身份与穿着不相配的感觉,或是给人呆板的感觉,或是显得华而不实……凡此种种不快的感觉都是十分有损形象的,而避免它的最好办法就是"入乡随俗"。

(三)服饰的场合原则

就是指服饰要与穿着场合的气氛相和谐。参加庄重的仪式或重要的典礼等重大公关活动,着一套便服或打扮得花枝招展,会使公众感觉你没有诚意或缺乏教养,而从一开始就对你失去信心。一般说,公关人员应事先有针对性地了解活动的内容和参加人员的情况,或根据往常经验,精心挑选和穿着合乎这种特定场合气氛的服饰。记住,永远穿得比四周的人稍微考究一点、精神一点、时尚一点，使你的服饰与场合气氛的融洽和谐程度始终比公众高一筹。

总之，服饰的 TPO 原则的三要素是互相贯通、相辅相成的。人们在社交活动中，总是会处于一个特定的时间、场合、地点中。因此，在社交活动前，不妨认真考虑一下，穿什么？怎么穿？这是社交成功的一个开端。

五、着装配色原则

服饰的美是款式美、质料美、色彩美三者完美统一的体现，形、质、色三者相互衬托、相互依存，构成了服饰美统一的整体。而在生活中，色彩美是最先引人注目的。不同的色彩代表着不同的情感意义。

（一）色彩的情感意义

● 红色：象征热情、激动和兴奋，象征喜庆、吉祥和幸福。红色易与白、黑相配，不宜与蓝、绿等相配。

● 橙色：象征温暖、明亮和华丽，给人一种富丽明快之感。餐馆、酒吧选橙色台布给人以一种温暖的家的感觉。

● 黄色：象征轻松、纯净、庄严，是一种明亮、注目的色彩。历代帝王崇尚黄色，认为黄色是天地象征，皇上选用黄色作为服饰色彩，是一种至高无上的权力的象征。

● 绿色：象征宁静、清新和明媚。这是大自然的色彩，称为生命之色。

● 蓝色：象征寒冷、深远、神秘。蓝色让人想起万里晴空、浩瀚的大海，给人柔和、沉静和理智的感觉。

● 紫色：象征高贵、优雅和神秘。有时也给人高不可攀的感觉。"紫色门第"即意味着地位和财富。紫色中最受欢迎的是淡紫和深紫色。

● 白色：象征明净、高洁和雅致。让人联想起纯洁、飘逸之感。西方人通常选白色为婚礼服的颜色，认为这是爱情纯洁与坚贞的象征。

● 黑色：象征寂寞、远逝和严肃。也代表哀伤、恐怖。黑色服饰给人以庄重、洗练之感。黑色可以隐藏有缺点的身材，使身材显得苗条。

色彩还可以使人产生联觉，人们可从色彩的感觉中产生冷暖、轻重、扩缩等联觉。

（二）服装色彩的搭配方法

服装色彩的搭配主要有以下几种方法。

一是同种色相配。这是一种简而易行的配色方法。即：把同一色相，明度接近的色彩搭配起来。如深红与浅红、深绿与浅绿、深灰与浅灰等。这样搭配的上下衣，可以产生一种和谐、自然的色彩美。

二是邻近色相配。把色谱上相近的色彩搭配起来，易收到调和的效果。如红与黄、橙与黄、蓝与绿等色的配合。这样搭配时，两个颜色的明度与纯度最好错开。例如，用深一点的蓝和浅一点的绿相配或中橙和淡黄相配，都能显出调和中的变化，起到一定的对比作用。

三是主色调相配。以一种主色调为基础色，再配上一两种或几种次要色，使整个服饰的色彩主次分明、相得益彰。这是常用的配色方法。采用这种配色方法需要注意：用色不要太繁杂、零乱，尽量少用、巧用。一般来说，男性服装不易有过多的颜色变化，以不超过 3 种颜色为好。女子常用的各种花型面料，色彩也不要过于堆砌，色彩过多显得太浮艳、俗气。

不同色彩相配,常采用对比手法。在不同色相中,红与绿、黄与紫、蓝与橙、白与黑都是对比色。对比的色彩,既有互相对抗的一面,又有互相依存的一面,在吸引人或刺激人的视觉感官的同时,产生出强烈的审美效果。因此,鲜艳的色彩对比,也能给人和谐的感觉。如红色与绿色是强烈的对比色,配搭不当,就会显得过于醒目、艳丽。若在红与绿衣裙间适当添一点白色、黑色或含灰色的饰物,使对比逐渐过渡,就能取得协调。或者红绿双方都加以白色,使之成为浅红与浅绿,看起来就不那么刺眼了。

(三)服饰色彩与肤色相配的艺术

同样一种色彩并不一定适合所有肤色的人,有些色彩可以引起人们肤色发生神奇的变化,使本来黄黑的皮肤会便得白皙,有些色彩可以使人面色发黑发青,所以在选择服饰色彩时应考虑自己的肤色是否与之相配。

皮肤白皙者:适合穿各种颜色的衣服。但苍白者避免穿纯黑或纯白的上装,白里透红者适合穿素色。

皮肤偏黄者:避免用明度高的蓝色、紫色或黄色上装。对于肤色特别黄的人忌穿大红大绿。一般选中性色的服饰,如奶白色、浅灰色等。

皮肤偏黑者:不要穿纯黑或太紫太褐的上装。可选一些比较明亮的颜色,如浅黄、鱼肚白、粉白等,可以强化肌肤的健美感。

■ 男子服饰

现代社交场合男士穿着最多的是西服。西服是一种国际性服装。一套合体的西服,可以使着装者显得潇洒、精神、风度翩翩。

实证鉴录

　　小李刚从大学毕业,便加入了一家公司,被分配到销售部,具体做产品推销工作。小李早就听说过公司职员的个人形象在业务交往中备受重视,因此他头一次外出推销产品时,便穿上了一身刚买的深色西装、一双黑色的皮鞋、一双白色的袜子,希望自己形象不俗,并因此而有所收获。

　　让小李大惑不解的是,他虽然跑了不少地方,但与接待他的人刚一见面,对方往往朝他打量几眼,便把他支走了。有的大厦的保安,甚至连楼门都不让他进去。

　　后来,经过高人指点,小李才知道自己当时屡屡被拒之门外的原因,主要是形象欠佳。小李上门进行推销时,虽然身穿深色西装、黑色皮鞋,但却穿了一双白色的袜子。这种穿法,有悖西装着装的基本规则,因而不能为他人所认可。此虽瑕疵,但对商务人员来讲,却是被直接与其所在单位的产品、服务的质量等量齐观的。

一、西装款式分类

(一)欧式西服:领型狭长,腰身中等,胸部收紧突出,袖笼与垫肩较高,整体造型优雅,一般为双排扣。

(二)英式西服:外观与欧式相仿,但垫肩较薄,后背开衩,绅士味道很足。

(三)美式西服:领型较宽大,垫肩适中,胸部不过分收紧,两侧开衩,是一种比较自然的风格流派。

(四)日式西服:外观略呈"H"型,领型较窄、较短,垫肩不高,后部多不开衩,一般为单排两粒扣。

二、西服的选择

（一）颜色

着深色西服的男士给人以成熟、深沉的感觉,因此蓝色、灰色及黑色的西服是社交场合男士的最佳选择。对于一些身材比较标准的男士来说,出席晚宴时,穿一套质料考究、裁剪得体的白色西服,无疑会是晚会上众人目光追随的对象,对他进行社交活动会起到事半功倍的效果。

（二）款式

以上几种西装款式中最适合中国人的无疑是日式西服,他的设计考虑到了东方人的形体特征。

（三）规格

选择得体的西装还需要注意西装的规格,具体标准应达到符合下面的视觉效果:穿上皮鞋自然站直后,从肩膀到鞋底,上衣和裤长应各占一半,或者是衣服的下边沿齐到手下垂到虎口为止,而袖长则齐到手腕。裤子长应垂直于皮鞋上面。西服的面料最好是硬实挺括而又不失柔性的,纯毛或含毛较多的衣料是首选。

三、西服的穿法

人们常说:"西服七分在做,三分在穿。"那么,怎样穿西服才算得体呢?

（一）讲究规格

西服有两件套、三件套之分,在正式场合应穿同质、同色的深色毛料套装。二件套西服在正式场合下不能脱下外衣。按习俗,西服里面不能加毛背心或毛衣。在我国,至多也只能加一件"V"字领羊毛衣,否则显得十分臃肿,以致破坏西服的线条美。

（二）穿好衬衣

衬衣为单色,领子要挺括,不能有污垢、油渍。衬衫下摆要放在裤腰里,系好领口和袖口。衬衣衣袖要稍长于西服衣袖 0.5～1 厘米,领子要高出西服领子 1～1.5 厘米,以显示衣着的层次。

（三）系好领带,戴好领带夹

西服驳领间的"V"字区最为显眼,领带应处在这个部位的中心,领带的领结要饱满,与衬衣的领口吻合要紧凑,领带的长度以系好后下端正好触及腰上皮带扣上端处为最标准。领带夹一般夹在衬衫第三粒与第四粒扣子间为宜。西服系好纽扣后,不能使领带夹外露。选择领带还要注意领带的宽度应该与西服翻领的宽度相适宜。过细的领带显得不大方。选择领带还要注意领带的花色与服装、衬衣的搭配。领带的花色很多,单色的领带可以搭配多种色彩、款式西装、衬衣。花色领带应尽量避免与花衬衣搭配在一起。

（四）用好衣袋

西服上衣两侧的口袋只作装饰用,不可装物品,否则会使西服上衣变形。有些物品,如票夹、名片盒可放在上衣内侧衣袋里,裤袋亦不可装物品,以求臀位合适,裤形美观。

（五）系好纽扣

按常规礼仪,双排扣的西服要把纽扣全部系上,不可随意松开,以示庄重。单排两粒扣,只扣上面一粒纽扣,三粒扣则扣中间一粒,坐下时可解开。单排扣的西服也可以全部不扣。

（六）穿好皮鞋、袜子

穿西服一定要穿皮鞋，而且裤脚要齐到皮鞋面。不能穿旅游鞋、轻便鞋或布鞋、露脚趾的凉鞋，也不能穿白色袜子和色彩鲜艳的花袜子。鞋的颜色以黑色为主，并要保持皮鞋的洁净和光亮。袜子的颜色要么跟西裤的颜色接近，要么跟皮鞋的颜色接近。袜筒长以坐下后不露出腿部皮肤或衬裤为标准。

■女子服饰

如果你是一个刚毕业进入职场的小女生或跳槽进来的新员工，如果不想自己的打扮成为别人暗地里的笑话，可以先问问人事部本公司的着装规定有哪些。即便没有人事经理，你也要特别留意公司各级别职员的穿衣风格，这是最保险最稳妥的。

初到公司面试的时候就要开始留意前台小姐、接待面试的人员、公司里进出的女职员穿什么样式的衣服，并把它作为直接参考依据。

除了各公司文化氛围不同，不同行业的着装也有不同的讲究。一般来说，从事软件开发或设计行业的公司尺度放得较宽，男女职员都比较随意，女性一般都是那种半职业化半休闲化的着装，只要不过分妖娆性感就行了。在金融界从业的女性通常要穿得正式些、考究些，外貌上要体现出稳重大方、精明强干的特点。一般应该穿上下两件的服装。此外，七分裤配拖鞋在 A 公司可能毫不奇怪，但到了 B 公司就可能会受人指责，这种差异也早已不足为奇。无论你在哪里，只有读懂了规则，使服饰和环境协调了，才会和周围同事相处得融洽，做"独孤一派"是不太可能职场顺利的。

在社会交往日益频繁的今天，职业女性越来越重视自己的着装。俗话说："人靠衣裳马靠鞍。"服装的可塑性是很大的，从质地到样式，从色彩到装饰，最能体现人的"气质"。

 实证鉴录

英国历史上第一位女首相撒切尔夫人，对自己的化妆、服饰非常讲究。在她身上，没有一般女人的珠光宝气和雍容华贵，只有淡雅、朴素和整洁。

从少女时代开始，玛格丽特就十分注重自己的衣着，但并不标新立异、哗众取宠，而是朴素大方、干净整洁。从大学开始，她受雇于本迪斯公司。她那时的衣着给人一种老成的感觉，因而，公司的人称她为"玛格丽特大婶"。每个星期五下午，她去参加政治活动时，都头戴老式小帽，身穿黑色礼服，脚蹬老式皮鞋，腋下夹着一只手提包，显得持重老练。虽然有人笑话她打扮土气，但她却有自己独到的见解：这样的打扮能在政治活动中取得别人的信任，建立起威信。她的衣服从不打皱，让人觉得井井有条是她一贯的作风。从服饰方面注意自己的仪表形象，对玛格丽特事业的成功的确起到了一定的作用。

现实当中，职业女性究竟该穿什么样的服装上班才合适呢？一般来说，传统的套装能较好地与办公室环境相协调。这种服装简单大方，能适应各种工作场合，只要在搭配上多花些心思，就能成为大方得体的上班服饰。以西装外套和短裙为例，只要再准备些换穿的裙子及外套，就能做出各种搭配及变化。而且这种装束既可表现出温柔、典雅的女性美，又能表现出女性精明干练的风格。

选择上班时的穿着时，还要考虑到衣服的色彩。衣服颜色不宜过于鲜艳、亮丽。一般

来说以穿着银灰色、浅米色、咖啡色等颜色最为适宜,如果是有花纹的布料,则以素色为佳。总的来说,上班时的服装切勿使用过多的颜色。如果感到外套颜色过于朴素,可以搭配较鲜艳的腰带或衬衫,这样就可表现出活跃、青春的气息。

所有适合职业女士在正式场合穿着的裙式服装中,套裙是首选。它是西装套裙的简称,上身是女式西装,下身是半截式裙子。也有三件套的套裙,即女式西装上衣、半截裙外加背心。

一、套裙的选择

（一）面料与做工

一套在正式场合穿着的套裙,应该由高档面料缝制,如毛料或毛涤混纺,上衣和裙子要采用同一质地、同一色彩的素色面料。在造型上讲究为着装者扬长避短,所以提倡量体裁衣并且做工要考究。

（二）款式与色彩

套裙的上衣注重平整、挺括、贴身,较少使用饰物和花边进行点缀。裙子要以窄裙为主,并且裙长要到膝或者过膝。色彩方面以冷色调为主,应当清新、雅气而凝重,以体现着装者的典雅、端庄和稳重。藏青、炭黑、茶褐、土黄、紫红等稍冷一些的色彩都可以。最好不选鲜亮抢眼的。为避免显得杂乱无章,一套套裙的全部色彩不应超过两种。正式场合穿的套裙,可以不带任何图案,要讲究朴素而简洁。以方格为主体图案的套裙,可以使人静中有动,充满活力。一些以圆点、条纹图案为主的套裙,也可以穿着,但不能用花卉、宠物、人物等符号为主体图案。套裙上不要添加过多的点缀,否则会显得杂乱而小气。如果喜欢,可以选择少而且制作精美、简单的点缀。有时候,穿着同色的套裙,可以采用和不同色的衬衫、领花、丝巾、胸针、围巾等衣饰来加以点缀,显得生动、活跃。套裙的上衣和裙子的长短是没有明确规定的。一般认为裙短不雅,裙长无神。最理想的裙长,是裙子的下摆恰好抵达小腿肚子最丰满的地方。

二、套裙的穿着和搭配

（一）套裙的穿着

套裙穿着应注意:第一,套裙的上衣可以短至腰部,裙子可长达小腿的中部。第二,穿着到位,上衣衣扣必须一律扣上。第三,考虑场合,协调妆饰,以淡妆为宜。第四,佩饰物以少为宜。第五,就座时,不可双腿分开过大或跷起一条腿。第六,不穿黑色皮裙。因为在国外,只有街头女郎才如此装扮,与欧美国家打交道时,是绝对不可以这样穿的。如穿着薄形面料或浅色面料的套裙时,必须穿衬裙。衬裙应注意线条简单、穿着合身。在颜色上,应采用白色、肉色。

（二）套裙的搭配

在套裙的搭配上,应考虑衬衫、内衣、衬裙、鞋袜的选择是否得当。

1.衬衫

衬衫的面料讲究轻薄、柔软。从色彩上讲,以单色为最佳,不宜过于鲜艳和有图案,并且与套裙的色彩相协调。穿衬衫时,必须注意以下事项:一是衬衫的下摆必须掖入裙腰之内。二是衬衫的纽扣要全部系好,除最上端的一粒纽扣按惯例允许不系外,其他纽扣不得随意散开。三是在工作场合不可随意脱下外衣而直接将衬衫穿在外面,特别是着紧身、透明的衬衫时,更要注意这一点。内衣的颜色必须慎重选择,多选用白色、肉色、粉红色,注意其大小适当,柔软贴身。

2.鞋袜

鞋子的选择要注意鞋跟的高度要合适。需要站着工作,或经常走路,或坐办公室的人工作时所穿的鞋子高度,以3~5厘米为宜。太高,会让脚的负担太重而产生疲劳,此外也会引起腰和肩膀的酸痛。反之,若鞋跟太低,走起路来,因脚后跟要向后踩,也会减少走路的韵味。鞋子的颜色要考虑跟套装的颜色相搭配,在款式上应以船形皮鞋为主,不宜采用系带式皮鞋和丁字形皮鞋。

穿套裙时要着丝袜,这不仅是礼仪的需要,而且还能掩饰腿部的缺陷,增加腿部的美感,丝袜颜色要与裙装的颜色相协调,腿较粗的人适合穿深色的袜子,腿较细的人适合穿浅色的。一般不选用鲜艳颜色和有明显的网格、花纹的袜子。穿丝袜时,袜边不能外露,穿一双明显跳纱破损的丝袜是不雅和失礼的。

■饰物礼仪

在社交活动中,人们除了要注意服装的选择外,还要根据不同场合的要求佩戴戒指、耳环、项链、胸针等饰品。人们凭借不同珠宝首饰所闪烁出的光华,使自己更有魅力、更有生气。佩戴珠宝首饰是追求装饰美的一种体现。怎样才能体现这种装饰美呢?这要求佩戴者在选用饰物时,必须考虑时间、地点、对象等环境以及自身的因素,尽量使你所佩戴之物与之和谐,形成整体的美感。

一、戒指

在首饰的佩戴上,戒指的戴法最为讲究。戒指一般戴在左手上。戴在不同的手指上,传递的信息也不同,表示不同的寓意。戴在食指上,表示尚未恋爱,正在求偶;戴在中指上,表示已有意中人,正在恋爱;戴在无名指上,表示已订婚或已结婚;戴在小指上,表示独身;大拇指一般不戴戒指。通常情况下,左手只戴一枚戒指。戴多枚戒指,含义不明确,并有过分炫耀或故意卖弄之嫌。戒指戴在右手指无特定含义。戒指就质地而言,有钻石、金、银、玉不等。选戴戒指时,不同性别、不同身份的人应有所不同。男士可选戴方戒、圆戒等线条简洁、款式粗犷的戒指;女士可选择样式多变,线条柔美,做工精致、小巧的戒指。

二、项链

项链是女性最常戴的饰品之一,它大致可分为金属项链和珠宝项链两大类。选择项链时一般考虑庄重、雅致。项链的佩戴要因人而异。脖子细长的人应选戴短项链,其长度为40厘米左右;而脖子粗的人,应选择细长项链,其长度为60厘米左右;一般人可选戴中长项链。中年人宜选择工艺性强、质朴典雅的项链;青年人则以选择颜色漂亮、款式新颖的项链为好。选择项链,还应与穿着的服饰相和谐,衣服轻柔飘逸,项链应玲珑精致;衣服面料厚实,项链要粗大些。衣服颜色单一或颜色典雅,项链可选择颜色鲜艳的,如选择蓝宝石项链、红玛瑙项链等。衣服色彩艳丽,可选择色泽古朴、典雅的项链。

三、耳环

耳环在佩戴时应根据其脸型特点来选配。比如,圆脸型不宜佩戴圆形耳环,因为耳环的小圆形与脸的大圆形组合在一起,会加强"圆"的信号;方脸形也不宜佩戴圆形和方形耳环,因为圆形和方形并置,在对比之下,使得方形更方,圆形更圆。另外,佩戴耳环也必须考虑服装的颜色和样式,应该选择淡雅的服装,尤其是上装,这是因为与色彩鲜艳的服装搭配会使耳环的装饰效果相对逊色。

四、手镯和手链

手镯和手链的佩戴也暗示着该女子的婚姻状况。手镯戴在右手腕,表示自己是自由人;戴在左手腕或左右各一,表示名花有主。戴手镯或手链时,不可以同时戴手表,且手镯和手链在一只手上只能戴一样。手部不太漂亮的人要知道,手上戴的东西太多了反倒容易暴露自己的短处,那些注意你手上饰物的人不可能不同时注意你的手。

五、胸饰

胸饰包括胸花和胸针。胸花一般指戴在左胸部位的花饰,多用于参加宴会、招待会及各种大型的庆典活动和具有特别纪念意义的活动。参加这些活动,佩戴胸花可显出自己的身份、地位,并给人以正规、隆重之感。选佩胸花时,要重视胸花的样式及衣服颜色的搭配;服饰漂亮,胸花宜朴实;反之,宜选择色彩鲜艳的胸花。胸针也佩戴在胸部,它大小不一,多为金属制作,适合各种场合佩戴,但选择时应同身上服饰及环境相协调,如穿西装套裙上班,所选胸针的图案、花色应当庄重、文雅。

 实证鉴录

美国前任国务卿奥尔布赖特女士,曾是世界上有权威的铁腕人物。她和英国前首相撒切尔夫人一样,钟爱珠宝首饰,她们都自信珠宝首饰能衬托女性的美丽、文雅、庄重。但不同的是,奥卿还有一套自己的"胸针哲学"。

在她担任美国驻联合国大使时,为波斯湾战争与伊拉克政府要员开始接触。她的作风强硬,被伊拉克人形容像一条蛇一样。一个月后,当她和伊拉克外长阿齐兹会面时,就戴着一枚蛇形胸针。当她与俄罗斯前总统叶利钦会面时,佩戴的是一枚象征美国权威的雄鹰胸针。她每次出使中东地区,通常会戴着象征和平的金色鸽子,或不达目的绝不罢休的山羊造型的胸针。2000 年 10 月 23 日,为促使朝韩两方统一而会见金正日,奥卿佩戴的是美国国旗的胸针。在欢乐的场合,奥卿会戴个热气球胸针,有时为表达诚意就别个小天使胸针。奥卿所佩戴的胸针多属于模仿型的设计产品,对其蕴含的哲理及外交语言,可根据其原形的性质特征及当时的外交形势加以诠释。

■仪容修饰

仪容修饰,是人的一种自觉的后天性的努力。它不是要求人们去变更自己先天性的容貌,而是要求人们"秀于外"与"慧于中"两者并举,要求人们自觉主动地去维护自己仪容的"大环境",使自己更显得端庄大方。

仪容由面容、发式以及身体所有未被服饰装饰的肌肤所构成,是个人仪表的基本内容。每个人的仪容是先天的,如五官端正、肤色健康、身体各部位比例匀称是构成仪容的三大基本因素。五官端正是指面部五官分布均匀,三庭五眼布局合理。三庭是指上庭、中庭和下庭(各占 1/3)。上庭是面部从额头发际到两眼眉连线以上的位置。中庭是指两眼眉横线以下,到鼻端横连线以上的位置。下庭是鼻端横连线以下,到下额的位置。五眼是指从正面看,左耳孔到右耳孔之间脸部横向平面距离正好相当于五只眼睛的宽度。一个人的脸型符合上述比例,就显得端庄周正。肤色健康是指皮肤或白或红或黝黑,而且光滑、亮泽。身体

各部分比例匀称是指头与躯干、上身与下体、三围尺寸、四肢比例的协调,而且身体既不能过胖,也不能过瘦。

一、头发修饰

整洁的仪容最基本的形象是拥有整洁干净的头发。在今天,头发的功能不仅仅是表现人的性别,更多的是意味着一个人的道德修养、审美水平及行为规范。人们可以通过一个人的发式判断出其职业、身份、受教育程度、生活状况及卫生习惯,也可感受出其对生活、工作的态度。因此,商务人员必须注意根据自己的形体、气质选择适当的发型,充分展示自己美的风采。

头发要做到无头屑,清洁整齐。男性商务人员要求头发短不能为零,长前不遮眉,后不及领,侧不掩耳,并选择合适的发型。女子的头发不能太土,要有时代感,上班不能披头散发。

发型的样式很多,在选择时要根据自然、大方、整洁、美观的原则,还要观察发型的流行趋势,并考虑自己的年龄、性别、职业、脸型等特点。特别是女性在选择发型时要考虑以下因素:

(一)发型与脸型要协调

发型对人的容貌有极强的修饰作用。关键是要根据自己的脸型选择发型。如圆脸型宜选择梳高头顶部头发,用两侧头发适当遮住两颊;长脸形适宜选择用"刘海儿"遮住额头,加大两侧头发的厚度,以使脸部丰满起来。

(二)发型与体型协调

发型的选择还要注意与体型相协调。如脖颈粗短的人,宜选择高而短的发型;脖颈细长的人,宜选择齐颈搭肩、舒展的发型;体型瘦高的人宜留长发。

(三)发型与年龄职业相协调

发型是一个人文化修养、社会地位、精神状态的集中反映。通常年长者最适宜的发型是大花型短发或盘发,而年轻人适合那些活泼、简单、富有青春活力的发型。

(四)发型与服饰相协调

为体现服饰的整体美,发型必须根据服饰变化而改变,如穿着礼服或制服时,女性可选择盘发或短发,以显得端庄秀丽、文雅。穿着便装时,可选择各色适合自己脸型的轻盈发式。

(五)发型与工作环境相协调

礼仪小姐发型设计应新颖、大方,职业女性发型设计应文雅、庄重。

二、脸部修饰

(一)认识皮肤

皮肤是人体的最大器官,具有护卫、感觉、呼吸、吸收、排汗等多种功能。根据皮肤的不同特点,可以把皮肤分成五种类型:

1.油性皮肤

亦称皮脂溢出型皮肤。此类型皮肤的人的头面部如同涂有油脂,非常油腻,不易出现皱纹。但易使一些污垢附着于皮肤之上,所以应经常清洗,不易涂抹油脂含量多的护肤品。

2.干性皮肤

干性皮肤是一种缺少水分的皮肤。其皮脂腺分泌少,没有油腻感。因此皮肤表面易干巴,失去应有的弹性和光泽,也容易产生皱纹。长时间风吹日晒,皮肤就会发红和起皮屑;在寒冷、干燥季节里,易出现皲裂。因此,在洗脸或洗澡时应使用含甘油的香皂或洗面奶,洗脸后涂上含油脂量较多的护肤品。

3.中性皮肤

中性皮肤是一种最健康的皮肤。其皮脂和水分的分泌适中,所以皮肤既不干燥也不油腻,结实润滑,富有弹性,肤色洁白,红润光泽。宜选用中性护肤皂或洗面奶,可涂抹各种护肤品。

4.混合型皮肤

混合型皮肤指的是在一个人的面部同时存在着两种类型的皮肤。如两面颊是中性,而额头和鼻嘴三角部位是油性皮肤,这样的皮肤宜分别护理。

5.过敏性皮肤

过敏性皮肤大多毛孔粗大,油脂分泌偏多。对很多护肤品和化妆品有过敏性反应,如皮肤发痒、红肿、刺痛、皮疹,甚至产生心慌、气短、面色苍白等现象。

(二)脸部护理

最佳的护肤基本步骤分为以下五个方面:

1.清洁

皮肤清洁是保养的基础,可以彻底地去除脸上的化妆品,表面油渍和污垢。清洁的手法:用中指和无名指的指腹顺着皮肤纹理的走向,由下向上、由内向外轻柔面部,避开眼周。然后用温水冲洗,用干毛巾或者化妆棉轻轻吸干面部。如果有彩妆,则应该先卸除残妆。卸装是清洁之前重要的一步。

2.调理

角质层过厚,肌肤失去通透感,变得粗糙晦暗,而且会阻碍对护肤营养品的吸收。这就需要养成定期去除堆积死皮的护肤习惯,让肌肤恢复通透柔嫩。一周两次敷面膜,可以帮助剥除表面干燥细胞,使皮肤纹理光滑,呈现清新、光彩,并促进对护肤营养品的吸收。敷面膜的手法:以向上、向外的手势将面膜平敷在洁净的脸部,避开眼周和唇部。静待10分钟,然后用清水洗去。注意,如果是敏感肌肤,8分钟即可。

3.爽肤

使用爽肤水的作用是补水保湿,同时可以软化角质,再次清洁肌肤,促进后续润肤营养吸收。平衡PH值,增加肌肤的柔软感和湿润度。还可以帮助收缩毛孔。爽肤水的用法:沾湿化妆棉,避开眼部,轻轻擦拭脸部和颈部,直到化妆棉上没有污垢及残留化妆品的痕迹为止。这样,不仅可以加强二次清洁的效果,更能有效促进后续营养吸收。

4.均衡滋养

这是指用乳液或面霜的保养步骤。能给肌肤补充必需的水分和养分,充分滋润皮肤,保持肌肤柔润光滑。均衡滋养的用法:用中指和无名指的指腹,把乳液轻轻地以朝上和朝外的方式涂抹。涂抹眼周部位时,请用轻柔的无名指指腹。

5.保护皮肤

使用粉底,避免灰尘和污染物与皮肤接触,保护皮肤,并给予皮肤光滑、匀称的光彩。粉底使用的方法:取适量,先用五点法,点在额头、鼻子、两颊和下巴处。然后用中指无名指指腹或海绵,将粉底轻点,分散开,然后轻轻将粉底向外向下推开、抹匀。

（三）脸部美容应注意的几个问题

面容护理除了采用正确的洗脸方式以外，还应注意以下几个问题：

1.要保持乐观的情绪。俗话说，笑一笑，十年少。因为笑的时候，表情肌肉的舒展活动，使面部皮肤新陈代谢加快，促进血液循环，增强皮肤弹性，起到美容作用。

2.养成良好的睡眠习惯。在睡眠状态下，人体所有器官（包括皮肤）都能自动休整，细胞加速更新，皮肤可以获得更多的氧，用于满足新陈代谢的需要。

3.养成多喝水的习惯。皮肤的弹性和光泽，主要是由它的含水量决定的。如果皮肤中的含水量低，就呈现干燥、粗糙、无光泽的现象，并容易出现皱纹。因此，要使皮肤滋润细嫩，就要多喝水。晚上入睡前，早晨起床后，是补充水的最好时机。

4.要注意合理的饮食。不管什么皮肤，多吃含维生素 A、C、B、E 的食物，可以保持皮肤滋润有弹性，减少皱纹。

三、口腔清洁

世界卫生组织确定的人体健康十大标准，牙齿健康就为其一。牙齿整齐与否，似乎只是个美观问题，其实与健康关系重大。不整齐的牙列有碍清洁，藏污纳垢，易龋易臭，更影响咀嚼和发音功能，影响儿童的身心发育，甚至会累及终生。

注意牙齿清洁，不光是个人卫生和个人修饰问题。在危害牙齿健康的疾病中，龋病和牙周病是最主要的。患有这两种牙病的人普遍都与牙菌斑有关。去除牙菌斑的最好方法是做好口腔清洁。有专家主张刷牙最好坚持实施"3个三"，即一日 3 餐饭后刷牙，饭后 3 分钟刷牙，每次刷牙 3 分钟。这也是根据菌斑的形成特点和危害决定的。

四、手脚护理

（一）手的护理

手的护理除了随时清洗自己的手，指甲修理整齐外，平时要做做手指按摩操。具体步骤如下：

第一步：洗净双手，涂上香精油或按摩油，放松双手。

第二步：右手给左手按摩。用右手的拇指与食指，从左手小指与无名指开始，依序向大拇指移动揉搓。接着以螺旋状朝手腕上面按摩。

第三步：将右手拇指与食指分置左手手指两侧，由左手指尖向手掌轻滑，至根部稍用力按压。以右手拇指与食指夹住左手手指，由指根拉向指尖，以轻滑般的方式放开。

第四步：把左手摊平，以右手的手掌，在左手手背上来回呈圆形揉搓。

左手给右手按摩。步骤如上。

按摩后抹上保湿或滋养手膜，裹上保鲜膜，包上一条热毛巾，再用一条干毛巾覆盖（若没有时间，此节可省略）。约 10 分钟后用温水洗净双手，取适量护手霜，均匀涂于双手。

（二）脚的护理

脚部的护理首先要保持脚的清洁，除天天洗脚、天天换袜子以外，还要注意以下几个方面：

1.忌穿小鞋子。经常穿小鞋不仅可能使脚部畸形，还会在脚后跟或脚掌处磨出硬皮，即使以后穿普通鞋也会有压痛感。时间长了还可能形成"鸡眼"，甚至导致脚趾或足底皮肤变形。

2.忌对脚部干燥不作处理。尤其是秋冬季节，脚底皮肤容易干燥蜕皮和皲裂。如果不作处理,脚部皮肤会进一步恶化,导致鸡眼或趾间皮肤变白、感染化脓。因此,切不可小视脚部皮肤干燥。

3.忌不穿或少穿袜子。春夏季节,因水土或其他原因,很容易生出又痒又痛的足癣,轻者蜕皮,重者化脓奇痒。若不穿袜子,不仅可能导致皮肤溃烂,还有可能将霉菌传染到身体其他部位。

4.忌不注意脚部按摩。女士们对于夏天穿凉鞋在脚面上晒出的鞋印十分敏感。若不注意,不仅有损脚面皮肤的洁白细润,甚至会产生皮肤过敏等不良现象。为此,可适当按摩或揉搓双腿和双足,以保持脚部正常状态。

五、香水使用

法国著名设计师夏奈尔曾这样评价香水:香水是服饰的最后搭配。香水的全部意义是愉悦感觉,兴奋神经,诱发人们的最佳嗅觉及联想效果。它把服饰美烘托并升华到另一高度。香水可以说也是一种文化,是完成优雅形象塑造中画龙点睛的一笔。

(一)香水的分类

1.香精:含20%以上的香精,其余为酒精,其持久性可达6小时以上,适用于晚宴、舞会等场合,价格极为昂贵;

2.香水:含15%～20%的香精,14%～15%的蒸馏水,其余为酒精,香味可持续4小时,适合工作和休闲时使用,价格较高;

3.淡香水:含8%～15%的香精,17%～18%的蒸馏水,其余为酒精,香味可保持1～2小时,适合在家中,洗浴后及睡前使用,价格适中;

4.古龙香水:香精含量为4%～8%,通常作为男性香水;

5.香水剂:含1%～3%的香精。

(二)喷洒香水方法

1.香精是以"点",香水是以"线",淡香水是以"面"的方式,浓度越低,涂抹的范围越广。

2.七点法:首先将香水分别喷于左右手腕静脉处,双手中指及无名指轻触对应手腕静脉处,随后轻触双耳后侧、后颈部;轻拢头发,并于发尾处停留稍久;双手手腕轻触相对应的手肘内侧;使用喷雾器将香水喷于腰部左右两侧,左右手指分别轻触腰部喷香处,然后用沾有香水的手指轻触大腿内侧、左右腿膝盖内侧、脚踝内侧。七点擦香法到此结束。注意擦香过程中所有轻触动作都不应有摩擦,否则香料中的有机成分发生化学反应,可能破坏香水的原味。

3.喷雾法:在穿衣服前,让喷雾器距身体约10～20厘米,喷出雾状香水,喷洒范围越广越好,随后立于香雾中5分钟;或者将香水向空中大范围喷洒,然后慢慢走过香雾。这样就可以让香水均匀落在身体上,留下淡淡的清香。

4.香精以点擦式或小范围喷洒于脉搏跳动处:耳后、手腕内侧、膝后。淡香精以点擦式或喷洒于脉搏跳动处,避免用于胸前、肩胛的脉搏跳动处。

5.香水、古龙水或淡香水因为香精油含量不是很高,不会破坏衣服的纤维,所以可以很自由地喷洒及使用。例如:脉搏跳动处、衣服内里、头发上或空气中。

6.体温高的部位,抹香水的效果比较好。基本上是,身体内侧比外侧体温高;另外,香气向上升,涂在下半身比涂在上半身更能获得理想的效果。

7.不要在阳光照射到的地方抹香水。因为酒精在暴晒下会在肌肤上留下斑点,此外紫外线也会使香水中的有机成分发生化学反应,造成皮肤过敏。

8.香水可以喷在干净、刚洗完的头发上。若头发上有尘垢或者油脂会令香水变质。同时也不能够喷洒在干枯和脆弱的头发上,避免造成对发质的伤害。

9.香料为有机成分,易与金银珍珠反应使之褪色、损伤,因此香水不能直接喷于饰物上,可先喷香水后戴首饰。

10.棉质、丝质很容易留下痕迹,千万不要喷在皮毛上,不但损害皮毛,颜色也会改变。

11.香水喷在羊毛、尼龙的衣料上不容易留下斑点。不过,香味留在纯毛衣料上会较难消散。

模块二

仪态礼仪 ≫ ≫ ≫   ≫

⇨教学目标

终极目标

能为自己进行综合形象设计并展示。

促成目标

1.能正确运用面部表情；

2.学会正确的站姿、坐姿与走姿；

3.学会正确的手势；

4.学会演讲的基本礼仪。

⇨工作任务

1.班级个人形象设计比赛；

2.做好演讲准备，参加班级演讲。

⇨任务指导

从一家扩展到 70 多家，从 5000 美元发展到数十亿美元，名声显赫于全球的美国希尔顿酒店，半个世纪以来，不论经济如何波动，但它的生意长期火爆，财富直线攀升，稳坐世界酒店业"大哥大"地位。当有人探询其成功的秘诀时，希尔顿微笑着说："经营微笑。"

1930 年是美国经济最萧条的一年，工厂倒闭，许多人失业，85%的民众靠社会救济金维持生计，哪有闲钱去住酒店。因此，全美国80%的酒店关门打烊，熄火休息，转让出售的广告几乎遮盖了酒店的大门和橱窗。希尔顿酒家也是一年接一年地亏损，一度达到欠债 50 万美元的境地。面对此情此景，希尔顿召集留下的部分管理人员研究对策，寻找摆脱困境的良方。有人建议降低床位费，有人提出提高菜品档次，还有人提出了添置一流设备。面对五花八门的方案，希尔顿却提出"经营微笑"的独特思路。希尔顿告诉管理人员和员工，酒店只有一流的设备而没有一流的微笑，客人会认为我们提供的服务是欠缺的、不完美的。生活中缺少了微笑，犹如花园没有阳光，所以，希望大家思考一下如何"经营微笑"的具体方案。虽说"经营微笑"一词对希尔顿的员工来说,是第一次听到,经营思路、经营举措也是个盲区,但他们虚心接受希尔顿的"培训"。满怀自信,微笑常挂在脸上的希尔顿向员工呼吁:"目前,我们正值酒店亏损时期,为了将来能有云开雾散的一天,请各位千万别把愁云挂在脸上。请记住,希尔顿酒店的全体员工不是在经营酒店,而是在经营微笑,笑里藏着美金,笑里孕育着日出和鲜花。"在微笑经营的具体措施上,希尔顿制定出了一套完整的步骤和规则。例如,他们根据只有发自内心的微笑才是诚恳的和可亲的这一心理印象,首先培养员工热爱酒店、把客人当亲人的思想感情;其次,把微笑及态度和蔼、语言温馨、举止规范礼貌等素质纳入量化考核,实行奖惩制度,把微笑这个"软件"提高到比任何"硬件"都重要的位置。面对经济大萧条的现状,大多数美国人愁云满面,对前途迷茫和失望。因此,微笑成了20世纪30年代美国大地上最为短缺的"精神产品"。希尔顿正是发现了这一商机,把酒店当作出售微笑的市场,采取迂回曲折的曲线救国方案,让希尔顿酒店处处绽放微笑的花朵,成为美国人恢复自信、安慰灵魂、寻求寄托、感受亲切的家园。事实上,在那些纷纷倒闭的只剩下20%的酒店中,只有希尔顿酒店服务员的微笑是持久的、诚恳的和美好的。经济萧条刚过,希尔顿酒店集团率先跨入了新的繁荣时期,别人在装饰酒店寻找客源的时候,希尔顿已是日进斗金的黄金旺季。

 此案例给我们的启示是什么?

此案例给出的启示是:＿＿＿＿＿＿＿＿＿＿＿＿＿＿＿＿＿＿＿＿＿＿＿＿＿＿＿
＿＿＿＿＿＿＿＿＿＿＿＿＿＿＿＿＿＿＿＿＿＿＿＿＿＿＿＿＿＿＿＿＿＿＿＿＿＿
＿＿＿＿＿＿＿＿＿＿＿＿＿＿＿＿＿＿＿＿＿＿＿＿＿＿＿＿＿＿＿＿＿＿＿＿＿＿
＿＿＿＿＿＿＿＿＿＿＿＿＿＿＿＿＿＿＿＿＿＿＿＿＿＿＿＿＿＿＿＿＿＿＿＿＿＿

仪态图片展示

✹课堂讨论 2-1　一个人在公开场合中应具有什么样的心态?

讨论总结 2-1

仪态分类	具体内容	正确做法
表情	眼神	
	微笑	
姿态	站姿	
	坐姿	
	走姿	
	蹲姿	

仪态练习

活动名称:站姿、坐姿、走姿的训练。

活动目的:通过站姿、坐姿、走姿的训练,发现学生中不正确的姿势,使学生拥有一个挺拔优雅的仪态。

活动内容:学生练习站姿、坐姿、走姿,教师检查并纠正。

活动总结:总结训练中所存在的问题以及训练的现场情况。

✹课堂讨论 2-2　与人交谈应遵守哪些礼节?

讨论总结 2-2

倾听应遵守哪些礼节	说话有哪些艺术

⇨任务实操

(一)基本练习

1.练习面部表情(自己对镜练习);

2.练习坐姿;

3.练习站姿;

4.练习走姿;

5.练习演讲。

(二)班级个人形象大赛

1.为自己选择一个身份(大学生、公司员工、服装设计者等)来进行形象设计;

2.参加班级个人形象大赛。

要求:形象展示中须对自己的形象设计理念与特点结合学过的知识进行阐述。

(三)班级演讲会

1.准备演讲。个人准备演讲材料,并练习,准备参加班级的演讲会。

2.班级演讲。

➯知识链接

■仪态概述

仪态是指人们在行为中具体呈现的各种形态,也就是指人们的站、坐、走、蹲的体系规范。良好的仪态是一种修养,人们往往会凭借一个人的仪态来判断其品格、生活、能力和其他方面的修养程度。仪态美是一种综合的美,这种美既是身体各部分器官相互协调的整体表现,也是一个人内在素质与外表仪态的和谐。潇洒的风度、优雅的举止,常给人留下深刻的印象,并富有永久的魅力。

仪态是人们在成长和交往过程中逐步形成的,具有习惯性的特点。仪态在表情达意方面也许不像语言那么明确而完整,但它在表露人的性格、气质、态度、心理活动方面却更真实可靠。在日常交往中,人们通过语言来交流信息,但在说话的同时,面部表情、身体的姿态、手势和动作也在传递着信息,对方不但在"听其言",而且也在"观其行"。仪态语言是一种极其丰富、极其复杂的语言。信息的传递与反馈,从表面上看,主要是嘴、耳、眼的运用,事实上表情、姿态等所起的作用远远超过自然语言交流的本身。仪态是一种很广泛、很实用的语言,更是一种无形的名片,也许你没有随身携带档案、介绍信,但人们却可以通过你的一举一动、一笑一颦,判断出你的身份、地位、学识和能力,并因此而影响对你的信任程度、交往的深度等。

■表情礼仪

表情是指人的面部情态,即通过面部眉、眼、嘴、鼻的动作和脸色变化表达出来的思想感情。在体态语中,面部表情最为丰富,且最具表现力,能迅速而又充分地表达各种感情。

一、目光

人们称"眼睛是心灵的窗户",是因为心灵深处的奥秘常常会自然地从眼神中流露。文学大师泰戈尔说:"一旦学会了眼睛的语言,表情的变化将是无限的。"由此可见眼神强大的表现力。炯炯有神的眼睛,给人以情感充沛、生机勃勃的印象;呆滞麻木的眼神,让人疲惫厌倦、情绪低落。

见面时,要以热情的目光注视对方片刻,面带微笑;交谈时要不断地通过眼神与对方进行交流,长时间回避对方眼神而左顾右盼是不感兴趣的表现,但也不应紧紧地盯住对方的眼睛,这样会使人感到尴尬。交谈时,一般应注视对方的眼、鼻之间,不要将目光集中于对方脸上的某个部位或身体其他部位,特别是初次相识后异性之间,更要注意这点。根据人们交往中活动内容的不同,人的目光凝视的区域也不同。在洽谈业务、磋商问题和贸易谈判时,凝视的区域以两眼为底线,以额中顶角形成的三角区。如果你看着对方这个区域,就会显得严肃认真,对方也会觉得你有诚意。在交谈过程中,如果你的目光总落在这个三角区,那么你就会把握住谈话的主动权和控制权。在一般的社交场合,凝视的区域为以两眼为上线,以唇为下顶角所形成的倒三角形区。当你与人谈话凝视对方这个部位时,能给人一种平等、轻松感,从而创造出一种良好的社交气氛。所以在酒会、茶会、舞会和各种类型的友谊聚会中,最适合这种凝视。

二、微笑

微笑与眼神一样是无声的语言,是人际交往中的润滑剂,是人们表达愉快心情的心灵外露,是善良、友好和赞美的象征。一种有分寸的微笑,再配上优雅的举止,往往比有声语言更有魅力,可以收到此时无声胜有声的效果。可见,微笑既是一门学问,也是一门艺术。

微笑是自信的象征。一个人只要有理想、有抱负、充分看到自身存在的价值,就会青春常驻,笑口常开。一个有知识懂一定礼仪的人,也会经常把微笑送给别人;一个心理健康的人,时时处处会把愉快、安详、融洽、平和变成微笑。微笑表现一个人的才华、干练和智慧,更可以柔化个人外表刚硬的气质,舒缓不知不觉中给予你的压迫感。有人把微笑这一"体语"比喻为交际中的"货币",人人都能付出,人人也乐于接受。发自内心的微笑总是不容易被人拒绝,犹如润滑剂,它可以化解一切,升华一切。

 实证鉴录

国外许多城市在塑造自己的形象时,十分注重市民的微笑。如美国爱达荷州的波卡特洛市几年前重申,要求全体市民遵守该市 40 年前通过的一项法令,即市内的市民在公开场合下不得愁眉苦脸或拉长面孔,违者到"欢容检查站"去学习微笑,微笑成功后方可离开。该市现在自豪地称为美国的"微笑之都",并决定每年举行一次"微笑节"。

当人们问著名的美国希尔顿集团的董事长,如何把一家名不见经传的旅馆迅速发展成为遍及美国及五大洲 70 多家豪华宾馆的跨国公司的成功秘诀时,他自豪地说是靠"微笑的影响力"。希尔顿说:"如果缺少服务员的美好微笑,好比花园里失去了春日的太阳和风。假如我是顾客,我宁愿住进那虽然只有残旧地毯,却处处见到微笑的旅馆,而不愿走进有第一流的设备而见不到微笑的地方……"因此,他经常问下属的一句话便是:"你今天对顾客微笑了没有?"

微笑时,面部应平和自然,下颚向后收,嘴角微微上扬、牙齿微露、亲切和蔼、愉悦动人。

练习微笑时,先对着镜子照出自己唇齿最美的笑容,然后将嘴巴部分遮起来,只有眼睛盯着镜子,这时你的眼睛应该带有"笑意",也就是要用眼睛来表现笑容,因为我们的内心想法会影响到眼神。

■姿态礼仪

一、站姿

站姿的基本要求是站得挺直、舒展、自然、亲切、稳重,即站如松。其标准做法是头部抬起、双眼平视、下颚微收、颈部挺直、双肩放松、呼吸自然、腰部直立。双臂自然下垂,处于身体两侧,手虎口向前,手指稍许弯曲,指尖朝下。两腿立正并拢,双膝与双脚的根部紧靠在一起,两脚呈"V"字形分开,相距一个拳头的宽度,注意提起髋部,身体重量应平均分布在两条腿上(见图6-1)。如果为显示男子的阳刚之气,可以双脚分开至与肩同宽,双手垂放两

侧,也可以在后腰处交叉搭放(见图 6-2)。女生既可站成"V"字形,又可站成"不丁不八"形,采取基本站姿后,从正面看,主要特点是头正、肩平、身直;从侧面看,其主要轮廓线则为挺胸、收腹、直腿。

图 6-1　女子标准站姿

图 6-2　男子标准站姿

二、坐姿

标准坐姿是指人在就座以后身体所保持的一种姿势。具体的方法是将自己的臀部置于椅子、凳子、沙发或其他物体之上,以支撑自己身体重量,单脚或双脚放在地上。正确的坐姿要求是坐如钟,即坐得端庄、稳重、自然、亲切,给人一种舒适感。

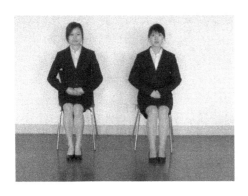

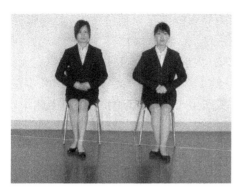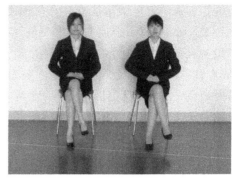

图 6-3 女子标准坐姿

图 6-4 男子标准作姿

 实证鉴录

　　心理专家测定认为：坐时跷起一条腿的人显示出他相当自信，但个性懒散、不好幻想，任何人和问题或烦恼都不能使之困扰，信心形之于外；坐时双腿并拢，双脚平放在地上的人则表现出坦率、开放和诚实的特征，具有洁癖和守时的习惯，喜欢有规律的生活，按照时间表行事会觉得比较自在；坐时双腿前伸，双脚在脚踝部叉起，则反映出坐者希望成为中心人物，比较保守，凡事希望求稳；坐时一脚盘在另一脚下，则显示出个性独特，凡事漠不关心，无责任感，喜欢受人注目，有创新力，作风不拘于传统；坐时两膝并拢，两脚分开约大半尺，则说明坐者对周围事物非常敏感、观察细致，深谙人情世故，能体贴别人，也能原谅别人，多愁善感；坐时双脚在膝部交叉，一脚勾在一脚后，则显示出逗人喜爱，非常得人缘，个性好静，容易与别人相处，不善夸耀或虚饰。心理学家还测出，坐下后摸嘴巴的人情绪不安，猜疑心比较重；摸膝者往往以为将有好事临身，自负心颇高；摸下巴者，则是为某种事而烦恼；坐下来后就不断抓头发的人，性子较急，喜欢速战速决，情意不一，容易见异思迁；坐下来后喜欢由下而上摸额的人，能言善辩，说服力强，这种人往往比较狡诈。

三、走姿

　　标准的走姿以端庄的站姿为基础。要求行走时上身挺直、双肩平稳、目光平视、下颌微收、面带微笑、手臂伸直放松，手指自然弯曲，摆动时，以肘关节为轴，大臂带动小臂，向前后自然摆动，以前摆35度、后摆30度为宜。肘关节略弯曲，身体稍向前倾，提髋曲大腿带动小腿向前进。正常的行走脚印是正对前方,保持膝关节和脚尖正对前进方向,然后脚尖略抬,脚跟先接触地面,依靠后退将身体重心推送到前脚脚掌,使身体前移。行走间距一般是前脚的脚跟与后脚的脚尖相距一个脚长(身高1.75米以上者一个半脚长),抬脚不宜太高和太低,落脚声音不可大。行走速度,男士一般为每分钟110步左右,女士每分钟120步左右,两只脚始终走在一条直线上,走姿最美。走路的美感产生于下肢的频繁运动与上体稳定之间所形成的对比和谐,以及身体的平衡对称。

女士走姿要注意稳健、自然、大方,要体现出力度与弹性,给人以动中有静、静中有动、婀娜多姿的美感。女士行走的步态应根据着装的特点有所区别,一般穿直线条为主的服装显得比较庄重、大方、舒展、矫健,而穿曲线条为主的服装则显得比较妩媚、柔美、优雅、飘逸。因此,当女生穿旗袍或短裙时,要走成一条直线,走路的幅度不宜太大。臀部要随着脚步和身体重心的转移,稍左右摆动,使裙子或旗袍的下摆与脚的动作显出优美的韵律感。当穿裤装时,直走有两条直线,走路的幅度可大一些,手臂放松伸直摆动,保持手臂垂直,两脚直立。

 实证鉴录

心理学家史诺嘉发现:走路大步,步子有弹力及摆动手臂,显示一个人的自信、快乐、友善及富有真心;走路时拖着步子,步伐小或速度时快时慢则相反;喜欢支配别人的人,走路时倾向于脚向后踢高;性格冲动的人,像鸭子一样低头急走;而拖着脚走路的人,通常是不快乐或内心苦闷;女性走路时手臂摆得高,则显示出她精神充沛和快乐。

四、蹲姿

女性在公共场所拿取低处的物品或拾起落在地上的东西时,不妨使用下蹲和屈膝动作,可以避免弯上身和翘臀部;特别是穿裙子时,如不注意背后的上衣自然上提,露出臀部皮肉和内衣很不雅观。即使穿着长裤,两腿展开平衡下蹲,撅起臀部的姿态也不美观。

蹲姿的基本要领是:站在所取物品的旁边,蹲下屈膝去拿,而不要低头,也不要弓背,要慢慢地把腰部低下;两腿合力支撑身体,掌握好身体的重心,臀部向下。

优雅的蹲姿,一般采取下列四种方法。

1.高低式蹲姿

是指下蹲时双腿不并排在一起,而是左脚在前,右脚在后,左脚应完全着地,小腿基本上垂直于地面,右脚则应脚掌着地,脚跟提起,此刻右膝须低于左膝,右膝内侧可靠于小腿的内侧,形成左膝高右膝低的姿态。女士应靠近两腿,男士则可适度地将其分开。臀部向下,基本上以右腿支撑身体。

2.交叉式蹲姿

适用于身穿短裙的服务人员。下蹲时,右脚在前,左脚在后,右小腿垂直于地面,全脚着地,右腿在上,左腿在下,二者交叉重叠,左膝由后下方伸向右侧,左脚跟抬起,并且脚掌着地。两腿前后靠紧,合力支撑身体。上身略向前倾,臀部提起。

3.半蹲式蹲姿

多用于行进之中临时采用,特征是身体半立蹲。其要求是,在下蹲时,上身稍许弯下,但不能与下肢构成直角或锐角,身体的重心应放在一条腿上。

4.半跪式蹲姿

又叫单跪式蹲姿,多用于下蹲时间较长,或为了用力方便之时。基本特征是双腿一蹲一跪。其要求为:下蹲之后改为一腿单膝点地,并以其脚尖着地,另一条腿则应当全脚着地,小腿垂直于地面,双膝应同时向前,双腿应尽力靠拢。

五、常用的手势

手势是人们在交往中不可缺少的最有表现力的一种"体态语言",它是一种"动态美",做得得体适度,会在交际中起到锦上添花的作用。手势表现的含义非常丰富,表达的感情也非常微妙复杂。如招手致意、挥手告别、拍手称赞、拱手致谢、举手赞同、摆手拒绝,手抚是爱、手指是怒、手搂是亲、手捧是敬、手遮是羞等等。手势的含义,或是发出信息,或是表示喜恶表达感情。能够恰当地运用手势表情达意,会为交际形象增辉。

在交往中,为了增强说话者的语言感染力,一般可考虑使用一定的手势,但要切记手势不宜过多,动作不宜过大。一般认为:掌心向上的手势有一种诚恳、尊重他人的含义;掌心向下的手势意味着不够坦率、缺乏诚意等;握紧拳头暗示进攻和自卫,也表示愤怒;伸出手指来指点,是要引起他人的注意,含有教训人的意味。因此,在引路、指示方向等时,应注意手指自然并拢,掌心向上,以肘关节为支点,指示目标,切忌伸出食指来指点。

手势的规范标准是:五指伸直并拢,腕关节伸直,手与前臂形成直线。在做动作时,肘关节弯曲130度左右为宜,掌心向斜上方,手掌与地面成45度。

有些手势在使用时应注意区域和各国不同习惯,不可以乱用。如在某些国家认为竖起大拇指、其余四指弯曲表示称赞夸奖,但澳大利亚则认为竖起大拇指,尤其是横向伸出大拇指是一种污辱;英国人竖起大拇指是拦车要求搭车的意思。"OK"的手势,在欧洲表示赞扬和允诺的意思,然而在法国南部、希腊、撒丁岛等地,它的意思恰好相反。在巴西,人们打"OK"这个手势表示的是"肛门"。由此不难看出,每种文化都有自己的"手势语言",千姿百态的手势语言,饱含着人类无比丰富的情感。它虽然不像有声语言那样实用,但在人际交往中能起到有声语言无法替代的作用。

■交谈礼仪

交谈是人们传递信息和情感,彼此相互了解、增进友谊的重要途径。但要使交谈令人满意,使之起到交流思想、传递信息、增进友情的作用,并不是轻而易举的事。不讲究交谈的礼节、不注意交谈的艺术是不行的。

一、交谈原则

交谈应该遵循一定的规律和原则,做到言之有据、言之有理、言之有情、言之有文,才能使交谈达到理想的效果。

(一)明确的目的性原则

明确谈话目的,是取得成功交谈的前提条件。只有目的明确了,才知道应该准备什么话题和资料、采取何种谈话风格、运用哪些技巧,从而做到有的放矢、临场应变。如果谈话目的不明确,漫无边际,不仅浪费时间,而且失礼。

(二)对象性和适应性原则

谈话要有强烈的对象意识,话因人异,根据谈话对象的年龄、性别、职业、社会地位、文化知识水平及思想状况区别对待。话讲得好不好,不仅要看话语是否恰到好处地表达了自己的思想感情,尤其还要看谈话内容是不是符合谈话对象的需要,对方是否乐意接受。好朋友碰到了不顺心的事,正在烦恼之中,这时,即使开一个很小的玩笑,也可能引起不快,此时宜表同情,多加劝导;与残疾人相处,更不宜说有伤对方自尊的话;喜庆场合,谈些天灾人祸某人去世等倒霉话题是不会受人欢迎的;遇到正办丧事的人,只应讲些节哀的劝慰话。总之,交谈中多谈些对方喜欢听的话总是相宜的。在提建议和提出批评时更要讲究方式、讲究艺术,注意环境与场合,让对方心悦诚服地采纳、接受。

(三)分寸性原则

在人际交往中,谈话要有分寸,认清自己的身份。任何人,在任何场合说话都有自己的特定身份。这种身份,也就是自己当时的"角色定位",据此适当考虑措辞,懂得哪些话该说,哪些话不该说,哪些话应该怎样说,才能获得更好的交谈目的。同时,还要注意讲话尽量客观,事实是怎么样就怎么样,应该实事求是地反映客观实际。有些人喜欢主观臆测、信口开河,这样往往会把事情办糟。当然,客观地反映实际,也应视场合、对象而定,注意表达方式,不夸大其词,不断章取义。讲话尽量真诚,要有善意。所谓善意,也就是与人为善,说话的目的就是要让对方了解自己的思想和感情。俗话说:"好话一句三冬暖,恶语伤人六月寒。"尽量不说刻薄挖苦别人的话,不说刺激伤害别人的话。在人际交往中,如果把握好这个分寸,那么你也就掌握了礼貌说话的真谛。

(四)禁忌话题不谈不问

人家不打听的消息别随口乱提,人家不提的问题别信口分析,这也是交谈礼仪要遵循的原则。交谈时,一般不要涉及疾病、死亡、灾祸等不愉快的事情,更要注意回避对方的隐私。如果对方主动谈起,应诚意地表示关心、同情,说些有节制的劝慰语。不谈那些荒诞离奇、黄色淫秽的传闻。年龄、婚姻、住址、收入、经历、信仰等属于个人隐私的问题,交谈中一般不该径直深入询问。对方不愿意回答的问题不要追问,不刨根问底,不经意间一旦提出令对方反感的问题应表示歉意或立即转移话题。交谈时还应注意不直接批评长辈和身份高的人,不要讥笑讽刺他人,对宗教问题也应持慎重态度,注意亲疏有度。

二、倾听的艺术

常常会有人说:"我笨嘴拙舌的,不会说话。很想学学怎么说。"可是很少有人承认自己不会听的,就更少有人要求学习听的技巧。其实把"听"看成被动的行为,已经进入了误区。诚然,有人听的时候心不在焉,不动脑筋,或表示出不耐烦,或常常打断对方的话,在人家说完之前,就已做出假设或结论。这些都是消极的被动的"听",是不足取的。

我们知道,交流是双向的。早已有人注意到"听"在双向交流当中的作用。中国有句俗话说,"会说的不如会听的。"美国也流行一句谚语:"上帝给了你两只耳朵、一张嘴,就是让你多听少说。"交流沟通的大师卡耐基也说过:"倾听就是说服的开始。"现在提倡的主动的积极的倾听,更为系统、鲜明地强调了倾听在交流中所起的作用。为什么说"倾听"是主动的呢?因为倾听是一个复杂的过程,好的倾听有多元的作用,它不仅成功地接收对方传递的信息,而且要给说的人回馈,鼓励说的人说得更好,使双方互动,真正实现双向交流。同时在听的时候,还要传达感情,让对方快乐,让对方喜欢你,为你下一步的说服或交际打基础。要完成这些任务,谈何容易!必须学会倾听。许多政治家,许多实干家,都非常善于从倾听中学习。

（一）成功接听对方传达的信息

成功接听对方信息的要领,首先是全神贯注和洗耳恭听。全神贯注可以使你正确地接收信息,使信息不变形。洗耳恭听,是指你在倾听时,要摒除偏见和成见,否则会妨碍你接收信息。

实证鉴录

有一次张先生在听著名的经济学家厉以宁教授的讲座。厉以宁为了阐述管理当中的几个关键问题,要讲龟兔赛跑的故事。坐在张先生旁边的一个小伙子嘀咕道:龟兔赛跑的故事有什么可讲的,我上小学的时候就听过了,于是他没注意听。其实厉教授讲的故事很有新意,语言也很诙谐。他说,我们北大光华管理学院讲的龟兔赛跑是这样的:龟兔赛跑有四个回合,第一个回合,乌龟虽然在竞争中处于劣势,但坚持了下来,等待对方犯错误。结果兔子睡大觉,乌龟赢了。第二回合,兔子接受教训,不再睡大觉,把潜在的可能变成了现实,兔子赢了。第三回合,乌龟调整了策略,改变了比赛路线,在新的比赛路线上临近终点处有一个水池。比赛中兔子虽然跑得快,但过不了水池。乌龟虽然跑得慢,但顺利地游过了水池,乌龟赢了。第四回合,乌龟与兔子结成战略伙伴关系,互助互信,在陆地上兔子背着乌龟跑,在水里乌龟驮着兔子游,结果乌龟与兔子一起快速抵达终点,达到了双赢。那个坐在张先生旁边的小伙子由于成见,错过了厉教授的精彩讲述。

要成功接收对方信息,倾听的时候必须开动脑筋,务求了解说的人要表达的真正意愿。这里关键的倾听技巧是,要是有不明白的地方,应当提问。而如果听到的话比较含蓄,还要了解说话人的言外之意。

比如,对客服人员来说,倾听就是要了解客户的真实需求。如果你在倾听当中还没有完全了解客户的意见或需求,就必须提问。

实证鉴录

例如,某一品牌手机经销商的客服代表,正在接客户李先生的反馈电话。客户说:"你们××型号手机带镶钻,多俗气啊,我不喜欢。"这时,客服代表为了真正弄清楚客户的意见,进行了提问。客服代表说:"李先生,真感谢您反馈的信息,您的意见对我们太宝贵了。我想问您一下,您喜欢澳大利亚天然水晶吗?为什么您觉得镶钻的会显得俗气?请您给我解释一下好吗?"客户回答:"澳大利亚水晶是好看,用在手机上也不是不行。可你得看放在哪儿。像你们这款手机,本来外屏就做成彩屏了,五彩缤纷的,在外屏上又镶了一圈水晶,您说,是不是太花了,看着就眼晕,一点也不高雅,透着俗。"客服代表说:"是啊,有道理。"客户又补充道:"这就是水晶镶得不是地方。""您看,人家××7200款的,把天然水晶镶到冷色的金属数字按键旁,数字看起来更醒目,有实用性,天然水晶配着冷色金属又雅致亮丽。这就是水晶镶得是地方。"这样通过提问,客服代表就完全知道了李先生的意见。

（二）倾听时要与说话者进行互动

在双向交流当中,从说话人的角度看,很愿意提倡互动。说的人要注意调动起听话人的兴趣,间或要让听话人有发表意见的机会。主要担任"说"的角色的人,比如电视台的主持人,要让观众参与,要让观众或嘉宾有发表意见的机会。这样才能有交流,才活跃得起来。否则,主持人一个人唱独角戏,会非常沉闷。那么,从倾听的角度看,倾听也担当着鼓励说话人的责任,也要给说话人回馈。那么,如何给对方回馈呢?

首先,用正确的体态语让对方知道你在聚精会神地倾听。倾听时,身体微微前倾,侧着耳朵。表示你在积极倾听。说话人看到你在仔细听,就会越说越来精神。

其次,倾听时要适时发出应答的词语。当一个人说话时,其实一直在关心对方是不是在专心听。有时,听的人确实在很专注地听,可是说话的人并不知道,还在那儿问:"你在听我说吗?"如果听话的人说:"我在认真听呢。"有时候说话人还不相信,一再追问:"那你重复一下,我刚才说了什么?"有时这会使得双方相互埋怨,陷于一种尴尬的境地。

那么怎样才能让说话的人知道你在好好听呢?办法很简单,那就是在听人说话时,即使说话人没用问句,也要适时发出一些回应的词语,即在听完一句话或一段话之后,说出"噢,是吗? 对,唉,行"等应答的词语。虽然这些应答的词语没有任何实在的意思,但在交流中却很重要。因为这让说话人知道你在用心听。有人认为,说这些没有意义的应答词语干吗,实在太啰嗦了,因此在听话时,什么回应也没有。

(三)有礼貌的倾听

我们在说话的时候,要注意运用礼貌语言。礼貌的倾听,会向对方传达出你的友善,会拉近双方的距离,从而搭建起交流的桥梁。礼貌的倾听,也就是要让说话人感觉受到了听话人的尊重和欢迎。除了上面谈到的全神贯注地倾听并做出回馈之外,还有两点要注意:

首先,在倾听时要表现出同理心。在说话人情绪不佳说气话时,听话人需要设身处地,表示出理解说话人的境况。例如服务员在听到客户抱怨或投诉的时候,首先要听客户倾诉,因为客户的怒气会通过倾诉得以释放,服务人员耐心的倾听和理解所表现出的善意,会拉近双方的距离,为下面解决问题或说服打下良好的基础。

其次,在倾听时,要原谅对方说话中表现出的性格弱点,决不要挑剔。这种宽容的态度,会赢得说话人的好感,让说话人喜欢你,愿意跟你沟通。这在商业交流中非常重要。我们在倾听时,永远不要去苛求对方。要知道,金无足赤,人无完人。在对话中,说话人会暴露出一些毛病,比如爱炫耀自己,爱吹几句牛,或喜欢挖苦别人等等。遇到这些情况,听的人要有涵养,不可以直接指责或表现出不屑与之搭话。这样一定会赢得对方的好感,对方会喜欢你,愿意与你交流,促进你交际沟通的顺利进行。

三、说话的艺术

在现实生活之中,有很多时候往往因为一句话,使得你与他人的距离可远可近、和他人的关系可有可无。如果你常常因为说错话、得罪人,或者是不知道自己该说些什么、该怎么说,那么你在沟通能力上就必须有所加强才行。不论在日常生活或是工作场所,良好的沟通都是人际关系的第一步,有了良好的沟通才有机会与他人建立起互动的关系。

当然沟通的方式有很多种,写信、电子邮件、小卡片、谈话等等都是,不过这里面最直接的方式就是"谈话"。谈话也是要讲技巧的,如果只是随口说说,想到什么说什么,那这种方式一定会得罪很多人,所以谈话还要讲究谈话的技巧。这里所谓的谈话技巧指的就是对周围情况的观察力,以及能够说出最善解人意或最贴切的话。要达到巧妙的境界,就必须对周围的人事十分敏感,并掌握说话的技巧,随时都能果断地陈述自己的意见,而且重点是不能引起他人的反感。这种技巧可以用来处理棘手的情况或人际关系。他需要运用智能和

观察力,看别人在和你谈话之后,怎么样会觉得好过些。在与人交谈中,我们要注意以下几个方面:

（一）三思而后言

在我们和人沟通的过程中,往往会因为一句话而引起他人的不悦,所以要避免说错话才行。而最好的方法,就是根本不去说那句话。为了避免发出不当的批评,在你说任何话之前,都该先想想自己想说什么、该说什么。很多人往往心直口快,根本没想到自己犀利的言词可能对别人造成的伤害。因此说话不能不经过大脑,要在说出口之前,先想想看"如果别人对我这样说,我会作何感想"、"我的批评是有害的还是有益的"。在很多的情况下,如果能多花一些时间,设身处地为他人着想,你就不会说错话,而引起他人的不悦了。

（二）失言时立刻致歉

勇于认错是很重要的,所以一旦当你发现自己的言语伤害到他人的时候,千万不要厚着脸皮不肯道歉。每个人偶尔都会说错话。可是自己一定要察觉自己说了不该说的话,然后马上设法更正。留意他人的言语或其他方面的反应,藉以判断是否需要道歉。如果你确实说错话了,就必须立刻道歉,勇于承认错误,不要编一大堆借口,以免越描越黑。

（三）与别人沟通,不要和别人比赛

有的人与人交谈时,时常把它看成是一种竞赛,一定要分出个高下。如果你常在他人的话里寻找漏洞,常为某些细节争论不休,或常纠正他人的错误,藉以向人炫耀自己的知识渊博、伶牙俐齿,这样你一定会让人留下深刻的印象,不过那是不好的印象。这些人往往忽略了沟通的技巧,因为他们把交谈当成了辩论,而不是信息、想法与感觉彼此交换的过程。所以为了与他人有更好的沟通,这种竞赛式的谈话方式必须被舍弃,而采用一种随性、不具侵略性的谈话方式。这样当你在表达意见时,别人就比较容易听进去,而不会产生排斥感。

（四）挑对说话的时机

这句话的意思主要是当你要表达意见之前,都必须先确定,对方已经准备好,愿意听你说话了。否则你只会浪费力气,对牛弹琴,白白错过了让别人接受你意见的大好机会。既然我们得选择良好的时机,那什么时候开口才是最好的呢?其实要遇到最好的时机很困难,但是要遇到适于交谈的时机却不是难事。比如说在公共场所,或有其他朋友、同事在场时,应避免谈论涉及隐私或一些敏感的话题。还有当对方感到烦躁时,也应尽量避免继续谈论下去。

（五）对事不对人

举例来说,你是否有朋友很难缠,老是让你气得半死?有些人就是爱抱怨、生性悲观、拖拖拉拉,又老爱编一大堆借口。如果你朋友这些行为已经威胁到你们之间的友谊,你就有权开口提醒他。此时最重要的是,你必须指明自己讨厌他哪些行为,而不是一味地想改变他的个性。一个人要改变某些特定、确切的行为,要比改变个性容易多了。

（六）了解别人的感觉

如果能先试着了解对方的感觉,我们也就能比较巧妙地说出一些难以启齿的话。比方说,如果你的父母亲很担心你的投资计划不够周全,你就不要对他们说:"你们为什么不能只管自己的事情,老是把我当成三岁小孩,那是我的钱,我爱怎么用就怎么用!"这种充满稚气的典型防卫性反应无法增加父母亲对你的信心。你应该想想父母说这话时心中的感觉。也许他们只是想阻止你冒失的投资,以免你重蹈他们的覆辙。而也有可能是你父亲对自己往后的财务状况感到忧虑，却又不知道如何告诉你。所以当面对别人的批评或某些让你不悦的行为，你只要能找出背后真正的原因或需求，就能够用另外一种说词去化解一场冲突。

（七）聆听他人的回馈

一个人要和别人交谈，不仅自己要懂得如何去说，也要懂得如何去聆听。缺乏聆听的技巧，往往会导致轻率的批评。一个人会任意地批评或发出不智的言论往往是因为他不管别人要说什么，只想主控整个交谈的场面。如果你仔细聆听别人对你意见的回馈或反应，就能确定对方有没有在听你说话，得知对方是否会了解你的观点或感觉。而你也可以看出对方所关心、愿意讨论的重点在哪里。

■ 演讲礼仪

常规意义上的演讲，又叫演说或讲演。它是当众所进行的一种正规而庄严的讲话，旨在向听众就某一事件、某一问题，发表个人见解，或是论证某种观点。与一般的交谈或闲聊不同，演讲实际上就是当众所进行的正式发言。

同政治家的演讲重在鼓动、科学家的演讲重在论证稍有不同的是，在商务活动中，商界人士所发表的演讲，多数都是礼仪性的。比如，商务人员更多需要准备的，是致欢迎词、欢送词、祝贺词、答谢词、介绍词、解说词等。这类商界人士不可掉以轻心的演讲，往往具有临时性、广泛性、应酬性等特点。故此，它又被称为即兴演讲。

当众发表即席演讲，如同对商界人士学识、口才、应变能力、表达能力的一场公开考试。极个别的商务人员平日胡吹八打，果真需要他上台演讲时，却立即就会"卡壳"，不是结结巴巴，语无伦次，就是颠三倒四，絮叨烦人，再不然就是来一番大话、假话、空话、废话，不动声色地浪费时间。这种演讲时的表现，对个人形象与单位声誉，都会损害极大。

即席演讲，实际上也有一定的礼仪规范可循：

● 在声音上，它应当抑扬顿挫，有所变化，借以突出重点，表达感情，或是调动听众的情绪。

● 在语言上，它应当尽量生动、形象、幽默、风趣。可以多举例证，多打比方，多使用名言警句，但不要乱开玩笑，尤其不要讲下流话和脏话、黑话。

● 在内容上，它应当言之有物，力戒陈词滥调，无病呻吟，无的放矢。从结构上讲，任何演讲的内容都不外乎由开场白、正题与结束语三部分组成。演讲的"重头戏"务必要放在正题上。

● 在表情与动作上，应是当喜则喜，当悲则悲，不要面沉似水，或表情失当。应当站着演讲，辅以适当的手势亦可，但不要摇头晃脑，指手画脚。

● 在时间上，应当力求点到为止，短而又短。照常理来说，发表即席的演讲，讲上三分钟左右即可，一般不要超过五分钟。遇上"限时演讲"，则宁可时间没用完，也不要超时，切勿被人"叫停"，罚下场去。

下面分别介绍商界人士在进行常见的欢迎、欢送、致贺、答谢、简介、解说等几种不同形式的即席演讲时，所要注意的礼仪问题。

一、欢迎时的演讲

在商界，遇上来宾参观、访问，或是有新职员加入，在见面之初，致上一篇热情洋溢的欢迎词，往往是必不可少的。致欢迎词时应该考虑以下几个方面：

1. 对象不同

准备欢迎词时,通常应考虑对象、场合、内容与态度等几大问题。对象不同,欢迎词便有所不同。总的说来,对下来检查的上级人员,应当谦恭;对初来乍到的客户,应当诚恳;对新加入的职员,应当热情。

2. 最佳地点

首推经过特意布置的接待室、会客室或会议室。站在人来人往的大门口或人声嘈杂的楼道里,都会影响欢迎的效果。

3. 内容准备

在内容上,欢迎词应包括自我介绍,郑重表示的欢迎之意,对被欢迎者的建议与希望等。其中尤以致词者的自我介绍为不可或缺。要不然,致词者一开口,下面的人就会相互询问:"此君何人?"那还能不乱套?

4. 演讲态度

在演讲的态度上,要胸有成竹,充满细心,面带微笑。特别要注意,在与听众交流眼神时,要坚持"等距离交际",不要只看着上司、熟人、异性,而让其他人被冷落。

范例

女士们、先生们,大家好!

值此×××厂30周年厂庆之际,请允许我代表×××厂,并以我个人的名义,向远道而来的贵宾们表示热烈的欢迎!

朋友们不顾路途遥远专程前来贺喜并洽谈贸易合作事宜,为我厂30周年庆典增添了一份热烈和祥和,我由衷地感到高兴,并对朋友们为增进双方友好关系做出的努力,表示诚挚的谢意!

今天在座的各位来宾中,有许多是我们的老朋友,我们之间有着良好的合作关系。我厂建厂30年能取得今天的成绩,离不开老朋友们的真诚合作和大力支持。对此,我们表示由衷的钦佩和感谢。同时,我们也为能有幸结识来自全国各地的新朋友感到十分高兴。在此,我谨再次向新朋友们表示热烈欢迎,并希望能与新朋友们密切协作,发展相互间的友好合作关系。

"有朋自远方来,不亦乐乎"。在此新朋老友相会之际,我提议:为今后我们之间的进一步合作,为我们之间日益增进的友谊,为朋友们的健康幸福,干杯!

二、欢送时的演讲

每逢同事离职、朋友远去或是来访的同行、客户告辞之际,为了表示对他们的尊重,于情于理,商务人员都应当赠之以临别的赠言。举行正式的欢送会,当着被欢送者以及其他送行者的面,致上一篇欢送词,可以体现出致词者对友情的珍惜,也可以使被欢送者倍觉温暖,使临别之情不尽依依。正式致欢送辞的一大好处是可以说出某些致词者自己单独面对被欢送者时,难以说出的话语,例如,对他的评价,对他离去的惋惜等。有时面对一个人,尤其当他是异性时,有些话便难以启齿了。致欢送词的重点,是要充分地表达致词者的惜别之意。与此同时,亦可表现出致词者对友谊的无比珍视。

准备欢送词时,切记要包括四项要素:一是对被欢送者的高度评价;二是对既往与之相处的时光的温馨回忆;三是自己真心实意的惜别之情;四是对被欢送者的美好祝福。以上四项要素,不一定是每一篇欢送词都要无一遗漏地包括在内,但它们的确是一篇成功的欢送词的精髓。

范例

> 各位同事：
>
> 今天，是一个既让我们非常高兴而又非常伤感的日子。我们高兴，是因为我们的同事马艳丽小姐荣升为我公司上海分公司经理。我们伤感，则是因为马小姐这样一位优秀的人才和亲密的同事，就要与我们分开了。
>
> 回首往事，我们不难发现：马艳丽小姐的能力与才华，对我们有多么重要。我们部门的成就，离开了她的贡献，将难以想象。
>
> 马小姐的离去，是我们部门的巨大遗憾。不过想到她将在更为重要的位置上去发挥才干，我们都感到欣慰，并且都为她而感到高兴。
>
> "苟富贵，毋相忘"。我们相信马艳丽小姐必定会如此。我们都会想念她，希望她也能记着我们大家。
>
> 祝愿马小姐前程似锦，万事如意，多多保重。

三、祝贺时的演讲

在商务活动中，不要轻易地放过每一个可以向自己的交往对象表示好感、敬意与尊重的时机，这是每一位商务人员所应当独具的慧眼。在他人适逢喜庆之时，予以正式的祝贺，就是一种有助于双向沟通的方式。适合致贺词的机会有许多。年轻人过生日、结婚、老年人做寿、庆祝结婚纪念日，同事或同行立功、受奖、晋职、晋级，朋友过年、过节，协作单位成立、开业、周年庆典等，都可以致词祝贺。

在为贺词打"腹稿"时，需要仔细斟酌辞令，既要语言优美、感人，又要力戒过度恭维或词不达意。准备贺词要以"恭喜"为主要内容。在贺词的字里行间，要自始至终充满热烈、喜悦、愉快、激动的气息，要使自己所讲的话中满怀热情。准备贺词一定要加入对对方的称颂、赞扬和肯定的内容。同时也不要忘了，如果场合允许，应借机表示致词者对被祝贺者的敬重与谢意。准备贺词，还须认真、诚恳地表达致词者的良好祝福，祝福被祝贺者"大吉大利"、"心想事成"。

范例

> 各位好！
>
> 非常荣幸，我受各位委托，代表大家向我们共同的朋友冯艺先生祝贺生日。相信大家和我一样，之所以专程赶来参加冯先生的生日晚会，是为了向他表达我们的敬重与谢意。
>
> 能够成为冯艺先生的朋友，是我们的一大幸事。他不仅具有出众的才干、令人敬仰的成就，而且是我们可以患难与共、推心置腹的挚友和知己。
>
> 尊敬的冯先生，愿您永葆青春，永远精神抖擞，事业与生活都永远顺心如意。祝您年年有今日，岁岁有今朝。
>
> 亲爱的冯艺先生，我们祝您生日快乐！

四、答谢时的演讲

在人与人之间的交往中，支持自己，对自己肯定最大的，最使人感觉珍贵的，恐怕就要算是他人对自己所表达的感谢之意了。在正式的集会上，发表一篇热情洋溢的感谢词，较之于在无外人在场时悄声说一个"谢"字，要更为郑重其事，影响更大，更能让人感动。商界人士在商务交往中,需要即时答谢的场合很多。如过生日、结婚、获得奖励、被授予荣誉称号、本单位举行庆典、事业上取得了重大成就的时刻,都应当向来宾或在场者致词答谢。

准备感谢词,要力戒套话、废话。一开始就讲"我好激动","我讲不出话来","我想起了许多昔年往事",反倒不如回顾一下在自己取得成绩的过程中,其他人是如何支持、帮助自己的。

在答谢词里,对自己评价要中肯。不要自吹自擂,表现得"当今之世,舍我其谁也",不可一世;也不要妄自菲薄,引喻失义,显得不够诚实。在致答谢词时,叙事要清楚,对他人的感激要不厌其烦地一一说清楚、道明白。最后,别忘了找出一些自己的不足,以及今后努力的方向,借以请求各位继续关照自己。即便自己有再大的喜事,的的确确十分开心,也要在致词时沉住气,不要气喘吁吁,口齿错乱,或语气神态表现出得意忘形。大凡答谢词,都少不了包括"此时此刻"的感触,对他人的感激以及今后自己继续努力的方向这三大内容。

范例

尊敬的董事长、总经理,各位领导、同事们:

直到现在,我依然无法相信自己这样一名普普通通的推销员,竟然成了本公司去年的销售状元。我也想象不到,公司在业务如此繁忙的时刻,居然抽出宝贵的时间,来专门召开嘉奖我的表彰大会。

其实,我只是完成了本职任务,而且这主要归功于各位领导的信任、同事们的支持。比如说,如果不是我们销售部的章经理派我去深圳,不是公关部的费小姐向我介绍了那里的客户,我就不可能在深圳取得成功。所以,我要借此机会,感谢领导、感谢同事们。谢谢大家。

我清楚地知道,自己工作中尚有不少漏洞。去年新产品的推广不力,就与我直接有关,责任不容推卸。不过,"士为知己者用"。承蒙公司信任,今后我唯有更努力地工作,才对得起公司,对得起各位。请大家看我的行动吧!

再次感谢领导,感谢同事们!

五、简介时的演讲

在商务活动中,商界人士必须善于利用一切时机,去成功地"推销"自己。简介时的演讲,在某种意义上说,就是一种必要的"推销"。简介,就是主动或应邀,向公众介绍自己、介绍他人、介绍自己所在的单位、介绍自己所负责的某项工作等。同一般意义上的介绍所不同的是,简介的业务性强于交际性,而且就其内容而言,简介其实一点也不简单。所谓"简",只是相对于长篇大论而言的。

当商务人员应聘新职、联系工作、结识新同事、参加社交聚会时,有必要恰如其分地通过简介去"推销"自己。简介自己,既要谦虚诚实,又要注意扬长避短,争取给人以好感。在内容上,简介自己应包括个人姓氏、单位、职务、专长、业绩等。此外,还可相机加上籍贯、兴趣、家人等较为轻松、易于由此"发现"朋友的个人资料。当简介自己所负责的工作时,首先,应对其充满信心,切勿自惭形秽,"底气不足"。其次,要突出其特征,在不泄密的前提下,应细讲、精讲、耐心讲。最后,应欢迎他人多加指正。有什么不足讲出来,反而显得实在,更容易得到理解与信任。

新同事加入、贵宾光临之时,商务人员时常被要求来简介他人。简介他人,应当因人而异,并且在内容上应有主有次。大体上来说,简介他人时,应将其姓名、职衔、学位、单位等个人资料,其特殊专长、突出成绩等不同凡响之处,以及其为人处世的长处等,都包括进去。

范例

　　各位好!

　　下面,我十分荣幸地把靳欣先生介绍给大家。

　　靳欣先生是国内外知名的公共关系专家。现在,他担任中国公共关系协会副会长,《中国公共关系》杂志总编辑、中国人民大学教授。

　　靳欣先生治学有方,著作等身。他是我国第一部《公共关系学》的主编,在国内高校中第一个开设了公关课程。他的代表作有《公共关系学》、《公共关系实务》、《公共礼仪》等,在社会上颇有影响,在学术上颇有建树。

　　不仅如此,靳欣先生还服务于社会,多次深入企业搞研究、作指导。在他的指导下,许多企业的知名度、美誉度都空前提高。著名的"海口商战",就是由他亲自指导的。

　　今天,靳先生不辞辛苦,来我公司指导工作,我们对他欢迎之至!

　　相信靳先生一定会为我公司的繁荣发展,指出一条合适的道路来。

　　让我们大家一起对靳欣先生的光临再次表示欢迎与感谢,并且认真地对靳欣先生的指教洗耳恭听。

六、解说时的演讲

　　在新产品与新技术的陈列会、展示会、发布会,以及日常的推销、促销工作中,商务人员经常需要发表解说词。解说,就是应他人的要求,或是为了满足他人的需求,而就某一事件或物品,所进行的专门的解释与说明。

　　准备解说词,一定要有针对性,而且要尽可能地设想一下,听众会提出哪些问题,对此应如何回答。应有备无患,"师出有名"。

　　准备解说词,一定要突出"被解说者"的特征、长处与优势。这样会给听众深刻的印象,一下就能够"抓"住他们的心,并真正打动对方,吸引对方。

　　有人说:"买的永远没有卖的精"。尽管如此,商务人员在准备解说词时,也不能只搞"货卖一张嘴",而对听众"坑、蒙、诈、骗"。其实,在强调某物长处时,适度地为之"亮丑",反而会因为诚实而赢得公众的心。

　　临阵之际,倘如遇到听众插话、询问甚至有意说怪话、出难题,一定要冷静、镇定,依旧保持应有的风度。有时,处于众目睽睽之下的解说者,会因为听众的"视线压力",即不友好、不信任的目光,而影响情绪。当解说者在演讲方面是一名新手时,更容易这样。请注意,此刻切勿避开听众的视线,或看讲稿,或看上空。这时,解说者应当一面继续演讲,一面避开那些冷漠、挑剔的目光,而去听众中寻求自己的支持者,即那些目光友善或是频频点头的人。这种主动与友善目光的交流,将有助于提高自己坚信此次演讲必定成功的信心。

范例

　　女士们、先生们:

　　大家好!欢迎各位光临长沙维神制药有限公司的新产品展示会。

　　蓝荷明合剂是一种我们新推出的既能降血脂,又能减肥,同时副作用又低的新药。蓝荷明合剂是由荷叶、决明子、绞股蓝、苦丁茶四味药,按照君、臣、佐、使的科学配伍组方而成。其中君药荷叶可清暑利湿、升发清阳,其所含的荷叶碱在人体肠壁上形成一层脂肪隔离膜,有效阻止脂肪的吸收。选用具有清肝明目、利水通便作用的决明子作为臣药来辅助君药的疗效。决明子含有蒽醌衍生物、大黄素类等成分,对人体有调脂减肥、降压等作用;配以佐药绞股蓝可以增强荷叶升清降浊的作用,同时它含有绞股蓝皂甙、黄酮类等物质,具有抗血栓、降血脂的功效。而作为使药的苦丁茶能清理利泄,其熊果酸、β—香树脂醇等成分有降血压、降血脂、减肥的功效。四药在方中职司分明,配伍互助,使本品具有清肝理脾、利湿泻浊的功效,适用于治疗痰浊型高脂血症、肥胖症。

我们在湖南医科大学湘雅医院、湖南中医学院附属第二医院和长沙市第三医院所做的临床验证表明,蓝荷明合剂对于治疗痰浊型高脂血症和肥胖症具有显著的疗效。首先,我们来看一下蓝荷明合剂在降血脂方面的疗效对比。大家现在看到的是以蓝荷明合剂为治疗组、以菲诺贝特为对照组所做的临床疗效双盲对照实验,治疗周期是四周为一疗程。其中蓝色柱代表蓝荷明合剂治疗组,而黄色的是对照组,我们可以看到蓝荷明合剂的降血脂功效明显要高于对照组,特别是在降低胆固醇和升高高密度脂蛋白这两项疗效上高于对照组。再来看蓝荷明合剂在减肥方面的疗效。我们不难发现,蓝荷明合剂的减肥功效也要高于对照组。同时在不良反应的对照中,蓝荷明合剂的副作用是极低的。

由上述临床验证可以得出以下结论:长期服用蓝荷明合剂是安全可靠的,不良反应极低。可用于预防和治疗高脂血症、肥胖等症。

通过前面的临床验证,我们总结出蓝荷明合剂可以广泛应用于心血管内科、老年科、消化内科等六大科室。

上面我们从学术方面认识了蓝荷明合剂,下面我们从市场角度来评价蓝荷明合剂。首先同类产品比较方面,收集的是目前市场上与蓝荷明合剂功效相近的产品:血脂康胶囊、通脉降脂片。由下表中列出的各产品的成分、功能主治方面进行比较:

血脂康胶囊是由红曲、洛伐他汀所组成,可见它不是纯中药制成,主要用于脾虚痰瘀阻滞症型;通脉降脂片是由笔管草、三七、川芎等五味药组成,适用于气滞血瘀症型。而我们的蓝荷明合剂在降血脂疗效上主要作用于脾肝二经,助长脾脏的升清降浊功能,从而降低血脂。这点有别于其他同类产品大多通过活血化瘀治疗高脂血症的目的。

通过以上描述,我们总结出蓝荷明合剂的优势。其特点如下:

一是服用安全。蓝荷明合剂是依据科学而严格的质量标准生产的,由纯中药组成,药性温和,副作用小。口感好,人体易吸收;二是疗效显著。蓝荷明合剂将降脂与减肥双效合一,可防治高脂血症其他并发症。且疗效稳固,不易反弹。

女士们、先生们:欢迎各位选用我们公司新推出的新药蓝荷明合剂,这儿准备了此药的相关具体资料,欢迎大家索取,我们长沙维神制药有限公司将竭诚为您服务。

谢谢大家!

⇨ 课余消遣

硕士落选记

某公司要招聘一位市场部经理,一位名校硕士的简历深深吸引了老总。他有相关理论著述,而且在两家单位任过职,有一定经验。于是通知他三天后来公司面试。面试结果呢?竟然没能通过。老总后来说,那次面试是他亲自主持的。他发现那位先生有个特点,就是不管什么时候都是锁着双眉,不会微笑,显示出很沉闷的样子。他说,这种表情的人是典型的不擅做沟通工作的。而作为市场部的负责人,沟通本来就是重要的工作内容……

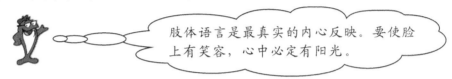

肢体语言是最真实的内心反映。要使脸上有笑容,心中必定有阳光。

⇨ 牛刀小试

一、单选题

1. 礼仪作为一种(　　)的技巧,是公关人员在社会交往中必须遵循的礼节和仪式。
   A. 形态与手势　　　　　　　　　B. 传播和沟通
   C. 语言艺术　　　　　　　　　　D. 体态与非自然语言

2. 讲究礼仪,在个人、在组织、在社会,都能对(　　)、形象和风气具有改进、提高、创优等推动作用。
   A. 文化　　　　　B. 文明　　　　　C. 素质　　　　　D. 风度

3. 礼仪最根本的原则就是(　　)。
   A. 公平对等　　　B. 尊重公众　　　C. 身份差异　　　D. 尊重事实

4. 良好的(　　)是一切公关活动的起点,是一切社交场合所必备的"通行证"。
   A. 个人礼仪　　　B. 文化素养　　　C. 体态与表情　　　D. 组织形象

5. 说服是改变对方原有的意见、见解、思想及态度的一种语言(　　)。
   A. 做法　　　　　B. 方法　　　　　C. 艺术　　　　　D. 技巧

二、多选题

1. 从演讲的风格看,常见的开场白有(　　)。
   A. 轻松幽默型　　B. 声泪俱下型　　C. 悬念吸引型　　D. 先声夺人型
   E. 感情趋近型

2. 演讲的结尾形式包括(　　)。
   A. 总结式　　　　B. 激情式　　　　C. 深思式　　　　D. 幽默式
   E. 借用式

3. 人际沟通的禁忌包括(　　)。
   A. 凡事包打听　　　　　　　　　　B. 讲大话吹嘘自己
   C. 一味吹捧对方　　　　　　　　　D. 故弄玄虚
   E. 过分暴露自己的"隐私"

4.公关人员应高度重视自己的服饰与仪表,并把它看作是公关人员必备的素质之一。对公关人员的服饰要求有( )。

A. 与环境协调　　B. 整洁大方　　C. 整体和谐　　D. 展示个性

E. 吸引异性

三、判断题

1.女子选择服装的原则是看质地和做工。　　　　　　　　　　　　( )

2.戒指戴在右手有一定的含义,戴在左手则无含义。　　　　　　　( )

四、情景题

一外商考察团来某企业考察投资事宜,企业领导高度重视,亲自挑选了公司的几位漂亮女职员来做接待工作,并特别指示她们身着紧身上衣,下穿黑色皮裙,领导说这样才显得对外商的重视。

但考察团上午见了面,还没有座谈,外商就找借口匆匆走了,工作人员被搞得一头雾水。后来通过翻译才知道,他们说通过观察接待人员的着装,认为这是个工作以及管理制度极不严谨的企业,完全没有合作的必要。

原来,该企业接待人员在着装上犯了大忌。根据着装礼仪的要求,工作场合女性穿着紧、薄的服装是工作极度不严谨的表现;另外,国际公认的是,黑色的皮裙只有妓女才穿……

着装也是一种无声的语言,它显示着一个人的个性、身份、角色、涵养、阅历及其心理状态等多种信息。请你为该公司的接待人员设计着装。

项目七 人际交往模拟

教学目标

终极目标 掌握人际交往中的基本礼节，能自编、自导、自演商务礼仪综合情景剧。

促成目标

1. 学会见面礼节的正确姿势与表达方式

2. 学会迎来送往的基本礼节

3. 学会宴请中的基本礼节

工作任务

自编、自导、自演商务礼仪知识综合情景剧

模块一

见面礼仪

≫ ≫ ≫ 　 ≫

⟴教学目标

终极目标

学会使用正确的见面礼节。

促成目标

1. 掌握正确的握手、鞠躬等见面方式；

2. 掌握正确的介绍方式；

3. 学会正确的递接名片；

4. 学会不同人、不同场合下的正确称呼。

⟴工作任务

见面礼节情景模拟。

⟴任务指导

◢◢◢案例学习1-1　一次不愉快的合作

美国新泽西州的一家塑料机械公司收购了德国的一家同类型公司,为了熟悉双方产品,两公司互派工程师到对方公司。在双方见面相互握手时,美方工程师的另一只手斜插在衣服的口袋里,德方工程师的手只轻轻按了一下对方的手,彼此之间都显得好像有些冷淡。

有一天,美方工程师和德方工程师共同在声音轰鸣的机房内调试一台新机器,美方工程师高声说:"增强压力。"德方工程师把压力增强,并大声问:"怎么样?"美方工程师伸出手掌,把拇指和食指相接成环状,做了一个手势(在北美各地这种手势用以表示"OK"的意思)。德国工程师看到这手势却一下子呆住了,脸色变得十分难看,突然放下手中的工具,气呼呼地走了。

🔍案例分析1-1

握手礼仪应注意规范。这是尊重他人的表现。借此可以了解交际对方的性格、情感状况、待人接物的基本态度。不同国家的手势语也有很大的区别。所以在与不同国家、不同民族的人合作以前先要搞清对方的基本习俗,这样才不至于冒犯对方。

握手礼节

活动名称:握手礼节展示。

活动目的:通过两位学生对握手礼节的展示,找出错误的地方,掌握正确的握手礼姿势。

活动内容:请两位学生展示握手礼,完毕后师生共同点评,找出错误之处并加以纠正。

活动总结:对学生握手礼的评价,总结正确的握手礼姿势。

简单描述握手礼节的正确姿势

握手应遵循的先后次序是:

行握手礼应注意的地方有:

案例学习 1-2　背后的鞠躬

日本人讲礼貌,行鞠躬礼是司空见惯的,可是我国某留学生在日本期间看到的一次鞠躬礼却在脑海中留下了深深的印象。

一天,这位留学生来到日航大阪饭店的前厅。那时,正是日本国内旅游旺季,大厅里宾客进进出出,络绎不绝。一位手提皮箱的客人走进大厅,行李员立即微笑地迎上前去,鞠躬问候,并跟在客人身后问客人是否要帮助提皮箱。这位客人也许有急事吧,嘴里说了声:"不用,谢谢。"头也没回径直朝电梯走去,那位行李员朝着那匆匆离去的背影深深地鞠了一躬,嘴里还不断地说:"欢迎,欢迎!"这位留学生看到这情景困惑不解,便问身旁的日本经理:"当面给客人鞠躬是为了礼貌服务,可那位行李员朝客人的后背深鞠躬又是为什么呢?""既是为了这位客人,也是为了其他客人。"经理说,"如果此时那位客人突然回头,他会对我们的热情欢迎留下印象。同时,这也是给大堂里的其他客人看的,他们会想,当我转过身去,饭店的员工肯定对我一样礼貌。"

案例分析 1-2

这个例子可以使我们对日本人的鞠躬礼的作用有进一步的了解,当面鞠躬热情问候为了礼貌服务;背后鞠躬虔诚备至为了树立良好的形象。这说明,在这些日本饭店,服务人员有着明确的公关意识。鞠躬也是公关,这对树立饭店良好形象,赢得宾客对饭店的好感,进而争取更多的客源能起到良好的作用。在日本饭店,极少收到客人投诉,这并不是饭店的一切都天衣无缝,无懈可击,而是由饭店细致周到的礼貌服务使客人的需求和自尊心理得到最大限度的满足,那么即使有一点小小的瑕疵,也不会大动肝火了。客人消费心理告诉我们,进酒店的客人通常把尊重看得比金钱更重要,这就要求我们认真讲究礼节礼貌,使客人感到他在酒店里是受到尊重的。

鞠躬礼节

活动名称:鞠躬礼练习。

活动目的:通过鞠躬礼的练习,使学生掌握正确的鞠躬礼姿势。

活动内容:学生练习鞠躬礼,相互检查鞠躬礼中存在的问题并加以纠正。

活动总结:对学生的姿势及练习情况等做出评价。

 描述鞠躬礼的正确姿势

案例学习 1-3　可怕的介绍

美国交际语言大师戴尔·卡耐基曾谈到这么一件事:约翰·梅森·布朗是一位作家兼演说家,一次,他应邀去某地演讲,演讲开始之前,会议主持人将布朗先生介绍给公众:"先生们:请注意了,今天晚上我给你们带来了不好的消息,我们本想邀请伊塞卡·马科森来给我们讲话,但他来不了,病了。(下面听众发出嘘声)后来我们要求参议员布莱得·里奇前来,可他太忙了。最后,我们试图请罗伊·格罗格博士来,也没有成功。所以,结果我们请到了——约翰·梅森·布朗先生。"

案例分析 1-3

这样的介绍对被介绍者来说简直是一场灾难。介绍者本意并不是想贬低布朗先生,只是想把组织这次活动的过程报一通流水账,但这番毫无热情可怕的介绍一次又一次刺伤了客人的自尊心。这是介绍的大忌。

介绍礼节

活动名称:介绍礼节练习。

活动目的:通过介绍礼节的练习,使学生掌握介绍的正确姿势及先后次序等礼节。

活动内容:三至四个学生一组,练习介绍的礼节。教师巡回并指导纠正。

活动总结:对学生练习中所存在的问题进行总结。

 总结介绍的类型、姿势及先后次序

介绍的类型:_____

介绍的姿势:_____

介绍的次序:＿＿＿＿＿＿＿＿＿＿＿＿＿＿＿＿＿＿＿＿＿＿＿＿＿＿＿

＿＿＿＿＿＿＿＿＿＿＿＿＿＿＿＿＿＿＿＿＿＿＿＿＿＿＿＿＿＿＿＿＿＿

＿＿＿＿＿＿＿＿＿＿＿＿＿＿＿＿＿＿＿＿＿＿＿＿＿＿＿＿＿＿＿＿＿＿

＿＿＿＿＿＿＿＿＿＿＿＿＿＿＿＿＿＿＿＿＿＿＿＿＿＿＿＿＿＿＿＿＿＿

案例学习 1-4　名片的故事

没有人知道一个人一生要更换多少张名片。一张名片就是一个人的肖像,透出制作者的性格、情趣修养和格调。一些人热衷于制造自己的名片,在那个方寸之地极尽其心智。有的将自己的肖像扫描在名片上,有的在名片上密密麻麻印了一大堆头衔,正面反面都印满了,有的还加了折页。可是看了半天,委员、理事、总监、首席执行官、名誉教授、特邀代表、董事长、总经理等,什么都有,让人眼花缭乱,却不知道他究竟是干什么的。

电影演员赵丹有一次出国,叫办公室同志印名片。办公室同志问:"名片上头衔印三个,全国政协委员、全国影协常务理事、全国文联委员,行不行?"赵丹回答:"你把最重要的忘了。"对方问:"还有什么更重要的?"赵丹说:"我是个演员,首先要印上电影演员!"上海剧作家沙叶新则为自己印了这样一张名片:"沙叶新。上海人民艺术剧院院长——暂时的;剧作家——长久的;某某理事、委员、教授、主席——挂名的。"既幽默又实在,这是名片的创意之最。

案例分析 1-4

名片的作用就是要表现自己或自己的行业,从而来推销自己和自己的公司,让对方留下深刻的印象,以增加将来的商机。在一张名片上,不要过多地"包罗万象"将归属的诸多单位、组织以及众多的头衔统统堆在一起。虚职、虚衔太多,反倒表明自己华而不实,用心不专。

名片礼节

活动名称:递名片练习。

活动目的:通过递名片的练习,使学生掌握正确接递名片的姿势及名片交换的次序。

活动内容:两个学生一组,练习接递名片的正确姿势。

活动总结:对学生练习中所存在的问题进行总结。

总结接递名片的要点及先后次序

接递名片的要点:＿＿＿＿＿＿＿＿＿＿＿＿＿＿＿＿＿＿＿＿＿＿＿＿＿＿＿

递名片的次序:＿＿＿＿＿＿＿＿＿＿＿＿＿＿＿＿＿＿＿＿＿＿＿＿＿＿＿＿

案例学习 1-5　"老外"有时并不"外"

一天,有位斯里兰卡客人来到南京某饭店下榻。前厅部开房员为之办理住店手续。由于确认客人身份,核对证件耽搁了一些时间,客人有些不耐烦。于是开房员便用中文向客人的陪同进行解释。言语中他随口以"老外"二字称呼客人,可巧这位陪同正是客人的妻子,结果引起客人极大的不满。事后,开房员虽然向客人表示了歉意,但客人仍表示不予谅解,给酒店声誉带来了消极的影响。

🔍 **案例分析 1-5**

这个事例,对饭店的每一位员工来说,应引以为戒。这位开房员在对客人服务中,不注意使用礼貌语言。他误认为,外国客人听不懂中文,称"老外"无所谓。其实"老外"有时并不"外",一旦客人听懂你以不礼貌的语言称呼他,心里肯定不会愉快。

在饭店服务中,使用礼貌用语、使用正确的称呼是对服务人员的基本要求。我们每位员工在对客人的服务中,都应做到称呼正确、语言优美、礼貌待客,这样才能满足客人希望受到尊重的心理,才会赢得客人的满意。

📢 **案例学习 1-6　如何正确称呼**

近日,今年刚毕业的 Linda 告诉记者她遇到一个难题。入职前,父母给她上了一堂社会课,母亲告诉她,刚进单位资历浅,对同事要客气、尊重地称呼为"老师",父亲更是一副过来人的样子:"当年我在工厂当学徒,就是对师傅非常恭敬!"可在同单位的师姐说法却正好相反——最好直呼其名。师姐在单位试用时,按照家长的教导,见了老同事就叫老师,年龄差不多大的就叫哥哥姐姐,反倒弄得大家都很尴尬,给经理留下的印象也是"太孩子气"。师姐说:"师傅、老师都是过时的叫法,我以前的同事之间都是叫名字的。"其他人给出的说法更是五花八门:老总、头儿、老大、同志、小姐! 其实这样的难题并非只有 Linda 一个人遇到。根据智联招聘的调查显示:95%的新人曾遭遇称呼烦恼。而且称呼的烦恼即使老员工也经常遇到。

🔍 **案例分析 1-6**

很多人都曾经为称呼困扰,尤其是职场新人,叫名字太鲁莽,叫哥哥姐姐又有些别扭,叫官衔有谄媚的味道。

为什么我们这么注重称呼。除了称呼作为交往中最基本的礼仪能够体现个人的修养外,一声小小的称呼可能直接影响到自己在单位是否工作顺利。

北京龙音顾问有限公司首席顾问张立波认为"新人一出口,便知有没有"。走入职场,称呼礼节是第一课。冒冒失失、没大没小的职员,在职场上是不会受欢迎的。职场上,尤其是在工作场合,你对别人的称呼,能表达出你心里是否对人尊重。人们很在意你心里是否有他,而称呼能表明你的心里是怎么想的,言为心声嘛。

此外,你在称呼上得体,也是给旁边的人做了个榜样。在别人面前给对方面子、尊重对方,对方会觉得你很职业。这样的人,容易得到提升。很多人莫名其妙地断送前程,追根寻源可能就在你称呼不讲究,而这些看起来是"小节",实则不然——称呼礼节正是一个人的修养、情感、智商的表现。

◆**课堂讨论 1-1　对各种不同身份、年龄及不同场合下人的称呼**

讨论总结 1-1

场　合	称呼的表达	举例
社交场合		
正式场合		
非正式场合		

⬡▷任务实操

（一）体姿练习

1．两人一组练习握手礼；

2．两人一组练习递名片；

3．对镜练习鞠躬礼；

4．三人一组练习介绍。

（二）案例分析

1．新人遇到老员工

　　晓玲进入单位的第一天，领导带她认识部门新同事时，她非常恭敬地称对方为老师，不少同事欣然接受。当领导带她来到一个女同事前，告诉晓玲将跟着这位女同事先试用时，晓玲更加恭敬地叫人家一声老师。这位女同事连忙摇头："大家同事，你可别叫我老师，直接叫我名字就可以了。"晓玲觉得叫姓名不尊重，叫老师对方可能又觉得生疏。

如是你，你会如何称呼这位同事呢？

2．领导突然降职或职位变动

　　小刚和部门罗总经理共事 3 年一直搭档不错。可是最近由于罗总经理的一次工作疏忽给公司造成比较大的经济损失，导致公司最高层决定撤掉其部门总经理的职位，具体安排什么新岗位还需要公司最高层研究后决定。在此期间，新的部门总经理到岗。小刚作为罗总经理的老下手，觉得如果称罗经理原来的职位，新经理听到后会不高兴；直接叫罗经理姓名，罗经理刚刚进入职业低潮，正不痛快，你转口这么快大家又觉得你为人太势利。小刚进退两难，尤其是在新旧经理同时在场时更尴尬。

你能解决小刚的这个难题吗？

⬡▷知识链接

　　在日常工作和生活中，无论熟人还是陌生人见面，都有一个见面礼节问题。在迎来送往探亲访友中，就更讲究"礼多人不怪"了。人际交往是否顺畅，见面礼节是第一步。见面礼节包括如何行握手礼、鞠躬礼、如何作介绍、如何递名片，如何正确地称呼等。

■握手的礼节

一、握手礼的涵义

握手是一种常见的"见面礼",貌似简单,却蕴涵着复杂的礼仪细节,承载着丰富的交际信息。比如:与成功者握手,表示祝贺;与失败者握手,表示理解;与同盟者握手,表示期待;与对立者握手,表示和解;与悲伤者握手,表示慰问;与欢送者握手,表示告别等。

今天,握手在许多国家已成为一种习以为常的礼节。通常,与人初次见面,熟人久别重逢,告辞或送行均以握手表示自己的善意,因为这是最常见的一种见面礼、告别礼。有时在一些特殊场合,如向人表示祝贺、感谢或慰问时;双方交谈中出现了令人满意的共同点时;或双方原先的矛盾出现了某种良好的转机或彻底和解时习惯上也以握手为礼。

二、握手礼的姿势

握手时行至距握手对象 1 米处,双腿自然站立,上身略向前倾,伸出右手,四指并拢,拇指张开,手掌垂直于地面,掌心相对握住对方的手,持续时间为为 1~3 秒,上下摇晃约 1~3 下,握手时双目注视对方,面带微笑、上身要略微前倾,头要微低。

图 7-1　握手的姿势

三、握手的先后次序

握手先后次序的总原则是:握手的双方谁更应该得到尊重,谁应该先伸手。如主人、长辈、上司、女士主动伸出手,客人、晚辈、下属、男士再相迎握手。长辈与晚辈之间,长辈伸手后,晚辈才能伸手相握;上下级之间,上级伸手后,下级才能接握;主人与客人之间,主人宜主动伸手;男女之间,女方伸出手后,男方才能伸手相握;如果男性年长,是女性的父辈年龄,在一般的社交场合中仍以女性先伸手为主,除非男性已是祖辈年龄,或女性未成年在 20 岁以下,则男性先伸手是适宜的。但无论什么人如果他忽略了握手礼的先后次序而已经伸了手,对方都应不迟疑地回握。另外,如双方地位相等、年龄相仿、性别相同则应先伸手为礼貌。

四、握手时应注意的礼节

(一)要注意姿势的正确性

在握手过程中,握手的姿势不同,表达出不同的涵义。

1. 支配式握手

用掌心向下或向左下的姿势握住对方的手。在交际双方社会地位差距较大时,社会地位较高的一方易采用这种方式与对方握手。以这种样式握手的人想表示自己的优势、主动、傲慢或支配地位。

2.谦恭式握手

用掌心向上或向左上的手势与对方握手。用这种样式握手的人，往往性格软弱，处于被动、劣势的地位。

3.双握式握手

其具体式样是：在用右手紧握对方右手的同时，再用左手加握对方的手臂、前臂、上臂或肩部。使用这种握手样式的人是在表达一种热情真挚、诚实可靠，显示自己对对方的信赖和友谊。

4."死鱼"式握手

握手时伸出一只无任何力度、质感，不显示任何信息的手，给人的感觉就好像是握住一条腐烂的死鱼。给人的感觉就是冷漠无情，待人接物消极傲慢。

5.捏手指式握手

一般女性与男性握手时，为了表示自己的矜持与稳重，而是有意或无意地只捏住对方的几个手指或手指尖部。比如，歌星与观众的握手常常采取这种样式，以显示他们地位的不同。

(二)要掌握好握手的时间与力度

1.握手的时间

握手的时间以1~3秒为宜，不可一直握住别人的手不放。与大人物握手，男士与女士握手，时间以1秒钟左右为原则。如果要表示自己的真诚和热烈，也可较长时间握手，并上下摇晃几下。作为企业的代表在洽谈中与人握手，一般不要用双手抓住对方的手上下摇动，那样显得太恭谦，使自己的地位无形中降低了，完全失去了一个企业家的风度。

被介绍之后，最好不要立即主动伸手。年轻者、职务低者被介绍给年长者、职务高者时，应根据年长者、职务高者的反应行事，即当年长者、职务高者用点头致意代替握手时，年轻者、职务低者也应随之点头致意。和年轻女性或异国女性握手，一般男士不要先伸手。女士们应注意：为了避免在介绍时发生误会，在与人打招呼时最好先伸出手。在工作场所男女是平等的。

2.握手的力度

握手的力度要掌握好，握得太轻了，对方会觉得你在敷衍他；太重了，人家不但没感到你的热情，反而会觉得你是个老粗。女士尤其不要把手软绵绵地递过去，显得连握都懒得握的样子，既然要握手，就应大大方方地握。

(三)握手禁忌

握手是一个细节性的礼仪动作，做得好，不一定会产生显著的积极效果，但是做得不好，却能产生明显的负面效果。

1.握手时，另外一只手不要拿着报纸、公文包等物品，也不要插在口袋里。

2.不要在握手时争先恐后，应当依照顺序进行。

3.女士在社交场合戴着薄纱手套与人握手是被允许的，但男士无论何时都不能在握手时戴手套。

4.除患有眼疾或眼部有缺陷者外，不允许握手时戴着墨镜。

5.不要拒绝与他人握手,也不要用左手与他人握手。因为有些国家的习俗认为人的左手是脏的。如果你是左撇子,握手时也一定要用右手。当然如果你右手受伤了,那就不妨声明一下。

6.在与基督教徒交往时,要避免两人握手时两只手形成交叉状,也就是当两人握手时,第三者不要把胳膊从上面架过去,急着和另外的人握手。在西方国家,四只手臂交叉成十字被认为是不吉利的。

7.握手时不要把对方的手拉过来、推过去,或者上下左右抖个不停。

8.握手时不要长篇大论,点头哈腰,滥用热情,显得过分客套。

9.不要用很脏的手与他人相握,也不能在与人握手之后,立即揩拭自己的手掌。

10.握手时不要神情不专注。千万不要一边握手一边眼睛却在东张西望,或者跟这个人握手还没完就目光移至下一个身上,这样别人从你眼神里体味到的只能是轻视或慌乱。那么,是不是注视得时间越长越好呢? 并非如此,握手只需几秒钟即可,双方手一松开,目光即可转移。

 实证鉴录

不同的场合握手的意义也不一样。在 1994 年的亚太经济会议上,江泽民和克林顿的两只手紧紧地握在一起,引起了中外媒体的热切关注。中央台焦点访谈栏目的一个特写镜头就是两只巨大的手紧紧地握在一起,背景是两国的版图,画外音是“太平洋两岸的两只巨手紧紧地握在一起”。这一握意义非同一般,象征着世界上的两个大国渴望合作的美好愿望。

■鞠躬的礼节

一、鞠躬礼的涵义

鞠躬,即弯腰行礼,是人们在生活中对别人表示恭敬的一种礼节。它既适用于庄严肃穆、喜庆欢乐的仪式,也适用于一般的社交场合。它不仅是我国的传统礼仪之一,也是其他国家常用的礼貌方式。

在我国,鞠躬是常用于下级对上级、学生对老师、晚辈对长辈的礼节,也常用于服务人员对宾客致意,或表演者、演讲者、领奖者对听众、观众表示尊敬和感谢,有时还用于向他人表达深深的感激之情或诚恳的道歉之意。

二、鞠躬礼的方式

鞠躬礼可分为两种:

1.三鞠躬礼(45 度~90 度)

敬礼之前,应脱帽或摘下围巾,身体肃立,目光平视,身体上部向前下弯约 90 度,然后恢复原样,如此连续三次。三鞠躬是大礼中之大礼。其适用场合有限,主要用于婚丧嫁娶等大的仪式或场合。另外,灵堂吊丧、参加追悼会、向遗体告别、祭奠死者、赠送花圈时都需要向遗像、遗体或骨灰盒施三鞠躬大礼。

2.一鞠躬礼(15 度~ 45 度)

几乎适用于一切社交和商务活动场合,在初见的朋友之间、宾主之间、下级对上级、晚辈对长辈,为了表达对对方的尊重,都可以行鞠躬礼。施鞠躬礼时,应立正站好,保持身体

端正,面对受礼者,距离约两三步远,以腰部为轴,整个腰及肩部向前倾15度～ 45度(具体的前倾幅度视行礼者对受礼者的尊敬程度而定),目光向下,同时问候"您好"、"早上好"、"欢迎光临"等,双手应在上体前倾时自然下垂平放膝前或体侧,面带微笑,尔后恢复立正姿势,并双眼礼貌地注视对方。

三、施鞠躬礼的注意点

施鞠躬礼前,应先将帽子摘下再施礼。施礼时,目光不得斜视和环顾,不得嘻嘻哈哈,口里不得叼烟卷或吃东西,动作不能过快,要稳重、端庄,并带有对对方的崇敬感情。通常,受礼者应以与施礼者的上体前倾度大致相同的鞠躬还礼;但是,上级或长者还礼时,不必以鞠躬还礼,可以欠身点头或握手答礼。鞠躬礼在东亚国家流行甚广,尤其是朝鲜、韩国,特别是在日本盛行。

■ 介绍的礼节

介绍,在人际交往中,被称为"人与人之间建立联系的必经之桥"。介绍是人际交往中与他人进行沟通、增进了解、建立联系的一种最基本、最常规的方式,是人与人进行相互沟通的出发点。在社交场合,如能正确地利用介绍,不仅可以扩大自己的交际圈,广交朋友,而且有助于自我展示、自我宣传,在交往中消除误会,减少麻烦。

商界人士在日常生活中常用的介绍有两大类型:一类是自我介绍,另一类是他人的介绍。

一、自我介绍

在社交活动中,如欲结识某些人或某个人,而又无人引见,如有可能,即可向对方自报家门,自己将自己介绍给对方。如果有介绍人在场,自我介绍则被视为不礼貌的。

(一)自我介绍的时机

应当何时进行自我介绍? 这是最关键而往往被人忽视的问题。在下面场合,有必要进行适当的自我介绍。

1.应聘求职时。

2.应试求学时。

3.在社交场合,与不相识者相处时。

4.在社交场合,有不相识者表现出对自己感兴趣时。

5.在社交场合,有不相识者要求自己作自我介绍时。

6.在公共聚会上,与身边的陌生人组成的交际圈时。

7.在公共聚会上,打算介入陌生人组成的交际圈时。

8.交往对象因为健忘而记不清自己,或担心这种情况可能出现时。

9.有求于人,而对方对自己不甚了解,或一无所知时。

10.拜访熟人遇到不相识者挡驾,或是对方不在,而需要请不相识者代为转告时。

11.前往陌生单位,进行业务联系时。

12.在出差、旅行途中,与他人不期而遇,并且有必要与之建立临时接触时。

13.因业务需要,在公共场合进行业务推广时。

14.初次利用大众传媒向社会公众进行自我推荐、自我宣传时。

（二）自我介绍的方法与形式

自我介绍时应先向对方点头致意,得到回应后再向对方介绍自己的姓名、身份、单位等。自我介绍的具体形式有:

1.应酬式:适用于某些公共场合和一般性的社交场合,这种自我介绍最为简洁,往往只包括姓名一项即可。如:

"你好,我叫张强。"

"你好,我是李波。"

2.工作式:适用于工作场合,它包括本人姓名、供职单位及其部门、职务或从事的具体工作等。

如:"你好,我叫张强,是金洪恩电脑公司的销售经理。""我叫李波,我在北京大学中文系教外国文学。"

3.交流式:适用于社交活动中,希望与交往对象进一步交流与沟通。它大体应包括介绍者的姓名、工作、籍贯、学历、兴趣及与交往对象的某些熟人的关系。如:

"你好,我叫张强,我在金洪恩电脑公司上班。我是李波的老乡,都是北京人。""我叫王朝,是李波的同事,也在北京大学中文系,我教中国古代汉语。"

4.礼仪式:适用于讲座、报告、演出、庆典、仪式等一些正规而隆重的场合。包括姓名、单位、职务等,同时还应加入一些适当的谦辞、敬辞。如:

"各位来宾,大家好! 我叫张强,我是金洪恩电脑公司的销售经理。我代表本公司热烈欢迎大家光临我们的展览会,希望大家⋯⋯。"

5.问答式:适用于应试、应聘和公务交往。问答式的自我介绍,应该是有问必答,问什么就答什么。如:

"先生,你好! 请问您怎么称呼?（请问您贵姓?）"

"先生您好! 我叫张强。"

主考官问:"请介绍一下你的基本情况。"

应聘者:"各位好! 我叫李波,现年26岁,河北石家庄市人,汉族,⋯⋯"

（三）自我介绍的注意事项

1.注意时间

要抓住时机,在适当的场合进行自我介绍,对方有空闲,而且情绪较好,又有兴趣时,这样就不会打扰对方。自我介绍时还要简洁,尽可能地节省时间,以半分钟左右为佳。为了节省时间,作自我介绍时,还可利用名片、介绍信加以辅助。

2.讲究态度

进行自我介绍,态度一定要自然、友善、亲切、随和。应落落大方,彬彬有礼。既不能唯唯诺诺,又不能虚张声势,轻浮夸张。语气要自然坦率,语速要正常,语音要清晰。

3.真实诚恳

进行自我介绍要实事求是,真实可信,不可自吹自擂,夸大其词。

二、为他人介绍

为他人介绍:是经第三者为彼此不相识的双方引见、介绍的一种介绍方式。为他人介绍通常是双向的,即将被介绍者双方各自均作一番介绍。

（一）为他人介绍的时机

1. 与家人外出，路遇家人不相识的同事或朋友。

2. 本人的接待对象遇见了其不相识的人士，而对方又跟自己打了招呼。

3. 在家中或办公地点，接待彼此不相识的客人或来访者。

4. 打算推荐某人加入某一方面的交际圈。

5. 受到为他人作介绍的邀请。

6. 陪同上司、长者、来宾时，遇见了其不相识者，而对方又跟自己打了招呼。

7. 陪同亲友前去拜访亲友不相识者。

（二）为他人介绍的顺序

为他人作介绍时必须遵守"尊者优先"的规则。即被介绍的双方谁更应该得到尊重谁应该先获得对方的信息。如：把年轻者介绍给年长者；把职务低者介绍给职务高者；如果双方年龄、职务相当，则把男士介绍给女士；把家人介绍给同事、朋友；把未婚者介绍给已婚者；把后来者介绍给先到者。

（三）为他人介绍的神态与手势

作为介绍人在为他人做介绍时，态度要热情友好，语言清晰明快。在介绍一方时，应微笑着用自己的视线把另一方的注意引导过来。手的姿势应掌心向上，胳膊略向外伸，指向被介绍者。介绍人在做介绍时要先向双方打招呼，使双方思想有准备。介绍人的介绍语宜简明扼要，并应使用敬辞，如："请让我来介绍一下……"、"请允许我介绍一下"等。当介绍人为双方介绍后被介绍人应向对方点头示意，或握手为礼，并以"您好"、"很高兴认识您"等友善的语句问候对方，表现出结识对方的诚意。介绍人介绍后还可以给双方的交谈提示话题，可有选择地介绍双方的共同点，如相似的经历、共同的爱好和相关的职业等，等对方进入话题后，再去招呼其他客人。

图 7-2　为他人介绍的姿势

（四）介绍时应注意的事项

1. 介绍者为被介绍者介绍之前，看情形可先征求一下被介绍双方的意见，有时上去开口即讲，显得很唐突，让被介绍者感到措手不及。

2. 被介绍者在介绍者询问自己是否有意认识某人时，一般不应拒绝，而应欣然应允。实在不愿意时，则应说明理由。

3. 介绍时，介绍人和被介绍人都应起立，以示尊重和礼貌；待介绍人介绍完毕后，被介绍双方应微笑点头示意或握手致意。

4.在宴会、会议桌、谈判桌上,视情况介绍人和被介绍人可不必起立,被介绍双方可点头微笑致意;如果被介绍双方相隔较远,中间又有障碍物,可举起右手致意,点头微笑致意。

三、为集体做介绍

在商务活动中还会碰到很多为集体做介绍的场合,如介绍出席会议的领导,介绍多位来客的身份等。集体介绍时,介绍人可根据情况依照以下方式介绍:

1.“少数服从多数”

当被介绍者双方地位、身份大致相似,或者难以确定时,应使人少的一方礼让人数较多的一方,一个人礼让多数人。首先介绍人数较少的一方人,然后再介绍人数较多的一方或多数人。

2.强调地位、身份

若被介绍者双方地位、身份之间存在明显差异,特别是当这些差异表现为年龄、性别、婚否、师生以及职务有别时,则地位、身份为尊的一方即使人数较少,甚至仅为一人,仍然应被置于尊贵的位置,最后加以介绍,而需先介绍另一方人员。

3.单向介绍

在演讲、报告、比赛、会议、会见时,往往只需要将主角介绍给广大参加者,没有必要一一介绍广大参加者,因为此种可能性实际上并不存在。

4.人数较多一方的介绍

若需要介绍的一方人数不止一人,可采取笼统的方法进行介绍。例如,可以说:“这是我的家人”,“他们都是我的同事”,等等。但最好还是要对其一一进行介绍。介绍时,可采用位次由尊至卑的顺序来介绍。如:先尊后卑,先长后幼,先女后男,等等。

5.人数较多双方的介绍

若被介绍双方皆不止一人,则可依照礼规,先介绍位卑的一方,后介绍位尊的一方。在介绍某一方的人员时,则须由尊而卑地依次进行。

6.人数较多各方的介绍

有时,被介绍的往往不止两方,此时则需要对被介绍的各方进行位次排列。排列的具体方法:一是以其负责人身份为准;二是以其单位规模为准;三是以单位名称的英文字母或汉语拼音字母顺序为准;四是以抵达时间的先后顺序为准;五是以座次顺序为准;六是以距离介绍者的远近为准。进行多方介绍,应由尊而卑地进行。如时间允许,应在介绍各方时按由尊而卑的顺序一一介绍其各个成员。若时间不允许,则不必介绍其具体成员。

■递名片的礼节

名片是礼仪信物之一,早在西汉时就流行了,不过在当时还未发明纸,只是削竹、木为片,上面写上名字,供拜访者通报姓名之用。现代的名片是一种经过设计,能表示自己身份,便于交往和执行任务的卡片。它一般长9厘米,宽5.5厘米。名片的材质有纸、塑料、丝绸、金箔等。商务人员的名片一般以浅色的纸质材料为好。

一、名片的作用

对现代人而言,名片绝非一种自欺欺人、招摇撞骗的幌子,而是一种物有所值的实用型交际工具。在人际交往中,名片的用途一共有如下十种。

1.自我介绍

初次会见他人,以名片作辅助性自我介绍,效果最好。它不但可以说明自己的身份,强化效果,使对方难以忘怀,而且还可以节省时间,避免啰里啰嗦,含糊不清。

2.结交朋友

没有必要每逢遇见陌生人,便上前递上自己的名片。换言之,主动把名片递给别人,便意味着对对方的友好、信任和希望深交之意。也就是说,巧用名片,可以为结交朋友"铺路架桥"。

3.维持联系

名片犹如"袖珍通讯录",利用它所提供的资料,即可与名片的提供者保持联系。正因为有了名片上所提供的各种联络方式,人们的"常来常往"才变得更加现实和方便。

4.业务介绍

公务式名片上列有归属单位等项内容,因此利用名片亦可为本人及所在单位进行业务宣传、扩大交际面,争取潜在的合作伙伴。

5.通知变更

利用名片,可以及时地向老朋友通报本人的最新情况。如晋升职务、乔迁新居、变换单位、电话改号之后,可以印有变更的新名片向老朋友打招呼,以使彼此联系畅通无阻,对方对自己的有关情况了解得更加充分。

6.拜会他人

初次前往他人居所或工作单位进行拜访时,可将本人名片交由对方的门卫、秘书或家人,转交给被拜访者,以便对方确认"来系何人",并决定见与不见。这种做法比较正规,可避免冒昧造访。

7.简短留言

拜访他人不遇,或者需要请人转达某件事情时,可在名片上写下几行字,或一字不写,然后将它留下,或托人转交。这样做,会使对方"如闻其声,如见其人",不至于误事。

8.用作短信

在名片的左下角,以铅笔写下几行字或短语,寄交或转交他人,如同一封长信一样正式。若内容较多,也可写在名片背面。在国外,流行以法文缩略语写在名片左下角,以慰问、鼓励、感谢、祝贺他人的做法。

n.b. 意即"提请注意"

p.f. 意即"祝贺"

p.r. 意即"感谢"

p.c. 意即"谨唁"

p.p. 意即"介绍"

p.p.c 意即"辞行"

p.f.n.a. 意即"贺年"

9.用作礼单

向他人赠送礼品时,可将本人名片放入其中,或者装入一个不封口的信封中,再将该信封固定于礼品外包装的上方。后者是说明"此乃何人所赠"的标准做法。

10.替人介绍

介绍某人去见另外一人时,可用回形针将本人名片(居上)与被介绍人名片(居下)固定在一起,必要时还可在本人名片左下角写上意即"介绍"的法文缩写"p.p.",然后将其装入信封,再交予被介绍人。这是一封非常正规的介绍信,是会受到高度重视的。

二、名片的样式

横式名片:即以宽边为底,窄边为高的名片版面设计。横式名片因其设计方便、排版便宜,成为目前使用最普遍的名片印刷方式。名片中姓名用大些的字印在名片中央位置,单位印在左上角、顶格印。职务、职称用小字印在姓名后边。职务也可以印在单位后边。联系地址、电话号码和邮政编码用小字印在右下角。印刷的字体,姓名用楷书、隶书或行楷,其他部分可用仿宋体或楷书。单位有标志的,可以印在左上角。

竖式名片:即以窄边为底,宽边为高的名片版面设计。竖式名片因其排版复杂,可参考的设计资料不多,适于个性化的名片设计。

三、名片的内容设计

一张正规的商务名片,应包含如下三项基本内容:

(一)归属

即本人所在的单位、任职的具体部门及其象征性徽记。

(二)本人简况

它应包括本人姓名、职务、职称、学位等。在一张名片上,不要过多地"包罗万象"将归属的诸多单位、组织以及众多的头衔统统堆在一起。虚职、虚衔太多,反倒表明自己华而不实,用心不专。在一张名片上,单位、职务等只宜择优列出一至两种。若确有必要,可为自己同时设计几种单位不同、职衔不同的名片,一起带在身上。在人际交往中,可根据实际需要,该用哪一种,就用哪一种。在日本等国,一位商界人士口袋里同时备有几种名片,是不足为奇的。

(三)联络方式

为了及时保持联络,应尽可能周详仔细地列出各种可以联系到本人的方法。单位所在的地址、办公室的电话号码、本人手机号码与邮政编码等内容,一般都是必不可少的。除此以外,还可酌情列出本单位的传真号码、电子邮箱等。

 实证鉴录

张小姐的美容小店开张在即,让她苦恼的是店铺的位置不太醒目。张小姐是个细心的人,她想到利用名片来做文章。她要求自己的名片别具一格,体现美的内涵,让客户一看见名片就能有一种美的享受,最好还能有提示作用,让客户循着名片就能找到店铺。一家广告公司满足了张小姐的要求,并把张小姐的店铺名称作了特殊字符处理,让客户即使匆匆一瞥也能牢牢记住,而且整张名片都是四色印刷,精美大方。另外,名片的背面是一张小小的地图,中间醒目处标出了张小姐店铺的位置,这下再也不用担心客户找不到店址了。小店也从当初只有几个人的门面发展到在全市拥有十几家分店的美容连锁店。后来,张小姐又给自己的连锁店设计了一套贵宾卡派送给客户。

四、递接名片的礼节

（一）递送名片

向他人递送自己的名片时，要用双手呈上名片，微笑着注视对方。不要用左手递送名片，也不要用食指和中指夹着名片给人，更不可随便丢在桌子上，让别人去捡。注意名片的字迹应正面向对方，便于对方阅读。如果是坐着的，应当起立或欠身递送，递送时可说"我叫××，这是我的名片，请笑纳"或"我的名片，请您收下"之类的客套话。如果自己的姓名中有不常用的、不好读的字音，最好能将自己的名字读一遍，以便对方称呼。

（二）呈接名片

在接别人的名片时，应用双手接。接到后应认真看一下，看不清的地方应及时请教，有时可有意识地重复一下对方的姓名和职务，以示尊敬和仰慕。看过名片后，应将名片收好，切忌随手乱丢或在上面压上杯子、文件夹等东西，那是不礼貌的表现。

图 7-3　递名片的姿势

五、名片使用应注意的礼节

（一）妥善地保管名片

一般应用较精致的名片夹装名片，名片应放在容易拿取的地方，以便需要时迅速拿取。一般男士可以将名片放在西服的内胸口袋或公文包内，女士可将名片置于手提袋内。在接过他人的名片看过之后，应将其精心存放在自己的名片夹或上衣口袋里。

平时应及时把收到的名片加以分类整理收藏，以便今后使用方便。不要将它随意夹在书刊、文件中，更不能把它随便地扔在抽屉里面。存放名片要讲究方式方法，做到有条不紊。推荐的方法有：按姓名拼音字母分类；按姓名笔划分类；按部门、专业分类；按国别、地区分类；输入商务通、电脑等电子设备中，使用其内置的分类方法。

（二）索要名片

商务交往过程中，有时需要主动索要名片。索要名片有以下技巧：

1.向对方提议交换名片。

2.主动递上本人名片。

3.委婉地索要名片。向尊长索取名片时，可以说："今后如何向您老请教？"向平辈或晚辈索要名片时，可以说："今后怎样与您联系？"

■称呼的礼节

在人际交往中,称呼对交往十分重要,称呼的运用与对待交往对象的态度直接相关,是给对方的第一印象。因此,在交往中我们既要注意学习、掌握称呼的基本规律和通行的做法,又要特别注意各国之间的差别,认真区别对待。称呼的主要方式有以下几类。

一、泛尊称

这种称呼几乎适合于所有社交场合,对男子一般称"先生",对女子称"夫人"、"女士"。一般已婚女子称"夫人",未婚女子称"小姐",对不知婚否或难以判断的称"女士"。

二、职务称

在业务活动中,可以对方的职务相称,如部长、经理、处长等。职务称呼还可以与泛尊称、姓名、姓氏分别组合一起使用,如王经理、周部长、刘科长等。对地位高的官方人士,一般为部长以上的高级官员,按国家情况称"阁下"、职衔或先生。如"部长阁下"、"总统阁下"、"主席先生阁下"、"总理阁下"、"总统先生"、"大使先生阁下"等。但美国、墨西哥、德国等国没有称"阁下"的习惯,因此在这些国家可称先生。对有高级官衔的女子,也可称"阁下"。

三、职衔称

交往对象拥有社会上受尊重的学位、学术性职称、专业技术职称,可以用"博士"、"律师"、"教授"等称呼。这些职衔性称呼还可以同姓名、姓氏和泛尊称分别组合在一起使用。如"卡特教授"、"法官先生"、"律师先生"、"博士先生"、"张伟博士先生"等。

四、职业称

对不同行业的人士,可以被称呼者的职业作为称呼,如老师、教练、医生等。对营销界和服务业从业人员,一般称小姐、先生。

五、姓名称

在一般性场合,彼此比较熟悉的人之间,可直接称呼他人的姓名或姓氏,如张志刚、王小强等。中国人为表示亲切,还习惯在被称呼者的前面加上"老"、"大"、"小"等字,如老王、小张等。

 实证鉴录

在我国民间,有一个喜欢在朋友、同事、邻居的子女间"论资排辈"的传统礼貌。孩子们一定要称与自己父母年岁相仿的人为"叔叔"、"阿姨",再长一辈的要称为"爷爷"、"奶奶"。西方一些国家的人没有严格的讲究,孩子们只对父母的亲兄弟姐妹才称"叔"、"舅"、"姑"、"姨",他们对父母的同事、朋友统称××先生、夫人或女士,并且在一些现代家庭为了表示亲密,孩子对父母直呼其名的情形也不少见。

模块二

访送礼仪

> > > >

教学目标

终极目标

学会迎来送往的基本礼节,学会礼物的选择。

促成目标

1.掌握做一个称职主人的基本礼节;

2.掌握做一个称职客人的基本礼节;

3.掌握馈赠的基本礼节。

工作任务

学会迎来送往的基本礼节并在情景模拟中正确地运用;为各种不同人物选择合适的礼物。

任务指导

案例学习 2-1　周总理送客

1962 年,周总理到西郊机场为西哈努克和夫人送行。亲王的飞机刚一起飞,我国参加欢送的人群便自行散开,准备返回,而周总理这时却依然笔直地站在原地未动,并要工作人员立即把那些离去的同志请回来。这次总理发了脾气,他严厉起来了,狠狠地批评道:"你们怎么搞的,没有一点礼貌! 各国外交使节站在那里,飞机还没有飞远,你们倒先走了。大国这样对小国客人不是搞大国主义吗?"当天下午,周总理就把外交部礼宾司和国务院机关事务管理局的负责同志找去,要他们立即在《礼宾工作条例》上加一条,即今后到机场为贵宾送行,须等到飞机起飞,绕场一周,双翼摆动三次表示谢意后,送行者方可离开。

 此案例给我们的启示是什么?

此案例给出的启示是:_____

_____

✸课堂讨论 2-1　如何做一个称职的主人？

讨论总结 2-1

做一个称职主人应注意的环节

环　节	主要内容
环节一	
环节二	
环节三	
环节四	
环节五	
环节六	
环节七	

风景秀丽的某海滨城市的朝阳大街,高耸着一座宏伟楼房,楼顶上"远东贸易公司"六个大字格外醒目。某照明器材厂的业务员金先生按原计划,手拿企业新设计的照明器样品,兴冲冲地登上六楼,脸上的汗珠未及擦一下,便直接走进了业务部张经理的办公室,正在处理业务的张经理被吓了一跳。"对不起,这是我们企业设计的新产品,请您过目。"金先生说。张经理停下手中的工作,接过金先生递过的照明器,随口赞道:"好漂亮呀!"并请金先生坐下,倒上一杯茶递给他,然后拿起照明器仔细研究起来。金先生看到张经理对新产品如此感兴趣,如释重负,便往沙发上一靠,跷起二郎腿,一边吸烟一边悠闲地环视着张经理的办公室。当张经理问他电源开关为什么装在这个位置时,金先生习惯性地用手搔了搔头皮,好多年了,别人一问他问题,他就会不自觉地用手去搔头皮。虽然金先生作了较详尽的解释,张经理还是有点半信半疑。谈到价格时,张经理强调:"这个价格比我们预算的高出较多,能否再降低一些?"金先生回答:"我们经理说了,这是最低价格,一分也不能再降了。"张经理沉默了半天没有开口。金先生却有点沉不住气,不由自主地拉松领带,眼睛盯着张经理。张经理皱了皱眉:"这种照明器的性能先进在什么地方?"金先生又搔了搔头皮,反反复复地说:"造型新,寿命长,节电。"张经理托辞离开了办公室,只剩下金先生一个人。金先生等了一会儿,感到无聊,便非常随便地抄起办公桌上的电话,同一个朋友闲谈起来。这时,门被推开,进来的却不是张经理,而是办公室秘书。

金先生的拜访会成功吗？为什么？

_____

_____

_____

💥课堂讨论 2-2　如何做一个称职的客人？

讨论总结 2-2

做一个称职客人应注意的环节

环　节	主要内容
环节一	
环节二	
环节三	
环节四	
环节五	
环节六	
环节七	

📖案例学习 2-3 👑

　　某大型商务公司开业第一天，很多关系单位都送来了具有纪念意义的礼品，令公司的王总经理非常高兴。正在这时，天气骤变，突然下起雨来，半个小时后，王总经理的朋友刘先生拿着 20 把雨伞作为礼物送到了王总经理的手中，只见王总经理的脸像外面骤变的天气一样沉了下来。

💥课堂讨论 2-3　送礼有哪些礼节？

讨论总结 2-3

赠送礼物应遵守的礼节

礼物赠送各环节	主要礼节
礼物赠送的目的	
礼物的选择	
礼物的包装	
赠送的时机与场合	
送礼的禁忌	

🖝任务实操

　　一、案例分析

带学生参观公司

　　一位老师带领学生前往一大集团公司参观，老总是该老师的大学同学。老总亲自接待不说还非常客气。工作人员为每位同学倒水，席间有位女生表示自己只喝红茶。学生们在有空调的大会议室坐着,大多坦然接受服务,没有半分客气。当老总办完事情回来后,不断向学生表示歉意,竟然没有人应声。当工作人员送来笔记本,老总亲自双手递送时,学生们大都伸着手随意接过,没有起身也没有致谢。从头到尾只有一个同学起身双手接过工作人员递过来的茶和老总递来的笔记本时客气地说了声:"谢谢,辛苦了!"

最后,只有这位同学收到了这家公司的录用通知。有同学很疑惑甚至不服:"他的成绩并没有我好,凭什么让他去而不让我去?"老师叹气说:"我给你们创造了机会,是你们自己失去了。"

分析:是什么原因使这些同学失去机会的? 这些同学有哪些行为是不合乎礼仪的?

二、情景讨论题

1.同学之间在生日的时候会互相送礼,以示祝贺。你的××同学的生日近在眼前了,你准备买什么样的礼物送给他(她)? 如何送?

知识链接

迎来送往是日常接待中最常见的礼仪活动,是社会交往接待活动中最基本的形式和重要环节,是表达主人情谊、体现主人礼貌素养的一个重要方面。特别是迎接礼仪,得体与否,会给来宾留下深刻的第一印象。给来宾留下满意的第一印象,就为下一步深入接触奠定了良好的基础。

■做主人的礼节

一、公务迎送

(一)迎送准备

1.确定迎送规格与迎送人员

迎接来访的客人,要事先了解对方的来访目的与要求,确定来访人员的姓名、性别、年龄、身份、人数、职务、级别等,并以此确定迎送规格。

迎送规格一般应遵循对等或对应原则,即主要的迎送人员应与来宾的身份相当或相应。若由于种种原因,住房主要人员不能参加迎送活动,使双方身份不能完全对等或对应,可灵活应变。以对口原则,由职务相宜人员迎送,但应及时向来宾作出解释。

2.掌握来宾抵离时间与安排食宿

为了提前安排食宿和交通工具,接待工作人员应准确地了解掌握来宾所乘坐交通工具的航班号、车次以及抵离时间,将这些情况和迎送人员名单一并通知机场(或车站、码头),以便做好接(送)站准备,并及早通知全体迎送人员和有关单位。如有变化,应及时通知。由于天气变化等意外原因,飞机、火车、船舶都可能不准时。因此,在接、送站前,应保持与机场(车站、码头)的联系,随时掌握来宾所乘航班(车次)的变化情况。如有晚点,应及时作出相应安排。在大城市,机场离市区一般较远,因此既要顺利地接送来宾,又不过多耽误迎送人员的时间,必须准确掌握来宾的抵离时间。为了简化迎送礼仪,目前主要迎送人员更多地在来宾下榻的宾馆迎接或送别,而另由职务相宜人员负责机场(车站、码头)的迎送。

(二)现场迎接

1.准时到达迎接现场

迎接人员在准确掌握对方抵达时间的前提下,提前到达机场、车站或码头,以示对对方的尊重。只能由迎宾人员去等候来宾,决不能让来宾在那里等候迎接人员。来宾看到有人来迎接,内心会感到非常高兴;若迎接来迟,会给来宾心里留下阴影,事后无论怎样解释,都无法消除这种失职和不守信誉的印象。如果来宾是首次前来,互不认识,接待人员可事先制作特定的标志,如小旗子或牌子等,让来宾容易看到,以便主动前来接洽。

2.见面问候来宾

在来宾到达后,迎接人员应上前握手,首先问候"一路辛苦了"、"欢迎您来到我们这个美丽的城市"等等。然后双方应互相介绍。如果来宾行李较多,要安排专门工作人员负责清点、运送行李并协助来宾办理行李的提取或托运手续。提取行李时如需等候,可以让迎宾车队按时离开,留下有关人员及行李车装运行李。

(三)待客中的礼节

1.注意轿车位次的高低

用轿车接送来宾还要注意乘车的礼仪。乘坐轿车首先存在着上下车的问题,一般情况下让客人先上车,后下车。当然,如果很多人坐在一辆车上不方便,那么谁最方便下车谁就先下车。其次还存在着一个轿车里位次的尊卑。轿车里的位次,大体上有三种情况,不同情况有不同的讲究。

第一种情况称为公务交往。换而言之,接待客人是一种公务活动。参与活动的车辆归属于单位,驾驶司机一般是专职司机。就双排座轿车而论,公务接待时轿车的上座指的是后排右座,也就是司机对角线位置,因为后排比前排安全,右侧比左侧上下车方便。公务接待时,副驾驶座一般叫随员座,坐秘书、翻译、保镖、警卫、办公室主任或者导引方向者。

第二种情况称为社交应酬。工作之余,三五好友外出吃饭活动,这时一般车辆的归属是个人的,开车的人是车主。车主开车时,上座是副驾驶座,表示平起平坐。在这一情况下让上宾坐后座,是不允许的。

第三种是接待重要客人。接待高级领导、高级将领、重要企业家时人们会发现,轿车的上座往往是司机后面的座位,因为该位置隐秘性比较好,而且是车上安全系数较高的位置。

2.迅速帮助来宾入住宾馆

为了避免来宾到达后聚集宾馆大厅长时间地等待,接待工作人员应与宾馆主动联系,密切配合,进行细致的安排。通常住房安排表在抵达宾馆前发给每位来宾,使每人清楚自己入住的房号。在宾馆迎宾处设立领钥匙的地点,来宾抵达时,根据他们自报的房号分发住房钥匙。也可以在保证安全的前提下,事先打开房门,使来宾抵达后直接进房。不论采用何种形式,来宾入住客房,应由专人陪同引导。

3.告知来宾日程安排

在帮来宾办理好一切手续并将来宾领进房间的同时,应向来宾介绍住处的服务、设施,并将活动的计划、日程安排表交给来宾,并把准备好的地图或旅游图等介绍材料送给来宾。如合适,主人不要立即离去,可以陪同来宾稍作停留,热情交谈。谈话内容要让来宾感到满意,比如来宾参与活动的背景材料、当地风土人情、有特点的自然景观、特产、物价等。考虑到来宾一路旅途劳累,主人不宜久留,让来宾早些休息。分手时将下次联系的时间、地点、方式等告诉来宾。

4.引导礼节

在商务活动中,接待人员在接待来宾时要做好引导礼节。在引导过程中,接待人员应当毕恭毕敬地面含微笑地向来宾说一声："各位请"、"大家请随我去会客室"等。与此同时，还须以自己的左手掌心向上，五指并拢，抬至齐胸高处，伸直之后为来宾指示方向。在引导来宾的具体过程中，如东道主单位仅有一个人出马，则其应在来宾左前方带路。若东道主单位出面的人较多，可由其中内定的引路者——一般应由公关、礼宾人员或秘书充任，在左前方带路。其中的职位最高者，应居于左侧，与主宾一起走在前排。东道主单位的其余人员，则应随行于其后。

在上楼梯、拐弯处、进电梯、进入房间时，走在最前面的"接待员"应稍候一下来宾。进入无人管理的电梯时，接待者应率先进入，并负责开动电梯。进入有人管理的电梯时，则应待全体来宾都进去后，接待员再最后一个入内。出电梯时，一般应请来宾先出去。会客室、写字间或休息室的门假如向外开，接待员应先把门拉开，请来宾先行入内。假如门向里开，则接待者自己应首先推门入内，站在门口拉住门，然后再请来宾入内。

5.入座礼节

在正式会晤中安排来宾的座次时，应当遵守三条礼仪原则。

一是坚持"以右为尊"。是指在并排排列时，讲究右高左低，右尊左卑。

二是坚持"以前为上"。简单地说，就是在排列前后的尊卑位次时，讲究前高后低，前尊后卑。人们平日习惯的"女士优先"、"长者先行"，就是对它的具体应用。

三是坚持"面门为大"。是指如果面对正门和背对正门这两种座次同时出现时，一般讲究面对正门者为高、为尊，背对正门者则为低、为卑。

（四）送客礼节

送别人员要事先了解对方离开的准确时间，提前到达来宾住宿的宾馆，陪同来宾一同前往机场、车站或码头；亦可直接前往机场、车站或码头恭候来宾，与来宾道别。如果来宾需交付托运的行李较多，有关人员应随行李车先行，提前办好行李托运手续，以避免来宾及送行人员在候机（车、船）厅等候过久。在来宾临上飞机、火车或轮船之前，送行人员应按一定的顺序同来宾一一握手话别。

二、私人迎送

（一）迎接

迎接本地的客人，主人可以在大门口、楼下、居所的门外，或双方事先约定的地方等候。对于常来常往的客人，虽然不必事先恭候于室外，但一旦得知客人到达，也要立即起身出门相迎。对于首次前来的远方客人，主人要在准确了解和掌握客人所乘坐交通工具的航班号、车次以及抵达时间的前提下，亲自前往机场（车站、码头）迎接。

与客人相见之初，不论彼此熟悉与否，都要面含微笑，与对方热情握手。与此同时，还应当对客人真诚地表示欢迎，并致以亲切的问候。在一般情况下，现代人在待客之初，握手、问候和表示欢迎，是必不可少的"迎宾三部曲"。

如果客人到达时，自己家里还有家人、同事或其他客人在场，主人要对他们进行相互介绍。若任其互不搭理，或是自行进行接触，只能说明主人考虑不周，或是怠慢客人，同样是一种失礼的行为。

（二）送别

告辞的要求应由客人首先提出，主人应真诚加以挽留。倘若客人执意要走，主人方可起身送行。送行的具体地点可视情况而定，对于远方的客人，可以将其送至机场、港口、车站或其下榻的宾馆;对本地的客人,可以将其送到大门口、楼下,或是其所乘的车辆离去之处,至少也要将客人送至室外或电梯门口。否则,就算是对客人的失礼。

与客人告别时,要与之握手,并互致"再见"或说"欢迎下次再来"。对很少见面的客人,还应请其"多多保重",并向其家人致以问候。

当客人离去时,应向其挥手致意。前往机场、港口、车站为客人送行时,客人所乘的交通工具尚未启动时,主人不要抢先离去。否则万一客人有事再找回来,就找不到人了。当客人离开之后,主人方可离开。如果是送客人到大门口或楼下,最好是在客人走过门外第一个拐弯处或看不见客人背影时再离开。

■做客人的礼节

商务拜访礼仪是商务交往工作中的一项重要内容。通过商务拜访,商务人员可以更好地沟通心灵,建立深厚友谊,取得支持与帮助;通过商务拜访,商务人员可以更好地互通信息,共享资源,有助于取得事业的成功。

一、预约与守时

拜访客户要事先约定,这是进行拜访活动的首要原则。一般而言,当你决定要去拜访某位人士时,应写信或打电话取得联系,约定宾主双方都认为比较合适的会面地点和时间,并把访问的意图告诉对方。预约的语言、口气应该是友好、请求、商量式的。在对外交往中,未曾约定的拜访,属失礼之举,是不受欢迎的。因事急或事先无约定,但又必须前往时,则应尽量避免在深夜打扰对方,如万不得已非得在休息时间约见对方不可时,则应见到对方立即致歉,说"对不起,打扰了",并说明打扰的原因。

宾主双方约定了会面的具体时间,作为访问者应履约守时、如期而至。既不能随意变动时间,打乱主人的安排,也不能迟到早到,准时到达才最为得体。如因故迟到,应向主人道歉;如因故失约,应在事先诚恳而婉转地说明。准时约见是国际交往的基本要求。

二、仪表修饰

拜访做客要仪表端庄、衣着整洁。入室之前要在踏垫上蹭干净鞋子,不要把脏物带进主人室内。夏天进屋后再热也不应脱掉衬衫,冬天进屋再冷也应摘掉帽子。有时应脱下大衣和围巾,并切忌说"冷",以免引起主人误会。

三、恰当的举止

无论是办公室或是寓所拜访,一般要坚持客随主便的原则。如到主人寓所拜访,在进入主人寓所之前,应轻轻地叩门或按门铃,待有回应,或有人开门相请,方可进入。若是主人亲自开门相迎,见面后应热情向其问好,若是主人夫妇同时起身相迎,则应先问候女主人好。若你不认识的人出来开门,则应说:"请问,这是×××先生的家吗?"得到准确回答方可进门。当主人把来访者介绍给他的妻子或丈夫相识,或向来访者介绍家人时,都要热情地向对方点头致意或握手问好。见到主人的长辈应恭敬地请安,并问候家中其他成员。主人如果不让座则客人不能随便坐下,当主人请坐时,应道声谢谢,并按主人指定的座位入座。主人递上烟茶时要双手接过并表示谢意。如果主人没有吸烟的习惯,客人要克制自己的烟瘾,尽量不吸,以示对主人习惯的尊重。

进入主人家里做客不能太随便。与主人关系再好也不要翻动主人的书信等。未经主人相请,不要擅入主人卧室、书房。坐姿要注意文雅。同主人谈话要诚恳自然,不要自以为是地评论主人家的陈设,也不要谈论主人的长短和扫兴的事。交谈时如有长辈在座,应用心听长者谈话,不要随便插话或打断别人的谈话。

与主人的意见相左,不要争论不休。对主人提供的帮助要致以谢意,但不要过分。跟主人谈话,语言要客气,谈话时开门见山,不要海阔天空,浪费时间。

四、适时告辞

准备商量什么事、拜访要达到什么目的,事先要有打算,以免在主人家停留时间过长。辞行要果断,辞行时要向其他客人道别,并感谢主人的热情招待。出门后应请主人就此留步。如有意邀请主人,可在同主人握别时提出邀请。从对方公司或家里出来后,切勿在回程的电梯及走廊上窃窃私语,以免被别人误解。

张女士是位商务工作者,由于业务成绩出色,随团到中东地区某国考察。抵达目的地后,受到东道主的热情接待,并举行宴会招待。席间,为表示敬意,主人向每位客人一一递上一杯当地特产饮料。轮到张女士接饮料时,一向习惯于"左撇子"的张女士不假思索,便伸出左手去接,主人见情景脸色骤变,不但没有将饮料递到张女士的手中,而且非常生气地将饮料重重地放在餐桌上,并不再理睬张女士。而张女士也一脸的惊愕,不知道自己有什么不得当的举止。

作为从事多年商务工作的张女士,理应对中东地区的忌讳习俗有一个基本的了解,但她却忽略了这一点。中东地区是伊斯兰教教徒最为集中的地区,不少国家还把该教定为国教。按伊斯兰教教规习俗,左手是拿不干净东西的,故在人际交往中,忌用左手递接物品。当东道主用右手递送饮料时,张女士应用右手接取,但她仍然按国内养成的习惯用左手去接,这是犯了中东地区不用左手的忌讳,而且是对主人的极大侮辱,难怪东道主满脸怒容,不再理睬她了。

■馈赠的礼节

馈赠是指人们为了向他人表达自己的情意,而将某种物品不求报偿,毫无代价地送给对方。它是人际交往活动的重要内容,能起到联络感情、加深友谊、促进交往的作用。

一、馈赠时机的选择

馈赠礼品选择适当的时机是非常重要的,它可以使馈赠礼品显得自然亲切,能充分表达出送礼者所要表达的感情。馈赠礼品的时机表现为多种多样,需根据实际情况灵活掌握。通常送礼的时机可以概括为以下几类。

(一)节假良辰

选择传统节日或固定节日来馈赠。如在春节、元宵节、端午节、中秋节、重阳节等传统节日或在元旦、三八节、五一节、六一儿童节、教师节、国庆节等固定节日,给亲朋好友、长辈、上司、业务往来单位等送上一份礼品,以表示节日的祝贺。

(二)婚丧喜庆

日常生活中不乏喜怒哀乐之事,如亲友婚嫁、乔迁、晋升、生日等。此时备些礼品相送表示庆贺与纪念,会使受礼者感受到你的友情常在。又如,亲友生病,略备薄礼,以祝早日康复;亲朋好友及家人不幸去世,送上一份礼物,以示慰藉。

（三）临别远行

俗话说："天下没有不散的宴席。"迎来送往临行惜别之际，赠送一些礼品，留作纪念，以示友谊天长地久。

（四）感谢帮助

生活中需要别人帮助的事很多，当接受了别人的帮助之后，可送些礼品以示酬谢，表达敬意。

（五）领受馈赠

中国自古以来就提倡"礼尚往来"。来而无往非礼也。你接受了别人的馈赠，那么你也应该回赠一些合适的礼品。这当然不是让你必须在接受的同时就进行回赠，也可另找时机。

（六）企业开业庆典

在参加企业开业庆典等活动时，要赠送花篮、牌匾、室内装饰品或其他纪念品，以示祝贺。

二、馈赠礼品的选择

礼品的选择不是一件容易的事情，为使受礼者喜欢该礼品，选择时应注意以下三个问题：

（一）礼品的选择要投其所好

给他人买礼品且要使其喜欢也不是件容易的事情。因为每个人都有自己的兴趣和爱好，每个民族、国家都有各自的风俗习惯，因此在选择礼品时一定要有所考虑，投其所好，不可盲目。可以通过仔细观察或打听了解受礼者的兴趣爱好，然后有针对性地精心挑选合适的礼品。尽量让受礼者感觉到馈赠者在礼品选择上是花了一番心思，是真诚的。

（二）礼品轻重视情况而定

一般讲，礼物太轻，又意义不大，很容易让人误解为瞧不起他，尤其是对关系不算亲密的人，更是如此，而且如果礼太轻而想求别人办的事难度较大，这样办事的成功率可能性就比较低。但是，礼物太贵重，又会使受礼者有受贿之嫌，特别是对上级、同事更应注意。一般人即使收下，日后也会设法还礼，如果对方拒收，礼物自己留着无用，便会生出许多烦恼。因此，礼物的轻重选择以对方能够愉快接受为尺度，争取做到少花钱多办事、多花钱办好事。

（三）礼品要有意义

礼物是感情的载体，任何礼物都表示送礼人的特有心意，或酬劳、求人、或联络感情等。所以，选择的礼品必须与自己的心意相符，并使受礼者觉得礼物非同寻常，倍感珍贵。因此，选择礼物时要考虑它的思想性、艺术性、趣味性、纪念性等多方面的因素，力求别出心裁、不落俗套。

三、馈赠的礼节

（一）包装要精美

精美的包装是礼品的组成部分，它不仅使礼品的外观更具有艺术品位，而且还可以避免给人以俗气的感觉，使受礼人产生更强的欣喜感。要注意包装材料的色彩。

（二）去除礼品的价格标签

在送礼前把能去掉的礼品上的价格标签去掉，不然有明码标价之嫌。但如果礼品是有保修期的商品,如家用电器、电脑、手机、相机、手表、MP4 等,可以在赠送礼品的时候把发票和保修单一起奉上,以便将来受礼人能够享受三包服务或方便其转手处理。

(三)选择合适的送礼场合

赠礼场合的选择是十分重要的。赠礼场合的选择,主要看礼品的性质。通常情况下,当众只给一群人中的某一个人赠礼是不合适的,给关系密切的人也不宜在公开场合进行,只有象征着精神方面的礼品,如锦旗、牌匾、花篮等才可在众人面前赠送。赠送礼品时,只有态度平和友善、动作落落大方并伴有礼节性的语言,才容易让受礼者接收礼品。

(四)选择合适的赠礼时间

送礼还要选择合适的时间。送礼,一般是收到请柬后才送。如果参加婚宴,那么应在接到请柬后就送去,而不应参加宴席时才带去。如果节日里走访亲友,一般是礼随身去的。一般是见面之初寒暄过后送出礼品,或是在谈话的中间伺机送出。公司庆典活动的送礼也是礼随身去。

送礼的时间间隔也很有讲究,过于频繁或间隔过长都不合适。因为频繁送礼的目的性太强。另外,礼尚往来,受礼人还必须还情于送礼人。一般来说,以选择重要节日、喜庆、寿诞送礼为宜,这样送礼既不显得突兀虚套,又使受礼人收着也心安理得,两全其美。

(五)送礼中的忌讳

在商务活动中送礼还应注意以下忌讳。

1.忌讳赠送现金与优价证券

在人际交往中,讲究"君子之交淡如水",送现金与有价证券不仅有行贿之嫌,而且为商界的职业道德所禁止。

2.忌讳赠送过分昂贵的礼品

商界人员用以赠人的礼品,应突出其纪念意义。在对外交往中,亦可兼顾一下民族特色与地方特色。但是价格过分昂贵的礼品,会让人"受之有愧,却之不恭",所以还是不送为好。

3.忌讳赠送残次品作为礼品

忌送过分昂贵的礼品,并不等于越是价廉的物品,越是适合用作礼品。伪劣产品切勿送人,倘如明知故犯,轻则会被人说小气,重则会由此而失去朋友。

4.忌讳将容易发生误会的礼品送给异性

有一些特殊物品,被人们约定俗成地赋予了某些特殊含义,使异性之间"心有灵犀一点通"。例如,在国内,男士所用的领带、腰带、围巾,女士用的内衣、口红,都是只有其爱侣方可赠送的礼品。

5.忌讳把本单位的广告性物品充当礼品

广告品,是不可作为正式礼品送人的。坚持这样做,就是借送礼之机,向受赠者大做广告。这种做法,使礼品黯然失色,而且还会让人反感。在欧美、日本,商界人士无论如何都不会这么做的。

四、受礼礼仪

在商务活动中,不仅要了解馈赠礼品的相关礼仪,了解受礼的相关礼仪也是十分重要的。

（一）不应拒绝

一般情况下，不应当拒绝受礼。如果觉得送礼者别有所图，应向他明示自己拒收的理由，态度要坚决但方式要委婉。

（二）适当赞美

接受礼物时，不管礼物是否符合自己的心意，受礼者都应表示对礼物的重视。接受贺礼以及精美礼物时，应当面打开欣赏，并赞美一番。可以说："谢谢您"、"多谢您的好意"、"让您破费了"、"它太漂亮了，我很喜欢"等。

（三）予以回礼

回礼，应当选择适当的时间。尽可能不要在刚刚接收对方礼品后，立即还礼，显得自己庸俗而浅薄。还礼的最佳时间有三个：一是告别对方之时。这主要是用于同来访者打交道的时候。二是回访对方之时。这主要适用于拜访他人的时候。三是日后有机会之时。当对方有喜庆之事，或过年过节时，均可名正言顺地还礼。

模块三

宴请礼仪 ≫ ≫ ≫　≫

⯈教学目标

终极目标

学会宴请的基本程序与礼节；学会中西餐的基本礼节。

促成目标

1. 知道宴请的形式；

2. 掌握宴请的基本程序；

3. 掌握中餐的基本礼节；

4. 掌握西餐的基本礼节。

⯈工作任务

1. 案例分析；

2. 实地观察；

3. 实地观察；

4. 商务礼仪综合情景模拟。

⯈任务指导

案例学习 3-1　她为什么不辞而别

武汉市与日本某市缔结友好城市，在某饭店举办大型中餐宴会，邀请本市最著名的演员助兴。这位演员到达后，费了很长时间才找到了自己的位子。当她入座后发现同桌的许多客人，都是接送领导和客人的司机，演员感到自尊心受到了伤害，没有同任何人打招呼就悄悄离开了饭店。当时宴会的组织者并未觉察到这一点，直到宴会主持人拟邀请这位演员演唱时，才发现演员并不在现场。幸好主持人头脑灵活，临时改换其他节目，才算没有出现"冷场"。

案例分析 3-1

一个大型活动的组织者，事先应精心策划，对被邀请的对象逐一分析，从门口接待到宴请的桌次和座位安排均应一一落实，分工到位。而这位中餐宴会的组织者，对著名演员的到来一无所知，也无人接待她，而且座位安排不当，极大地伤害了这位著名演员的自尊心，难怪她要不告而别了。

★课堂讨论 3-1　宴请有哪些形式？

讨论总结 3-1

宴请的形式	具体分类	主要礼节

★课堂讨论 3-2　宴请的准备工作有哪几个环节？

讨论总结 3-2

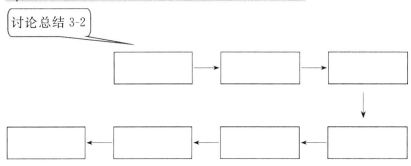

案例学习 3-2　王女士的尴尬

王女士有一次去看望一个亲戚，这个亲戚见到晚辈来拜访非常高兴，席间，不住地用她的筷子给王女士夹菜，一筷子接一筷子，弄得王女士应接不暇。而且王女士发现，这个亲戚在用餐时又特爱用嘴嗍筷子头，几乎每吃一口都嗍一下，看得王女士一个劲地反胃，顿时食欲皆无，还说不出来。

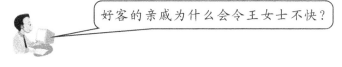

好客的亲戚为什么会令王女士不快？

★课堂讨论 3-3　宴请中应注意哪些礼节？

讨论总结 3-3

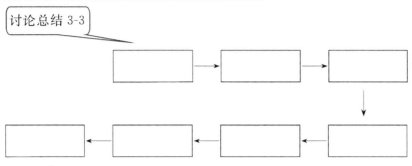

案例学习 3-3　如此吃相

在与自己的同事一道外出参加一次宴会时，财政局干事姜克美因为举止有失检点，从而招致了大家的非议。

姜克美当时在宴会上为了吃得畅快，在开始用餐之后便一而再、再而三地减轻自己身上的"负担"。他先是松开自己的领带，接下来又解开领扣、松开腰带、卷起袖管，到了最后，竟然又悄悄地脱去自己的鞋子。尤其令人感到不快的是，姜克美在吃东西时，总爱有意无意地咀嚼其滋味，吃得声音很响，并且其响声"一波未平，一波又起"，"一浪高过一浪"。

姜克美在宴会上的此番作为，不仅令他身边的人瞠目结舌，而且也叫他的同事们无地自容。大家就此纷纷指责姜克美：丢了自己的人，丢了单位的人，也丢了大家的人。

　找出该人吃相中的不礼貌之处

★课堂讨论 3-4　赴宴时应注意哪些礼节？

讨论总结 3-4

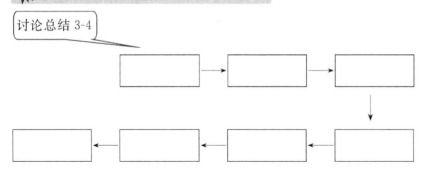

★课堂讨论 3-5　吃中餐应注意哪些礼节?

讨论总结 3-5

序号	吃中餐礼节
1	
2	
3	
4	

案例学习 3-4　洋媳妇的宴请风波

老张的儿子留学归国,还带了位洋媳妇回来。为了讨好未来的公公,这位洋媳妇一回国就诚惶诚恐地张罗着请老张一家到当地最好的四星级饭店吃西餐。

用餐开始了,老张为在洋媳妇面前显示出自己也很讲究,就用桌上一块"很精致的布"仔细地擦了自己的刀、叉。吃的时候,学着他们的样子使用刀叉,既费劲又辛苦,但他觉得自己挺得体的,总算没丢脸。用餐快结束了,吃饭时喝惯了汤的的老张盛了几勺精致小盆里的"汤"放到自己碗里,然后喝下。洋媳妇先一愣,紧跟着也盛着喝了,而他的儿子早已是满脸通红。

案例分析 3-2

老张闹了两个笑话,一个是他不应该用"很精致的布"(餐巾)擦餐具,那只是用来擦嘴或手的;二是"精致小盆里的汤"是洗手的,而不是喝的。

随着我们对外交往的越来越频繁,西餐也离我们越来越近。只有掌握一些西餐礼仪,在必要的场合,才不至于"出意外"。

西餐礼仪录像

(一)案例分析

买　　单

美国旧金山的一位专栏作家格里芬曾遇到过这样一件事。有一次,他的一个熟人打电话给他,希望他能抽出一点时间来,帮忙指点一些问题,于是两人便约了一起吃午餐。这家餐厅是位于闹市区内的一家中档餐厅,两人边吃边谈,席间,对方请教了许多问题,格里芬也竭尽所能地做了解答,还向对方提供了不少想法和建议。一顿午餐吃了两个多小时,等到账单来的时候,对方竟然动也不动,结果还是格里芬买单了事,对方甚至连提议各自付账都没有!

你觉得格里芬会高兴吗?理由是什么?

(二)餐厅调查

每个学生去餐厅收集两个用餐不礼貌不文雅的例子,并进行情景描写。

(三)撰写请柬(以下为参考信息)

活动时间:2009 年 4 月 30 日晚 7 时正

活动地点:湖州职业技术学院艺体中心

活动内容:庆"五一"文艺晚会

主办机构:湖州职业技术学院学生会、团委

撰写要求:完成请柬内容与信封的撰写

(四)商务礼仪综合情景模拟

1.以公关部为团队自编、自导、自演商务礼仪情景剧

2.先构思情景剧剧情并完成剧本创作

3.情景剧排练

4.情景剧表演

5.师生共同评价

▷知识链接

■宴请的形式

宴请是常见的社交活动形式之一。恰到好处的宴请,会为双方的友谊增添许多色彩。在商务活动中常见的宴请有以下几种形式。

一、宴会

宴会是比较正式、隆重的设宴招待的,宾主在一起饮酒吃饭的聚会。按其规格和要求,有国宴、正式宴会、便宴和家宴之分。

(一)国宴

国宴,是国家元首或政府首脑为欢迎外国元首、政府首脑来访或庆祝重要节日而举办的宴会。宴会厅内悬挂国旗,设乐队,奏国歌,席间致辞,菜单和席卡上印有国徽。宴会的规格最高,盛大隆重,礼仪最严格。

(二)正式宴会

正式宴会,通常是政府和人民团队有关部门,为欢迎应邀来访的宾客,或来访宾客为答谢主人而举行的宴会。这种宴会无论是规格和标准都低于国宴,不挂国旗,不奏国歌。但可以有致辞,有席间乐,其安排与服务程序大体与国宴相同。

(三)便宴

便宴,即便餐宴会,用于非正式的宴请。一般规模小,菜式有多有少,质量可高可低,不拘泥于严格的礼仪、程序,较随便,多用于招待熟悉的宾朋好友。如朋友聚会、同学聚会、同事聚会等。

(四)家宴

家宴,是在家中以私人名义举行的宴请形式。一般人数较少,不讲究严格的礼仪,菜式多少不限,宾主席间随意交谈,轻松、自由。

二、招待会

招待会只备一些食品和饮料,不备正餐,不安排座次,具有灵活、方便等特点。形式有以下几种:

(一)冷餐会

又称自助餐。菜肴以冷食为主,也可冷热兼备,菜肴与餐具一同陈设在餐桌上,供客人

自取,客人可以多次取食,在自由选取食物时,应按顺序,不可争抢,取食要适量,够用就好,尤其是第一次取食不可过多。取食后找适当的位置坐下进食,也可站立进食,自由活动,彼此交谈。冷餐会可以在市内外进行,由于这种方式既简便、节省费用,又亲切随和,实际中得到广泛运用。

（二）酒会

又称鸡尾酒。鸡尾酒是用多种酒按一定比例放入容器,并放入适量果汁调配成的酒,是酒会上最常用的酒,最上等的是香槟鸡尾酒。招待时以酒水为主(少用或不用烈酒),略备小吃,不设桌椅,仅设小桌或茶几,以便客人随意走动,接触交谈。时间较为灵活,中午、下午、晚上均可,请柬上一般均注明酒会起讫时间,客人可在此间任何时候入席、退席,来去自由。参加者衣着方面不用过于讲究,整洁即可。由于这些方式更显活泼、自由、轻松方便,在国内外都得到广泛运用。

（三）茶会

是以茶会友的一种简便的招待形式。茶会多为机关、企业、团体为纪念或庆祝某项活动而采用。茶会通常在较为宽敞的厅堂、会客室、会议室举行。茶会场所要求清洁、卫生、光线良好、环境幽雅,内设沙发、坐椅、茶几,以供与会者就座品茶。茶会以品茶为主,对茶叶和茶具的选择颇为讲究,茶叶要质量上乘,茶具要美观、卫生。除此以外,茶会还应略备一些水果、各类瓜子或点心、小吃供与会者食用。宾主共聚一堂,饮茶、品点、漫话友谊,席间还可以根据茶会内容安排一些短小的文艺节目或轻松愉快的活动,使茶会气氛更加热烈浓厚。

三、工作进餐

工作进餐,是现代交往常用的一种非正式宴请形式,主要是利用进餐时间,围绕工作中的问题,边吃边谈,讨论交流。被宴请的对象一般是与工作有关的人员,不请配偶和陪同参加,在接待来访的团队和个人时,如果活动日程安排紧凑,也可采用这种进餐形式。工作餐因时间和内容等原因,往往不太讲究排场,不太要求礼仪规范,无须排座、致辞,菜肴以方便、快捷、简单、营养、卫生为好,一般不喝烈性酒,工作餐多在小餐厅或招待所食堂举行,为了便于交谈,多采用长形桌,双方对面入座。

工作餐虽显简朴,但气氛融洽、随和,彼此都无拘无束,往往可收到良好的交往效果。

■宴请的准备

宴请前的准备工作是十分重要的,从宴会设计到宴会的组织实施每个环节、每个步骤都要考虑周到、准备充分,才能确保宴会的顺利举行。

一、确定宴请的目的、名义、范围和形式

（一）宴请目的

宴请的目的是多种多样的,可以为某个人,也可以为某一件事,如贵宾来访、会议闭幕等。

（二）宴请名义

宴请名义主要依据主客双方的身份而确定,也就是说主客身份应该对等。身份低使人感到冷淡,规格过高亦无必要。邀请主宾偕夫人出席,主人若已婚,一般以夫妇名义发出邀请。在我国,通常大型正式的宴会以个人名义发出邀请;日常交往小型宴会则根据具体情况以个人名义或夫妇名义发出邀请。

（三）宴请范围

宴请范围是指请哪方面、哪一级别的人士以及请多少人参与。确定宴请范围时要考虑各方面的因素。如宴请的性质、主宾的身份、国籍惯例，还有当前的政治气候、文化传统、民族习惯等。宴请范围与规模确定之后，即可草拟具体宴请名单，其中被邀请人的姓名、职务、称呼以至对方是否有配偶等都要准确。

（四）宴请形式

宴请形式在很大程度上取决于当地的习惯做法。一般来说，正式的、规格高的、人数少的以宴会为宜，人数多则以冷餐会或酒会更为合适，妇女界的活动多用茶会。当今，各国礼宾工作都在简化，宴请范围趋向缩小，形式也更为简便。酒会、冷餐会被广泛采用。

二、确定宴请时间、地点

（一）宴请时间

依照礼仪惯例，安排宴请活动，尤其是宴会的具体时间，主要统筹兼顾下述四个具体问题：

1.民俗惯例

根据人们的用餐习惯，依照用餐的具体时间的不同，可以分为早餐、午餐、晚餐三种。至于在宴请他人时，究竟应当选择早餐、午餐还是晚餐，不好一概而论。不过，在绝大多数情况下，确定宴请的具体时间，主要遵从民俗惯例。

例如，在国内举办正式宴会，通常要安排在晚上进行；因工作交往而安排的工作餐，大都选择在午间进行；而在广东、海南、港澳地区，亲朋好友聚餐，则多爱选择"饮早茶"。

2.主随客便

安排宴请时间时，应对主宾双方都合适，主人不仅要从自己的客观能力出发，更要讲究主随客便，即要优先考虑被邀请者。一般重大宴请活动时间要与主宾单位商定，小型宴请要征询主宾意见，可当面口头约请，亦可用电话联系。主宾同意后，时间即被认为最后确定，可以按此约请其他宾客。

3.关注外宾

选择时间还应当尽量避开对方的重大节日、假日、有重要活动或禁忌的日子。如对信奉基督教的人士不要选择13号，因为对于他们来说那是不吉祥的数字，更不要选13号为星期五的日子，因为《圣经》里说，这是耶稣遇难的祭日。如果宴请日本人，选择时间应避开"4"、"9"，这是因为在日语中"4"与"死"的发音相同，"9"与"苦"的发音一致。还比如伊斯兰教在斋日内白天禁食，宴请宜在日落后进行。

4.适当控制

对于用餐时间，主人有必要加以适当控制。既不能匆匆忙忙走过场，也不能拖拖拉拉耗时间。一般认为，正式宴会的用餐时间应为 1.5～2 个小时，非正式宴会与家宴的用餐时间应为 1 个小时左右，而便餐的用餐时间大致为半个小时。

（二）宴请地点

用餐地点的选择也是非常重要的。要使宾客感到自在、舒服，一定要选择一个环境幽雅、卫生良好、设施完备、交通方便的地方。总之，宴请活动的地点，要根据宴请活动本身的目的、性质、规格、形式以及主人愿意和实际可能进行恰当选择，既不能显寒酸，也不可太奢侈,"一切从实际出发"这个原则在这里同样适用。

三、请柬

各种宴请活动,一般均发请柬。这既是礼貌,也是对客人的提醒备忘。

请柬一般提前一周至两周发出,以便被邀请的人及早安排。已经口头约妥的活动,仍应补送请柬,在请柬右上方或左下方注上"备忘"字样。需安排座位的宴请活动,为确切掌握出席情况,往往要求被邀请者答复能否出席。为此,请柬上一般用法文缩写注上 R、S、V、P(请答复)字样。如只需不出席者答复,则可注上 Regretsonly(因故不能出席请答复)并注明电话号码,亦可在请柬发出后,用电话询问能否出席。

在请柬信封上,被邀请人的姓名、职务要书写清楚准确。正式宴会最好能在发请柬之前排好座次,并在信封上角注明席次号。请柬发出后及时落实出席情况,准确记载,以安排并调整座位。即使是不安排席位的活动,也应对出席率有所估计。

请柬格式

● 正式宴会请柬

例一:

×××先生(女士):

为欢迎美国×××州长率领的美国×××州友好代表团访问杭州,谨定于×年×月×日(星期×)晚×时在××饭店××阁举行宴会。

敬请光临

R.S.V.P

浙江省人民政府
×年×月×日

例二:

×××先生(女士):

为欢迎×××先生到来,谨定于×年×月×日(星期×)晚×时在××宾馆××楼举行宴会。

敬请光临

××××公司
总经理×××
×年×月×日

● 普通请柬

×××先生(女士):

谨定于×年×月×日(星期×)晚×时在××饭店举行宴会。

敬请光临

×××
×年×月×日

 实证鉴录

某单位为销售额突破百万元举行庆功联谊会,给一些单位发送了请柬,邀请大家参加,并准备了精美的礼品,用来感谢平时对本单位的支持与帮助。结果有些单位没有接受邀请,活动不太成功。单位主要领导很困惑,经和有关人士接触,

方知所送请柬有问题：一是落款时间用阿拉伯数字书写，中间用顿号来代替年、月、日的汉字，给人以活动不正式、主人本身就不够重视的感觉；二是请柬中的事由没有表达清楚，使人误以为是该单位的内部活动，其他单位人员可有可无，当然就不肯应邀前来。

四、订菜

宴请的酒菜应根据活动的形式和性质，在规定的预算标准内安排。订菜不应以主人的喜好为准，应主要考虑主宾的喜好与禁忌。如伊斯兰教用清真席，不用酒，甚至不用任何含酒精的饮料；印度教徒不能用牛肉；佛教僧侣和一些教徒吃素。如果宴会上有个别宾客有特殊需要，也可单独为其上菜。对于个人饮食禁忌，亦应予以充分照顾，不要明知故犯，或是对此说三道四。

特别是大型宴请则应照顾到各个方面。菜肴道数和分量都要适宜。宴请外地客人时，宜用有地方特色的食品和本地产的名酒招待，不要简单地认为海味是名贵而泛用的。无论哪一种宴请，均应开列菜单，并征求主管负责人的同意。获准后，如果是宴会，即可印制菜单，菜单一桌两三份，至少一份，讲究的也可以每人一份，使用餐者在餐前心中有数，在餐后也可留作纪念。

五、席位安排

正式宴会一般均排席位，有的可以只排部分宾客的席位，其他宾客只能排桌次或自由入座。无论哪种做法都要在入席前通知到每个出席者，使大家心中有数，现场还要有人引导。

国际上的惯例，桌次高低以离主桌位置远近而定，右高左低，桌数较多时，要摆桌次牌。同一桌上，席位高低以离主人的座位远近而定。国外的习惯，男女穿插安排，以女主人为准，主宾在女主人右上方，主宾夫人在男主人右上方。我国习惯按个人本身职务排列以便于谈话，如夫人出席，常常把女方排在一起，即主宾坐男主人右上方，其夫人坐女主人右上方。家庭宴会则是按照"先朋友，后亲戚，再宗族"的原则安排，这其中又以年龄的长幼为序。

桌次安排

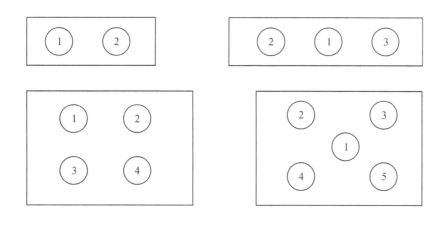

座次安排

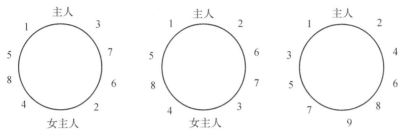

六、现场布置

宴会厅和休息厅的布置、美化取决于活动的性质、规模和形式。如官方正式活动场所的布置应该严肃、庄重、大方,不要用红绿灯、霓虹灯装饰,可以用少量的鲜花、盆景等点缀。

冷餐会的菜台用长方桌,通常靠四周陈设,也可根据宴会厅情况,摆在房间的中间。如坐下用餐可摆四至五人一桌的方桌或圆桌,座位要略多于全体宾客人数,以便客人自由就座。

酒会一般摆小圆桌或茶几,以便放花瓶、烟缸、干果、小吃等。也可在四周放些椅子,供女士和年岁高者就座。

注意不要让窗外或门外的风吹着客人,不要让光线直射到客人的脸上,不要让桌上的鲜花像一道屏风一样挡住客人的视线,也不要把这些鲜花正好摆在客人面前。鲜花和蜡烛可以增加餐桌的隆重气氛,但并非多多益善。

七、餐具的准备

根据宴请人数和酒菜的道数准备足够的餐具。餐桌上的一切用品都要求清洁卫生,桌布、餐布都应清洗干净、熨平。玻璃杯、筷子、刀叉、碗碟等餐具,在宴请之前都应洗净擦亮。

(一)中式餐具的种类和摆放

中式餐具主要有各种规格、形状的盘、碗、碟、杯及筷、匙等。水杯放在菜盘上方,右上方放酒杯,酒杯数目和种类应与所上酒的种数相同,餐巾叠成花插在水杯中或平放在菜盘上。宴请外宾时,除摆放筷子外,还应摆上刀叉。公筷、公勺应具有筷勺座。其中一套摆在主人面前。餐桌上应具有烟灰缸、牙签筒。

(二)西餐餐具的种类和摆放

1.西餐餐具种类

西餐餐具很多,主要可分刀、叉、匙、盘、杯等;刀分为食用刀、渔刀、肉刀、奶油刀、水果刀;叉分为食用叉、渔叉、肉叉;匙有汤匙、茶匙等。杯分茶杯、咖啡杯,均为瓷器,并配小碟;水杯、酒杯多为玻璃制品;宴会有几道酒就配有几种酒杯。公用刀叉一般大于食用刀叉。

2.西餐餐具的摆放

西餐餐具的摆法:正面放食盘(汤盘),食盘左手边放叉,食盘右手边放刀。食盘上方放匙(汤匙及甜食匙),食盘右上方放酒杯,从右起依次放置烈性酒杯(或开胃酒杯)、葡萄酒杯、香槟酒杯、啤酒杯。餐巾插在小杯内或摆在食盘上,面包奶油盘放在食盘左上方。吃正餐其刀叉数目应与菜的道数相等,按上菜顺序由外至里排列,刀口向内。用餐时应按此顺序取用。撤盘时,一并撤去使用过的刀叉。

■宴请的程序与礼仪

一、迎宾和引宾入座

当宴请时间将至,主人应到门口迎接客人,必要时还可安排几个主要人员陪同迎接。如果是正式宴请,当宾主握手寒暄后,可交由工作人员陪同到休息厅休息。如无休息厅,则可直接引入宴会厅,但暂不入座,等待主宾。休息厅内应有相应身份人员的陪同,并安排服务人员上茶水饮料。主宾到达后,由主人陪同进入休息厅与其他客人见面,然后进入宴会厅入座,接待人员随即引导其他宾客相继入厅就座,宴会即可开始。如果休息厅较小,或宴会规模太大,也可以请主桌以外的客人先入座,贵宾最后入席。

二、致辞、祝酒

正式宴会,一般均有致辞,但安排的时间不尽一致,有的一入席即开始讲话致辞,也可在热菜之后甜食之前,由主人致辞,接着由客人致答谢词。致辞时,服务人员要停止一切活动,参加宴会的人员均暂停饮食,专心聆听,以示尊重。冷餐会和祝酒会讲话时间则更灵活。致辞毕则祝酒,故在致辞即将结束时,服务人员要迅速把酒斟足,供主人和主宾等祝酒用。

三、上菜

上菜应按顺序进行,中餐一般是先上冷盘,后上热菜,最后上甜点、水果。西餐上菜顺序一般为面包、汤、菜肴、布丁、咖啡或红茶等。

当第一道热菜(主菜)上桌时,一般由服务员报出菜名,并介绍这道菜色、香、味等方面的特色。此时,主人应举筷请众客品尝。当客人互相谦让时,主人(也可由服务员)可站起来用公筷、公勺为客人分菜。分菜时注意先分主宾,并注意分得均匀,以免有厚此薄彼的感觉。

席间如果出现客人碰落餐具等情况,不可慌乱,应一边安慰客人,一边迅速为客人换干净餐具。

四、侍应和斟酒顺序

按国际惯例,侍应顺序应以男主人右侧的女宾或男主宾开始,接着是男主人,由此,自右向左按顺时针方向进行。如果宴会规格较高,须由两人担任侍应,则其中一个按上述顺序开始,至女主人(第二主人)右侧的宾客为止,另一个从女主人(第二主人)开始,依次向左按顺时针方向进行。圆桌、长桌均按此顺序作侍应。

上菜、派菜、分汤、斟酒均按上述顺序进行,上菜在左,食品应从每个客人左侧端上,空盘等则通常从右侧撤下,新上的菜要放在主宾面前,余菜则作相应的移动。如果上"孔雀"、"凤凰"等花色冷盘,及全鱼、全鸡等大菜时,一般须将头部对准主宾和主人,以示尊重。各地风俗不同,若有忌讳,应灵活处理。

与上菜不同,斟酒在右,主要是为宾客方便起见。向客人斟酒时,应走到客人右侧,除啤酒外,酒瓶瓶口不应接触杯沿,酒杯也不应提起。斟入的酒之多少应根据酒的种类来定,一般斟入2/3即可。中式宴会,上冷盘后即开始斟酒。而西式餐会是一开始就用酒,还是在上主菜时用,应按照主人(征求主宾意见后)的安排而定。在逐一斟酒时,服务人员应将托盘内的酒水饮料,征求客人意见后再按需斟之。

五、热情交谈

宴请并不是目的,借此相互认识、了解、交流、增进友情、加强协作才是目的。因此,席间一味地埋头吃是不礼貌的。主宾双方应就彼此都感兴趣的话题亲切交谈,交谈的范围可以广一些,应选择一些大众性、趣味性、愉悦性的话题,宴会中不宜深入谈具体的、实质性的问题,要多叙友情,少谈工作,切不可把餐桌变成谈判桌,以免陷入僵局,使双方不快。同时应注意不要光谈自己,忽略其他人,还要避免谈及忌讳的、敏感的、容易引起争执的话题。总之,一切从增进友谊、活跃宴会气氛的角度寻找话题进行交谈。

六、敬酒

在宴请过程中,主人一般要依次向所有宾客敬酒,或按桌敬酒。敬酒时,上身要挺直,双腿站稳,以双手举起酒杯,并向对方微微点头示礼,等对方饮酒时再跟着饮。敬酒的态度要稳重热情、大方。需要一一敬酒时,主人应按礼宾顺序先向主宾敬酒,再依次向其他宾客敬酒。宾客较多的场合,主人可依次到各桌敬酒,并提议大家一起干杯,这时主人只要举起酒杯示意即可,不必一一碰杯,在让酒、劝酒当中,主人要尊重宾客的意愿,切忌把让酒、劝酒的礼节变成一种强迫,以免破坏宴会的友好气氛。

实证鉴录

世界上的许多国家,每逢宴会、节日、生日、婚日或其他喜庆的日子,人们欢聚一堂,饮酒助兴,开始主人总是要举杯和大家相碰,便是庆贺。这种碰杯的礼节是怎么来的呢?据传,大约在古罗马的时候,流行一种决斗之前双方要先喝一杯酒。喝酒前,双方要把酒杯中的酒倒给对方一点,证明里面没有毒药,然后一饮而尽。这个习俗流传下来,就成了今天酒席的碰杯了。

七、适时结束,送客

一般宴会应掌握在90分钟左右,过早结束,会使客人感到不尽兴,甚至对主人的诚意表示怀疑;时间过长,则宾主双方都感到疲劳反而冲淡宴会的气氛。因此,当宴请程序基本完成时,主人要掌握时机,适时结束宴会。一般以服务人员端上水果吃完后,宴会即可结束。此时,一般也由主人向主宾示意,请其做好离席的准备。然后主人与主宾起立,主人宣布宴会到此结束,并对各位宾客莅临宴会表示衷心的感谢。主人和副主人及相关陪客应先将主宾送至门口,热情握手告别。主宾离去后,原迎宾人员应按顺序排列,与其他宾客礼貌握别。

如安排有其他活动,如卡拉OK、舞会或喝茶、打牌等,可挽留有兴趣的来宾自由参加,主随客便。

■赴宴礼仪

一、应邀

接到宴会邀请能否出席,应尽早答复对方,以便主人做出安排,接受邀请后不要随意改动,万一遇到特殊情况不能出席时,尤其作为主宾,应尽早向主人郑重解释、道歉,甚至亲自登门致歉。应邀参加一次活动之前,要核实宴请的主人活动举办的时间、地点、是否邀请配偶以及主人对服饰等方面的要求。

二、仪容仪表修饰

不论主人还是客人，在出席比较正式的宴会前，都应特别注意修饰自己的仪表。女式需适当化妆，男士要梳理头发并剃须，衣着要求整洁大方。

三、备礼

有时可按宴请的性质和当地的习惯，以及主客双方的关系，准备赠送的花篮或花束，赠花时要注意对方的禁忌，有时要准备一定的礼品，在宴会开始前送给主人，礼品价值不一定很高，但要有意义。

四、按时抵达

要按主人邀请的时间准时赴宴。一般宴会都请客人提前半小时到达。有些请帖写明客人到达和宴会开始时间，例如"六时到达，六时三十分宴会开始"，则应按时到达。如在宴会开始前八分钟或十分钟到达，不算失礼，但表示你对主人不够尊重。一般身份高者可略晚一些到达，一般客人早些到达，万一特殊原因不能及时到达，应及时通知主人并致歉。

五、问候赠礼

当你走入主人家或宴会厅时，应首先跟主人打招呼。同时，对其他客人，不管相识与否，都要微笑点头示意或握手问好；对长者要主动起立，让座问安；对女宾举止庄重，彬彬有礼。这一切都要自然真切、落落大方，使赴宴者对你有"互不见外，情同一家"之感。如果是庆祝活动，同时将事先准备好的礼物，双手赠送给主人。

六、礼貌入座

入席时，自己的座位应听从主人或招待人员的指派，因为有的宴会，主人多已早做安排。如座位未定，应注意正对门口的座位是上座，背对门口的是下座，你应让身份高者、年长者、女士先入座，自己再找适当的座位坐下。入座后坐姿端正，脚踏在本人座位下，不可任意伸直，不要两腿摇晃，手肘不得靠桌沿，或将手放在邻座椅背上。入座后，可与同席客人交谈，不可旁若无人，也不可眼睛直盯盘中菜肴，显出迫不及待的样子。

七、文明进餐

用餐是在主人示意开始后方可进行。大型宴会用餐时应该着正装，不要脱外衣，更不可中途脱外衣。用餐的动作应文雅，夹菜时动作要轻。送食物入口时，须小口进食，两肘应向内靠，不宜向两旁张开，碰及邻座。吃饭喝饮料喝汤，都不能发出声响，这会影响同席人的情绪，是粗俗的表现。如汤太热，可将汤盛入碗内，用汤匙慢慢地舀一舀，等稍凉后，再一口一口喝，切忌对着汤吹气，这样既不卫生，又不雅观。用餐时，如欲取用摆在同桌其他客人面前之调味品，应请邻座客人帮忙传递，不可伸手横越，长驱取物。如在用餐时需剔牙，应用牙签，并以手或手帕遮掩，切忌用手指掏牙。若需上卫生间可以说"对不起，我出去一下"。离席时动作要轻，不要惊扰他人。

八、交谈敬酒

席间无论作为客人、陪同或宾客都应与同桌的人亲切交谈，特别是左右邻座，不可静坐不语，或只与几位熟人或一两人交谈。若不认识，可自我介绍。席间交谈应注意礼仪、礼貌，声音不要太高。

当主人依次向所有宾客敬酒或按桌敬酒后，客人也应向主人回敬，或每桌派一位代表到主人餐桌回敬，宾客之间往往也互相敬酒。敬酒时要注意礼节、礼貌，不可交叉碰杯，不能喝酒时，可礼貌地声明。

九、告辞致谢

宴会未结束，自己用好餐后，不可随意离席，要等主人和主宾餐毕起身离席。离席时，应主动将桌上的餐具适当整理，免得身后留下一片狼藉杯盘，有失雅观。如果是一般客人，则应在宴会结束主宾告辞后及时向主人告辞，不可因贪杯而拖延不散，也不可因余兴未尽而迟迟不起，但也不能光与主宾告辞，否则对主人和主宾都很不礼貌。告辞时，通常是男主宾先向男主人告别，女主宾先与女主人告别，然后交叉再与其他人告别，主宾告辞后，一般宾客再以同样的方法向主人和其他人握手告别。如有急事需中途告辞的，要向主人说明，表示歉意，并向其他宾客招呼后再离去；或向主人说明致歉后轻轻离去；也可事前打招呼到时悄悄离去。在告辞中，应该对主人的招待表示感谢。有时为使礼节周到，还应在宴会后发出致谢信，或打电话再一次表示致谢，这样礼貌的表示会使主人铭记在心。

■中餐礼仪

由于中餐的特点和饮食习惯决定了中餐餐具的使用同样有严格的礼仪要求。吃中餐时首先要注意筷子的使用。筷子是中餐中最主要的进餐用具。握筷姿势应规范，餐中需要使用其他餐具时，应先将筷子放下。筷子一定要放在筷子架上，不能放在杯子或盘子上，否则容易碰掉。如果不小心把筷子碰掉在地上，可请服务员换一双。在用餐过程中，已经举起筷子，但不知道该吃哪道菜，这时不可将筷子在各碟菜中来回移动或在空中游弋。不要用筷子叉取食物放进嘴里，或用舌头舔食筷子上的附着物，更不要用筷子去推动碗、盘和杯子。有事暂时离席，不能把筷子插在碗里，应把它轻放在筷子架上。在用筷中，还应有以下忌讳。

一忌敲筷。即在等待就餐时，不能坐在餐边，一手拿一根筷子随意敲打，或用筷子敲打碗盏或茶杯。

二忌掷筷。在餐前发放筷子时，要把筷子一双双理顺，然后轻轻地放在每个人的餐桌前；距离较远时，可以请人递过去，不能随手掷在桌上。

三忌叉筷。筷子不能一横一竖交叉摆放，不能一根是大头，一根是小头。筷子要摆放在碗的旁边，不能搁在碗上。

四忌插筷。在用餐中途因故需暂时离开时，要把筷子轻轻搁在桌子上或餐碟边，不能插在饭碗里。

五忌挥筷。在夹菜时，不能把筷子在菜盘里挥来挥去，上下乱翻。遇到别人也来夹菜时，要有意避让，谨防"筷子打架"。

六忌舞筷。在说话时，不要把筷子当作刀具，在餐桌上乱舞；也不要在请别人用菜时，把筷子戳到别人面前，这样做是失礼的。

放在餐桌上的牙签，主要用来剔牙。在餐中，尽量不要当众剔牙，非剔不可时，应以另一只手掩住口部，切忌大张"血盆大口"。剔出来的东西，切忌当众观赏或再次入口，也不要随手乱弹、随口乱吐。剔牙之后，不要长时间叼着牙签没完。取用食物时，不要以牙签扎取。

■西餐礼仪

一、西餐的特点

西餐在用料方面，肉禽中以牛羊肉为多，蔬菜以土豆为多，主食以面包为主，米饭、面条、馄饨等都不为主食；在原料加工方面，多用大块原料做菜，如大块牛排、猪排、大块鱼，大块鸡等；使用作料方面，由于多使用大块原料做菜，在烹调过程中，调味品不易渗透，所以需要加各种调料，并要用刀叉分割才能食用；在烹制方面，除羊猪排和牛排等部分原料烧至九成熟外，其余都较生，有的菜甚至生吃。

二、西餐餐具的用法

刀叉拿法：用刀时，应把刀柄的尾端置于手掌中，以拇指抵住刀柄的一侧，食指按在刀柄背上，但应注意食指不能触及刀背，其余三指顺势弯曲，握住刀柄。持叉应尽可能持住叉柄的末端，而不能抓住叉柄的下部，叉柄倚在中指上，中指则以无名指和小指为支撑。叉如果不与刀并用时，叉齿朝上，如果刀叉并用时，则持叉姿势与持刀相似。一般情况下，右手持刀左右持叉，先用叉子把食物按住，然后用刀切成小块，再用叉送入口内，欧洲人使用时不换手，美国人则切割后将刀放下，换右手持叉送食入口。

每用完一道菜，将刀叉合拢并置于盘上，叉齿向上，表示此道菜已用完，服务员会主动撤下，若尚未用完，暂停用餐，应将刀叉摆成八字形或交叉摆在盘上刀口向内，以示尚未吃完。

使用刀叉时应注意食物应当切一块吃一块，切食物时应尽量避免刀叉撞击盘子发出声响，餐刀是用来切割菜肴的，不能用刀戳着或抬着食物送到口里，餐刀绝对不能沾嘴唇。用叉匙往嘴中送食物时，不要送到中途停止同别人讲话，或听别人讲话。进食时，不要将叉匙完全插入嘴里，以嘴唇不碰及叉齿最为标准。

汤匙的拿法：用右手拿汤匙时，拿法和叉子内侧朝上的拿法相同，也就是拿铅笔的拿法。

杯的拿法：杯有高脚玻璃杯、茶杯等。高脚玻璃杯有凉水杯、红葡萄酒杯、白葡萄酒杯、香槟酒杯等。用高脚杯时，应用大拇指和另外几个手指持住杯子的下半部，只有当白葡萄酒是冰镇的时候才不这样拿，而是用手指捏着酒杯杯脚，以免手温把酒弄热。每喝完酒或水，要把杯子放回原处。

茶杯是用来喝茶或咖啡的。拿茶杯的方法是：把食指穿过杯子的耳朵，大拇指压在耳朵的上面，用中指托住耳朵的下面把杯子固定。在正式宴会上，应当让茶杯、茶盘自始至终放在那里，而在不那么正式的宴会上，则在茶盘撤走后可以把它们移到中央喝茶或咖啡。

水盂的用法：水盂即盛放洗指头水的用具，宴席上，和任何一道用手取食的食品（如烤鸡、螃蟹、龙虾、水果等）一起，送上一个用金属或玻璃精致的水盂，水面上漂着柠檬片或玫瑰花瓣，这是专供用餐者洗手指头用的，千万不能把这错当饮料喝，以免闹出笑话。用的时候，是把双手的手指放进碗里的清水中轻轻刷洗，然后把两只手放在低于桌面的地方用餐巾擦干。

三、取菜的方法

当服务生端来大盘子时，一定要左手持叉子，右手持汤匙取菜。盛在大盘子上的菜都是依人数配置分量，因此，取菜要适量，不喜欢的菜不取可以，但是，绝不可因为喜欢便毫无节制地多取。取菜时应以汤匙舀菜，叉子在菜上轻压为基本原则，不要让汁液滴落到餐桌上，如用汤匙舀有汤汁的菜肴时，应以叉子刮一刮汤匙底，以免汤汁滴落到桌子上。

取菜时最先取的应是肉或鱼等主菜，不能先取蔬菜等配菜。取好的菜肴应适当地排列在自己盘中，力求美观。

四、菜肴的吃法

西餐的礼节是，只要菜肴一上桌就可以吃，不必等候他人。首先以眼睛欣赏菜肴，享受视觉之乐，再慢慢拿起刀叉享用。若筵席上有主宾，应待主宾开始后进食，因此，主宾必须掌握适当的时机开始吃才行。

桌上的调味料虽可以自由取用，可是，菜肴未吃半口便随意加盐等，改变菜肴原有的味道对主人来说是不礼貌的。如想使用调味料但离自己太远时，可请服务生或邻座代取，把手伸到人家面前影响邻座进食是不礼貌的。淋调味汁时要注意沙拉酱等稠状调味汁，不要直接淋在菜肴上，应倒在盘内没有菜肴的地方蘸着吃；而奶油调味汁等液状调味汁，则轻轻淋在菜肴上（不可淋在配菜上）。

吃生牡蛎或鱼料理时附有柠檬，假如柠檬是切成月牙形或半圆形的，应以右手拿着挤汁，再稍以左手遮住，避免汁液四溅。如切成圆薄片即意味着以沾有柠檬香味为主要目的的，不需要挤出汁液。

（一）开胃菜

● 加有小鱼、干酪等咸干饼或面包，如在休息室供应可用手拿来吃，但餐桌上吃的话则禁止用手拿。

● 用鹿肉、鸭肉、海扇制成的小面饼，或以鲛鱼卵制成的鱼子酱，有时会附土司一起端出。有土司时，应撕成一口大小盛一片面饼或舀一勺鱼子酱在上面用手拿着吃（如不想吃土司那只吃面饼或鱼子酱也可以）。

● 生牡蛎：吃法，以左手按住壳，右手拿专用叉子（摆在右侧），挖起整个牡蛎，然后将附在盘上的柠檬或调味料，淋少许于其上，就能叉起来吃了，而壳内剩余的汁液可用手持壳直接喝掉。

● 蜗牛：吃法，左手用专用夹固定外壳，右手再用专用叉子取出里面的肉直接吃，壳里的汤也可喝掉。

● 水果和洋火腿搭配的开胃菜：进食时必须使用刀叉，先将哈密瓜切成一口大小，再切适当大小的洋火腿，把哈密瓜包起来吃。

（二）汤

欧美人不叫"喝汤"，而是说"吃汤"，也就是要把汤送到嘴边吃下，这样就不会发出异响。要把汤倒入嘴边。喝汤时需由内往外舀，和汤一起端出的若是油炸碎面包，可以直接加进汤中食用；假如是硬饼干或铅笔状面包，则需用手撕碎，再放入汤中。

喝完汤后汤匙的摆法：喝完汤后汤匙可以朝上摆入汤盘中，近年来较为普遍的摆法是：柄呈垂直状搁在盘侧或将汤匙横摆在靠己侧的托盘上。

（三）面包

面包是放在位子的左侧不能拿错，面包一般是汤喝完后，和鱼、肉料理一起吃最适当。面包用手撕成一小口吃，若要涂奶油，应左手拿面包右手拿奶油刀，将奶油涂抹在面包上，涂完后都要将奶油刀放回面包盘上，再吃手中的面包，这个顺序不能搞错。鱼、肉料理的调味汁若还余留盘中，可以用面包沾食。

（四）鱼料理

吃鱼用渔叉，以柄有雕饰为其特征。吃整条鱼时应当先用鱼刀把鱼头切掉，吃鱼时不要将鱼翻身，要吃完上半条后用刀叉将鱼刺剔掉后再吃下半条。

（五）肉料理

吃肉从左端切成一小口大小吃，有骨头应先把骨头取下。吃串烧要先把金属串取下，用右手握住金属串的柄，若是太烫可用餐巾的一角包住，然后，左手拿叉子压住前端的肉，慢慢把肉一片片拉出，不可太用力。

装饰在鱼、肉料理边上的蔬菜也要吃。豌豆：用刀把豌豆推到叉子上吃。马铃薯：先用刀划开，切成一口大小，再用叉子舀起来吃。菠菜：用刀子弄成一团后，以叉子舀起吃。

（六）沙拉与甜点

吃沙拉时可用右手拿叉子吃，内侧朝上。甜点多半很软，可以使用叉子吃。不过，使用叉子切成一口大小容易碎裂时，就会附上刀子或汤匙。

五、正式西餐顺序

● 头盘：也称为开胃品，一般有冷盘和热头盘之分，常见的品种有鱼子酱、鹅肝酱、熏鲑鱼、鸡尾杯，奶油鸡酥盒等，焗蜗牛等。

● 汤：大致可分为清汤、奶油汤、蔬菜汤和冷汤等4类。品种有牛尾清汤、各式奶油汤、海鲜汤、美式蛤蜊汤、意式蔬菜汤、俄式罗宋汤、法式葱头汤。

● 副菜：通常水产类菜肴与蛋类、面包类、酥盒菜肴均称为副菜。西餐吃鱼类菜肴讲究使用专用的调味汁，品种有鞑靼汁、荷兰汁、酒店汁、白奶油汁、大主教汁、美国汁和水手鱼汁等。

● 主菜：肉、禽类菜肴是主菜。其中最有代表性的是牛肉或牛排，肉类菜肴配用的调味汁主要有西班牙汁、浓烧汁精、蘑菇汁、白尼丝汁等。禽类菜肴的原料取自鸡、鸭、鹅；禽类菜肴最多的是鸡，可煮、可炸、可烤、可焗，主要的调味汁有咖喱汁、奶油汁等。

● 蔬菜类菜肴：可以安排在肉类菜肴之后，也可以与肉类菜肴同时上桌，蔬菜类菜肴在西餐中称为沙拉。与主菜同时搭配的沙拉，称为生蔬菜沙拉，一般用生菜、番茄、黄瓜、芦笋等制作。还有一类是用鱼、肉、蛋类制作的，一般不加味汁。

● 甜品：西餐的甜品是主菜后食用的，可以算作是第六道菜。从真正意义上讲，它包括所有主菜后的食物，如布丁、冰淇淋、奶酪、水果等等。

● 茶或咖啡：饮咖啡一般要加糖和淡奶油。

⇨课余消遣

　　某天中午，一位下榻饭店的外宾到餐厅去用午餐。当他走出电梯时，站在梯口的一位女服务员很有礼貌地向客人点头，并且用英语说："您好，先生！"

　　客人微笑地回答道："中午好，小姐。"

　　当客人走进餐厅后，迎宾员讲了同样的一句话："您好，先生！"

　　那位客人微笑地点了一下头，没有开口。

　　客人吃好午饭，顺便到饭店内的庭园走走。当走出内大门时，一位男服务员又是同样的一句话："您好，先生！"

　　这时这位客人只是敷衍地略微点了一下头，已经不耐烦了。

　　客人重新走进内大门时，不料迎面而来的仍然是那个男服务员，又是"您好，先生！"的声音传入客人的耳中，此时客人已生反感，默然地径直乘电梯回客房休息，谁知在电梯口仍碰见原先的那位服务员小姐，又是一声"您好，先生！"

客人到此时忍耐不住了,开口说:"难道你不能说一些其他的话同客人打招呼吗?"

呵呵,怎么只会鹦鹉学舌呢?

➭牛刀小试

一、单选题

1.男士西服单排扣有两个,在正式场合站立时,应( )。

A. 只扣上边一个　　　B. 只扣下边一个　　　C. 两个都扣上　　　D. 两个都不扣

2.介绍两人相识的顺序一般是( )。

A. 先把上级介绍给下级　　　　　　　　B. 先把晚辈介绍给长辈

C. 先把家人介绍给客人　　　　　　　　D. 先把早到的客人介绍给晚到的客人

3.请柬上的"RSVP"是( )。

A. 请务必出席　　　B. 请回复　　　C. 请预定

4.客户来访时,如果乘坐专职司机驾驶的轿车,应安排客户坐在( )位置。

A. 后排右边　　　B. 司机旁边　　　C. 后排左面

5.使用餐巾时,不可以用餐巾来( )。

A. 擦嘴角的油渍　　　B. 擦手上的油渍　　　C. 擦拭餐具

二、多选题

1.在正式场合,男士穿西服要求( )。

A. 要扎领带　　　　　　　　　　　　　B. 不能露出衬衣袖口

C. 钱夹要装在西服上衣内侧的口袋中

D. 穿浅色的袜子

E. 领带夹应夹在衬衣的第三、四个扣子中间

F. 穿西服背心,扣子都要扣上

2.握手有伸手先后的规矩( )。

A. 晚辈与长辈握手,晚辈应先伸手

B. 男女同事之间握手,男士应先伸手

C. 主人与客人握手,一般是客人先伸手

D. 电视节目主持人邀请专家、学者进行访谈时握手,主持人应先伸手

3.有客人来访,与客人说话时应注意( )。

A. 不要当客人面与家人争执

B. 不要边谈话边忙着做其他事

C. 不要谈自己感兴趣的新闻

D. 不要谈自己的工作

E. 不要谈客人家里的事

F. 不要谈自己家里的事

三、判断题

1.与人握手时,男士应把手套摘下来,而女士可戴着装饰性手套与人握手。　　(　)

2.接过对方名片,说声谢谢就可把名片收好。　　(　)

3.握手时对方如没有主动权,但先伸手与你相握,此时你不可不握。　　(　)

4.宴会中,进餐速度不能快于主宾。　　(　)

5.在西餐宴会中,餐前服务员应把就餐中所用的刀、叉全部摆齐。　　(　)

6.在中餐宴会中,你取不着菜时,可站起来取。　　(　)

7.在西餐宴会中,所有饮料、酒类都从宾客左边斟倒。　　(　)

8.吃自助餐可随便取食物,吃不完可剩下来。　　(　)

四、情景题

情景一:

张剑和李菲在公司门口迎接前来公司洽谈业务的客户。

一辆轿车驶到,客户下车。

李菲上前,道:"陈总,您好!"呈上自己的名片。

又道:"陈总,我叫李菲,是正道集团公关部经理,专程前来欢迎您。"

对方道谢。

张剑上前:"陈总好! 您认识我吧? 我们在上次会议上见过面。"对方点头。

张剑又道:"那我是谁?"

对方尴尬不堪。

情景二:

王荣陪一客户进入本公司会客厅,本公司总经理正在恭候。

王荣首先把总经理介绍给客人:"这是我们公司的刘总。"

然后向总经理介绍客人:"这是四方公司的谢总。"

思考:以上情景中,接待人员和介绍人的做法是否正确? 并说明原因。

项目八 应聘工作模拟

教学目标

终极目标 学会求职的技巧与工作的礼节。

促成目标

1. 掌握求职调研的方法

2. 掌握求职书的制作

3. 掌握面试的礼仪与技巧

4. 掌握办公室礼仪

5. 学会与领导和同事相处的艺术

6. 学会接打电话的礼节

工作任务

案例分析、制作求职书，完成求职情景模拟

模块一

求职礼仪

≫ ≫ ≫　　≫

⏩教学目标

终极目标

能进行求职调研、制作求职书、学会面试的礼仪。

促成目标

1.掌握求职调研的方法;

2.掌握求职书的制作;

3.掌握面试的礼节与技巧。

⏩工作任务

制作求职书,模拟面试场景。

⏩任务指导

📖案例学习1-1　小黄的最后面试失败了

小黄去一家外企进行最后一轮总经理助理的面试。为确保万无一失,这次她做了精心的打扮。一身前卫的衣服、时尚的手环、造型独特的戒指、亮闪闪的项链、新潮的耳坠,身上每一处都是焦点,简直是无与伦比、鹤立鸡群。况且她的对手只是一个相貌平平的女孩,学历也并不比她高,所以小黄觉得胜券在握。但结果却出乎意料,她并没有被这家外企所认可。主考官抱歉地说:"你确实很漂亮,你的服装配饰无不令我赏心悦目,可我觉得你并不适合干助理这份工作。实在很抱歉。"

你觉得小黄失败在哪里?

📖案例学习1-2　"没问题"与"也许可以"

某企业经过两轮的面试应聘,最后只剩下两位男士,在最后一轮面试中,主考官是个体育爱好者,他很随意地问道:"会游泳吗?"A君答:"会。"B君答:"游得不好。"考官又问:"如果给你一个月时间学习,可以学会打乒乓球吗?"A君答:"没问题。"B君答:"也许可以。"结果公司录用了A君。

A君为什么会成功?

_____

_____

★课堂讨论1-1　应聘前应做哪些准备?

讨论总结1-1

_____

_____

_____

如何写求职信?

求职信的要点:_____

如何制作求职书?

求职书的主要内容:_____

_____

★课堂讨论1-2　求职应注意哪些问题?

讨论总结1-2

序号	具体内容
问题一	
问题二	
问题三	
问题四	
问题五	
问题六	

⇨任务实操

（一）制作求职书

1.根据自己的实际情况以及结合未来学业生涯设计的目标为自己提前设计一份求职书。

2.排版打印，完成文案。

（二）求职面试情景模拟

1.以公关部为团队创作面试情景模拟剧本

2.班级演示

3.师生点评

4.评出优秀团队

⇨知识链接

■求职调研

大学生在毕业前半年甚至更早一些时候，都在忙着为找工作而做各种准备，如准备写一封能打动人的求职信，制作一份精美的简历，购买求职面试用的服装等，恐怕很少有学生会冷静下来做一下求职调研。比如了解一下该年度整个社会的就业形势；各个行业大致的招聘时间；相关专业的招聘情况；对目标企业的详细的了解；对自己求职方向的分析与选择等。

为什么要做求职调研？因为第一个工作对未来的影响巨大。对一般的毕业生来说，基本上不会去思考将来要做一个什么样的人，做什么样的事，后面5年、10年、15年规划大概是怎么样的，由于一般没有这样一个系统的思考，而是被推上就业的这条道路，那么在选择第一个工作、第一份职业的时候盲目性比较大。而第一份职业最终对你未来产生的影响是非常大的，它在很大程度上决定着你将来生活在什么地方，会决定你要进入一个什么样的行业，然后会决定你成为一个什么样的职业人，但是在大家离开学校选择自己第一份工作的时候并没有这个意识，而是过了5年、10年、15年之后你再回头看的时候，你清晰地发现最终决定你后面10年、20年生活的是一件什么事情呢？是一件你当时并没有太注意甚至没有仔细考虑过的事情，就是你的第一份工作怎么找，其实第一份工作大家恐怕都是这样的，往往不是说我想找什么工作，而是有什么工作可以去找。从总体上说大学扩招以后，大中专毕业生的就业形势非常非常严峻，就业市场基本上是一个供过于求的市场，但并不是说每一个学校、每一个专业、每一个学生都处于一种供过于求的弱势，但总体来说，大中专学生就业是处于一个弱势地位，是工作挑你而不是你挑工作，但既然大部分情况下是工作挑你，那你是不是就没有任何主动权了呢？不是的。工作的机会，包括对你未来的职业发展有用的工作机会是非常多的，而在开始的时候，可能它们看起来并不是那么诱人，也不大感觉得到是一个很好的机会，但实际上会是一些符合你的性格、理想，及你做人方式的这么一个职业未来，这就是为什么要做求职调研的原因。在大家签任何一个合约，去一家公司之前，都需要回答以下几个问题，大概地做一些调研，以此决定这个工作是不是真的符合你的未来。

一、这是一个什么类型的单位?

这个单位并不一定指的是国营、个体、或事业单位还是企业单位,就是你要去的工作的地方是一个什么性质的,这是一个非常重要的问题。作为我们毕业生来说,大部分都会去公司,但公司与公司是差得很远的,你要搞清楚这个公司是处在一个什么行业中,在行业中又处于什么地位,或者说是一个服务行业的公司还是一个生产型的公司。这个公司是怎么形成的,是国营公司改造的还是事业单位改制的,或是私营股份公司从小到大发展起来的。这些问题的答案就决定了这家公司到底是一家什么性质的公司,它的文化是什么样的。

实证鉴录

　　有两个同班同学毕业了,一个学生去了一家大公司——海尔,他本身就是山东人想回山东,所以就去了海尔。他选择海尔的一个重要原因呢,就是海尔是一个具有相当知名度的公司,他想在这么一个完善的、成功的最有名的家电企业之一的企业里可以学到许多东西。另外一个同学也是山东人,但是他不想回山东,最终一个偶然的机会他去了一家投资咨询公司,这家公司很小,到现在还不到二十个员工,做过几个案例也不知名,也不能为这个学生解决北京户口,但他还是去了这家咨询公司。过了四年以后,那位去海尔的学生又回到了北京,找了另外一家企业。那个学生感触很深,因为觉得在海尔没什么职业前途和发展,他本身是做工艺工程的,日常工作的大部分时间是花在设备维护上,后来他也成为一个小头目,但他始终觉得这个工作并不是他想象中的著名大企业里有前途的一个工作。他为什么有这种感觉呢? 其实道理很简单,因为海尔是一家制造公司,而他的岗位又是一个生产管理岗位,这就注定了你要每天围着生产线来转,当围绕生产线转成为你的生活中心的时候,那么你接触到的人一般来说都是在这个生产线附近出现的,你接触到的东西不是设备就是产品,这些东西的变化相对比较小,所以两年还是八年区别不是很大,如果你理想不在这方面的话,那么最终做下去你会越做越郁闷。而另外一个学生,留在北京进了一家小型投资咨询公司,现在已在北京著名的门户网站做营销副总监,他自己也觉得做得比较爽,在业内已小有名气了。那为什么会这样呢? 其实道理也非常简单,除了他自己的努力之外,他本身工作的性质也是非常有用的,和在生产线上工作正好相反,他主要是帮那些小的企业融资,他打交道的人都是一些新兴的、有活力、需要融资的正在成长的小企业,他经常跟小企业的负责人打交道,这样经过几年以后,他自然而然地成为这个圈内的人。这些小企业不管以后发展得好还是不好,其高层管理人员一般不会消失,这个企业不行可以换个企业再做高层,因此在几年之中积累了许多人脉资源,然后逮住一个合适的机会就可以跳槽,加入一家有发展前景的小网站公司,当然现在已经发展得很大了。

上面两个同学的选择如果站在当今的这个角度来看的话就非常有意思,因为他们去了两个完全不同性质的企业,很可能在去之前大家并没有仔细地考虑过这个企业到底是个什么性质的企业,会有什么样的未来,只是最终证明了有一种选择可能比另一种选择更有利。那如果我们不是站在今天的这个角度来看,而是把自己拉回四年之前,从那时候往后看,在当时那个点上应该怎么做这个决定呢? 这就要进行求职调研,你不去做这个事情,不清楚这是一个什么性质的公司、什么类型的企业,你后面做的很多事情都是盲目的,而盲目并不代表着运气会差,运气好的时候你盲目也会带来好的结果,但大部分情况下盲目就会浪费时间。

二、公司的行业位置

企业所处的地位就是指在那个行业的供应链上企业是处在什么样的一个位置。我们还是以上例中这两个企业为例,如果你想有一个比较好的收入,但如果你进入一个制造性企业的话,那么最终你会发现制造企业的利润是非常非常的薄,无论你是在海尔还是长虹,或者是小企业,如果你是一个生产制造工作者的话,一般来说你是很难拿到你理想的收入的,因为在整个制造业的链上现在权利在慢慢地倾斜。生产商——渠道和通路(权势倾斜于此)——消费者(一瓶 10 块钱的药出厂,到消费者手里可能就需要八九十块或一百多块了)。销售商对生产商死命压价,而生产商又惹不起销售商最后只能再压低价格,接受低价。低价就是低利润,如果你生存在这么一个低利润的行业,你期望将来能得到很高的收入吗?除了特殊的情况,如果你负责产购等工作,你是不可能有很好的收入的。所以你要知道你去的单位大概处在产业链的什么位置,它所处的位置在很大程度上决定了这个企业做事的风格和它的文化,所以有好多去生产制造型企业的学生感到自己在被压榨,其实你并不是在被压榨,只是这个企业的利润实在太低。当然你的工资也高不了。

三、应聘职位的特点

企业了解好了,接下来你要了解你应聘的是什么样的部门?你想去的是一个什么样的岗位?这个岗位需要什么样的素质?到了这个岗位之后你要做什么样的工作?整个这些加起来在人力资源上叫岗位描述,就是把一个岗位的人力资源模型进行分解,在企业内部来看他把一个岗位的人力资源要素进行分解之后可以帮助他设计出一套结构化的面试来,就是说企业想找一个合适这个岗位的人那么他需要一个什么样的各方面的素质,无论从专业背景上,还是人的态度上,或者是这个人的性格上等等,如果能设计出一套要求,在这套要求下这个人就可能获得成功,或者去找这样的人。而反过来说,站在应聘的角度上你能够清楚地了解对方想打什么牌,他想找的是什么样的人?那么你可以使自己表现成他们想找的那个人,做出针锋相对的准备来,做准备并不是做假,因为每个人都有很多性格的层面,有很多潜质,可能很多时候我们也没有很清楚地意识到你有这个潜质,但是通过你对这个岗位的特点分析可以审视自己,把自己的潜质尽可能表达与发挥出来,让别人看到你的潜质。从而使你的表现和用人单位的需求之间达到一个匹配的过程,让用人单位觉得他们的单位就是你理想中的单位,而你就是他们理想中的人,这个表达过程就可以分成很多细节,比如你的求职简历和求职信,以及你的面试过程的问题回答及表现都要与这个岗位描述相结合。如果有一家公司来应聘你什么也没准备就去了,那只能是撞大运了。

四、未来的职业前景

这个问题是一般学生求职不太注意的地方,未来的职业前景就是指未来的职业前途怎样。

 实证鉴录

有一个大城市的记者在陕北高原的一个土山上看见一个小孩,放了几十只羊,那个记者就问小孩,你为什么放羊?小孩说我要赚钱娶媳妇,那个记者非常好

奇,这么小的小孩就想得那么远,然后又问他,你为什么要娶媳妇呢?那小孩说,取了媳妇才能生孩子,那记者又问了那你希望你得孩子干吗呢?那小孩想了半天又说了,孩子可以接着帮他放羊。

上面这个故事所反映出来的其实就是一个职业前途的问题,为什么大家做了一份工作以后,五年或十年最终会做得百无聊赖,很多人都想跳都想跑,因为你看不到这个工作的任何前途,其实这个工作的前途在你应聘的一刹那就可以知道,因为很大程度上你的前途就是你的老板,在很大程度上你看你老板现在干的活你就可以想象5年10年之后你会干什么,如果你觉得现在就很可怜你的老板,那换你去干这个活你也不愿意干,那么5年10年以后你会烦死这个工作了。所以在求职调研过程中你要去了解这个岗位在这个企业这个行业里未来的前途是什么样的,它不但决定了你在这个企业里工作的前景,而且也决定了你将来职业发展的整个前景。

为什么这么说呢?因为企业基本岗位分为两大类,即通用岗位和专业岗位。通用岗位指管理岗位、人力资源、财会等,这些岗位在任何一家企业都需要,你离开了这家企业还可以到另一家企业做类似的工作;而专业岗位是指做某个岗位的设备或专门设计等,这些岗位的需求量比较少,而且做这个工作的人的知识面比较狭窄,若干年后如果你想换行,你就会发现要么你找不到合适的单位,要么你不得不放弃你原有的经验而进入一个陌生的领域。

这也不是说通用岗位优于专业岗位,如果你喜欢你专业岗位,并且做到一定高程度的话你的收入也会不错的,这就是说大家在选岗位之前要花一点时间去了解一下你这种工作将来市场的需求有多大。

■制作求职书

一、求职书的结构

求职书主要由求职信、学校推荐表、个人简历、附件(证书复印件等)等内容组成。其中求职信、个人简历下面单独介绍,这里先说明一下学校推荐表和附件。

●学校推荐表　推荐表在求职书中具有举足轻重的地位,是必要的一环。可以说是一个官方的认证,具有权威性,用人单位对此有较高的信任度,把它放在求职书中加大了求职书的可信度及自荐力度。学校推荐表一般包括本人及家庭基本情况,在校期间学习成绩和奖惩情况,自我鉴定,组织意见等部分。只是推荐表统一规范,易产生千篇一律的感觉,内容上也难于全面,缺乏个性。这就要求毕业生在组织编写其他材料时既不要重复,但又要进行必要的补充添加。必要时也可在学校推荐表中选取最有价值和利于就业的重点部分进行复印加入到求职书中。

●附件　附件是指能证实求职材料中所列的各方面情况的原始证明材料,它也是证明求职材料的真实性和求职者各种能力的有力佐证。为防止在投递过程中丢失,可用复印件,一般用人单位决定录用后是要看原件的,所以原件一定要保存好。

求职材料最好用电脑打印,并用A4标准纸。字体不要用繁体字,也少用美术字。字体的大小要掌握好,从标题到正文字体大小要协调,特别是正文部分字体不要太大。有个别同学为了把内容充满整张纸,把字体弄得很大,看起来很不舒服。装帧不要太华丽,保持整洁明快是最重要的。

求职书中除了在个人简历的页上放一张证件照以外，还可放一张全身生活照，以显示你的全身面貌。全身照不能选艺术照，应选端庄的、清纯的，能显示出你美好气质与风度的生活照片。

二、求职信

求职信是一种介绍性、自我推荐的信件，它通过表述求职意向和对自身能力的概述，引起对方的重视和兴趣。一封好的求职信可以向阅读者说明你的才干。一般来说，打开求职书，首先看到的便是求职信。正是有了求职信，阅读者才会对你的简历上所写的经历与业绩感兴趣。所以，求职信无论在文体上还是内容上都必须给阅读者留下好印象。

（一）求职信的格式

求职信既和书信有相同之处，又有不同之处。一般来说，求职信是属于书信范畴，所以其基本格式应当符合书信的一般要求。主要包括称呼、正文、结尾、署名、日期等五个内容。

● 称呼。求职信的称呼往往比一般书信的称呼正规一些，在实际书写时要区别对待：如写给国家机关、事业单位的人事处领导，用"尊敬的××处长（科长等）"称呼；如果求职三资企业，则用"尊敬的××董事长（总经理）先生"；如果写给其他类企业厂长的，则可以称之为"尊敬的××厂长（或经理）"；如果写给大学校长或人事处的求职信，则称之为"尊敬的××校长（老师）"等。不要使用"××老前辈"、"××师傅"等不正规的称呼。当然，有些求职信也可以不写姓名，如"尊敬的负责同志"、"尊敬的董事长先生"等。

● 正文。这是求职信的中心部分，其形式多种多样，一般要求说明求职信息的来源、应聘岗位、本人基本情况、工作成绩等内容。

● 结尾。一般应写明希望对方给予答复，并盼望能有机会参加面试及简短的表示敬意、祝愿之类的祝词。如"祝贵公司兴旺发达"、"顺候安康"、"深表谢意"等，也可以用"此致敬礼"之类的通用词。

● 署名。直接签上自己的姓名。

● 日期。一般写在署名右下方，最好用阿拉伯数字写，并写上年、月、日。

（二）求职信的内容与写作技巧

求职信的内容层次通常有以下三方面：

求职信开始之前，首先要用"您好"之类的问候语，如果知道信件最终将送到谁的手里，信的开头可直接尊称。

在第一段里，可以简单地叙述一下你写求职信的理由，可以扼要说明一下你是怎样知道招聘信息的，何时注意到该公司，如果公司中有人为你推荐过其职位，可巧妙地将此事写入求职信中，但千万不要给人以自我炫耀的印象。

第二或第三自然段，应阐明你对单位或职位感兴趣的原因，以及你有价值的背景情况和满足招聘要求的能力。这些内容要有说服力，说明你怎样适合这个职位，更重要的是表明"你能给公司什么，如果公司录用你，你能为公司做出什么贡献"。这部分的写作与个人简历是相辅相成的，要说明你的个人能力，但又不能把简历内容全写进去，只选最能代表自己长处、技能和业绩的项目写进去，同时注意不要单纯写自己的长处和技能，而是要着重说明这些长处和技能能给该公司带来什么益处。在写自己业绩的时候，注意不要使用模糊的词语，如"比较"、"较好"、"还可以"等，最好用数据或事实来说明。

最后一段，要写出你对招聘单位的希望，委婉地提出面试的要求。结束时，语气要客气,但不能阿谀奉承。最后要署名并写上日期。

求职信示例

尊敬的×××处长:(称呼)

　　您好!

　　首先感谢您在百忙之中亲阅我的求职信! 我一直在关注贵单位的信息,近日终于从学校招聘专栏中得知贵单位今年的招聘计划,因而我写了这封求职信。(招聘信息来源)

　　我是大学科技英语专业08级学生,将于2008年7月圆满完成各项学业,并获大学本科文凭和文学学士学位。(学历层次)

　　四年的大学生活使我在德、智、体各方面取得了很大的发展与进步。大学期间,我主修科技英语,在英语的听、说、读、写以及翻译等方面取得了优异成绩,并于2005年和2007年分别一次性通过了英语专业四级和专业八级考试。同时,在医学、德语、计算机等非专业课程方面,我也能够严格要求,从各方面充实提高自己。(在校获得的成绩)

　　针对21世纪对人才的要求,我能够与实践相结合,从各方面锻炼自己适应社会的能力。大学期间,我曾带过多家家教,曾替医药公司翻译过医学资料和产品介绍,曾做过厂家的宣传员和促销员。(社会实践)

　　除了具有扎实的专业知识和较强的工作能力以外,我同样知道工作态度的重要性。2007年暑假期间,作为大学生志愿者,我参加了慈善机构——国际计划组织的"国际计划夏令营"活动,照顾来西安的贫困山区儿童。期间,我的认真与负责赢得了孩子们的一致认可与赞赏。(公益活动)

　　大学生活丰富多彩,但我更愿意以我的才智、朝气、热情以及认真负责的工作态度得到贵单位的青睐。若我有幸成为贵单位的一员,我将会十分珍惜这次机会,竭尽全力为贵单位的灿烂明天贡献自己的才智与汗水。(求职愿望)

　　为了便于您对我有一个全面的了解,随信附上个人简历及各证明材料。

　　切盼回复!

　　祝您工作顺利,万事如意!

　　此致

敬礼　　　(结束语)

自荐人:×××
2007年12月(落款)

三、求职简历

个人简历是自己生活、学习、工作、经历、成绩的概括集锦。呈送个人简历的目的是为了让用人单位全面了解自己,从而为自己创造面试的机会并最终达到就业的目的。

求职简历示例

学号	99123456	姓名	×××××	性别	女	政治面目	中共党员

学校名称	北京工业大学	学院名称	××××××学院	专业名称	××××××××
电子邮件	bbbbbb@btamail.net.cn	电话联系方式		01063492222（H） 67392222（宿）	
英语水平	大学英语四级	手机联系方式		13611111111	

家庭住址	北京××××××××××××××××××××		
邮政地址	北京工业大学 111 信箱	邮政编码	100022

自我简介以及社会实践

个人能力简介	本人熟悉掌握 windows 系统的相关操作以及互联网的应用,能熟练使用 Word、Excel、PowerPoint 等 Office 软件,并精通 Sas、Spss、Tsp 统计分析软件包。此外会运用 VB、VF 进行相关的编程和数据库的操作。 在英语方面,通过了 CET－4 考试,有一定的听说读写能力。 在专业方面,有一定的分析能力,具备一定的经济决策和统计分析的本领。
担任职务和获奖情况	担任职务: 20005 年至 2007 年在北京工业大学统计系担任团支部书记; 2007 年至 2008 年在北京工业大学经济与管理学院担任院学生会宣传部副部长; 2006 年至今在北京工业大学统计系担任学习委员。 获奖情况: 2004 至 2005 年荣获北京工业大学院级品德优秀奖学金; 2005 至 2006 年荣获北京工业大学校级优秀学生干部奖学金; 2006 至 2007 年荣获北京工业大学校级三好学生二等奖金。
个人性格	为人诚恳,正直;办事踏实,稳重;平时积极进取,做事严谨细腻,富有创造力,有较强的团队精神和合作能力。
兴趣爱好	书法、绘画
社会实践	2006 年 7 月,参与北京市统计局和北京市旅游局联合举行的 2007 年北京旅游调查,担任调查员。 2006 年 5 月,参与零点调查公司关于侨务工作情况的调查工作,承担问卷设计工作以及座谈会调查工作。 2007 年 5 月,作为调查员,协助北京市旅游局进行北京旅游容量调查工作。 2007 年 6 月,在校内进行了关于北京工业大学网络普及情况调查,从事问卷的设计、调查、分析工作。 2007 年为崇文区统计局撰写关于我国第五次人口普查情况的工作报告。 同年,为朝阳区统计局关于朝阳区高新技术产业的调查进行相关的分析。

求职意向

希望从事经济管理、金融海关或信息咨询及分析等方面的相关工作,以发挥自己的一技之长。

■求职面试

面试是用人单位对应聘者进行选拔而采取的诸多方式中的一种,也是应聘者取得求职成功的关键一步。在整个应聘过程中,面试是最具有决定性的一环。面试是求职者展示自身素质、能力、品质的最好时机。面试发挥出色,可弥补其他方面所带来的缺陷。因此,求职前要很好地掌握面试的技巧与相关的礼仪知识。

一、面试前的准备

(一)了解面试的种类

面试的种类就目前而言,有以下三种:

● 集体面试。即很多求职者在一起进行面试。就招聘者来讲,这样可以在专业、地域及其他各方面都有较大的选择余地。还可以在几个应聘者之间进行较直观的比较。此种方式一般用于初试。

● 个体面试。即用人单位对求职者单独进行的面试。其中一对一(即一个招聘者面对一个应聘者)通常用于初试;而众对一(即几个招聘者面对一个应聘者)通常用于复试,这样可避免一个招聘者所带来的对应聘者的认识上的主观性。

● 随机面试。即采用非正规的、随意性的面试方式,这样可以考核出求职者的真实情况,也可以缓解应聘者的紧张情绪。

(二)面试的心理准备

面试就像是一场考试,既在测试每个人的能力,也在测试每个人的心理素质和临场发挥。如要面试成功,有一个良好的心理状态非常重要。我们既要克服自卑心理,也要克服对自己期望值过高的心理。一方面,要建立自信,在面试中,努力使自己沉稳、持重,要敢于正视招聘者,不可有神色不安的举止,回答问题时切忌抓耳挠腮、支吾搪塞。另一方面,不能过高地估计自己的能力。对自己期望值过高容易走向两个极端:一是应聘时迫不及待地去展示自己,回答问题夸夸其谈,言辞过激;二是因为对自己期望值过高而造成的心理负担过重,在应聘时反而会表现出急躁、焦虑,思想不易集中,甚至胆怯起来。所以,对自己要进行适当的心理调适,面试时既要注意言谈举止的稳健、得体,又要注意心理的放松,不能临阵怯场。

(三)面试的业务知识准备

在面试前,应把与应聘职业相关的专业知识、业务技能等回顾一下。不然,当招聘者问到你所学专业范围内的问题时,你张口结舌,无以对答,你恐怕会因此失去获得这次职位的机会。除了你的求职书之外,还应该准备好面试时可能用到的其他个人资料或作品,并携带相关的原始证件。

(四)面试的仪表准备

适宜的仪表修饰不仅容易给招聘者留下良好的印象,同时也是一种对他人的礼貌和尊重。仪表修饰应注意下列问题:

● 着装必须要整洁。不管怎样,招聘者不会将一个不修边幅、邋遢不洁的应试者作为首选的目标。整洁意味着你重视这份工作,重视这个单位,也重视你今后代表的企业形象。整洁并不需要过分的花费,但却能赢得招聘者的好感。着装整洁要做到:衣领、袖口干净、无污渍,衣服熨烫平整挺括,皮鞋擦亮无灰尘,头发清洁无头屑,发型自然、大方。

● 服饰打扮简单大方。面试不是约会,尽可能抛弃各种装饰。特别是刚刚走出学校大门的人,如给人以纯洁的美感,会更为人喜欢。所以,毕业生应聘时着学生装,理学生式的短发,还是很得体的。在正式场合穿上合体的西装,略带学生气,浑身上下洋溢着青春的活力,以学生的纯真和率直会赢得招聘者的认可。切忌一副社会青年的打扮,如:留长发,染头发,衣着时髦、俗气,这些都不会给招聘者留下好印象。

● 着装要适应应聘职业的特点。除了要整洁大方以外,最好要根据应聘的职业特点来打扮自己。如你应聘的是车间里的一些具体的操作岗位,最好穿着朴素一点,女生也不必涂脂抹粉,这会显得你朴实、能吃苦,看起来能胜任这个工作。如你要去应聘广告公司,你的打扮不仅要合体、大方,且又要显得与众不同,特别在色彩的搭配上要协调、出众,这会让人感觉你有较高的审美水平,且又有创新思维,这是作为一个广告人所必须具备的。服饰打扮与应聘职业的匹配,是你应聘成功的一个砝码。

二、面试的程序与礼节

服饰打扮是你的静态形象,在面试的整个过程中,通过你的言行举止会展示出你的动态形象。因此,在整个面试的程序中,你要时时注意各个环节的言行举止,给招聘者留下一个良好的第一印象。

(一)初次见面,礼节领先

到达面试地点的时间要把握好,千万不要迟到。一般应比约定时间提早 $10\sim15$ 分钟到达,这样既可以避免路途上由于各种意外情况发生所带来的可能的迟到,又可以有时间调整心态、平定情绪,有准备地从容应对面试。

去参加面试不要让同学、朋友或家长陪同,单独前往,是自信的表现,也不会给别人留下不成熟的印象。

到达面试地点对面试的工作人员要点头、微笑。进入面试办公室要先敲门,等对方答应"请进"时方可进入,然后向对方行点头礼再关上门。

走到椅子旁边时应恭敬地自我介绍:"我是×××"。当对方请你坐下时,说声"谢谢"再坐下。如对方未请你坐下,应礼貌地询问:"我可以坐下吗?"然后等对方回答后再坐下。

(二)一问一答,从容坦然

面谈的时间通常不超过半小时,面谈一般从自我介绍开始,此时的自我介绍应提早打好腹稿,时间为 $2\sim3$ 分钟,你要言简意赅、突出重点地介绍履历、所受教育、工作能力和技能特长等。最好用事实说明你的长处和特点。条理清楚,用词恰当,应用普通话叙述。

(三)适时告退,礼貌再见

谈话时间的长短要视内容和气氛而定,一般招聘者认为该结束面试时,往往会说一些暗示的话语。如:

我很感激你对我们公司这项工作的关注。

谢谢你对我们招聘工作的关心,我们一作出决定就会立即通知你。

你的情况我们已经了解了。你知道,在作出最后决定之前我们还要面试几位应聘者。

求职者在听了诸如此类的暗示语之后,就应该主动告辞。告辞时应该与招聘者握手,礼貌地说再见。如在门外见到其他工作人员或秘书时,也应该向他们致谢告辞。面试结束时的礼节也是公司考察录用的一个砝码,因此,求职者应该要善始善终,把握好这最后的一关。

三、面试常见问题回答提示

面谈的形式一般都为一问一答,下面列出一些常见的基本问题及提问的动机以供参考。

● 关于求职动机

△ 为什么选择我们公司?

△ 对在公司工作的预期(工作条件、目标薪酬等)如何?

目的:考察求职者的求职动机,判断求职者的工作期望与公司实际条件是否一致。

答案提示:你可以结合你对应聘单位的了解,重点从你对这份工作的热爱以及适应程度来回答问题。对薪酬的问题,首先你要对市场行情有一个大致的了解(要从不同公司、不同单位、不同职业以及不同个体的不同上去加以了解),然后提出一个中等偏上的工资数。同时,要有一个明确的表态,如"我刚刚参加工作,经验不足,还需要不断提高,所以,你们根据我的情况给薪酬,我可以接受,我相信随着我的工作业绩的提高,公司会给我一个相应的报酬的。"

● 关于自我认识

△ 你有什么长处?

△ 你有什么弱点?

目的:能否客观地进行自我了解和自我解剖。

答案提示:关于你的长处,你可以尽量地谈自己的优势,但要注意不能面面俱到,要在有限的时间里,抓住自己最主要的对人有吸引力的特长,以引起招聘者的兴趣。至于弱点,你可以直接陈述,但要适可而止,问题说到即可,不加任何渲染。同时,必须说明自己对弱点是如何克服的以及从失败中吸取了哪些经验教训。一般人通常一看到缺点这个问题就会觉得非常紧张,因为缺点这个东西如果你说浅了,可能会觉得你这个人没有责任感,避重就轻,如果你说得重了,就会觉得自己实力非常差,所以如何回答好缺点这个问题,是一个很难的问题。其实这个问题背后至少隐含了三个大问题,第一个问题"首先你是否有自知之明"。比如一英语个四级没过的学生,他非说自己其他地方是缺点,而不敢面对自己四级没有过的硬伤,实际上是没有自知之明的表现。第二个就是"你看到自己的缺点,是否敢于承认"。第三点也是最关键的一点,企业喜欢那些有责任感同时积极主动的人,于是你看到自己有缺点,你做了哪些事情来进行弥补,这也是非常重要的一点。举一个简单的例子,比如我英语四级没有过,这是我一个非常大的缺点,同时我敢于承认,最后我会跟他说,由于我四级没有过,所以我现在报了一个英语培训班,同时我在自学口语和阅读,这样我希望在毕业时通过四级考试,同时我也希望我以后的英语水平不断提高。这就是一个比较好的对于缺点的回答。

● 关于敬业精神

△ 谈一谈你的经历中最值得自豪的事件,你是如何获得成功的?

△ 你的职业态度是什么?

目的:考察以往的业绩、职业态度、责任感、进取精神、开拓精神等。

答案提示:你可以如实地说出你曾经成功的事例和经验,但是一定要说明,这些是不值得骄傲的,说话时语调应谦和,这样,能够给人留下诚实、谦虚的印象。至于职业态度,你可以根据你应聘的职业具体来叙说。

● 关于专业知识、特长经验

△ 简单描述一下你的受教育经历(包括学校教育和工作中的培训)。

△ 如何使你的工作对公司更有价值?

目的:从专业的角度了解求职者特长及知识的深度与广度,是否具备岗位所需的专业知识和专业技能。

答案提示:关于你对公司的价值这个问题,你可以在了解公司基本情况的基础上,结合自己的专业大致说说你工作开展的蓝图。

● 未来发展能力

△ 如果工作需要实行计算机自动化办公,你认为你能适应吗?

△ 假设公司未来几年获得高速发展,你将如何适应工作环境的变化?

目的:考核求职者的知识面、自我学习能力、身体状况及对未来的预期等。

答案提示:你可以回答你的计算机操作水平,如你还不熟练,你可以说说你学习计算机的计划。至于环境的适应,你可以从通过再学习、再培训等说明你会如何主动去适应环境的变化。

● 关于求职态度

△ 你还有什么问题吗?

目的:考核求职者对谋取这份职业的态度,以及考虑问题的周到程度。

答案提示:听到这个问题,你不要长长地出一口气,心想面试终于结束了。对方会将你的表现理解成为你对这份工作没有太浓厚的兴趣。或者会认为你考虑问题不周,难道对公司都了解了吗?因此你应该聪明地提一些问题,以显示你对这次应聘的认真与看问题的深刻。但要注意,如对方不问,你不要在第一次面试时就提出薪酬与福利问题,让人觉得你很在乎钱。下面列出一些问题以供参考:

△ 这份工作的详细情况怎么样?

△ 这份工作的责任是什么?

△ 这个职位的期望值是什么?

△ 我会面对什么样的问题?

△ 将来有什么就职与培训计划?

△ 对表现忠诚和能力强的员工提供的高级培训计划是什么?

△ 公司的长远目标是什么?员工应怎样配合以达到目标?

……

在实际的面试中,不同的职业不同的招聘者提出的问题会不同,这里不能囊括全部,但只要求职者认真研究应聘职业的特点,充分考虑问题,在面谈中还是能够从容把握的。

模块二

工作礼仪

≫ ≫ ≫　　≫

⏵教学目标

终极目标

学会正确运用办公室礼节；学会建立和谐的人际关系。

促成目标

1. 掌握办公室礼节；
2. 学会正确地接打电话的礼节；
3. 掌握与同事、上司共处的技巧。

⏵工作任务

1. 案例分析；
2. 练习接打电话。

⏵任务指导

案例学习 2-1　咱们关系怎么样

"咱们关系怎么样？"是宋先生的一句口头禅。通常说完这句话，不等你回答，宋先生自己又接着说："不错吧，是不是？"望着他那笑成两条缝的小眼睛，谁好意思否认呢？既然是关系不错的铁哥们儿，就得像个哥们儿的样子。比如说没有烟抽了，宋就挨桌子地搜寻，看到谁的抽屉里有，管他半盒还是一盒，抓住就装到自己的口袋里；上班时渴了，不管是谁的茶杯，端起就喝；最有失分寸的是，他连刮胡子刀都没有，今天用这个的，明天用那个的。谁要是不高兴，那句口头禅就从笑成弥勒佛似的嘴里溜了出来，让你哭也不是，笑也不是。单位里的人，背地里谈起宋先生，都忍不住摇头摆手。

案例分析 2-1

尊重他人，讲究分寸，是衡量一个人素质高低的标准。像宋先生这样不拘小节、爱占便宜的人，不会受人欢迎，更不会有人愿意与他合作。他的个人发展也势必受到影响。

课堂讨论 2-1　在办公室应遵守怎样的礼节？

罗列出 10 种违反办公室礼节的主要行为

1		6	
2		7	
3		8	
4		9	
5		10	

电话礼节

活动名称：接打电话练习。

活动目的：通过接打电话的练习，掌握接打电话的基本礼节。

活动内容：两个学生一组，练习接打电话。

活动总结：对学生练习中所存在的问题进行总结。

在接打电话中常见的不礼貌的情形有哪些？

任务实操

（一）案例分析

刚录用就被辞退的张玉

张玉原是南海一家从事五金生产业务的工厂的办公室文员，月收入有 800 元。虽然并不算多，但张玉还是挺满足的，她文化不高，才初中毕业，如果不是亲戚的介绍，凭她自己的本事是不容易找到这种相对轻松的工作的，她周围的许多朋友都是在工厂里当工人，或者是在超市卖东西，或在酒楼当服务员。但国庆节刚过，张玉就失去了这份才工作三个月的工作。

张玉到该厂后，老板考虑到她的介绍人的缘故，将她安排在办公室任文员，主要工作是负责接电话、为客户开单、购置一些办公用具等等，工作并不复杂也不累，相对于整天工作在高温机器旁及在烈日下送货搬货的同事，张玉自己都感觉是人间天堂。应该说，她是很珍惜这份工作的，尽管每天工作时间从早上 8 时一直到晚上 8 时，但张玉下班后都喜欢待在办公室，毕竟这里有空调，好过回到电风扇无法吹走暑气热浪的集体宿舍。因为善于交际，张玉有很多朋友，朋友们下班后也总喜欢来找张玉玩，因为张玉在她们的眼中已经属于白领了，且可以在张玉有空调的办公室内聊聊天，看看报纸等。张玉的老板认为，每个人都有朋友，张玉的朋友在下班时间来找她玩，在办公室聊天无可厚非，更可顺便接听一些业务电话。因此他对此事从来都没有加以限制。后来一次老板从顺德跑业务后赶回厂里拿货,回到办公室时,遇到张玉和她的两个好朋友,不知为什么,张玉并没有将老板介绍给朋友认识,而是自顾自地干自己的活,而因为张玉没有介绍,她的两个朋友也没有和老板打招呼,虽然已停止了聊天、打牌,但坐在那里却不知所措,性格偏内向的老板也没主动向自己员工的朋友打招呼,气氛好尴尬。片刻后,两个朋友起身走时也没有向老板打招呼。事后,张玉就失去了这份工作。

张玉为什么失去了这份来之不易的工作?

(二)从现在开始培养自己干净、整齐、有条理的良好习惯

1.以宿舍为单位整理宿舍,布置宿舍,使全体室友拥有一个整洁、舒适的生活环境。

2.整理你宿舍里的物品,使每件物品都有固定存放的位置,且整齐、干净、易拿易放。

3.整理你的包,把不用的东西清理掉,把有用的东西按次序放好,要清楚地记得包中物品。

⇨知识链接

■办公室礼仪

一、办公室布置

办公室是单位的门面,是来访者对单位的第一印象。办公室的布置不同于家庭、酒店,设计风格应该是严肃、整洁、高雅、安全。

办公室应保持整洁。地板、地面、走道要经常打扫,玻璃、门窗、办公桌擦洗干净明亮。桌面只放些必要的办公用品,且摆放整齐。不要将杂质、报纸、餐具、小包等物放在桌面上。废纸应扔入废纸篓里。文件应及时按类、按月归档,装订整理好,放入文件柜。正在办理的文件下班后也应锁入办公桌内。办公室内桌椅、茶具、文件柜等物的摆放应以方便、高效、安全为原则。办公桌的玻璃板下,主要放与工作有关的文字及数字资料,不应放太多的家人的照片,因为,办公室内需要的是严肃、高效而不是温馨。

办公室的布置应给人以高雅、宁静的感觉。除特殊单位外,每一个单位都是一个开放的系统。从这个角度说,办公室既是工作的地方,也是社交的场所。所以,企业一般都将办公室装修得比较豪华,以显示强有力的经济实力。办公室的气氛不要充满喜庆,也不要让人感到压抑。办公室不要贴大美人儿的照片或挂历,可装饰些风景画、盆景、有特殊意义的照片、名人的字画、单位的徽标等,创造浓厚的企业文化气息,是主客心情愉快地交流信息和感情的环境。

二、办公室人员礼仪

(一)整洁端庄的仪表

在办公室工作,服饰要与之协调,以体现权威、声望和精明强干为宜。无论男职员还是女职员,上班时应着职业装。男士最适宜穿黑、灰、蓝三色的西服套装领带。服装必须干净、平整,不应穿花衬衣、拖鞋、运动服上班。不留胡须,不留长发,发型美观、大方,才能衬托出本人良好的精神状态和对工作的责任感。女士则最好穿西装套裙、连衣裙或长裙。颜色不要太鲜艳、太华丽。上班穿的服装不能是奇装异服、休闲装、运动装、牛仔装等。不宜把露、透、短的衣服穿到办公室里去,否则使内衣若隐若现很不雅观。应穿皮鞋上班,皮鞋

的颜色要比服装的颜色深。应穿透明的长筒丝袜,不应穿凉拖鞋、旅游鞋上班。发型以保守为佳,不能新潮。最好化淡妆上班,戴的首饰也不宜过多,走起路来摇来摇去的耳环会分散他人注意力,叮当作响的手镯也不宜戴。要体现出女性端庄、文雅、自尊、自重的形象。

（二）友善优雅的举止

办公室工作人员的站坐行走、举手投足、目光表情,都能折射出一个人的文化修养、业务能力和工作责任心,也体现了单位的管理水平。

在办公室里对上司和同事们都要讲究礼貌,不能由于大家天天见面就将问候省略掉了。"您好"、"早安"、"再会"之类的问候语要经常使用,不厌其烦。同事之间不能称兄道弟或乱叫外号,而应以姓名相称。对上司和前辈则可以用"先生"或其职务来称呼,不要在大庭广众之下与领导或长辈开玩笑。

行为要多加检点。尽量不要在办公室里吸烟,更不要当众表演自己擅长的化妆术。如很想吸烟或需要化妆,则应去专用的吸烟室或化妆间。若附近没有这类场所,则只好借助于洗手间。

办公时间不要离开办公桌,看书报、吃零食、打瞌睡一定会引起上司的不满。私人电话接起来没完没了会招致同事们的白眼,而坐在办公桌上办公或将腿整个搁上去的样子都是很难看的。

要避免口衔香烟四处游荡,不要与同事谈论薪水、升降或他人隐私。遇到麻烦事,要首先报告给顶头上司,切莫越级上告。在外国老板面前打同事们的小报告,常会被当作不务正业,弄不好会搞掉自己的饭碗。

去别的办公室拜访同样要注意礼貌。一般需要事先联系,准时赴约,经过许可,方可入内。在别的办公室里,没有主人的提议,不能随便脱下外套,也不要随意解扣子、卷袖子、松腰带。未经同意,不要将衣服、公文包放到桌子和椅子上。公文包很重的话,则放到腿上或身边的地上。不要乱动别人的东西。在别的办公室停留的时间不宜太久,初次造访以20分钟左右为准。

（三）异性相处的分寸

在办公室环境中,男女同事之间的相处,如果处理不当,不仅会给本人带来麻烦,而且会对公司单位造成不好的影响。所以,掌握一些办公室异性相处的礼仪及原则是十分必要的。

1.语言原则

男性和女性在办公室均要注意交谈的分寸。男性私下常会冒出一些粗话,有人甚至会开黄色玩笑,但不允许在办公室中发生,尤其是有女同事在场之时,否则女性认为这是对她们的侵犯。

男性在恭维女性时,也要避免挑逗性,以免给对方产生错觉。

2.衣着原则

办公室不是约会场所,也不是家中居室,更不是显示你性魅力的地方。如男性把衬衫敞开,穿着短裤,是对在场女性的不尊重。女性更要注意自己的穿着,千万不能张扬自己的性感,如穿着超短裙和太露的衣服。

3.动作原则

如果你是男性,当女同事在场时,不能把松了的皮带再扣紧,或者把衬衣塞入裤子中,否则会引起误会,会使女性产生不快。

女性也不能做一些挑逗性动作,尤其是体姿语。比如,在男性面前梳玩头发,触摸男性的衣服,用头发垂打男人的面颊等。尽管无意,但容易让对方产生误会。

4. 交际原则

办公室中,要注意把握自己和异性同事交往时的分寸。如果你们是要好的同事当然可以多些交流,但最好不要把自己的私生活带入。特别是如果在婚姻上不如意,对异性同事不宜过多倾诉,否则会被对方认为你有移情的想法。如果同事把你当成听众时,你不妨向对方多谈谈自己婚姻生活中美好的一面,使对方尽早避免对你情感上的投入。

即使是极为默契的异性同事,也只应当在工作上更好地配合,互相帮助,而在办公室这样的公众场合,不要"亲密无间"。

三、如何与上司相处

与上司保持良好的关系,这是下属能顺利开展工作的重要条件,也是保持自己身心愉快、事业长进的重要因素。

(一)摆正上下级关系

从工作的角度看,领导就是领导,被领导就是被领导,不管是比你年龄大还是小,阅历比你深还是浅。所以,下属要尊重领导,服从领导,维护领导的尊严。遇到领导要主动打招呼,遇到自己难以决断的事要向领导请示,以争取领导的支持。

在摆正关系上,有三种不良情况应予以纠正。一是绝对服从,把现代社会条件下的领导者与被领导者的关系,搞成封建的"君臣关系",甚至是奴役性的"猫鼠关系"。二是傲慢无礼,强调人格平等,轻视怠慢领导,不愿"任人摆布"。三是庸俗不堪,一味巴结奉承,媚上吹捧,甚至把上下级关系搞成赤裸裸的"金钱关系"。

正确的做法应该是:人格上与领导者是平等的,要不卑不亢。平时保持适当的距离,不可动辄称兄道弟。工作上应勤奋积极,成为领导者的参谋和助手,并经常主动向领导者学习,提高自己的工作能力。还应注意,对不同的领导要做到在人格上一样尊重,在工作上一样支持,在组织上一样服从,不搞亲疏有别。

(二)尊重上司不能越位

不在其位,不谋其政。领导者与被领导者分工不同,应各司其职,各负其责。不能相互替代,否则就会带来工作上的混乱。对领导者最大的支持,不是出力代劳,而是做好领导分配给你的工作。另外,越俎代庖的结果,会被视为心术不正,图谋不轨,结果是出力不讨好,把关系弄僵。原因不是你做少了,而是做"多"了你不该做的事。可见,不管是决策越位、表态越位,还是工作越位,对下属来讲都是不利的。要学会收敛和约束自己,才能与领导和睦相处。

(三)不可锋芒毕露

与上司交谈不可锋芒毕露,咄咄逼人。你的聪明才智需要得到上司的赏识,但在他面前故意显示自己,则不免有做作之嫌。上司会因此而认为你是一个自大狂,恃才傲慢,盛气凌人,而在心理上觉得难以相处,彼此间缺乏一种默契。与上司交谈要遵循以下原则:一是要寻找自然的话题,令上司充分发表意见,你适当做些补充,提一些问题。这样,他便知道你是有知识、有见解的,自然也就认识了你的能力和价值。二是不要用上司不懂的技术性较强的术语与之交谈。不然,他会认为你是在故意难为他,也可能觉得你的才干对他的职务将构成威胁,并产生戒备,而有意压制你。

(四)尽可能为上司做好公共关系

赞扬与欣赏上司的某个特点,意味着肯定这个特点。只要是优点是长处,对集体有利,你可以毫不顾忌地表现你的赞美之情。领导也是人,也需要从别人的评价中了解自己的成就及在别人心目中的地位。当受到称赞时,他的自尊心会得到满足并对称赞者产生好感,拉近了彼此之间的距离。下属喜欢上司,上司自然也喜欢下属,这是人际吸引中相悦作用的结果。

(五)正确对待上司的批评

当上司批评你时,不可一脸不高兴。对下属的工作,领导总要做评价的。犯错误本身并不影响上下级关系,关键是犯了错误之后,接受批评的态度,被批评后一脸的不高兴,会让领导认为你不服气,在做无言的抗议。而被批评后,找来一大堆理由,强词夺理为自己争辩,则更是大忌。相反,适当地做些自我批评,便可缓和僵局,令领导放心。

(六)慎重对待领导的失误

当领导在工作中出现失误时,千万不要持幸灾乐祸或冷漠旁观的态度,这会令他极为寒心。能担责任则担责任,不能担责任则可帮助他分析原因,多加劝慰。不要在这种情况下持指责、嘲讽的态度,这样更容易把关系搞僵,矛盾激化。

(七)掌握上司的好恶

可常常从上司的言行或签文件指示中归纳他治事的原则,体会他处世的态度,选择他的优点作为你处事治人的参考。上司所深恶痛绝的事,应尽量避免发生;上司所要主办的事项及所需的材料,应及早予以准备。对上司的工作习惯、业余爱好等都要有所了解。如果你的上司是一个体育爱好者,你就不应在他的球队比赛失败后去请示一个需要解决的其他问题。一个精明老练的有见识的上司是很欣赏了解他、并能预见他的愿望与情绪的下属的。

(八)注意自己的仪态

无论上司如何赏识你、喜欢你,你都不要得意忘形,都要注意自己的仪态。在上司面前不拘小节,以示与领导的亲密程度,其实是失礼。比如上司正在开会或处理其他公务,你轻易闯进去打断会议或正在进行的工作,谈些无关紧要的话,给人留下的不会是好印象,除非是紧急公务,一般应等候或下次再来。工作时间有事找上司,应简洁明快地说明来意,不应绕了半天弯子才进入正题,更不要唠叨不已。进入上司办公室,不管上司在不在,不能随意翻阅桌上的公文、信件。

四、如何与同事相处

当你来到一个新单位,在新的工作环境中恐怕会有许多的不适应,其中特别明显的是人际关系的不适应。那么,怎样做才是适当的呢?

(一)要多看多做少说

首先,初入新环境,人生地不熟,要多看少说。因为不了解情况,轻易评这评那,很容易因所言不符实际,误解别人导致矛盾或受人轻视。其次,要有自知之明,对现实不要期待太高。不要认为自己很能干,什么都懂,从而指手画脚;不要老觉得自己怀才不遇,似乎自己的才识得不到赏识(当然这种情况也是有的),从而对新的职业环境感到不满。再次,要学会待人处世的艺术,要尽快熟悉周围的同事,要真诚待人,关心他人,尽量克服使人讨厌的性格和习惯,也不要斤斤计较,小里小气。总之,在一个新的环境里,你要时时提醒自己,最重要的是先去熟悉工作,先去熟悉环境,其他的事情,暂时可忍就忍。只有在对工作和环境熟悉了以后,就没有那么容易受人欺负、受人愚弄了。

（二）要尊重同事之间的距离感

在单位与同事相处要尊重同事之间的距离感。要巧妙地运用回避之术。首先,是尊重他人的空间感。对正在办公的同事,无论他在看什么,或在写什么,只要他不主动和你聊,你最好回避不问,忌刻意追问,刨根究底。如"谁来的信?"、"写什么东西呀?"其次,是不可轻易翻动同事的东西。如同事不在,而你又确实急需找东西,事后要说明致歉。最后,对同事的私事采取不干预态度。每个人都有不愿为别人知道的隐私。因此,对同事的个人（或家庭）私事,不宜打听和干预,如陌生人找同事谈话,最好尽量避让,而不要"旁听"、"偷听"。同事的信件,不应留意发信人地址;同事的电话,无需去揣摩;对异性之间的聊天,更无必要去凑热闹。但如同事个人或家庭遇到了困难和麻烦,应主动询问要否帮助,如不希望你介入,就不必多次提及;如需你帮助,则义不容辞地去做好。

（三）要保持"一视同仁"的公正感

同事由于个体不同,因而存在着性别、性格、年龄、阅历、能力、家庭、文化水平等各方面的差异。但在交往中我们还是要注意一视同仁。如对上司和对一般同事一视同仁;对年长者和对年轻者一样关心;对一线工作职工和对后勤服务职工同等看待;对志同道合者和对与己有分歧者和平共处;在工作方面,同事之间应相互协作;在贡献方面,提倡彼此竞争;在荣誉方面,应当礼让谦恭。一视同仁还必须做到一如既往,而不是"贵贱不明"时,一视同仁,了解情况后,亲疏有别;也不能同甘苦时,一视同仁,升迁分手后,另眼相待。

（四）同事间不要飞短流长

经常说别人是非给对方听的人,哪一天连对方都会成了他批评的对象,因此慢慢地大家都会对他敬而远之。有些人,很喜欢捕风捉影地说些他人的谣言,甚至将一件小事慢慢添油加醋使整个事件严重起来。或许这个谣言传到当事者耳中,会成为一个天大的笑话抑或一粒悲剧的种子。这么一来,人际关系当然会出现一条很深的裂痕了。如果从他人口中听到闲言碎语时,绝不可以附和他,应该不加一句批评,让这话左耳进右耳出,那么你就已经有一个成熟的个性了。

■电话礼仪

现代社会是一个快节奏、高效率的社会。电话已成为现代社会主要通讯工具之一。电话具有传递迅速、使用方便、失真度小和效率高的优点,因此人们对许多事务的处理是借助电话来完成的。所以电话通讯又是一种重要的社会交往方式。但是,如果缺乏使用电话的常识与素养,不懂得打电话接电话的礼仪,那么电话所传递的信息就可能产生障碍。接电话的态度不仅反映着个人的涵养和风度,更体现着一个组织的文明和礼貌。打电话是一门艺术,如何打电话,怎样接电话,这是我们现代人的一门必修课。

一、合理选择时间

打电话要选择时间,包括选择打电话的时间和电话交谈所持续的时间长短。除了紧急要事之外,一般不在早上 7:00 以前或三餐饭时或晚上 10:30 以后打电话,同时还应注意到各个国家和地区的时差。最好是细心地积累、分析对方平常接电话的时间段并记住它。电话交谈所持续的时间以 3—5 分钟为宜。如果不是预约电话,时间须 5 分钟以上的,那么就应首先说出自己要办的事或大意,并征询对方是否方便;若对方此时不方便,就请对方另约时间或再定方式。

二、打电话的礼仪

1.做好打电话前的准备。打电话前要考虑好通话的大致内容,如怕打电话时遗漏,则应事先记下几点以备忘。还要在电话机旁备有常用的电话号码表和作电话记录的笔与纸。

2.电话拨通后,应先说一声"您好!"然后问一声,"这里是×××单位吗?"得到明确答复后,再自报家门"我是××单位××",然后报出自己要找的人的姓名,"麻烦您找×× 小姐听电话,谢谢!"不要不报家门就"开门见山"起来,让对方摸不着头脑。

3.如对方帮你去找人听电话,打电话的人应手握话筒等待,不能放下话筒干别的事情。

4.如对方告知"××不在"时,你切不可"咔嚓"一下就挂断电话,而应说"谢谢,我过会儿再打"或"如方便,麻烦您转告××",或"请告诉他回来后给我来个电话,我的电话号码是×××××××"等。

5.如电话号码拨错了,应向对方表示歉意,说声"对不起,我拨错号了。"切不可无礼地挂断电话。

6.打电话时要口对话筒,面带微笑,微笑的声音可以通过电话传递给对方一种温馨愉悦之感。说话声音不要太大也不要太小,说话语调过高,语气过重,会使对方感到尖刻、严厉、生硬、冷淡、刚而不柔;语气太轻,语调太低,会使对方感到无精打采,有气无力;语调过长又显得懒散拖拉;语调过短又显得不负责任。一般说来,语气适中,语调稍高,尾音稍拖一点才会使对方感到自然亲切。另外,说话要富有节奏,表达要清楚,简明扼要,吐字清晰,切忌矫揉造作,嗲声嗲气。

7.给单位打电话,应避开刚上班时或快下班时两个时间,因为接电话的人易不耐烦。

8.电话结束时,一般以拨打电话一方先结束谈话,然后以"再见"结束通话。

9.在通话时,若电话中途中断,按礼节应由打电话者再拨一次,拨通以后稍作解释。因为打电话者是主动者,接电话者是被动者。

三、接电话的礼仪

1.电话铃声响起不超过三遍受话人就应该拿起话筒说:"您好!这里是××公司××部。"

2.倾听对方的电话内容。在听电话时,应注意不时说些"是"、"好"之类的话语,让对方感到你在认真地听,不要轻易打断对方的说话。

3.如对方不是找你,而是请某某听电话,那么你应礼貌地请对方"稍候"。如找不到听电话的人,你可以自动地提供一些帮助,如"需要我转告吗?"或"有话要我记录吗?"

4.对方如要求电话记录,你应马上拿过纸和笔进行记录。电话记录一般包括以下内容:谁来的电话,找谁,来电内容,来电原因,来电提到的地点,来电提到的时间。对数字或有关重要内容可重复一遍核对。通话完毕后,写上电话记录的时间及何人所记,及时交给有关人。

5.如对方找的是你上司,上司刚好又不在,你最好说:"对不起,××经理不在。请问您是哪一位? 需要我留话吗?"而不要先问对方是谁,然后再告诉他经理不在,以免给人造成实际上是在的,而不愿接他的电话的误会。

6. 通话完毕后不要仓促地挂断电话,甚至对方话音没落,就挂断电话。如对方是长辈、上级、外宾或女性,要听到对方放下话筒后你再挂电话。挂电话的声音不要太响,以免让人产生粗鲁无礼之感。

7. 碰到对方挂错电话时,态度也要有礼貌,千万不要说:"乱打电话,怎么搞的!"对对方的道歉你要说:"没关系。"

8. 接电话时,尽量不要干别的事,如中途有事,必须走开一下,时间不要太长,而且应恳请对方原谅。

实证鉴录

　　老丁身材较胖,从电视广告中得知"迷你甩脂机"减肥效果非常好,昨天,他不顾太太反对,打电话给电视购物中心买了一部。晚上一试,根本感觉不到广告中说的效果,想退又退不了,太太埋怨了一个晚上,今天早上一睁眼,就又开始唠叨,老丁的心情糟糕极了。谁知早晨一上班,财务部就来了几次电话,催他签名确认上个月的单据,这更使老丁心烦。突然,桌上的电话铃又响了,他以为又是财务部的催促电话,心里很生气,抓起电话就说:"催什么催,你们要扣工资就扣吧,有什么了不起的。别来电话烦我!""啪"的一声摔了电话,坐到一旁生闷气。一会儿,电话铃又响了,旁边的同事拿起电话,脸色突然大变,对他说:"老丁,刚才电话是总经理打来的,现在他让你到他办公室去一下。总经理好像很生气。"……老丁把个人情绪带到工作中来,本身就违反了办公礼仪的有关要求;在接听电话时没有先确认对方的身份,就乱说一通,又违反了电话礼仪。这样造成误会,给自己带来不必要的麻烦是小,如果对方是公司的客户,损坏了公司的形象影响可就大了。

四、移动电话礼节

移动电话现在已经成为人们日常生活中越来越重要的通讯工具。在使用手机时,除了应该遵守基本电话礼仪之外,还应该遵守以下几点基本要求:

(一)携带有方

手机的主要功能就是通讯,而非炫耀的装饰品。把它拿在手里,别在腰带上,或者有意当众摆弄都是浅薄无聊之举。所以,商务人员携带手机的正确位置有两种:一是公文包或手提包里;二是上衣内侧口袋里(男性)。如果在正式场合把手机展示在别人面前,尤其是放在桌子上,是非常失礼的。

(二)保持开机

使用手机的目的,就是为了保证自己与外界联系方便快捷,所以既然配有手机,就不要让那些急于同你联系的人着急。因此,一般情况下都要让手机处于开机状态。而在特殊场合,比如飞机上或正在开车、开会、动手术、讲课、表演、会谈以及参加各种仪式时,就必须关机。这既是安全的需要,也是礼仪的要求。

(三)减少噪音

保持公共场所的肃静,是每个人都应该遵守的社会公德。当我们方便自己的时候,也应当方便他人,绝不可因使用手机而制造噪音,打扰别人。在公共场所,应把手机调到静音或振动状态,比如参加报告会、研讨会、宴会、舞会、音乐会、听证会或是参观博物馆、展览馆,以及在医院、图书馆、公交车、办公室等处时,绝不要让它发出噪音。这既是对他人的尊重,也会显示出自身的礼仪修养。

（四）及时回话

如果开机,手机就要随身携带,或放在容易拿到的地方,以便及时接听,免得打电话的人着急。如果当时不方便接听,一有空闲,就应及时回话,说明原因并致歉。

（五）顾及他人

由于移动电话多为双向收费,所以在给别人手机打电话时,应注意两点:一是如果知道对方身边可能有固定电话,最好先拨打固定电话,没人接听时再拨打手机,或者在接通对方的手机后询问有没有固定电话。二是长话短说。同时还要注意,不经别人的允许不要随便把别人的手机号码告诉他人。

（六）文明发信

短信的内容,反映了发信者的品位和水准,所以不要编辑或转发不健康的短信,特别是一些讽刺伟人、名人甚至是革命烈士的短信。不要在别人能注视到自己的时候查看短信,一边和别人说话,一边查看手机短信,也是对别人的不尊重。

课余消遣

细微之中见素质

高职毕业的李先生陪同学到一家企业求职,李先生一贯注重个人修养,从他整洁的衣服、干净的指甲、整齐的头发上看,就给人一种精明、干练的感觉。来到企业人事部,临进门前,李先生自觉地擦了擦鞋底,待进入室内后随手将门轻轻关上,见有长者到人事部来,他礼貌地起身让座。人事部经理询问他时,尽管有别人谈话干扰,他仍能注意集中地倾听并准确迅速地给予回答,同人说话时,他神情专注,目不旁视,从容交谈。这一切都被到人事部察看情况的企业总经理看在眼里。尽管李先生这次只是陪同学前来应试,总经理还是诚邀李先生加盟这家企业。现在,李先生已成为这家企业的销售部经理。

不错，机会总是给有准备的人的。

牛刀小试

一、单选题

1.多个考官对一个面试者这种方式一般是用于(　　)中。

A. 初试　　　　　　　B. 复试　　　　　　　C. 笔试

2.打电话要合理控制通话时间,电话礼仪中的三分钟原则是指每次通话的时间(　　)。

A. 正好是三分钟　　　　　　　　B. 限定在三分钟内

C. 不少于三分钟　　　　　　　　D. 三分钟以上

3.电话结束时,一般由(　　)先放下话筒。

A. 主叫方先放话筒　　　　　　　B. 被叫方先放下话筒

C. 受尊敬方先放下话筒　　　　　D. 谁都可以先放话筒

二、多选题

1.求职面试的形式有( )。

   A. 个体面试   B. 群体面试   C. 一对一面试   D. 随机面试

2.在与上司相处中要摆正上下级关系,正确的做法是( )。

   A. 不卑不亢   B. 轻视怠慢   C. 巴结奉承   D. 绝对服从

3.与同事相处要( )。

   A. 尊重同事间的距离感   B. 要保持"一视同仁"的公正感

   C. 不捕风捉影飞短流长   C. 要真诚待人,关心同事

三、判断题

1.在公事中与人会晤应先把手机关机。   ( )

2.在日常交往中,无事也可拨打电话,以联络感情。   ( )

3.面试可以让同学陪同,以增加胆量。   ( )

四、情景题

小李刚大学毕业,十分健谈。一次到一家单位求职,他和这家单位的人事处长侃侃而谈了好半天,等到临结束时,人事处长对他说了句:"很抱歉,我们这儿没有空缺了,你到别的单位再去看看吧。"小李很纳闷,对自己刚才"指点江山,激扬文字"的表现自我感觉良好,为什么人事处长并不想录用我呢?

小李侃侃而谈为何落选?

项目九 仪式会务模拟

模块一

商务会务礼仪

≫ ≫ ≫   ≫

⇨教学目标

终极目标

掌握基本的礼宾次序及商务会务礼仪。

促成目标

1. 掌握基本的礼宾次序；

2. 掌握商务会务的程序与礼节。

⇨工作任务

1. 礼宾次序安排；

2. 商务会务的策划。

⇨任务指导

📖案例学习1-1 签字仪式上的波折

我国沿海某市的一家大型企业,经过漫长的艰苦谈判,终于同美国一家大公司谈成了一笔大生意。中外双方都十分满意,达成协议后,共同决定举行一次正式的签字仪式。中方为签字仪式作了精心的准备,还专门邀请了市里的领导和新闻单位参加,以示对这一活动的重视。但在仪式即将正式举行时,美国公司却出乎意料地表示拒绝参加,搞得中方代表莫名其妙。原来中方在签字桌上摆放中美两国国旗时,按照中国传统"以左为上"的习惯,把美国国旗摆在了签字桌的左边,而将中国的国旗摆在了签字桌的右边。为此美国代表看了十分恼火,认为是中方有意贬低美方,故拒绝参加签字仪式。后来经过解释和调解,这场误会才得以平息,但却给参加的人们留下了教训:在涉外交往活动中一定要遵守国际交往礼仪。

这个案例带给你什么样的启示?

★课堂讨论 1-1　国旗悬挂有哪些方法与注意问题?

讨论总结 1-1

国旗悬挂的方法	国旗悬挂应注意的问题

案例学习 1-2　如何来排这个位置呢?

　　1995 年 3 月在丹麦哥本哈根召开联合国社会发展世界首脑会议,出席会议的有近百个国家元首和政府首脑。3 月 11 日,与会的各国元首和政府首脑合影。照常规,应该按照礼宾次序名单安排好每位元首、首脑所站的位置。首先,这个名单怎么排? 究竟根据什么原则排列? 哪位元首、政府首脑排在最前? 哪位元首、政府首脑排在最后? 这项工作实际上很难做。丹麦和联合国礼宾官员只好把丹麦政府首脑(东道主)、联合国秘书长、法国总统以及中国、德国总理等安排在第一排,而其他国家领导人,就任其自便了。好事者事后向联合国礼宾官员"请教",答曰:"这是丹麦礼宾官员安排的。"向丹麦礼宾官员核对,回答说:"根据丹麦、联合国协议,该项活动由联合国礼宾官员负责。"

什么是礼宾次序呢? 有哪几种排列方法?

礼宾次序排列方法	
第一种	
第二种	
第三种	
第四种	

★课堂讨论 1-2　商务会务的程序及该遵守的礼仪是什么?

讨论总结 1-2

会务的主要程序及礼仪内容	
不同的会务阶段	礼仪内容
会务准备阶段	
会务进行阶段	
会务结束阶段	

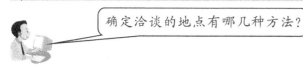

课堂讨论 1-3　商务洽谈应遵守的礼仪是什么?

确定洽谈的地点有哪几种方法?

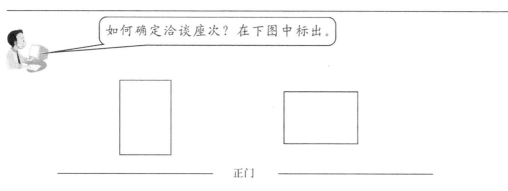

如何确定洽谈座次? 在下图中标出。

正门

图 9-1　谈判会场的布置

任务实操

一、案例分析

2008 年 3 月,美方一经贸代表团来中国与中方进行双边会谈,美方首席谈判官为甲,其余四人按职位高低为乙、丙、丁、戊;中方首席谈判官为 A,其余四人按职位高低为 B、C、D、E。

1.若本次双边商务会谈采用长方形桌子,请画出座次安排图,并说明理由。

2.若交叉悬挂两国国旗,该怎样挂?

3.会谈期间,举行了两次正式宴会,请问宴会中桌次高低、座次高低和男女客人安排上应遵循什么原则和惯例?

二、总结以下内容,完成上述表格

1.总结国旗悬挂的方法及注意的问题。

2.总结礼宾次序排列方法。

3.总结会务的主要礼仪内容。

4.总结洽谈的地点确定与座次的排列方法。

知识链接

■国旗的悬挂

国旗是一个国家象征的标志。国际上,人们通常以悬挂国旗的形式来表示对自己祖国的热爱或对他国的尊重。如何悬挂国旗,国际上已形成了一些公认的惯例。

一、悬挂国旗的意义

1.国旗是国家的一种标志,是国家的象征。因此对国旗的制作、悬挂、使用都应给予足够的重视,它不是普通的旗帜,使用不当直接影响民族感情,正式场合用错会引起对方的抗议。

2.悬挂国旗是一种外交礼遇与外交特权;人们往往通过悬挂国旗表示对本国的热爱或对他国的尊重。但在一个主权国家领土上,一般不得随意悬挂他国国旗。不少国家对悬挂外国国旗都有专门的规定。在国际交往中,还形成了一些悬挂国旗的惯例,为各国所公认。

二、外事活动中悬挂国旗的几种场合

● 按国际关系准则,一国元首、政府首脑在他国领土上访问,在其住所及交通工具上悬挂国旗(或元首旗),是一种外交特权。

● 东道国接待来访的外国元首、政府首脑时在隆重场合,在贵宾下榻的宾馆、乘坐的汽车上悬挂对方(或双方)的国旗是一种礼遇。

● 国际上公认,一个国家的外交代表在接受国境内,有权在其办事处和官邸,以及交通工具上悬挂本国国旗。

● 在国际会议上,除会场悬挂与会国国旗外,各国政府代表团团长亦按会议组织者有关规定,在一些场所或在车辆上悬挂本国国旗(也可不挂)。有些展览会、体育比赛等国际活动,也往往悬挂有关国家的国旗。在大型国际比赛中,还往往为前三名运动员升旗。

三、悬挂国旗的类型与方法

(一)建筑物上或室内悬挂国旗

主要是在旗杆上升旗。升降时间一般应日出升旗,日落降旗。在升降国旗中,行为要规范,服装要整齐,要立正脱帽行注目礼。不能使用破损和污损的国旗。升国旗一定要升至杆顶。

致哀的两种方法:

● 降半旗:如外国元首逝世,通常的做法是降半旗。先升旗至杆顶,再下降至距杆顶相当于杆长的1/3地方。日落降旗时,先升至杆顶再降下。

● 挂黑纱:有的国家不用降半旗的做法,而是在国旗上方挂黑纱致哀。

(二)室内或交通工具上悬挂国旗

● 室内墙壁上:"面对墙壁左为上",客方挂在左边,主方挂右边。

● 交通工具:"面对车头左为上",客方挂在左边,主方挂右边。

上面所称的主客标准是以活动主办人为"主人",而不以在谁的领土上为准。如外国代表团来访,东道国举办欢迎宴会,东道国是主人;如答谢宴会,来访者是主人。

四、注意国旗的图案

(一)国旗不能挂倒

有些国家的国旗由于文字和图案的原因不能竖挂和反挂。因此有外事活动时,应事先寻找资料了解当事国国旗的情况,有些需要另制的,应提前做准备。根据《各国概况》书上介绍的国旗,估计有54个国家的国旗有正五角星或有明显方向性的图案,如狮子、鹰等,因需竖挂时不能将狮子躺倒,应正过来或横挂。我国外事活动中多以横挂或立旗杆。

在正式场合悬挂国旗应以正面(即面对墙壁旗杆套在左)面向观众,不用反面。如挂在墙壁上,应避免交叉和竖挂法。

(二)国旗尺寸问题

各国国旗有时长度比例是不同的。按等宽或等长制都可能导致悬挂时比例失调,一大一小,影响美观。因此,应事先将其中一面放大或缩小,应达到尺寸大致相同。

几种挂旗法：

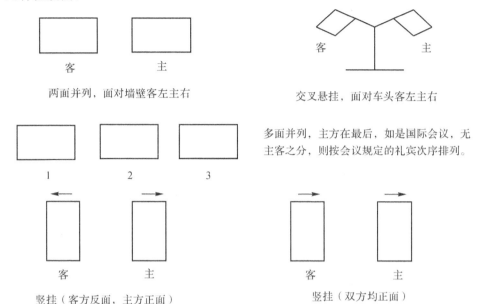

两面并列，面对墙壁客左主右

交叉悬挂，面对车头客左主右

多面并列，主方在最后，如是国际会议，无
主客之分，则按会议规定的礼宾次序排列。

竖挂（客方反面，主方正面）　　　竖挂（双方均正面）

■ 国际礼宾次序

当不同国家、不同团体、不同单位、不同身份的商界人士在同一时间内出现在同一地点时，出于维护自尊和平等竞争等多种因素的影响，他们首先想到的，基本上都是东道主在接待中所给予他们的礼遇是否适当。对东道主而言，这确实是一个令人棘手的问题。

在处理这一问题时，唯一切实可行，而又合乎礼仪规范的做法，就是在接待工作中，必须坚持依照礼宾次序，这样在多边性的商务交往中，就能同时兼顾尊卑有序和平等待人这两项基本的礼仪原则，处理实践中难以回避的顺序与位次的排列难题。

一、国际礼宾次序的意义

（一）国际礼宾次序的定义

指国际交往中对出席活动的国家、团体、各国人士的位次，按某些规则和管理进行排列的先后次序。

（二）国际礼宾次序的意义

1.礼宾次序体现东道主对各国宾客所给予的礼遇，表现东道主的文明程度和礼仪水平。

2.在一些国际会议上表示各国主权平等的地位。

3.礼宾次序安排不当或不符合国际惯例，会引起不必要的争执与交涉，甚至影响国家关系。

国际外交礼节看起来很形式化，事实上每个规则与惯例背后都隐藏着特定的含义和功用：

● 棘手的国际会议通常使用圆桌，因为圆形桌使在座的每一个人都处于同其他与会者平等的地位。

● 如果有主席，而主席只有一位的国际会议常使用椭圆形桌子；两位主席便使用长方形桌子。

1986年在东京举行的西方七国首脑会议,国际礼仪规定每个国家三张椅子,一张是总统或总理,另两张分别给外长和财长。但当时的法国是左派的密特朗总统与右派的席哈克总统共治,席哈克坚持也要参加会议,于是要求举办者日本方准备两张椅子,日本不肯,于是法国的财长巴拉度只好将他的位子让给席哈克。

二、礼宾次序的特点

档次高,地位重要。被列入国际公约,被国际法或国内法肯定下来。

(一)普遍运用性强,通行全世界

很多重大的国际活动,如联合国大会、国际奥林匹克运动会名册、各国组织的国际国内活动都以此为准。礼仪本身是人类在长期生活中约定俗成的规范,一般地说,不具备法律意义(除非涉及民族的政策),属于礼貌、道德、教养、修养的范畴。违反了礼仪也不致引起国际冲突。而且许多礼仪习俗由于文化背景不同不一定有严格的科学意义,如不同民族的行礼方式、饮食习惯与禁忌往往都不相同,这些大部分属民俗问题,不能用自然科学解释并使之规范化。而礼宾次序排列,可以严格地按时间和字母顺序用电脑编程序,排列组合进行运算,是可以大量运用现代科学技术的。

(二)适用面广,并用法律形式固定下来

一般的礼仪只是在本民族本地区发挥作用,在本地甚至是至高无上的礼仪,但一旦超越这一范围,就毫无意义,甚有时是意义相反的。如有的民族以"点头"表示肯定,摇头表示否认,但有的民族却相反。而礼宾次序则是需要在世界范围内认同的,在世界上通用的。为了谋求公认的规范,世界各国特别签署了《维也纳外交公约》,用国际的法律规定形式将这些规则固定下来。

许多国家为了表示公正、礼貌、平等,对国内的活动,官员的排列也用法律形式固定下来,这在礼仪中是不多见的。

三、礼宾次序排列的方法

(一)按身份与职务的高低排列

这是礼宾次序排列的最主要的根据。如按国家元首、副元首、政府总理(首相)、副总理(副首相)、部长、副部长等等。

(二)按字母顺序排列

这是一种比较客观的方法。在多边活动中,按照参加国国名字母的顺序来排列礼宾次序。现一般以英文字母排列居多,但也有按其他语种的字母排列的。

这种排列方法最常见于国际会议、体育比赛等活动。在国际会议上,公布与会者名单、悬挂与会国的国旗、座位的安排等,均按各国国名的英文拼写字母的顺序排列。

● 联合国召开联合国大会、各专门机构的会议和悬挂会员国旗的时候,其顺序均按英文字母排列,但为了避免一些国家国名总是居前排席位,因此每年抽签一次,决定本年度大会席位从哪个字母打头排起,从而让各国在运用这一排名原则时都有机会排在前列。

● 在国际体育比赛中,体育代表队名称的排列、开幕式入场顺序一般也按国名字母顺序排列(东道国一般排在最后)。代表团观礼或召开理事会、委员会等则按出席代表团团长身份的高低排列。

（三）按报名时间排列

这种方法有助于东道国管理安排。这也是国际交往中经常采用的礼宾次序排列方法之一。其具体做法可分为三种情况。

1. 东道国对同等身份的外国代表团，按派遣国通知东道国该国代表团组成的日期排列。

2. 按各国代表团抵达活动地点的时间先后排列。

3. 按派遣国决定应邀派遣代表团参加该活动先后排列。

（四）变通方法排序

这是一种权宜之计。在实际工作中，情况往往十分复杂，多种因素纠缠在一起。如有的国家不管以上种种惯例，把关系密切国家的代表排在最前列。所以礼宾次序常常不能按一种方法排列，而是几种方法交叉，并考虑其他的因素。

 实证鉴录

如在一次多边国际活动中，其礼宾次序排列为：

先按正式代表团的规格，即代表团团长的身份高低来确定，然后在同级代表团中按派遣国通知代表团组成日期先后来确定，对同级同时收到通知的代表团则按国名英文字母顺序排列。如图：

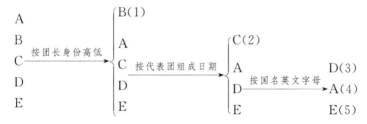

在安排确定礼宾次序时还应考虑其他因素。如国家之间的关系、地区所在、活动的情况、内容和对于活动的贡献大小，以及参加活动者的威望、资历等。通常的做法是：

● 把同一国家集团、同一地区、同一宗教信仰，或关系特殊的国家的代表团排在前面或排在一起。

● 对同一级别的人员，常把威望高、资历深、年龄大者排在前面。

● 在观看演出与出席宴会时应将业务对口、语言相通、宗教信仰一致、风俗习惯相近的安排在一起。

四、礼宾次序排列时应注意的地方

（一）确定一种方法后应一视同仁

几种方法中，确定一种后，便应一视同仁。如需要变通，则变通的原则也应统一，不能承认甲国的皇族不承认乙国的皇族，也不能对 A 代表团按"通知代表团组成日期"排列，对 B 代表团按"抵达活动地点的时间"排列。

（二）确定国名字母的全称或简称

按字母顺序排列时，如果按全称，则各国都按全称，按简称则都按简称，不能混用。如中国按简称时排第三位（"China"），按全称" Peoples"排第 16 位，差别很大。

（三）确定方法后应公开

采用何种方法要公开，告知各方，以免造成误解。如东道国在致各国的邀请书中，都应加以明确说明。如注明："在级别相同的情况下，代表团团长的礼宾次序按通知代表团组成的日期先后确定。如果同时接到两个或两个以上的代表团的组成通知，将按其字母顺序确定先后。"

■ 商务会务礼仪

会议是人们有组织、有领导、有目的地通过集会的形式，来商议、研讨或解决事项的一种活动。所谓会务礼仪，则是在会议中应遵守的礼节和仪式。在公务活动中，会议占有相当重要的地位。它是规模较大，有众多人员参加的公务活动。一次会议的成功与否，固然取决于会议内容是否恰当、组织者的组织水平的高低、与会者的素质高低等诸因素，但其中重要的一条在于组织者、与会者双方是否能够遵守开会时的礼节和仪式。因此说，会议礼仪是会议成功与否的重要因素之一，是不容忽视的重要的一环。

会议可分为多种形式，如按规模大小可分为：大型会议、中型会议和小型会议；按会议形式可分为：一般会议、联席会议、现场会议、座谈会；按性质和内容可分为：权力型会议、工作型会议，专业会议、宣传纪念会议，以及会见、会谈等。但不管召开什么样的会议，其礼仪要求是相同的。

一、会务准备工作礼仪

会议要想取得圆满成功，达到预期目的，首先在于准备工作做得如何。对会前准备工作的要求是"丝丝入扣，万无一失"，这就要求认真做好会前准备工作。

（一）成立会务组，确定会议主题及会议议程

首先要成立会务组，大型会议应分别成立秘书组、文娱组、生活组等，并确定各组的职责范围，做到分工明确，井然有序。

凡属必须召开的会议，就是在了解、掌握问题的基础上，或是根据正面临的主要问题，来确定会议的主题。所谓会议主题，就是会议的指导思想。会议的内容、任务、形式、议程、期限、出席人员等，都是在会议主题确定之后，才能据此一一加以确定。在通常情况下，会议的主题可以直接在会议名称上体现。但更重要的是要始终坚持以会议的既定主题来指导会议。一旦会议的主题确定下来，会议的主办方就应该将会议的议程经过民主集中确定下来。

（二）确定与会范围，提名与会代表

会前，会议主办单位根据会议性质，本着一切从有利于工作出发的原则，来确定与会范围，提名与会代表。在确定与会代表时，应严格控制与会范围，做到该邀请的邀请，该控制的控制，坚决杜绝一切与会议无关人员参加会议。如果不这样做，不仅会冲淡整个会议气氛，也是对其他正式代表的不敬。在一般情况下，严格谢绝家属陪同。

（三）严格筛选，确定会址

会址的确定，对会议成功与否关系极大。因此，在会前应提出几处备选会址，经严格筛选后，最后确定最合适的一处作为会址。会址的确定应本着适中、方便、舒适、经济的原则来确定，即会议要选在地点适中、交通方便、生活舒适、费用经济的地方召开。此外，还要考虑气候温和、食宿卫生、环境幽雅等条件。因为只有给会议代表创造最方便、舒适的开会环

境,才是对参会者最大的尊重。

(四)按照会议范围拟发会议通知

会议通知是会议主办单位发给与会单位和个人的书面通知。通常,它应当提前一定的时间发到与会单位和个人手中,以便心中有数,早做准备。

撰写会议通知,要求内容具体明确、格式规范、语言简洁、庄重。根据礼仪规范,会议通知主要包括以下几项:会议名称,可在标题或正文中交代;会议宗旨,即反映会议的主题与内容;会议时间,包括报到时间和会议起止时间;会议地址,包括报到地点和会场地址;出席对象,如若对象可选派,则应明确具体入选条件;会议要求,常指与会材料、生活用品及开支费用等问题。

(五)起草会议文件

会议所用的各项文件材料,均应于会前准备好。重要会议、一般会议的主要文件,应做到与会者人手一份。

要认真准备的会议文件,主要是开幕词、主题报告和闭幕词。开幕词是会议的序曲。它的主要内容如下:

1.正式宣布会议开始;

2.阐述会议的目的、任务和意义;

3.介绍会议的议程与要求。

主题报告亦称会议报告。会议类型的不同,其内容是有所不同的,但多数是会议主席向全体与会人员所作的中心讲话。一般来说,起草报告前应作必要的调研和讨论。起草报告时,应做到有的放矢,实事求是。行文时要紧扣主题,集中凝练。除学术性的报告,大多数报告不宜作过多、过深的理论阐述,发表没必要的长篇大论。闭幕词是对开幕词的呼应,也是整个会议的结束语。它的主要内容如下:

- 总结会议成果;
- 提出希望;
- 宣布会议结束。

开幕词、闭幕词的准备,都要紧扣会议主题。如若会议规模不大,为削减会议议程也可以不安排开幕词和闭幕词,一切根据需要决定。

(六)选择好会场,并做好会场布置

选择会场时,首先要考虑与会者的人数。安排适当宽敞的地方为好。如果是企业内部召开的会议,可根据人数,选择一个会议室或大礼堂进行。如果是承办上级布置的大型会议,则应考虑地点对与会者来说,交通是否方便;会场的设备条件是否好;会场是否有噪音;会场的照明、空调设备是否完好;是否有停车场和住宿处;会场租金费用是否超过预算;会场是否符合与会者的身份、等级;其他必要的设备是否齐全。

会场的布置包括会场四周的装饰、坐席的配置。一般大型会议,根据会议内容,在场内悬挂横幅;门口张贴欢迎和庆祝标语;可在会场摆放适当的青松盆景、盆花;为使会场更加庄严,主席台上可悬挂国旗、党旗或悬挂国徽。桌面上如需摆放茶杯、饮料,应擦洗干净,摆放美观、统一。

(七)准备会议资料

有关会议议题的必要资料应由会务组准备。文件资料应装订整齐。如果需要与会者在会上讨论,应提前一周将资料发给与会者,方便与会者阅读和做好发言准备。如果文件比较多,应用文件袋装好。

 实证鉴录

一天下午,天地公司要与外地某企业举行会谈,会上欲就双方技术合作事项达成协议。业务部秘书王杨事前做了大量准备工作。但就在会议当天临近中午时,王杨发现有关质量监督管理方面的资料没有准备。他急忙通过各种方式查找这类资料。资料终于找到了,可会谈也开始了,王杨只好提心吊胆地等待会谈结果。会谈开始后,双方就事先准备好的协议草案展开了充分的讨论。最后,外地某企业代表提出了质量监督管理方面的问题,因为这对于合作项目的成功有着重大的意义。然而,由于王杨所在公司的代表手中缺乏此方面的材料,无法给对方以满意的答复,会议没有作出任何决定,只得暂时休会。

二、会议进行中的迎接与服务礼仪

(一)会议前的接待礼仪

1.会前检查

会议开始前对准备工作进行一次全面、详细的检查,有考虑不周或不落实的要及时补救。如音响、文件、锦旗等是否都准备齐全。保证准备工作万无一失。

2.热情接待与会代表

在代表报到之日,要安排专人做好接待登记工作。必要时,报到期间,要安排专人在车站、码头、机场负责接站。接站的牌子要醒目,与会代表一出站,接站人员要亲切地表示欢迎和慰问。对签到、登记、收费,预订返程票、发放会议材料等项工作,要及时圆满地做好。报到的当日晚上,东道主可安排主要负责人到代表住处看望,以增进友谊,联络感情。

与会代表在会议期间的食宿及娱乐活动,也是保证会议顺利进行的一个重要事项。本着方便、丰富、卫生、优雅、安全、热情的原则妥善予以安排,使全体与会者有"宾至如归"的感觉。对于年老体弱者,还需要进行重点照料。

此外,必要时还应为与会者安排一定的文体娱乐活动,如舞会、电影、文娱晚会等,以及就地、就近组织适当的参观游览。

3.会议当天提前进入接待岗位

接待人员必须在与会者正式开会前提前进入各自的岗位,并进入工作状态。一般会议接待分以下几个接待岗位。

● 签到。设一签字台,配有1~2名工作人员,如果是要求接待档次比较高的可派礼仪小姐承担。签字台备有毛笔、钢笔及签到本。向客人递上钢笔时,应脱下笔套,笔尖对己,将笔双手递上。如果是毛笔则应蘸好墨汁后再递上。签到本应精致些,以便保存。如需要发放资料,应礼貌地双手递上。接待人员应经常向会议组织者汇报到会人数。

● 引客入座。签到后,会议接待人员应有礼貌地将与会者引入会场就座。对重要领导应先引入休息室,由东道主领导亲自作陪,开始前几分钟再到主席台就座。

● 接待。与会者坐下后,接待人员应递茶,并递上热毛巾,热情地向与会者解答各种问题,满足各种要求,提供尽可能周到的服务。

（二）会议进行中的服务礼仪

会议进行中的服务要做到稳重、大方、敏捷、及时。

1. 倒茶

服务人员注意观察每位与会者，以便及时为其续茶。倒茶时动作轻盈、快捷、规范，杯盖的内口不能接触地面，手指不能按在杯口上，不能发生杯盖碰撞的声音。一般是左手拿开杯盖，右手持壶，将热开水准确倒入杯里，不能让茶水溅到桌面上或与会者身上。杯子放在与会者桌上的右上角。如果操作不慎，出了差错，应不动声色地尽快处理，不能惊动其他人，不能慌慌张张，来回奔跑，转移与会者的注意力。否则，这将是极大的工作失误。

2. 其他服务

会议按拟定的程序进行，应紧凑，不要出现"冷场"的局面。这就要求各个工作人员"严阵以待"，做好各项准备工作。如会议进行第一项：全体起立、奏国歌。音响应立即播放国歌。如大会宣布颁发荣誉证书，组织人员应迅速将受奖人员排好队，礼仪小姐把领导从主席坐席上引导出场，另有礼仪小姐将证书一一递上，由领导颁发给受奖者。为使会场上的活动有条不紊，必要时应将有关人员组织起来进行模拟训练，避免会场上出现混乱。

如果与会者有电话或有人要相告要事，服务人员应走到身边，轻声转告。如果要通知主席台上的领导，最好用字条传递通知，避免无关人员在台上频繁走动和耳语，分散与会者注意力。

3. 做好会后服务的准备工作

会议进行之中，就应为会后服务做好准备。如会后要照相，就应提前将场地、椅子等布置好，摄影师做好摄影的准备。各个部门的接待人员都应提前守候在岗位上。另外，会后的用车也应在会议结束前妥善安排。

4. 认真做好会议记录

凡重要会议，不论是全体大会，还是分组讨论，都要进行必要的会议记录。会议记录是由专人负责记录会议内容的一种书面材料，仅作参考、备查。记录力求详尽，会议名称、时间、地点、人数、主持者、记录人、发言内容、讨论事项、临时动议、决议事项等等，均应包括在内。

三、会议结束后的礼仪

会议结束后，全部接待人员应分工明确地做好善后处理工作。

（一）组织活动

会议结束后，有时还会安排一些活动。如联欢会、会餐、参观、照相等。这些工作很繁琐，应有一位领导统一指挥和协调，而且这位领导要有很强的组织能力。其他接待人员要积极配合，各负其责，做好自己的工作，以保证活动计划的顺利实施。

（二）为与会者返程提供方便

会议结束时，主办单位应主动过问与会者的返程有无困难。必要时，可量力而行，为之安排交通工具。根据与会者返程的车次、航班的具体时间，做好送站工作。如果所订返程票不能完全满足与会者要求时，应优先照顾年老体弱者、女士，并向其他人耐心解释，取得谅解。对个别因故在结束后暂滞留的与会者，也要一如既往予以关照，并尽可能地为其解决实际困难，不能一推了之。

（三）处理有关会议的文件材料

对于有关会议的文件材料，应做到会议内外有别。在会议结束时，根据工作需要和保密制度，该汇总的汇总，该回收的回收，该销毁的销毁。这一切，都必须向与会者讲明原因，以免造成误解与矛盾。

为了给会后的工作提供借鉴和依据，对每次会议的全部文件，诸如通知、报告、简报、决议、纪要、记录、群众来信、新闻报道等，都应立卷归档，妥为保存。

■商务洽谈礼仪

商务洽谈是指在商务交往中，存在着某种关系的有关各方，为了保持接触、建立联系、进行合作、达成交易、拟定协议、签署合同、要求索赔，或是为了处理争端、消除分歧，而坐在一起进行面对面的讨论与协商，以求达成某种程度上的妥协。因洽谈而举行的有关各方的会晤，便称为洽谈会。

"礼多人不怪"。在洽谈会的台前幕后，恰如其分地运用礼仪，迎送、款待、照顾对手，都可以赢得信赖，获得理解与尊重。洽谈的礼仪重点涉及洽谈地点、洽谈座次、洽谈表现等具体方面。

一、确定洽谈地点

具体洽谈地点的确定很有讲究，因为它不仅直接关系到洽谈的最终结果，还直接涉及礼仪的应用问题。

按照洽谈地点的不同，洽谈可分为主座洽谈、客座洽谈、主客座洽谈、第三地洽谈。主座洽谈，指的是在东道主单位所在地所举行的洽谈，这种洽谈往往使东道主一方拥有较大的主动性；客座洽谈，指的是在洽谈对象单位所在地所举行的洽谈，这种洽谈常常能使洽谈对象占尽地主之利；主客座洽谈，指的是在洽谈双方单位所在地所轮流举行的洽谈，这种洽谈对洽谈双方都比较公正；第三地洽谈，指的是洽谈在不属于洽谈双方所在单位所在地之外的第三地点进行，这种洽谈比主客座洽谈更为公平，更少干扰。这四类洽谈对洽谈双方的利与弊不尽相同，所以各方均会主动争取有利于己方的选择。

从礼仪上来说，具体确定洽谈地点时，要注意商定洽谈地点和做好现场布置两方面工作。在谈论、选择洽谈地点时，既不应该对对手听之任之，也不应当固执己见。正确的做法，是应由各方各抒己见，最后由大家协商确定。洽谈地点确定后，身为东道主应按照分工自觉地做好洽谈现场的布置工作，以尽地主之责。

二、确定洽谈座次

（一）双边洽谈座次

双边洽谈指由两个方面的人士所举行的洽谈。一般性的洽谈中双边洽谈最为多见。双边洽谈应使用长桌或椭圆形桌子，座次排列上可采用横桌式和竖桌式。

横桌式座次排列指洽谈桌在洽谈室内横放，客方人员面门而坐，主方人员背门而坐。除双方主谈者居中就座外，各方的其他人士则应依其具体身份的高低，各自先右后左、自高而低地分别在己方一侧就座。双方主谈者的右侧之位，在国内洽谈中可坐副手，而在涉外洽谈中则应由译员就座。

竖桌式座次排列指洽谈桌在洽谈室内竖放。具体排位时以进门时的方向为准，右侧由客方人士就座，左侧则由主方人士就座。在其他方面与横桌式排座相仿。

（二）多边洽谈座次

多边洽谈是指由三方或三方以上人士所举行的洽谈。多边洽谈遵循国际惯例可采用圆桌形式。举行圆桌会议，可淡化洽谈方的尊卑。非圆桌的多边洽谈在座次排列上可采用自由式或主席式。

自由式座次排列即各方人士在洽谈时自由就座，而无须事先正式安排座次。

主席式座次排列，是指在洽谈室内面向正门设置一个主席之位，供各方代表发言时使用。其他各方人士，则一律背对正门、面对主席之位分别就座。各方代表发言后，亦须下台就座。

三、洽谈中的仪表仪态

举行正式洽谈时，洽谈者尤其是主谈者的临场表现，往往直接影响到洽谈的现场气氛。一般认为，洽谈者的临场表现中，最为关键的是讲究打扮、举止得体、保持风度、礼敬对手等四个问题。

（一）打扮规范

参加洽谈时一定要讲究自己的穿着打扮。这并非为了招摇过市，而是为了表示自己对于洽谈的高度重视。

1.修饰仪表

参加洽谈前，应认真修饰个人仪表，尤其是要选择端庄、雅致的发型。一般不宜染彩色发。男士通常还应当剃须。

2.精心化妆

出席正式洽谈时，女士通常应当认真进行化妆。但是，洽谈时的化妆应当淡雅清新，自然大方，不可以浓妆艳抹。

3.规范着装

商界人士在这种场合，理应穿着传统、简约、高雅、规范的最正式的礼仪服装。可能的话，男士应穿深色三件套西装和白衬衫、打素色或条纹式领带、配深色袜子和黑色系带皮鞋。女士则须穿深色西装套裙和白衬衫，配肉色长筒或连裤式丝袜和黑色高跟或半高跟皮鞋。

（二）举止得体

举止指行为者的坐姿、站姿、行姿及其他姿态，它直接作用于交往者，影响人们交往的结果。在谈判中，对举止的总体要求是得体。即举止要符合谈判者的地位、身份、年龄及其所处场合。举止往往是一个人的素质与修养的外化反映，直接影响人们的印象和看法。

1.坐姿信息

挺腰笔直的坐姿，表示对对方及其谈话感兴趣，同时也表示对对方的尊敬。弯腰曲背的坐姿则是对对方及其谈话不感兴趣甚至厌烦的表示。斜着身体坐，表示心情愉快或自感优越。双手放在跷起的腿上，是一种等待、试探的表示。一边坐着一边双手摆弄东西表示对所介入事项漫不经心；若不断看表，则是不耐烦情绪的暗示。通常从椅子的左边入座并站立是一种礼貌的行为；坐在椅子上转动或随便移动椅子位置则有悖常理。落座后，身体尽量端正，两腿平行放正，是一种认真、友好的姿态；身体歪斜，两腿前伸或后靠跷起二郎腿抖摇，均是程度不等的失礼行为。

 实证鉴录

惠明公司要与某公司谈合作事宜,委派年轻能干的毕先生先行商谈。毕先生去了不久,对方就打电话过来,要求换人,否则将不再合作。惠明公司的负责人很惊讶,恳请对方解释原因。对方说,毕先生来后,和他们谈话时,跷着"二郎腿",仰靠沙发。当他们谈自己的想法时,毕先生不是玩弄自己的笔,就是东张西望。对方说:"虽然事情不大,但是我们不愿意和这种人合作。"

2. 站姿印象

充满自信、乐观豁达、积极向上的人,站立时背脊往往挺得笔直。缺乏自信、消极悲观、甘居下游的人往往弯腰曲背地站立。自觉地与人并肩而立是关系友好,有共同语言的表现。双腿分开,一手叉腰,一手摸下巴或拿着东西是一种无畏惧、不急于求成的态度;同样双腿分开,一手摸下巴并低头看着对方的脚或地面,则表现了一种沉思、为难的态度。若双腿分开,双手叉腰,眼睛仰视或目光逼人,无论如何不是一种友好的合作姿态,往往表现行为者的傲慢与无礼。

举止得体不仅是一种礼节,而且表现出热情、诚恳、谦虚的交往态度。举止不适当,则不仅失礼,而且常常被人们理解为傲慢、冷漠、虚伪、做作。

(三)保持风度

在整个洽谈进行期间,每一位洽谈者都应当自觉地保持风度。

具体来说,在洽谈桌上保持风度,应当主要兼顾以下两个方面。

心平气和。在洽谈桌上,每一位成功的洽谈者均应做到心平气和,处变不惊,不急不躁,冷静处事。既不成心惹洽谈对手生气,也不自己找气来生。在洽谈中始终保持心平气和,是任何高明的洽谈者所应保持的风度。

争取双赢。洽谈往往是一种利益之争,因此洽谈各方无不希望在洽谈中最大限度地维护或者争取自身的利益。然而从本质上来讲,真正成功的洽谈,应当以妥协即有关各方的相互让步为其结局。这也就是说,洽谈不应当以"你死我活"为目标,而是应当使有关各方互利互惠,互有所得,实现双赢。在洽谈中,只注意争利而不懂得适当地让利于人,只顾己方目标的实现而指望对方一无所得,是既没有风度,也不会真正赢得洽谈的。

(四)礼敬对手

礼敬对手就是要求洽谈者在洽谈会的整个过程中,要排除一切干扰,始终如一地对自己的洽谈对手讲究礼貌,时时、处处、事事表现出对对方不失真诚的敬意。具体来讲,主要需要注意以下两点。

1. 人事分开

在洽谈会上,洽谈者在处理己方与对手之间的相互关系时,必须要做到人与事分离,各自分别而论。必须明白对手之间的关系是"两国交兵,各为其主"的,指望洽谈对手对自己手下留情,甚至指望对手之中的老朋友能够"不忘旧情",良心发现,或是"里通外国",不是自欺欺人,便是白日做梦。所以不要责怪对方"见利忘义"、"不够朋友"、对自己"太黑",大家朋友归朋友,洽谈归洽谈。在洽谈之外,对手可以成为朋友。在洽谈之中,朋友也会成为对手。二者不容混为一谈。商界人士在洽谈会上,对"事"要严肃,对"人"要友好。对"事"不可以不争,对"人"不可以不敬。

2.讲究礼貌

在洽谈会的整个过程中,面带微笑、态度友好、语言文明礼貌、举止彬彬有礼的人,有助于消除对手的反感、漠视和抵触心理。在洽谈桌上,保持"绅士风度"或"淑女风范",有助于赢得对手的尊重与好感。而意气用事、举止粗鲁、表情冷漠、语言放肆、不懂得尊重洽谈对手则会大大加强对方的防卫性和攻击性,伤害或得罪对方只能增加自己的阻力和障碍。在任何情况下,洽谈者都应该待人谦和,彬彬有礼,对洽谈对手友善相待。即使与对方存在严重的利益之争,也切莫对对方进行人身攻击、恶语相加、讽刺挖苦,不尊重对方的人格。

模块二

商务仪式礼仪

≫ ≫ ≫   ≫

📎教学目标

终极目标

学会签字仪式、剪彩仪式、开业仪式与奠基仪式的程序与礼节。

促成目标

1. 掌握签字仪式的程序与礼节；
2. 掌握剪彩仪式的程序与礼节；
3. 掌握开业仪式的程序与礼节；
4. 掌握奠基仪式的程序与礼节。

📎工作任务

1. 模拟签字仪式、剪彩仪式、开业仪式与奠基仪式；
2. 评价与总结签字仪式、剪彩仪式、开业仪式与奠基仪式。

📎任务指导

小组模拟签字仪式程序

师生点评签字仪式活动

简要归纳签字仪式程序

程序	注意事项

小组模拟剪彩仪式程序

师生点评剪彩仪式活动

简要归纳剪彩仪式程序

程序	注意事项

小组模拟开业仪式程序

师生点评开业仪式活动

简要归纳开业仪式程序

程序	注意事项

小组模拟奠基仪式程序

师生点评奠基仪式活动

简要归纳奠基仪式程序

程序	注意事项

⏢ 任务实操

一、案例分析

中国 A 公司准备与远道而来的法国客商签订一份巨额合同，而你是 A 公司签约活动的组织者和本方签字人。请选择出正确的答案。

1. 由谁准备待签合同文本？（　　　）

A. 本方　　　　　　　B. 法方　　　　　　　C. 双方　　　　　　　D. 第三方

2. 待签合同文本应该使用哪种语言？（　　　）

A. 中文　　　　　　　B. 法文　　　　　　　C. 中文、法文　　　　　D. 英文

3. 待签合同文本共 15 页，以漂亮的彩色信纸打印而成，并使用订书器简单装订。封面以白色打印纸打印，上书"合同"二字。这种做法是否符合有关要求？（　　　）

A. 符合　　　　　　　B. 基本符合　　　　　　C. 不符合

如不符合，请指出不妥之处。

二、总结并完成表格内容

总结签字仪式、剪彩仪式、开业仪式、奠基仪式的基本程序完成上述表格。

⏢ 知识链接

■签约仪式

签约，即合同的签署。它在商务交往中，标志着有关各方的相互关系取得了更大的进展，双方为消除彼此之间的误会或抵触而达成了一致性见解的重大成果。我国法律规定：合同一般只有当事人达成书面协议并签字时，才能宣告成立。可见，当事人的签字是合同正式成立并生效的必要条件。为了体现合同的严肃性，在签署合同时，最好郑重其事地举行签约仪式。签约仪式是签署合同的高潮，其时间虽然短暂，但程序却是最为规范，气氛最为庄严、隆重而热烈。

一、签约前的准备

（一）签约厅的布置

签约厅有常设专用的，也有临时以会议厅、会客厅来代替的。布置签约厅的总原则是要庄重、整洁、清静。

一间标准的签字厅，应当室内铺满地毯。除了必要的签约所用桌椅外，其他一切的陈设都不需要。正规的签约桌应当为长桌，其上最好铺设深绿色的台布。按照仪式礼仪的规范，签约桌应当横放于室内。在其后，可摆放适量的坐椅。签署双边性合同时，可放置两张坐椅，供签字人就座。签字人就座时，一般应当面对正门。

在签字桌上，应事先安放好待签的合同文本以及签字笔、吸墨器等签字时所用的文具。与外商签署涉外商务合同时还需在签字桌上插放有关国旗。插放国旗时，在其位置与顺序上，必须按照礼宾次序而行。例如，签署双边性涉外商务合同时，国旗须插放在该方签字人坐椅的正前方（见图 9-1）。

（二）签约的座次安排

签约时各方代表的座次，是由主方先期排定的。在正式签署合同时，各方代表对于礼

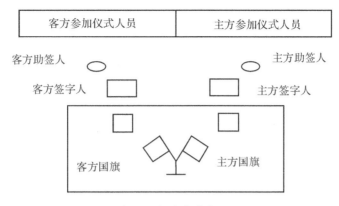

图 9-1 签字仪式布置

遇都非常在意。因而主方人员对于在签字仪式上最能体现礼遇高低的座次问题,应当认真对待。

1. 签署双边性合同

在签署双边性合同时,应请客方签字人在签字桌右侧就座,主方签字人就座于签字桌左侧。双方各自的助签人应分别站立于各自一方签字人的外侧,以便随时对签字人提供帮助。双方其他的随员,可以按照一定的顺序在己方签字人的正对面就座,也可以依照职位的高低,依次列成一行,站立于己方签字人的身后。当一行站不完时,可以按照"前高后低"的惯例,排成两行、三行或四行。原则上,双方随员人数应大体上相近。

2. 签署多边性合同

在签署多边性合同时,一般仅设一个签字椅。各方签字人签字时,须依照有关各方事先同意的先后顺序,依次上前签字,他们的助签人则应随之一同行动,并站立于签字人的左侧。与此同时,有关各方的随员,应按照一定的序列,面对签字桌就座或站立。

(三)待签合同文本的准备

在正式签署合同前,由举行签字仪式的主方负责准备待签合同的正式文本。

签约仪式上的待签合同应当是正式的,不再进行任何更改的标准文本。签约各方应指定专人审查合同的文字措辞,共同监督合同的定稿、校对、印刷与装订。按常规,主方应为在合同上正式签字的有关各方,提供一份待签的合同文本。必要时,还可再向各方提供一份副本。

签署涉外商务合同时,待签的合同文本应同时使用有关各方法定的官方语言,或是使用国际上通行的英文、法文。此外,亦可同时并用有关各方法定的官方语言与英文或法文。使用外文撰写合同时,应反复推敲,字斟句酌,不要望文生义或不解其意而滥用词汇。

待签的合同文本,应以精美的白纸印制而成,按大八开的规格装订成册,并以高档质料,如真皮、金属、软木等作为其封面。

(四)签约人员的服饰要求

在出席签字仪式时,签字人、助签人以及随员应当穿深色西装套装、中山装套装或西装套裙,并且配以白色衬衣与深色皮鞋。男士还必须系上单色领带,以示正规。签字仪式的礼仪人员、接待人员应穿统一的工作制服,或是旗袍之类的礼仪性服装。

二、签字仪式的程序

签约仪式时间短暂,但程序规范、庄重而热烈。签约仪式的正式程序共分为四项,它们

分别是:

(一)签字仪式正式开始

有关各方人员进入签字厅,在既定的位次上各就各位。

(二)签字人正式签署合同文本

商务礼仪规定,签署合同文本采用"轮换制"。具体做法为:每一位签字人首先在己方保存的合同文本的首位签字;然后交由他方签约人签字。"轮换制"的含义是在位次排列上,轮流使有关各方均有机会居于首位一次,以显示机会均等、各方平等。签约仪式开始后,助签人员翻开文本,指明具体的签字处,由签字人签上自己的姓名。

(三)交换合同文本

助签人将己方签了字的文本递交给对方助签人员,交换对方的文本再签字。双方保存的协议文本都签好字以后,由双方的签字人自己郑重地相互交换文本,同时握手致意、祝贺,双方站立人员同时鼓掌。签字双方还可以交换各自刚才使用过的签字笔,以作纪念。

(四)共饮香槟酒互相道贺

协议文本交换后,服务人员用托盘端上香槟酒,双方签约人员举杯同庆,以增添合作愉快气氛,并祝贺签约仪式圆满成功。签约仪式结束后,双方可共同接受媒体采访。退场时,可安排客方人员先走,主方送客后再离开。

签约仪式主持示例

产权交易项目签约仪式的主持用语

女士们、先生们、朋友们:

(出让方)　　　　与(受让方)　　　就(项目名称)　　　出售(兼并、租赁、经营权转让、合资、合作)的项目签约仪式现在开始。

A.(项目简介):

该项目主要内容及规模

该项目总资产　　　万元

成交额　　　万元

B. 出席签约仪式的受让方代表(外方)

单位　　(职务)　　(姓名)　　　(先生、女士、小姐)

出席签约仪式的出让方代表:

单位　　(职务)　　(姓名)　　　(先生、女士、小姐)

请两位先生(女士、小姐)到签约台前就座(待坐好后)

C. 请各位嘉宾领导到签约台上就位(待站好后)

D. 签约开始(待双方签约完毕后)

E. 双方交换签约文本

F. 祝酒

G. 签约仪式结束

H. 鼓掌

■剪彩仪式

剪彩仪式,指的是商界的有关单位,为了庆贺公司的设立、企业的开工、宾馆的落成、商店的开张、银行的开业、大型建筑物的启用、道路或航线的开通、展销会或展览会的开幕等，而隆重举行的一项礼仪性程序。因其主要活动内容是约请专人剪断被称为"彩"的红色缎带，故称为"剪彩仪式"。

一、剪彩仪式的准备工作

（一）红色缎带

按照传统做法，它应当由一整匹新的红色绸缎，在中间结成数朵花团而成。所结的花团要生动、硕大、醒目，具体数目往往还同现场剪彩者的人数直接相关。若花团的数目较现场剪彩者的人数多一个，使每位剪彩者总是处于两朵花团之间，仪式显得正式；若花团的数目较现场的剪彩者的人数少一个，则仪式不同常规，颇有新意。目前，有些单位为了厉行节约，也可用长度为两米左右的细窄的红色缎带，或者以红布条、红线绳、红纸条代替。

（二）新剪刀

它必须是崭新、锋利且顺手的，并保证每位现场剪彩者人手一把，在剪彩前要逐一检查看其是否好用。务必确保剪彩者在正式剪彩时"一剪而断"。在剪彩仪式结束后，主办方可将每位剪彩者所使用的剪刀经过包装之后，送给他们做纪念。

（三）白色薄纱手套

在正式的剪彩仪式上，剪彩者剪彩时最好每人戴上一副大小适度、崭新平整、洁白无瑕的薄纱手套，以示郑重其事。有时，亦可不准备白色薄纱手套。

（四）托盘

在剪彩仪式上，托盘用做盛放红色缎带、剪刀、白色薄纱手套。托盘最好是崭新的、洁净的不锈钢制品。为了显示正规，可在使用时铺上红色绒布或绸布。

（五）红色地毯

在剪彩者正式剪彩时的站立之处，根据剪彩人数的多少铺设宽度在一米以上的红色地毯，主要是为了提升仪式的档次，营造喜庆的气氛。

二、选择剪彩仪式人员

除主持人外，剪彩人员主要是由剪彩者与助剪者两个主要部分的人员所构成。

（一）剪彩者

即在剪彩仪式上持剪刀剪彩之人。根据惯例，剪彩者可以是一个人，也可以是几个人，但是一般不应多于五人。剪彩仪式档次的高低，往往同剪彩者的身份密切相关。通常，剪彩者多由上级领导、合作伙伴、社会名流、员工代表或客户代表所担任。

确定剪彩者名单，必须是在剪彩仪式正式举行之前。名单一经确定，即应尽早告知对方，使其有所准备。在一般情况下，确定剪彩者时，必须尊重对方的个人意见，切忌勉强对方。如果安排多人同时担任剪彩者时，应分别告知每位剪彩者届时他将与何人同担此任。这样做，是对剪彩者的一种尊重。千万不要"临阵点将"，在剪彩开始前才强拉硬拽，临时找人凑数。

必要时，可在剪彩仪式举行前，将剪彩者集中在一起，告知对方有关的注意事项，并稍加训练。按照常规，剪彩者应穿套装、套裙或制服，将头发梳理整齐。不允许穿着便装，也不允许戴帽子，或者戴墨镜。剪彩者要仪态端庄，精神饱满，给人以稳健、干练的印象。

（二）助剪者

即在剪彩者剪彩的一系列过程中从旁协助的人员，又称为礼仪小姐。她们的基本条件是：相貌较好、身材修长、年轻健康、气质高雅、音色甜美、机智灵活、善于交际。礼仪小姐的穿着打扮必须尽可能地整齐划一。她们的最佳装束应为：单装盘发，穿款式、面料、色彩统一的单色旗袍或深色和单色的套裙，配肉色丝袜、黑色高跟皮鞋。除戒指、耳环或耳钉外，不佩戴其他任何首饰。礼仪小姐的具体分工见表9-1。

表9-1　礼仪小姐的分工

岗位	任务	人数
迎宾者	在活动现场负责迎来送往	不止一人
引导着	在进行剪彩时负责带领剪彩者登台或退场	既可以是一个人，也可以为每位剪彩者各配一人
服务者	为来宾尤其是剪彩者提供饮料，安排休息之处	多人
拉彩者	在剪彩时展开、拉直红色缎带	通常应为两人
捧花者	在剪彩时手托花团	视花团的具体数目而定，一花一人
托盘者	为剪彩者提供剪刀、手套等剪彩用品	可以为一人，亦可以为每位剪彩者各配一人

三、安排剪彩程序

按照惯例，剪彩既可以是开业仪式中的一项具体程序，也可以独立出来，由其自身的一系列程序所组成。剪彩仪式所用时间宜紧凑，忌拖沓，短则一刻钟，长则不超过一个小时。

（一）邀请来宾就位

在剪彩仪式上，通常只为剪彩者、来宾和本单位的负责人安排坐席。在剪彩仪式开始前，应安排大家在已排好顺序的座位上就座。在一般情况下，剪彩者应就座于前排。若其不止一人时，则应使之按照剪彩时的具体顺序就座。

（二）宣布仪式正式开始

在主持人宣布仪式开始后，乐队应演奏音乐，现场可燃放鞭炮，全体到场者应热烈鼓掌。此后，主持人应向全体到场者介绍到场的重要来宾。

（三）奏国歌

奏国歌时须全场起立。必要时，亦可随之演奏本单位标志性歌曲。

（四）发言

发言者依次应为单位的代表、上级主管部门的代表、地方政府的代表、合作单位的代表等。每人发言时间最好不超过三分钟。发言内容以介绍、道谢与致贺为重点，应言简意赅。

（五）剪彩

此刻，全体应热烈鼓重，必要时还可奏乐或燃放鞭炮。在剪彩前，需向全体到场者介绍剪彩者。当主持人宣告进行剪彩之后，礼仪小姐（包括拉彩者、捧花者、托盘者）应排成一列先行，从两侧或是从右侧率先登台。登台之后，拉彩者与捧花者应当站成一行，拉彩者处于两端拉直红色缎带，捧花者各自用双手手捧一朵花团。托盘者需站立在拉彩者与捧花者身后一米左右，并且自成一行。

剪彩者宜从右侧登台。剪彩者若不止一人，则其登台时亦应列成一行，并且使主剪者行进在前。引导者应在其左前方进行引导,使之各就各位。主剪者应居中而立,其他剪彩者按"距离中间站立者愈远位次愈低"的原则,分立于主剪者两侧。当剪彩者均已到达既定位置之后,托盘者应前行一步,到达剪彩者的右后侧,以便为其递上剪刀、手套。当托盘者递上剪刀、手套时,剪彩者亦应微笑着向对方道谢。在正式剪彩前,剪彩者应首先向拉彩者、捧花者示意,待其有所准备后,集中精力,手持剪刀表情庄重地将红色缎带一刀剪断。若多名剪彩者同时剪彩时,其他剪彩者应当注意主剪者动作,与其动作一致,力争大家同时将红色缎带剪断。

按照惯例,剪彩以后,红色花团应准确无误地落入托盘者手中的托盘里,而切忌使之坠地。为此,需要捧花者与托盘者的合作。剪彩者在剪彩成功后,可以右手举起剪刀,面向全体到场者致意。然后放下剪刀、手套于托盘之内,举手鼓掌。

（六）参观

剪彩之后,仪式至此宣告结束。主人应陪同来宾参观,向来宾赠送纪念性礼品,并以自助餐款待全体来宾。剪彩者依次与主人握手道喜,并列队在引导者的引导下退场。退场时,一般宜从右侧下台。待剪彩者退场后,其他礼仪小姐方可列队由右侧退场。不管是剪彩者还是助剪者在上下场时,都要注意井然有序、步履稳健、神态自然。在剪彩过程中,更是要表现得不卑不亢、落落大方。

实证鉴录

红梅公园是目前常州市城区最大的综合性公园,建园40余年来,以其优美的自然环境、丰富的文化内涵和完善的功能设施为广大市民和游客提供了一个游憩休闲、亲近自然的理想场所,一度成为常州地域性的象征。2006年9月28日上午8时,红梅公园开园仪式尚未举行,就自发地涌进对公园饱含期待和热情的常州市民两万多人。

此次剪彩者很特别,他们是一群常州市普通市民。其中有:武进某电子厂任出纳的吴××,他是一位来自基层的人大代表,是当初红梅公园敞开扩建的积极进言者;常州日报印刷厂工人尤××,他的家解放初期就与红梅公园为邻,这一次红梅公园敞开扩建时是第一个主动搬迁的人;园林绿化工作者陈××,他日夜奔波在红梅公园的扩建工地上,从去年10月以来就没有休息过一天,被大家戏称为"黑脸机器人";退休老党员陈××,他领头发起了文笔塔社区老年护绿队,常年在附近街道义务巡逻,守护绿色家园;日本友人今市××,他是常州的荣誉市民,回国后,仍然十分留恋曾辛勤工作过的这片土地,在红梅公园种植了价值两万多元的樱花树和桂花树。除此之外,还有年届八旬的红梅公园的老游客,有戴着红领巾的绿色小卫士,也有这次公园改造的设计者代表。由他们为公园剪彩,博得了现场市民的热烈掌声。

常州红梅公园的开园剪彩获得了良好的社会反响,应归功于在剪彩活动中选择了具有代表性的"普通市民"作为剪彩嘉宾。这次剪彩充分体现了常州红梅公园"尊重百姓、贴近百姓、服务百姓"的办园目的,所以既获得了全体市民的认可,又受到媒体的关注。

■开业仪式

开业仪式是指在组织创建、开业、项目完工、落成,某一建筑物的正式启用,或是某项工程正式开始之际,为了表示庆贺或纪念,而按照一定的程序所隆重举行的专门仪式。开业典礼的仪式,一般指的是在开业典礼筹备与运作的具体过程中所应当遵从的礼仪惯例。

一、开业仪式的准备

(一)做好舆论宣传

企业一般运用报纸、电台、电视台等传播媒介广泛发布广告,或在告示栏张贴开业告示,以引起公众的注意。这些广告或告示的内容一般包括开业仪式举行的日期、地点、企业的经营范围及特色、开业的优惠情况等。开业广告或告示一般宜在开业前3—5天内发布。另外,企业为了扩大影响还可以邀请一些记者在开业仪式举行之时到现场进行采访、报道。

(二)确定出席人员

一般来讲,开业典礼可以邀请以下几方面人员参加:

● 上级领导。邀请的目的主要是为了感谢其给予本组织的关心、支持。

● 社会名流。主要是通过"名人效应",更好地提高本组织的知名度。

● 新闻界人士。通过他们公正的报道,加深社会对本组织的了解和认同,进一步扩大组织的社会影响。

● 同行业代表。主要是业务关系代表,请他们来表明彼此合作,促进本行业共同发展的愿望。

● 社区负责人。通过他们为本组织的发展创造良好的社区环境,让周围更多人关心、支持本组织的发展。

(三)发放请柬

开业仪式的成功与否,在很大程度上与参加仪式的主要宾客的身份、人数有直接关系。因此,在开业仪式前,出席开业仪式的人员一旦确定,应提前一周发出请柬,便于被邀请者及早安排和准备。请柬印制要精美,内容要完整,文字要简洁,措辞要真诚。一般请柬要邮寄或派人送达。给有名望人士或主要领导的请柬应派专人送达,以示诚恳和尊重。

(四)安排接待工作

在举行开业仪式的现场一定要有专人负责来宾的接待工作,一般由年轻精干、身材和相貌较好的男女青年承担,主要负责来宾的迎送、引导、陪同、招待等。在接待贵宾时,须由本组织的主要负责人亲自出面。搞好接待服务工作,可以使来宾感受到主人真挚的尊重和敬意,会给来宾留下深刻的印象。因此,开业仪式前要认真安排,并对接待人员进行系统培训。

(五)布置环境

开业仪式一般在企业门口举行,为了烘托热烈、隆重、喜庆的气氛,可在现场悬挂××
×开业典礼(×××隆重开业)的横幅,两侧布置一些来宾送的贺匾、花篮,会场四周还可以张灯结彩,悬挂彩灯、气球等。

来宾签到簿要有专人负责,在签到的同时把本组织的宣传材料等备好一并送上。

来宾签到后要有专门的礼仪人员引领到指定的场所休息,待客的饮料等提前备好,宾客一到马上倒茶敬茶。

对于仪式要用的音响、照相设备也要事先认真检查、调试,以确保开业典礼的顺利进行。

二、开业仪式的议程及礼仪要求

(一)开业仪式的议程

● 迎宾。接待人员在会场门口接待来宾,请来宾签到后,引导来宾就位。

● 典礼开始。主持人宣布开业典礼正式开始,全体起立,奏国歌,宣读重要嘉宾名单。

● 致贺词。由上级领导和来宾代表致祝贺词,主要表达对开业组织的祝贺,并寄予厚望。贺词由谁来讲事先要定好,以免当众推来让去。对外来的贺电、贺信等不必一一宣读,但对其署名的单位或个人应予以公布。

● 致答谢词。由本组织负责人致答谢词,其主要内容是向来宾及祝贺单位表示感谢,并简要介绍本组织的经营特色和经营目标等。

● 揭幕。由本组织负责人和一位上级领导或嘉宾代表揭去盖在牌匾上的红布,宣布组织的正式成立或正式开业。参加典礼的全体人员鼓掌贺之,在非限制燃放鞭炮地区还可以放鞭炮庆贺。

● 参观。为了给来宾留下更深刻的印象,可引导来宾参观,介绍本组织的主要设施、特色商品及经营策略等。

有些组织开业仪式完毕就迎接首批顾客。一般采取让利销售或赠送纪念品的方式吸引顾客,也可以选择一些有代表性的消费者参加座谈,虚心听取消费者的意见,拉近与消费者的距离。

以上议程各组织可结合具体情况灵活选择。总的目的是开业典礼过程要紧凑、简洁,避免时间过长,内容杂乱,使来宾产生不快。

(二)开业仪式的礼仪要求

对于开业典礼的组织者来说,整个礼仪过程都是礼待宾客的过程,每个人的仪容仪表、言谈举止都关系到组织的形象。一般要求做到以下几点:

1.仪容整洁

所有出席本组织典礼人员,事前都要做适当的修饰,女士要适当化妆,男士应梳理好头发、剃掉胡须。组织成员要给宾客一种整洁、团结、向上的印象。

2.服饰规范

有条件的组织最好统一着装。没有条件的,应要求每个人穿着礼仪性的服装,即男士穿深色西装,女士穿深色西装套裙或套装,给人以整齐、统一、团结的感觉。

3.准备充分

请柬的发放应按时,席位的安排要讲究,一般按身份与职务高低确定主席台座次及宾客席位。还应为来宾准备好迎送车辆等。

4.遵守时间

整个仪式应力求按事前宣布的时间进行。仪式要准时开始,准时结束,也以此向社会证明本组织是言而有信的。

5.态度友好

对所有来宾要热情接待,主动问好。对来宾提出的问题应予以友善的答复。当来宾发表贺词后,应主动鼓掌表示感谢。

6.行为自律

主办方人员的得体举止,可以充分展示本组织文明礼貌、礼尚往来的良好风范。典礼过程中,主办方人员不得做与典礼无关的事,也不得东张西望、心不在焉。

7.善始善终

开业仪式结束后,宾客要离开时,主办方领导、主持人、服务人员等要握手告别,并致谢意。

 实证鉴录

1998 年 8 月 8 日,是北方某市新建云海大酒店隆重开业的日子。

这一天,酒店上空彩球高悬,四周彩旗飘扬,身着鲜艳旗袍的礼仪小姐站立在店门两侧,她们的身后是摆放整齐的鲜花、花篮,所有员工服饰一新,面目清洁,精神焕发,整个酒店沉浸在喜庆的气氛中。

开业典礼在店前广场举行。

上午 11 时许,应邀前来参加庆典的有关领导、各界友人、新闻记者陆续到齐。正在举行剪彩之际,天空突然下起了倾盆大雨,典礼只好移至厅内。一时间,大厅内聚满了参加庆典人员和避雨的行人。典礼仪式在音乐和雨声中隆重举行,整个厅内灯光齐亮,使得庆典别具一番特色。

典礼完毕,雨仍在下着,厅内避雨的行人短时间内根本无法离去,许多人焦急地盯着厅外。于是,酒店经理当众宣布:"今天能聚集到我们酒店的都是我们的嘉宾,这是天意,希望大家能同敝店共享今天的喜庆,我代表酒店真诚邀请诸位到餐厅共进午餐,当然一切全部免费。"霎时间,大厅内响起雷鸣般的掌声。

虽然,酒店开业额外多花了一笔午餐费,但酒店的名字在新闻媒体及众多顾客的渲染下却迅速传播开来,接下来酒店的生意格外红火。

■奠基仪式

奠基典礼通常是指一些重要的建筑物,比如大厦、场馆、亭台、楼阁、园林、纪念碑等,在动工修建之初所正式举行的庆贺性活动。

奠基典礼举行的地点,一般选择在动工修筑建筑物的施工现场。在一般情况下,用以奠基的奠基石应为一块完整无损、外观精美的长方形石料。在奠基石上,通常文字应当竖写。在其右上款,应刻有建筑物的正式名称。在其正中央,应刻有"奠基"两个大字。在其左下款,则应刻有奠基单位的全称及举行奠基仪式的具体年、月、日。奠基石上的字体,大都以楷体刻写,最好是白底金字或黑字。

在奠基石的下方或一侧,还应安放一只密闭完好的铁盒,内装与该建筑物有关的各项资料及奠基人的姓名。届时,它将同奠基石一道被奠基人等用土掩埋于地下,以示纪念。

通常,在奠基仪式的举行现场应设立彩棚,安放该建筑物的模型或设计图、效果图,并使各种建筑机械就位待命。

奠基仪式的主要程序如下:

1.仪式正式开始。介绍来宾,全体起立。

2.奏国歌。

3. 主人对该建筑物的功能及规划设计进行简介。

4. 来宾致辞道喜。

5. 正式进行奠基。此时,应锣鼓喧天,或演奏喜庆乐曲。首先由奠基人双手持握系有红绸的新锹为奠基石浇土。随后,由主任与其他嘉宾依次为之浇土,直至将其埋没为止。

⇨课余消遣

剪彩的由来

1912 年,美国的圣安东尼奥州的华狄密镇上有一家大百货公司要开张,老板威尔斯严格地按照当地的风俗办事,在早早开着的店门前横系着一条布带,万事俱备,只等开张。这时,圣安东尼奥 10 岁的女儿牵着一只哈巴狗从店里面匆匆跑出来,无意中碰断了这条布带。这时,在门外等候的顾客及行人以为正式开张营业了,蜂拥而入,争先恐后地购买货物,真是生意兴隆。不久,当老板的另一个分公司又要开张时,想起第一次开张时的盛况,又如法炮制。这次是有意让小女孩把布条碰断。果然财运不错,于是人们认为让女孩碰断布带的做法是一个极好的兆头,因而争相效仿,广为推行。此后,凡是新开张的商店都要邀请年轻的姑娘来撕断布带。后来,人们又用彩带取代色彩单调的布带,并用剪刀剪断彩带,有讲究的还用金剪刀。这样一来,人们就给这种做法正式取了个名——"剪彩"。

呵呵,幸运的红丝带啊!

⇨牛刀小试

一、单选题

1. 多面国旗并列悬挂时,主方在（　　）。

　　A. 最前　　　　　　B. 最后　　　　　　C. 中间　　　　　　D. 上方

2. 礼宾次序亦称礼宾序列。它主要适用于在多边性商务交往中如何同时兼顾（　　）、平等待人这两项基本礼仪原则,处于实践中难以回避的顺序与位次的排列问题。

　　A. 尊重个人　　　　B. 尊卑有序　　　　C. 各国平等　　　　D. 以右为尊

3. 若多人参加剪彩时,剪断红绸的速度要（　　）。

　　A. 可按照自己的速度　　　　　　　　B. 要多人一起剪断

　　C. 主剪者要先剪断,然后其他剪彩者再剪　D. 无所谓

二、多选题

1. 会议策划方案一般包括会议的（　　）。

　　A. 议程　　　　　　B. 筹备方案　　　　C. 预算方案　　　　D. 日程

2. 检查会场布置的情况应注意的方面有（　　）。

　　A. 会标是否庄严醒目

　　B. 领导者名签安排是否妥当

　　C. 投票设施是否完善

D. 旗帜、鲜花等烘托气氛的装饰物是否放置得体

3. 礼宾次序的排列,常用的排列方法有(　　　　)。

A. 按官职排列　　　　　　　　　　B. 按国名排列

C. 按时间排列　　　　　　　　　　D. 按国家大小排列

三、判断题

1. 许多企业在开张营业之际都要本着热烈、隆重而节俭的原则举行开业典礼。　(　　)

2. 剪彩仪式没有规范的礼仪要求,每个企业都可以自由设计。　(　　)

3. 按国际惯例,待签文本在哪个国家签字就应该用哪一个国家的语言和文字。　(　　)

四、情景题

某计算机工程有限公司定于9月28日在某职业技术学院举办图书馆计算机管理系统软件产品展销会,通知很快地寄发到各有关学校图书馆。日程安排表上写着9点介绍产品,10点参观该职业技术学院图书馆计算机管理系统,11点洽谈业务。展销会当天,9点大会本该开始介绍产品,可应该到的各校图书馆代表却只到了1/3。原来,由于通知中没有写明展销会具体地点,加上公司接待人员不耐烦,对代表不够热情,所以引起了代表们的抱怨。会议开始时已是9点30分了。公司副总经理、高级工程师李朝南作产品介绍及演示,内容十分丰富,10点30分还没讲完。由于前面几项活动时间不够紧凑,结果业务洽谈匆匆开始,草草收场。

本次业务洽谈不成功的因素有哪些?请你为本次洽谈会草拟一个通知。